PASSE NA OAB 2ª Fase FGV COMPLETAÇO

PRÁTICA TRABALHISTA

CB131056

Coordenação

MARCELO HUGO DA ROCHA

Autores

BRUNO KLIPPEL

Doutor em Direito pela PUC-SP. Mestre em Direito pela FDV-ES. Professor de Direito do Trabalho e Processo do Trabalho da Universidade de Vila Velha (UVV/ES), Estratégia Concursos (DF), Aprova Concursos (PR), Saraiva Aprova (SP) e do IOB Concursos (SP). Advogado e autor de livros e artigos jurídicos.

FAGNER SANDES

Advogado. Pós-Graduado em Direito e Processo do Trabalho e em Processo Civil. Mestre em Direito pela UGF. Professor Universitário na Universidade Santa Úrsula/RJ. Coordenador e Professor do Centro de Estudos Jurídicos da Faculdade UnyLeya no Rio de Janeiro. Professor de Cursos de Pós-Graduação da Universidade Santa Úrsula, do Cbepjur/Universidade Candido Mendes e do Instituto Nêmesis. Professor de Cursos Preparatórios para Concursos e OAB. Coordenador Acadêmico do Curso de Pós-Graduação em Direito e Processo do Trabalho do Cbepjur/Ucam. Autor de livros jurídicos e para concursos.

PASSE NA OAB 2ª Fase FGV COMPLETAÇO

DE ACORDO COM A REFORMA TRABALHISTA

2ª edição

Marcelo Hugo da Rocha
Coordenação

Bruno Klippel
Fagner Sandes

PRÁTICA TRABALHISTA

2018

teoria e modelos
+ questões e peças comentadas

- *Roteiros passo a passo*
- *Modelos de peças*
- *Súmulas selecionadas*
- *Questões discursivas comentadas*
- *Peças profissionais comentadas*

saraiva jur

ISBN 978-85-472-2857-6

DADOS INTERNACIONAIS DE CATALOGAÇÃO NA PUBLICAÇÃO (CIP)
ANGÉLICA ILACQUA CRB-8/7057

Klippel, Bruno

Passe na OAB : 2ª fase FGV : completaço : prática trabalhista / Bruno Klippel e Fagner Sandes. – 2. ed. – São Paulo : Saraiva Educação, 2018. (Completaço / coordenação de Marcelo Hugo da Rocha)

1. Direito do trabalho 2. Ordem dos Advogados do Brasil - Exames, questões etc. I. Título II. Título 2: Direito do trabalho III. Sandes, Fagner IV. Rocha, Marcelo Hugo da V. Série.

17-1725 CDU 349.2 (81) (079.1)

Índices para catálogo sistemático:

1. Brasil : Direito do trabalho 349.2 (81) (079.1)
2. Ordem dos Advogados do Brasil : Exames de Ordem : Direito do trabalho 349.2 (81) (079.1)

SOMOS EDUCAÇÃO | saraiva jur

Av. das Nações Unidas, 7.221, 1º andar, Setor B
Pinheiros – São Paulo – SP – CEP 05425-902

SAC
0800-0117875
De 2ª a 6ª, das 8h às 18h
www.editorasaraiva.com.br/contato

Vice-presidente Claudio Lensing
Diretora editorial Flávia Alves Bravin

Conselho editorial
Consultor acadêmico Murilo Angeli Dias dos Santos

Gerência
Planejamento e novos projetos Renata Pascual Müller
Editorial Roberto Navarro

Edição Liana Ganiko Brito Catenacci
Patricia Quero

Produção editorial Maria Izabel B. B. Bressan (coord.)
Carolina Massanhi

Arte e digital Mônica Landi (coord.)
Claudirene de Moura Santos Silva
Guilherme H. M. Salvador
Tiago Dela Rosa
Verônica Pivisan Reis

Planejamento e processos Clarissa Boraschi Maria (coord.)
Juliana Bojczuk Fermino
Kelli Priscila Pinto
Marília Cordeiro
Fernando Penteado
Tatiana dos Santos Romão

Novos projetos Laura Paraíso Buldrini Filogônio

Projeto gráfico Mônica Landi
Diagramação e revisão Perfekta Soluções Editoriais
Comunicação e MKT Carolina Bastos
Elaine Cristina da Silva
Capa Tiago Dela Rosa
Produção gráfica Marli Rampim
Impressão e acabamento Corprint

Data de fechamento da edição: 8-1-2018

Dúvidas? Acesse www.editorasaraiva.com.br/direito

CL 604657 CAE 623923

Não poderia deixar de dedicar mais esta obra à minha família – Gildazio (Pai), Telma (Mãe), Isadora (Esposa) e Marina (Filha) –, bem como aos meus amigos e alunos que sonham com a aprovação na OAB.

Aos alunos de todo o Brasil, a minha torcida fiel para que conquistem os seus objetivos profissionais, iniciando-se com a aprovação no Exame de Ordem, por representar uma fase importantíssima e que gera muita angústia e sofrimento.

O livro foi pensado e escrito de forma a auxiliá-los no estudo para a "tão temida" 2ª fase, para aqueles que, assim como eu, apaixonados pelo Direito do Trabalho, optaram por esta disciplina.

Forte abraço. Sucesso!!

Bruno Klippel

Dedico esta obra à minha mãe, Rita, ao meu pai, Valmir, e à minha irmã, Tatiane, pois, diante de todas as dificuldades que a vida nos ofertou durante esse árduo e longo caminho percorrido até aqui, conseguimos superar todos os desafios com êxito, por meio unicamente do estudo, de modo que afirmo a vocês, meus alunos, é com educação que se muda a vida das pessoas.

À minha esposa, pela paciência e compreensão durante a revisão e ampliação desta obra, o que demonstra o amor que nutre por mim.

Dedico ainda aos meus familiares e amigos que, de modo próximo ou distante, sempre acreditaram em mim, depositando sua confiança em minha vitória.

Outrossim, aos nossos alunos de 2ª fase da OAB, dedico esta vitoriosa obra que, indubitavelmente, fará toda a diferença na consecução do objetivo maior, qual seja, ser nosso(a) colega.

Acreditem em vocês e muito sucesso!

Abraços.

Fagner Sandes

Sumário

Nota da coordenação ... 21
Apresentação ... 23
Parte I – Teoria ... 25
1. Teoria de direito do trabalho ... 25
   1.1. Natureza jurídica do direito do trabalho ... 25
   1.2. Fontes formais do direito do trabalho ... 25
   1.3. Ausência de hierarquia entre as fontes formais ... 26
   1.4. Princípios do direito do trabalho ... 27
      1.4.1. Princípio da proteção ... 27
      1.4.2. Princípio da irrenunciabilidade ... 28
      1.4.3. Princípio da primazia da realidade ... 28
      1.4.4. Princípio da inalterabilidade contratual lesiva ... 29
      1.4.5. Princípio da continuidade ... 29
      1.4.6. Princípio da intangibilidade salarial ... 29
   1.5. Relação de emprego ... 30
   1.6. Requisitos do vínculo de emprego ... 30
   1.7. Empregado doméstico – LC n. 150/2015 ... 32
   1.8. Empregador ... 35
      1.8.1. Características do empregador ... 36
      1.8.2. Grupo econômico ... 36
      1.8.3. Sucessão de empregadores ... 37
      1.8.4. Terceirização ... 37
      1.8.5. Poderes do empregador ... 38
   1.9. Anotação da CTPS – Carteira de Trabalho e Previdência Social ... 38
   1.10. Contrato de trabalho ... 39
   1.11. Jornada de trabalho ... 40
      1.11.1. Jornada extraordinária ... 41

1.11.2. Compensação da jornada ... 42
1.11.3. Jornada noturna ... 42
1.11.4. Intervalos para descanso e alimentação ... 43
1.11.5. Descanso semanal remunerado ... 43
1.11.6. Férias ... 44
1.11.7. Férias coletivas ... 45
1.12. Suspensão e interrupção do contrato de trabalho ... 45
1.13. Salário e remuneração ... 45
1.13.1. Adicionais ... 46
1.13.2. Parcelas não salariais ... 47
1.13.3. Equiparação salarial ... 47
1.14. Salário utilidade (*in natura*) ... 48
1.15. FGTS – Fundo de Garantia por Tempo de Serviço ... 48
1.16. Estabilidades provisórias ... 49
1.16.1. Dirigente sindical ... 49
1.16.2. Gestante ... 50
1.16.3. Acidentado do trabalho ... 50
1.16.4. Membro da Cipa ... 50
1.17. Membro da Comissão de Conciliação Prévia – CCP ... 50
1.17.1. Estabilidade dos empregados públicos ... 50
1.18. Aviso-prévio ... 51
1.19. Rescisão do contrato de trabalho ... 51
1.19.1. Demissão por justa causa ... 52
1.19.2. Rescisão indireta ... 53
1.19.3. Rescisão por culpa recíproca ... 53
1.19.4. Rescisão por comum acordo ... 54
1.19.5. Homologação da rescisão ... 54
1.20. Greve ... 54
1.21. Prescrição e decadência ... 55
1.22. Direito coletivo do trabalho ... 56
1.23. Sindicatos ... 56
2. Teoria do direito processual do trabalho ... 59
2.1. Princípios ... 59
2.1.1. Princípio do *jus postulandi* ... 59
2.1.2. Princípio da conciliação ou conciliatório ... 59
2.1.3. Princípio da irrecorribilidade imediata das decisões interlocutórias ... 60
2.1.4. Princípio da normatização coletiva ... 61

2.1.5. Princípio da oralidade ... 61
2.1.6. Princípio da celeridade ... 61
2.1.7. Princípio da concentração ... 61
2.1.8. Princípio da subsidiariedade ... 61
2.1.9. Princípio da imediação ou imediatidade ... 62
2.1.10. Princípio da busca da verdade real ... 62
2.1.11. Princípio da ultrapetição ou extrapetição ... 62
2.1.12. Princípio da *non reformatio in pejus* ... 62
2.1.13. Princípio da publicidade ... 63
2.2. Comissões de Conciliação Prévia ... 63
2.3. Competência da Justiça do Trabalho ... 64
2.3.1. Definição ... 64
2.3.1.1. Relação de trabalho e relação de emprego ... 64
2.3.1.2. Complementação de aposentadoria ... 65
2.3.1.3. Entes de direito público externo e organismos internacionais ... 65
2.3.1.4. Servidores públicos e trabalhadores de cartórios extrajudiciais ... 65
2.3.1.5. Conflito envolvendo entes sindicais ... 66
2.3.1.6. Ações constitucionais de defesa ... 66
2.3.1.7. Danos morais e materiais ... 66
2.3.1.8. Ações possessórias ... 67
2.3.1.9. Greve ... 67
2.3.1.10. Execução das contribuições sociais e fiscais ... 67
2.3.1.11. Penalidades administrativas impostas pelos órgãos de fiscalização do trabalho ... 68
2.3.1.12. Ações de cobranças de profissionais liberais ... 68
2.3.1.13. Homologação de acordo extrajudicial ... 68
2.3.2. Competência em razão do lugar ... 69
2.3.3. Conflito de competência ... 69
2.4. Partes e procuradores ... 71
2.5. Assistência judiciária, gratuidade de justiça e isenção ... 72
2.6. Processo judiciário do trabalho ... 73
2.6.1. Da distribuição e do distribuidor ... 73
2.6.2. Prazos processuais ... 73
2.6.2.1. Contagem dos prazos ... 74
2.6.2.2. Prazos para as pessoas jurídicas de direito público ... 74
2.6.2.3. Suspensão e interrupção dos prazos ... 75

2.6.3. Comunicação dos atos processuais 75

2.7. Despesas processuais 76

2.7.1. Custas 76

2.7.2. Honorários periciais 77

2.7.3. Honorários advocatícios 77

2.8. Certidão negativa de débitos trabalhistas 79

2.9. Nulidades no processo do trabalho 79

2.9.1. Conceito 79

2.9.2. Princípios das nulidades 80

2.9.2.1. Instrumentalidade das formas ou finalidade 80

2.9.2.2. Prejuízo ou transcendência 80

2.9.2.3. Convalidação ou preclusão 80

2.9.2.4. Interesse ou interesse de agir 80

2.9.2.5. Utilidade ou aproveitamento dos atos processuais praticados 81

2.9.2.6. Renovação dos atos processuais viciados ou saneamento das nulidades 81

2.10. Dissídio individual 81

2.10.1. Da ação (reclamação) trabalhista 81

2.10.1.1. Forma da reclamação e requisitos. Petição inicial 81

2.10.1.2. Tutela de urgência 81

2.10.1.3. Emenda e aditamento da petição inicial 82

2.10.1.4. Indeferimento da petição inicial 83

2.10.2. Elementos da ação 83

2.11. Procedimentos 84

2.11.1. Procedimento ordinário 84

2.11.2. Procedimento sumário 85

2.11.3. Procedimento sumaríssimo 86

2.12. Audiência 87

2.12.1. Aspectos preliminares 87

2.12.2. Desenvolvimento 88

2.12.2.1. Presença das partes e substituição 88

2.12.2.2. Ausência das partes 89

2.12.2.3. Tentativa de conciliação e oferecimento de resposta 90

2.12.2.4. Instrução processual e adiamento da audiência 91

2.12.2.5. Trâmites finais 92

2.12.3. Respostas do reclamado 92

2.12.3.1. Prescrição e decadência 92

2.12.3.2. Compensação, retenção e dedução 93
2.12.3.3. Reconvenção 94
2.13. Provas no processo do trabalho 94
2.13.1. Definição, finalidade e objeto da prova 94
2.13.2. Ônus da prova 95
2.13.3. Princípios norteadores 95
2.13.3.1. Princípio do contraditório e da ampla defesa 95
2.13.3.2. Princípio da necessidade da prova 96
2.13.3.3. Princípio da unidade da prova 96
2.13.3.4. Princípio do livre convencimento ou persuasão racional 96
2.13.3.5. Princípio da imediação 96
2.13.3.6. Princípio da aquisição processual 96
2.13.3.7. Princípio da isonomia probatória 97
2.13.3.8. Princípio do inquisitivo ou inquisitorial 97
2.13.4. Meios de prova 97
2.13.4.1. Interrogatório, depoimento pessoal e confissão 97
2.13.4.2. Documentos 98
2.13.4.3. Perícia 99
2.13.4.4. Testemunha 100
2.14. Sentença nos dissídios individuais 102
2.14.1. Breves considerações 102
2.14.2. Requisitos essenciais e complementares 102
2.14.3. Intimação da União e acordo após o trânsito em julgado 102
2.14.4. Correção de erros materiais 103
2.14.5. Intimação da decisão 103
2.14.6. Da responsabilidade por dano processual 103
2.15. Recursos no processo do trabalho 104
2.15.1. Conceito 104
2.15.2. Princípios 104
2.15.2.1. Duplo grau de jurisdição 104
2.15.2.2. Taxatividade 104
2.15.2.3. Voluntariedade 105
2.15.2.3.1. Duplo grau de jurisdição obrigatório ou reexame necessário 105
2.15.2.4. Unirrecorribilidade ou singularidade 106
2.15.2.5. Fungibilidade ou conversibilidade 106
2.15.3. Efeitos dos recursos 107

2.15.3.1. Efeito devolutivo 107
2.15.3.2. Efeito suspensivo 107
2.15.3.3. Efeito substitutivo 108
2.15.3.4. Efeito translativo 108
2.15.3.5. Efeito regressivo 108
2.15.4. Pressupostos de admissibilidade 109
2.15.4.1. Pressupostos intrínsecos ou subjetivos 109
2.15.4.1.1. Legitimidade 109
2.15.4.1.2. Capacidade 109
2.15.4.1.3. Interesse 109
2.15.4.2. Pressupostos extrínsecos ou objetivos 110
2.15.4.2.1. Recorribilidade do ato 110
2.15.4.2.2. Adequação 110
2.15.4.2.3. Tempestividade 110
2.15.4.2.4. Regularidade na representação processual . 111
2.15.4.2.5. Preparo 111
2.15.5. Recursos em espécie 114
2.15.5.1. Recursos de revista com idêntico fundamento de direito (recurso repetitivo) 114
2.15.5.2. Embargos no TST 115
2.15.5.2.1. Embargos infringentes 116
2.15.5.2.2. Embargos de divergência 116
2.15.5.3. Recurso adesivo 117
2.16. Liquidação de sentença 118
2.16.1. Conceito e finalidade da liquidação 118
2.16.2. Tramitação da liquidação da sentença 118
2.16.3. Da impugnação à liquidação trabalhista 119
2.17. Execução 119
2.17.1. Definição 119
2.17.1.1. Princípios da execução 120
2.17.1.1.1. Princípio da igualdade de tratamento 120
2.17.1.1.2. Princípio da natureza real da execução 120
2.17.1.1.3. Princípio da limitação expropriatória 120
2.17.1.1.4. Princípio do exato adimplemento ou efetividade 121
2.17.1.1.5. Princípio da utilidade ao credor 121
2.17.1.1.6. Princípio da não prejudicialidade do devedor 121

2.17.1.1.7. Princípio da primazia do credor trabalhista. 121
2.17.1.2. Legitimidade ativa ... 121
2.17.1.3. Legitimidade passiva ... 122
2.17.1.3.1. Desconsideração da personalidade jurídica . 123
2.17.1.4. Competência ... 123
2.17.2. Títulos executivos ... 124
2.17.3. Execução provisória e definitiva ... 124
2.17.4. Aplicação subsidiária da Lei de Execuções Fiscais ... 125
2.17.5. Mandado de citação ... 125
2.17.6. Penhora ... 127
2.17.6.1. Dos bens penhoráveis e impenhoráveis ... 127
2.17.6.2. Da penhora sobre bem de família ... 128
2.17.6.3. Execução contra massa falida ou empresa em recuperaçao judicial ... 128
2.17.7. Embargos à execução ... 129
2.17.7.1. Embargos à execução na execução por carta precatória. 129
2.17.7.2. Impugnação do exequente ... 130
2.17.7.3. Trâmites finais da execução trabalhista ... 131
2.17.7.3.1. Da avaliação ... 132
2.17.7.4. Remição da execução ... 132
2.17.7.5. Execução de prestações sucessivas ... 132
2.17.8. Embargos de terceiro ... 132
2.17.9. Execução contra a Fazenda Pública ... 132
2.18. Procedimentos especiais ... 134
2.18.1. Inquérito para apuração de falta grave ... 134
2.18.2. Dissídio coletivo ... 134
2.18.2.1. Classificação ... 135
2.18.2.1.1. Dissídio coletivo de natureza econômica ... 135
2.18.2.1.1.a. Dissídio originário ou inaugural. 135
2.18.2.1.1.b. Dissídio revisional ou de revisão 135
2.18.2.1.1.c. Dissídio de extensão ... 136
2.18.2.2. Dissídio coletivo de natureza jurídica ... 136
2.18.2.3. Dissídio coletivo de natureza mista ou híbrida ... 137
2.18.2.4. Competência e recursos ... 137
2.18.3. Ação de cumprimento ... 138
2.18.4. Mandado de segurança ... 138
2.18.5. Ação rescisória ... 138
2.18.6. Ação de consignação em pagamento ... 138

Anexo I ... 138
Parte II – Peças processuais ... 141
3. Petição inicial e defesa do reclamado ... 141
3.1. Petição inicial ... 141
3.1.1. Apresentação ... 141
3.1.2. Características e requisitos ... 142
3.1.3. Como identificar a peça ... 152
3.1.4. Pedido de tutela provisória de urgência ... 153
3.1.5. Fundamentos mais comuns ... 154
3.1.6. Petição inicial de situações especiais ... 155
3.1.7. Estrutura da peça ... 156
3.1.8. Peça prático-profissional: petição inicial ... 158
3.1.9. Modelo de peça ... 158
3.1.10. Questão de provas anteriores/Questão simulada ... 160
3.1.11. Modelo da peça ... 162
3.2. Ação de consignação em pagamento ... 167
3.2.1. Apresentação ... 167
3.2.2. Características e requisitos ... 168
3.2.3. Como identificar a peça/fundamentos mais comuns ... 169
3.2.4. Competência ... 169
3.2.5. Estrutura da peça ... 170
3.2.6. Questão de provas anteriores/Questão simulada ... 171
3.2.7. Modelo da peça ... 172
3.3. Inquérito para apuração de falta grave ... 174
3.3.1. Apresentação ... 174
3.3.2. Características e requisitos ... 174
3.3.3. Como identificar a peça ... 175
3.3.4. Competência ... 176
3.3.5. Fundamentos mais comuns ... 176
3.3.6. Estrutura da peça ... 177
3.3.7. Questão de provas anteriores/Questão simulada ... 178
3.3.8. Modelo da peça ... 178
3.4. Ação de cumprimento ... 180
3.4.1. Apresentação ... 180
3.4.2. Características e requisitos ... 180
3.4.3. Como identificar a peça ... 181
3.4.4. Competência ... 181
3.4.5. Procedimento ... 182

3.4.6. Estrutura da peça 183
3.4.7. Questão de provas anteriores/Questão simulada 184
3.4.8. Modelo da peça 184
3.5. Mandado de segurança 186
3.5.1. Apresentação 186
3.5.2. Características e requisitos 186
3.5.3. Como identificar a peça 188
3.5.4. Competência 188
3.5.5. Fundamentos mais comuns 189
3.5.6. Pedido liminar 189
3.5.7. Estrutura da peça 190
3.5.8. Questão de provas anteriores/Questão simulada 191
3.5.9. Modelo da peça 191
3.6. Ação rescisória 193
3.6.1. Apresentação 193
3.6.2. Características e requisitos 194
3.6.3. Como identificar a peça 196
3.6.4. Competência 196
3.6.5. Fundamentos (hipóteses) para o ajuizamento 197
3.6.6. Estrutura da peça 199
3.6.7. Questão de provas anteriores/Questão simulada 200
3.6.8. Modelo da peça 201
3.7. Contestação 203
3.7.1. Apresentação 203
3.7.2. Características e requisitos 204
3.7.3. Como identificar a peça 207
3.7.4. Competência 207
3.7.5. Preliminares de mérito 208
3.7.6. Fundamentos mais comuns 210
3.7.7. Prescrição: prejudicial de mérito 212
3.7.8. Estrutura da peça 212
3.7.9. Reconvenção 214
3.7.10. Questões de provas anteriores/Questão simulada 216
3.7.11. Modelo da peça 217
3.7.12. Caso e modelo de exceção de incompetência 221
4. Recursos e processo de execução 222
4.1. Recurso ordinário 222
4.1.1. Apresentação 222

4.1.2. Requisitos de admissibilidade ... 223
4.1.2.1. Cabimento ... 223
4.1.2.2. Interesse recursal e legitimidade ... 225
4.1.2.3. Tempestividade ... 225
4.1.2.4. Preparo ... 226
4.1.3. Procedimento ... 226
4.1.4. Como identificar a peça ... 227
4.1.5. Espécies de vícios atacados por meio do recurso e pedido específico ... 228
4.1.6. Fundamentos mais comuns ... 228
4.1.7. Estrutura da peça ... 229
4.1.7.1. Questões de provas anteriores/Questão simulada ... 231
4.1.8. Modelo da peça ... 231
4.1.8.1. Modelo de peça (questão do XIX Exame Unificado) ... 234
4.1.8.2. Modelo de peça (questão do XVI Exame Unificado) ... 236
4.2. Recurso de embargos de declaração ... 239
4.2.1. Apresentação ... 239
4.2.2. Características e requisitos ... 239
4.2.3. Como identificar a peça ... 241
4.2.4. Competência ... 242
4.2.5. Estrutura da peça ... 243
4.2.6. Questão de provas anteriores/Questão simulada ... 243
4.2.7. Modelo da peça ... 244
4.3. Recurso de revista ... 245
4.3.1. Apresentação ... 245
4.3.2. Características e requisitos ... 245
4.3.2.1. Cabimento ... 245
4.3.2.2. Prequestionamento ... 248
4.3.2.3. Da transcendência ... 250
4.3.2.4. Rito sumaríssimo ... 250
4.3.2.5. Efeitos ... 251
4.3.3. Como identificar a peça ... 252
4.3.4. Competência e procedimento ... 253
4.3.5. Estrutura da peça ... 254
4.3.5.1. Petição de interposição ... 254
4.3.5.2. Petição das razões ... 255
4.3.6. Questão de provas anteriores/Questão simulada ... 255
4.3.7. Modelo da peça ... 256

4.4. Recurso de agravo de petição 258
4.4.1. Apresentação 258
4.4.2. Características e requisitos 258
4.4.3. Como identificar a peça 259
4.4.4. Competência 260
4.4.5. Fundamentos mais comuns 260
4.4.6. Estrutura da peça 261
4.4.6.1. Petição de interposição 261
4.4.6.2. Petição das razões 262
4.4.7. Questão de provas anteriores/Questão simulada 262
4.4.8. Modelo da peça 263
4.5. Recurso de agravo de instrumento 264
4.5.1. Apresentação 264
4.5.2. Características e requisitos 265
4.5.3. Como identificar a peça 267
4.5.4. Competência 267
4.5.5. Fundamentos mais comuns 268
4.5.6. Estrutura da peça 268
4.5.6.1. Petição de interposição 268
4.5.6.2. Petição das razões 269
4.5.7. Questão de provas anteriores/Questão simulada 270
4.5.8. Modelo da peça 270
4.6. Recurso de agravo interno 272
4.6.1. Apresentação 272
4.6.2. Características e requisitos 272
4.6.3. Como identificar a peça 272
4.6.4. Competência 273
4.6.5. Estrutura da peça 274
4.6.5.1. Petição de interposição 274
4.6.5.2. Petição das razões 275
4.6.6. Questão de provas anteriores/Questão simulada 276
4.6.7. Modelo da peça 276
4.7. Embargos à execução 278
4.7.1. Apresentação 278
4.7.2. Características e requisitos 278
4.7.3. Como identificar a peça 279
4.7.4. Competência 279
4.7.5. Fundamentos mais comuns 280

4.7.6. Estrutura da peça 280
4.7.7. Questão de provas anteriores/Questão simulada 281
4.7.8. Modelo da peça 282
4.8. Exceção de pré-executividade 283
4.8.1. Apresentação 283
4.8.2. Características e requisitos 284
4.8.3. Como identificar a peça 285
4.8.4. Competência 285
4.8.5. Estrutura da peça 285
4.8.6. Questão de provas anteriores/Questão simulada 286
4.8.7. Modelo da peça 287
4.9. Embargos de terceiro 288
4.9.1. Apresentação 288
4.9.2. Características e requisitos 288
4.9.3. Petição inicial e procedimento 289
4.9.4. Identificação da peça 290
4.9.5. Estrutura da peça 290
4.9.6. Questão de provas anteriores/Questão simulada 291
4.9.7. Modelo da peça 292
Parte III – Questões discursivas 295
Parte IV – Súmulas selecionadas 341
5. Direito do trabalho 341
5.1. Equiparação salarial 341
5.2. Carteira de trabalho 342
5.3. Rescisão indireta 342
5.4. Rescisão por justa causa 342
5.5. Regulamento interno 343
5.6. Empregador 343
5.7. Gratificação 343
5.8. Ônus da prova 343
5.9. Aviso-prévio 344
5.10. Terceirização 344
5.11. Jornada de trabalho 345
5.12. Descontos salariais 347
5.13. Contrato de trabalho 347
5.14. Férias 347
5.15. Gorjetas 348
5.16. Adicionais 348

5.17. Participação nos lucros e resultados ... 349
5.18. Salário *in natura* ... 349
5.19. Fundo de Garantia por Tempo de Serviço ... 350
5.20. Estabilidades provisórias ... 350
6. Direito processual do trabalho ... 352
6.1. *Jus postulandi* ... 352
6.2. Conciliação ... 352
6.3. Recursos ... 352
6.4. Petição inicial ... 356
6.5. Prova documental ... 357
6.6. Sentença ... 357
6.7. Competência da Justiça do Trabalho ... 357
6.8. Procuração ... 358
6.9. Prazos processuais ... 359
6.10. Honorários periciais ... 359
6.11. Mandado de segurança ... 360
6.12. Prescrição ... 361
6.13. Audiência ... 361
6.14. Compensação ... 362
6.15. Prova pericial ... 362
6.16. Prova testemunhal ... 362
6.17. Custas processuais ... 363
6.18. Depósito recursal ... 363
6.19. Ação rescisória ... 364
6.20. Execução trabalhista ... 366
6.21. Ação de cumprimento ... 367
7. Súmulas do STF ... 367
8. Súmulas Vinculantes do STF ... 368
9. Súmulas do STJ ... 368
Referências ... 369

Nota da coordenação

Depois de mais de centenas de milhares de exemplares vendidos das nossas coleções editoriais publicadas pela Editora Saraiva, *Passe na OAB* e *Passe em Concursos Públicos*, alcançamos um projeto que traz toda a experiência adquirida em mais de 60 obras que participamos como coordenador, coautor ou autor. Soma-se ao *know-how* sobre o tema Exame de Ordem que capitaneamos desde 2005 entre cursos preparatórios, blog e palestras em faculdades e eventos jurídicos.

Certos de que somente um projeto inovador poderia nos desafiar, esta obra representa tudo do que se tem de melhor e que poderia estar reunido num único exemplar: **teoria, passo a passo, modelos de peças e questões comentadas** de todas as disciplinas da **2ª fase** do Exame de Ordem Unificado sob demanda da banca Fundação Getulio Vargas – FGV, hoje, uma das maiores do País. Assim, surgiu algo que vai além de uma "super" ou "mega" revisão ou de um "resumão". É um livro mais que completo, por isso, pedimos licença figurativa à língua portuguesa para usarmos o sufixo aumentativo "-aço" e alcançarmos a qualidade que lhe foi proposta: **Completaço**!

É uma série que repete o sucesso do irmão mais velho, o *Completaço Passe na OAB 1ª Fase FGV*, e que se tornou *best-seller* editorial pelas qualidades próprias e pelo pioneirismo dos seus atributos em trazer questões comentadas + teoria unificada. Por fim, o rol de autores comprometidos com o projeto traz professores renomados e experientes dos mais diversos preparatórios e que facilitam a preparação para a última batalha do Exame de Ordem: a 2ª fase!

Marcelo Hugo da Rocha

Saiba mais no blog **Passe na OAB**: www.passenaoab.com.br

Então, não tenha dúvida, é esta obra que fará de você um colega de profissão, pois ela foi preparada por dois advogados que lecionam para Exame da Ordem há anos e atuam na seara trabalhista todos os dias, elaborando peças, realizando audiências, despachando com juízes, desembargadores e ministros, ou seja, nossa experiência prática, somada à teórica, faz desta obra algo ímpar para sua aprovação.

A sua expectativa é que o livro possa te auxiliar. A nossa é que a obra, com o seu estudo diuturno, irá te aprovar.

Apresentação

Olá, amigos, tudo bem?

Estamos aqui, juntos, para apresentar a vocês o nosso mais novo projeto, que te ajudará na aprovação no Exame de Ordem. Trata-se de livro Passe na *OAB 2ª fase FGV – Completaço – Prática e processo do trabalho.*

Você que na hora da inscrição escolheu direito do trabalho terá à sua disposição um livro completo para ser aprovado na OAB, pois preparamos um verdadeiro "mapa da mina" da aprovação nesta disciplina.

Qual é o conteúdo do livro que o faz tão completo?

Você irá encontrar nas próximas páginas um livro que contém:

1. Teoria de Direito do Trabalho;
2. Teoria de Direito Processual do Trabalho;
3. Todas as peças que você pode encontrar na sua prova, com resoluções de peças já cobradas nos exames anteriores da OAB, incluindo os mais recentes exames;
4. Questões discursivas já cobradas e com o gabarito, em direito do trabalho;
5. Questões discursivas já cobradas e com o gabarito, em direito processual do trabalho.

Você verá que o material foi redigido em linguagem simples e direta, pois entendemos que você deve otimizar o seu tempo e estudo, valendo-se de um único material – direto e completo – para buscar acertar as quatro questões discursivas e a peça processual.

Então, não tenha dúvida, é esta obra que fará de você um colega de profissão, pois ela foi preparada por dois advogados que lecionam para Exame da Ordem há anos e atuam na seara trabalhista todos os dias, elaborando peças, realizando audiências, despachando com juízes, desembargadores e ministros, ou seja, nossa experiência prática, somada à teórica, faz desta obra algo ímpar para sua aprovação.

A sua expectativa é que o livro possa te auxiliar. A nossa é que a obra, com o seu estudo diuturno, irá te aprovar.

Esperamos muito que este livro ajude e que você seja aprovado no Exame de Ordem.

Contem conosco, sempre.

Forte abraço dos Professores

Bruno Klippel e Fagner Sandes

Parte I – Teoria

1. TEORIA DE DIREITO DO TRABALHO

1.1. Natureza jurídica do direito do trabalho

Iniciando as dicas com a natureza jurídica do direito do trabalho, que é um ramo do direito privado, apesar de toda a proteção conferida pela CF/88 e o interesse do Estado em preservar os direitos dos trabalhadores. A base do direito do trabalho é o contrato firmado entre empregado e empregador, razão pela qual a natureza é de direito privado.

1.2. Fontes formais do direito do trabalho

As fontes do direito do trabalho podem ser divididas em materiais e formais. As primeiras representam os fatos sociais, tais como revoluções, mobilizações, greves, protestos ou outros, que geram no legislador a ideia de regulamentar uma profissão, de alterar a jornada de trabalho, ou seja, de criar norma sobre direito do trabalho. Uma passeata, uma mobilização de trabalhadores ou uma greve podem ser entendidas como uma fonte material caso gerem no legislador a ideia de criação de uma norma jurídica. A redução da jornada de trabalho para 40 horas semanais, que venha a ser aprovada após manifestações, será resultado de tal fonte material.

As fontes formais são a forma de exteriorização do direito, ou seja, a maneira pela qual o direito do trabalho é sentido pela sociedade, por meio de uma lei, uma convenção coletiva etc. As fontes formais podem ser divididas em autônomas e heterônomas. As primeiras são criadas pelos próprios sujeitos da relação de emprego, como ocorre com os acordos coletivos de trabalho e as convenções coletivas de trabalho. Os acordos coletivos de trabalho são normas criadas entre o sindicato dos empregados e empresa(s), enquanto os demais são normas estabelecidas entre o sindicato dos empregados e o sindicato dos empregadores. Já as fontes formais heterônomas são criadas por um terceiro em relação ao vínculo de trabalho, em regra pelo Estado, que, por meio dos poderes Legislativo, Executivo e Judiciário, cria as normas e as impõe. Exemplos de fontes formais heterônomas: lei (Legislativo), medida provisória (Executivo) e sentença normativa (Judiciário).

Além das leis, medidas provisórias e sentenças normativas, também temos de destacar a súmula vinculante, que tem força obrigatória sobre os demais juízes, que não podem decidir de maneira contrária, bem como para a Administração Pública, sob pena de anulação do ato administrativo que for praticado com violação da súmula vinculante. Assim, são consideradas fontes formais do direito do trabalho. A sentença normativa é uma decisão do Poder Judiciário proferida na ação denominada *dissídio coletivo de natureza econômica (art. 114, § 2º, da CF/88)*, em que são criados novos direitos, constituídas melhores condições de trabalho, como reajustes salariais, aumento de adicionais, dentre outros. Tais direitos passam a produzir efeitos nos contratos de trabalho dos empregados das categoriais representadas no dissídio.

1.3. Ausência de hierarquia entre as fontes formais

Inexiste qualquer hierarquia entre fontes formais autônomas e heterônomas, devendo-se aplicar aquela que for mais favorável ao empregado. Havendo um contrato de trabalho prevendo o adicional de horas extras de 70% e uma convenção coletiva prevendo o adicional de 60%, aplicar-se-á a primeira norma, por ser mais favorável ao empregado, que receberá quantia superior. Havendo dúvida acerca de qual norma é mais favorável ao empregado, deve-se aplicar a teoria do conglobamento, que determina a análise de forma global, para, ao final, aplicar-se na integralidade uma das normas em conflito. Esse é o entendimento majoritário do TST e da doutrina, pois respeita a norma que foi criada como um todo, sem dividi-la, de forma que mantenha as suas regras de equilíbrio. Não se aplica a teoria da acumulação, que determina a análise em separado dos institutos previstos (jornada, remuneração, férias etc.), bem como o conglobamento mitigado, que manda aplicar o bloco de direitos mais favoráveis ao empregado, como as normas sobre jornada, remuneração etc.

Deve-se atentar para uma exceção criada pela reforma trabalhista – Lei n. 13.467/2017 – que alterou o art. 620 da CLT que trata da negociação coletiva – acordo coletivo e convenção coletiva de trabalho. A nova redação afirma que "as condições estabelecidas em acordo coletivo de trabalho sempre prevalecerão sobre as estipuladas em convenção coletiva de trabalho", trazendo a ideia de que a norma mais específica, no caso o acordo coletivo, deve sempre ser aplicada em detrimento da convenção coletiva, por ser genérica.

Por fim, as normas criadas por negociação coletiva, que são extremamente importantes no Brasil, garantem uma melhora na situação jurídica dos empregados, incorporam os contratos de trabalho, produzindo efeitos durante a vigência da negociação – prazo máximo de dois anos –, deixando de produzir efeitos após tal período, uma vez que a reforma trabalhista alterou o § 3º do art. 614 da CLT proibindo a ultratividade, antes reconhecida pela Súmula 277 do TST, que não mais se aplica. Assim, após o término do período de vigência da norma coletiva, os direitos antes reconhecidos por ela não mais existirão.

1.4. Princípios do direito do trabalho

1.4.1. Princípio da proteção

O primeiro destaque em relação aos princípios vai para o princípio da proteção, que existe em decorrência da hipossuficiência do empregado em face do empregador. A subordinação inerente ao vínculo de emprego faz com que o trabalhador esteja constantemente em situação de desvantagem, devendo-se criar normas e interpretá-las de maneira a reduzir tais desigualdades.

A primeira parte do princípio da proteção é conhecida como a norma do *in dubio pro operario* ou *in dubio pro misero*. Trata-se de norma de interpretação de outra norma jurídica, ou seja, serve para interpretar um artigo de lei, uma cláusula de negociação coletiva, de regulamento de empresa. Por isso, dizemos que serve para interpretar outra norma jurídica, já existente, mas que por defeito de redação deixou dúvidas para o aplicador do direito. Se em um determinado contrato existir uma cláusula prevendo que a jornada de trabalho será de "6 (oito) horas" (assim mesmo, com erro), aplicaremos o princípio em estudo para dizer que a jornada de trabalho é de "6 horas", já que é melhor para o empregado, que trabalhará menos.

Em relação à norma mais favorável, segundo ponto a ser destacado quanto ao princípio da proteção, tem-se que a norma jurídica que deve prevalecer e ser aplicada é sempre aquela que traz mais vantagem ao obreiro, e não aquela que está em patamar hierarquicamente superior. Assim, uma cláusula de contrato pode ser mais favorável ao empregado se comparada com a Constituição Federal, por prever adicional de horas extraordinárias de 100%. Um ótimo exemplo é a Súmula 202 do TST, que trata da gratificação a ser paga. Havendo gratificação de função criada por mais de uma fonte, será aplicada a que for mais favorável ao empregado.

O terceiro e último ponto do princípio da proteção é denominado "condição mais benéfica" e afirma que "tudo o que for mais benéfico para o empregado passa a integrar o contrato de trabalho". Assim, se o empregador começar a fornecer uma cesta básica ao empregado, por ser uma condição mais benéfica, passará a ser parte integrante do contrato, não podendo aquela vantagem ser retirada, por ter se constituído como direito adquirido.

Caso haja uma redução da jornada de trabalho voluntária, ou seja, por parte do empregador, a elevação posterior não poderá ser imposta, já que redução é uma condição mais benéfica. Se o empregado trabalhava aos sábados e parou de trabalhar por um período razoável, não poderá ser obrigado a trabalhar novamente naquele dia. As condições mais benéficas criadas por regulamento de empresa passam a ser direito adquirido dos empregados, como afirmado acima. Entretanto, nos termos da Súmula 51, I, do TST, o regulamento pode ser alterado, mas a alteração somente produzirá efeitos para os novos empregados, ou seja, os empregados contratados após a alteração.

1.4.2. Princípio da irrenunciabilidade

Em relação ao princípio da irrenunciabilidade, é importante destacar que a maioria absoluta das normas trabalhistas não pode ser flexibilizada, por ser considerada de ordem pública, cogente, imperativa, obrigatória. A reforma trabalhista ampliou a possibilidade de flexibilização por meio de negociação coletiva, ampliando o rol de matérias possíveis de serem alteradas, conforme pode ser visto no art. 611-A da CLT, mas a regra se mantém: as normas de direito do trabalho devem ser aplicadas, sem modificação, da maneira como foram criadas pelo Estado. Tanto é assim que existem dezenas de matérias que não podem ser objeto de alteração por negociação coletiva, constantes do art. 611-B da CLT, que traz praticamente todos os incisos do art. 7º da CF/88.

O empregado não pode renunciar à anotação da CTPS, ao recebimento de salário mínimo, ao recebimento dos EPIs (equipamentos de proteção individual), dentre outros.

Claro que existem importantes exceções, que foram reforçadas com a reforma trabalhista, como a possibilidade de redução do intervalo intrajornada por negociação coletiva, mantendo-se o mínimo de 30 minutos, nos moldes do art. 611-A, III, da CLT.

Mas percebam que a flexibilização do referido intervalo não teve início com a Lei n. 13.467/2017, que implementou a reforma trabalhista. Antes disto, por meio da LC n. 150/2015 (Nova Lei dos Domésticos), a redução do intervalo para, no mínimo, 30 minutos foi permitida por meio de ajuste escrito particular, ou seja, entre empregado e empregador.

Além das hipóteses atuais de redação, também já estava consagrado o fracionamento do intervalo nos termos do art. 71, § 5º, da CLT, para as categorias de motoristas, cobradores e fiscais dos serviços de transportes de passageiros.

Ainda sobre o mesmo princípio, a Súmula 276 do TST diz que o aviso-prévio é irrenunciável, sendo que a dispensa do seu cumprimento não exime o empregador de lhe pagar o valor, salvo se houver prova de que o empregado já conseguiu novo emprego. Assim, se o empregado "abrir mão do aviso-prévio", tal ato não terá validade, a não ser que o obreiro já tenha conseguido novo empregado, hipótese em que não haverá necessidade do aviso-prévio.

1.4.3. Princípio da primazia da realidade

Já em relação ao princípio da primazia da realidade, é sempre bom lembrar que, se houver dissonância entre os fatos e os documentos, aqueles devem prevalecer. Se os documentos retratarem uma realidade que não era a vivenciada pelo empregado, devem ser desconsiderados, não servindo como meio de prova. É o que ocorre, segundo a Súmula 338, III, do TST, com os cartões de ponto que possuem horários britânicos, uniformes. Devem ser desconsiderados, porque são presumidamente falsos, invertendo-se o ônus da prova. Ainda sobre a primazia da realidade, pode o empregado demonstrar que as datas de assinatura e baixa da

CTPS estão incorretas, que ele trabalhou um período maior do que o anotado pelo empregador, valendo-se de outros meios de prova que demonstrem a veracidade dos fatos. Também pode ser demonstrado que o salário anotado na CTPS não estava correto, que havia o pagamento de salário "por fora", para que o empregador seja condenado ao pagamento das diferenças referentes aos encargos incidentes sobre o salário, como FGTS, INSS etc.

1.4.4. Princípio da inalterabilidade contratual lesiva

Sobre o princípio da inalterabilidade contratual lesiva, tem-se a aplicação do art. 468 da CLT, que proíbe a alteração contratual que venha a gerar prejuízos ao empregado. Nos termos do dispositivo legal, a alteração contratual somente pode ocorrer se o empregado concordar e não houver prejuízo direto ou indireto. Ocorre que pequenas alterações no curso do contrato de trabalho – como mudança de horário e data de pagamento do salário – podem ser impostas pelo empregador, pois constituem o seu *jus variandi*, decorrente do poder de organização do empregador. Ao ser contratado, o empregado tem o seu horário de trabalho definido pelo empregador, que poderá redefini-lo, pois quem organiza pode também reorganizar.

Já que se falou no art. 468 da CLT, é fundamental tratar da alteração que o mesmo sofreu por intermédio da reforma trabalhista, com a inclusão do § 2º sobre a impossibilidade de manutenção da gratificação de função quando da reversão do empregado ao cargo anteriormente ocupado. Caso o obreiro esteja ocupando um cargo de confiança e, em virtude dele, recebendo gratificação de função, poderá perder aquela quantia a qualquer momento, se revertido ao cargo anterior, não mais se aplicando o entendimento constante na Súmula 372 do TST, que tratava da incorporação da parcela após dez anos na função.

A reversão, portanto, é uma alteração unilateral válida, decorrente do *jus variandi* do empregador, que acarretará a perda da gratificação de função, sem qualquer possibilidade legal de incorporação.

1.4.5. Princípio da continuidade

O princípio da continuidade da relação de emprego é caracterizado pela regra de que os contratos são, regra geral, firmados por prazo indeterminado, ou seja, sem o ajuste sobre o seu término, sem a data de sua rescisão. Na dúvida acerca da contratação, se por prazo indeterminado ou não, a Súmula 212 do TST diz que a regra geral – prazo indeterminado – deve prevalecer. Os contratos por prazo determinado – hipóteses e regras especiais – estão previstos no art. 443 e seguintes da CLT, devendo haver um motivo que justifique a predeterminação do prazo.

1.4.6. Princípio da intangibilidade salarial

Por fim, o princípio da intangibilidade salarial possui vários destaques que podem ser cobrados no Exame de Ordem. O primeiro deles diz respeito à regra do art. 7º, VI, da CF/88, que prevê a possibilidade de redução salarial por meio de acordo ou convenção coletiva de trabalho. A segunda regra prevê a impenhorabilidade absoluta dos salários para pagamento de dívidas, mesmo trabalhistas, com exceção para pagamento de alimentos. Tal regra foi reafirmada pelo TST por meio da OJ n. 153 da SDI-1 do TST.

Destacam-se ainda os descontos salariais, que, nos termos do art. 462 da CLT, somente são válidos se previstos em lei, negociação coletiva ou, no caso de dano, se decorrentes de dolo ou, na hipótese de culpa, se houver termo escrito autorizando o desconto. Em relação ao tema descontos, o TST, por meio de sua Súmula 342, autorizou a realização de descontos nos salários, em diversas situações, tais como para pagamento de plano de saúde, previdência privada, seguro de vida, desde que o empregado tenha consentido por escrito e não haja qualquer coação por parte do empregador.

1.5. Relação de emprego

Em primeiro lugar, vale a pena destacar a diferença entre relação de emprego e relação de trabalho. No primeiro, há trabalho subordinado e com todos os demais requisitos do art. 3º da CLT, que serão depois analisados com calma. Já na relação de trabalho, o que impera não é a subordinação, mas a autonomia na realização do trabalho. Nos dois há esforço físico ou intelectual, há a intenção de recebimento de valores, mas a autonomia/subordinação acaba sendo o ponto central.

1.6. Requisitos do vínculo de emprego

Para a configuração do vínculo de emprego, é necessário o preenchimento dos requisitos descritos no art. 3º da CLT. Presentes todos, reconhece-se o vínculo de emprego, determinando-se a anotação da CTPS e o cumprimento de todas as demais normas jurídicas trabalhistas. Ausente algum deles, não haverá vínculo de emprego, sendo aquele trabalhador um eventual, um autônomo, um voluntário etc.

O art. 442-B da CLT, inserido pela reforma trabalhista, afirma que na ausência dos requisitos do art. 3º da CLT, o trabalhador será considerado autônomo, ou seja, o vínculo contratual não será regido pelo direito do trabalho, mas pelo direito civil, por ser um contrato de prestação de serviços. Em contrapartida, se presentes os requisitos que passam a ser analisados abaixo, o vínculo deverá ser reconhecido e aplicadas todas as normas trabalhistas.

O primeiro requisito do vínculo de emprego é ser pessoa física. Não há vínculo de emprego entre pessoas jurídicas. O vínculo entre pessoas jurídicas é contratual, nos termos do Código Civil, do Código de Defesa do Consumidor, mas não um vínculo de emprego. Pode haver fraude com a contratação de empresa quando a hipótese seria de vínculo de emprego. Nessa situação, em nome do princípio da primazia da realidade, desconstitui-se o vínculo civil, reconhecendo-se o de emprego. Tal situação é muito conhecida como "pejotização", ou seja, a contratação como "PJ" (pessoa jurídica), em que o empregado cria uma empresa para o empregador firmar com ela um contrato, burlando a legislação trabalhista e evitando a anotação da Carteira de Trabalho.

O segundo requisito é a pessoalidade. O trabalho desenvolvido pelo empregado é *intuitu personae*, ou seja, deve ser realizado por determinada pessoa, pois a contratação ocorreu em decorrência de qualidades especiais daquela pessoa. Nenhuma empresa contrata "qualquer empregado". Muito pelo contrário, os processos seletivos são cada vez mais rígidos e buscam "o empregado". Assim, não pode ser aquele obreiro substituído continuamente, com frequência. A pessoalidade, cuidado, não é inerente ao empregador, mas sim apenas ao empregado. Em relação ao empregador, a ideia é a impessoalidade, tanto que, se o empreendimento for vendido, nada ocorre com o contrato de trabalho, conforme os arts. 10 e 448 da CLT. Se a empresa em que trabalho for vendida, nada acontecerá com o meu contrato de trabalho, que continuará existindo com o novo empregador. A mudança de empregador não altera o vínculo, o que demonstra ser a impessoalidade uma característica sua.

O terceiro requisito é a habitualidade ou não eventualidade. O empregado trabalha com habitualidade, com uma rotina. O empregador possui expectativa de que o empregado retorne ao trabalho no dia "tal", às "tantas horas". É essa rotina que caracteriza o trabalho habitual ou não eventual. Diferentemente ocorre com o autônomo, que trabalha apenas quando chamado, quando preciso, sem uma rotina de retornos regulares. Um montador de móveis, por exemplo, que trabalha por conta própria e que foi à sua residência hoje montar um guarda-roupa. Quando ele voltará? Não sei, quando comprar outro móvel, possivelmente. Mas quando isso ocorrerá? Ninguém sabe. Vejam que não há habitualidade.

O quarto requisito para a configuração do vínculo de emprego é a onerosidade, que significa pretensão de recebimento de quantia. Mesmo que haja o inadimplemento por parte do empregador, presume-se que o trabalho é oneroso. Alguns podem até trabalhar por prazer e não por dinheiro, mas a imensa maioria trabalha porque precisa do salário que é pago mensalmente para sobreviver. Diferentemente ocorre com o trabalho voluntário, disciplinado pela Lei n. 9.608/98, pois nessa não há vínculo de emprego, exatamente pela ausência de salário. A lei diz não haver vínculo de emprego com o voluntário, visto que não há expectativa de recebimento de quantia por aquela pessoa. Ninguém presta serviços voluntários em uma instituição beneficente pensando em dinheiro.

Já a subordinação, quinto requisito de vínculo de emprego, traduz a ideia de que o empregador dirige a prestação dos serviços, criando normas, organizando a atividade, fiscalizando e impondo as sanções cabíveis. A subordinação inerente ao vínculo de emprego é a denominada subordinação jurídica, prevista no parágrafo único do art. 6º da CLT. A lei confere ao empregador os poderes de organização, de fiscalização e o disciplinar, e é por meio desses poderes que o empregador subordina o empregado, retirando sua autonomia.

Último dos requisitos, a alteridade é entendida como a assunção dos riscos do empreendimento por parte do empregador, isto é, o empregado trabalha, mas quem assume os riscos do empreendimento é o empregador, que suportará eventual prejuízo da atividade, sem deixar de arcar com todas as obrigações trabalhistas, previdenciárias e fundiárias. Esse requisito se encontra no art. 2º da CLT. Várias são as situações vivenciadas no dia a dia que demonstram a alteridade do empregador. Se o cliente da empresa ficar inadimplente, o empregador pode atrasar salários e deixar de pagar as verbas trabalhistas? Se o cheque recebido pela loja não tiver provisão de fundos, a comissão do vendedor poderá ser descontada? Resposta negativa para as duas perguntas. Havendo inadimplemento, quem assume integralmente o prejuízo é o empregador. Lembre-se de que o empregado até pode receber parte dos lucros, mas nunca divide os prejuízos.

Por fim, atenção especial a uma situação que é bem comum nas provas objetivas. Geralmente, as bancas incluem a "exclusividade" como um requisito do vínculo de emprego, o que está errado. Não se trata de um requisito do vínculo de emprego, já que um empregado pode manter, ao mesmo tempo, vínculo de emprego com diversos empregadores. Nenhum deles poderá alegar a inexistência de vínculo pela existência de relação de emprego com outros.

1.7. Empregado doméstico – LC n. 150/2015

Um dos pontos mais controversos dos últimos anos em relação ao doméstico foi em relação ao conceito de "continuidade", um dos requisitos do vínculo para aquele empregado e responsável pela diferença para "diarista", que é um empregado autônomo. Doutrina e jurisprudência chegaram a um consenso nos últimos anos, de que continuidade seria o trabalho em pelo menos três dias da semana na mesma residência. A LC n. 150/2015, em seu art. 1º, reconheceu tal entendimento, afirmando ser contínuo o trabalho em mais de dois dias da semana, ou seja, em pelo menos três dias. Outra norma constante no art. 1º é a proibição de contratação de menores de 18 anos para o trabalho doméstico, que é reconhecido pela OIT como umas das piores formas de trabalho. Assim, a legislação inseriu na lei em estudo o que foi reconhecido pela Convenção n. 182 da Organização Internacional do Trabalho.

Outro requisito importante a ser lembrado é a *finalidade não lucrativa* do trabalho doméstico. Sobre a ótica do empregador não se almeja o lucro, ou seja, o empregador doméstico não visa lucro, muito pelo contrário, apenas gasta para ter um empregado em casa. Diferentemente ocorre com uma empresa, que lucra com o trabalho realizado pelos obreiros.

O empregado doméstico, conforme definição do art. 1º da LC n. 150/2015, trabalha para pessoa ou família, no âmbito residencial. Duas informações aqui são fundamentais: pessoa jurídica não contrata doméstico, isto é, o empregador doméstico é sempre uma pessoa física. Se João limpa a minha casa três vezes por semana, será considerado doméstico. Se o mesmo João limpa as dependências da minha empresa três vezes por semana, será considerado empregado urbano, regido pela CLT. Há aqui reflexos importantes: sendo considerado empregado urbano para a minha empresa, basta que labore por um dia na semana para ter vínculo empregatício.

A outra informação importante que decorre da expressão "âmbito residencial" é a possibilidade de o empregado doméstico trabalhar na cidade, no campo, no meio rural, na praia e em qualquer outro local que se considere a minha residência e de minha família. Um sítio de lazer será o local de trabalho do doméstico. Assim, o caseiro do meu sítio de lazer é doméstico, na medida em que o seu trabalho não possui finalidade lucrativa. O trabalho na minha casa de praia igualmente será feito por empregado doméstico. Agora, se o meu sítio tiver intuito lucrativo e o caseiro estiver vinculado ao trabalho que gera receita para o proprietário, ele será empregado rural. Tudo depende da existência ou não do intuito lucrativo.

Sobre a duração do contrato de trabalho do doméstico, prevê o art. 4º da LC n. 150/2015 a possibilidade do obreiro ser contratado por prazo determinado na hipótese de contrato de experiência, cujo máximo de vigência é de 90 dias, bem como quando ocorrer a necessidade provisória de serviços, como o aumento da demanda de trabalho nas férias, assim como em decorrência de substituição de empregado com contrato suspenso ou interrompido. Nessas hipóteses, o contrato por prazo determinado será firmado até que se dê o término do evento que motivou a contratação, não podendo ser superior a dois anos.

O § 1º do art. 2º da LC n. 150/2015 prevê o recebimento de, pelo menos, 50% a mais quando realizada jornada extraordinária, isto é, quando ultrapassados os limites descritos acima. Para se chegar ao valor da hora normal de trabalho, e por consequência o valor da hora extra, deve ser dividido o salário mensal por 220 horas. Assim, o empregado que recebe R$ 1.100,00 mensais, recebe R$ 5,00 por hora trabalhada, o que representa R$ 7,50 por cada hora extra, fora os reflexos nas demais verbas trabalhistas, fundiárias (FGTS) e previdenciárias. O divisor 220 (que representa o número de horas trabalhadas por mês), surge da divisão de 44 horas (semanais) por 6 dias de trabalho (por semana – segunda a sábado), o que equivale a 7h20m por dia. Multiplicando-se por 30 dias, teremos 220 horas. Apesar de o empregado não trabalhar 30 dias por semana, todos são remunerados já que o domingo é o descanso semanal remunerado.

A regra geral acerca da prestação de horas extras é o recebimento em dinheiro ao final do mês. Ocorre que pode ser criado o sistema de compensação chamado de "banco de horas", previsto no art. 2º, § 4º, da LC n. 150/2015, que retira o direito ao recebimento daquelas horas em pecúnia, pois substitui o pagamento por descanso. No banco de horas, há a compensação entre o trabalho extraordinário e o descanso posterior extra. Se houver o referido sistema, as duas horas extras realizadas hoje podem se transformar em duas horas de descanso amanhã, ou seja, hoje trabalhei mais para amanhã trabalhar menos.

A jornada 12 x 36 está prevista no art. 10 da LC n. 150/2015, devendo ser pactuada por escrito e podendo ainda os intervalos ser realizados ou indenizados. A jornada em estudo é típica para os empregados domésticos que exercem a função de "cuidadores de idosos e enfermos".

O art. 12 da lei diz ser obrigatória a anotação da jornada de trabalho, em meio manual ou eletrônico. Um livro de ponto comprado em papelaria resolve o problema. O importante é anotar os horários de entrada, saída e intervalos. A falta de anotação certamente dificultará a defesa do reclamado em relação ao pedido de horas extras formulado pelo empregado. Aqui reside uma grande diferença entre LC n. 150/2015 e CLT, pois na norma celetista nem todo empregador precisa anotar a jornada, já que o art. 74 diz que as empresas com mais de dez empregados possuem tal obrigação. Uma loja de dois ou três funcionários não precisa ter qualquer método de anotação, apesar de ser extremamente importante. Para o empregador doméstico tal obrigação surge sempre, mesmo que tenha apenas um doméstico, pois é rotineiro.

A jornada de trabalho e a remuneração dos domésticos que viajam com os patrões são diferenciadas. As babás que viajam nas férias, por exemplo, seguem as regras do art. 11, que prescreve o recebimento de 25% a mais, bem como o cômputo da jornada apenas quando o obreiro estiver efetivamente trabalhando, o que traz uma novidade em relação ao conceito de jornada, que para o art. 4º da CLT é o "tempo à disposição", e na situação do doméstico em viagem é o "tempo efetivamente trabalhado".

Outro ponto importante sobre a jornada de trabalho do doméstico, que certamente será objeto de questionamento pelas bancas de concursos e OAB, é a regra prevista nos arts. 13 e 15 sobre os intervalos intra e interjornada, respectivamente. Lembrando que o intervalo intrajornada é aquele que é usufruído dentro da jornada de trabalho, sendo conhecido como intervalo para descanso e alimentação (horário de almoço). O intervalo interjornada ocorre entre duas jornadas de trabalho (entre dois dias), que deve ser de no mínimo 11 horas consecutivas. O intervalo intrajornada, que é mais complexo, encontra as duas especificidades no art. 13, sendo de no mínimo 1 hora e no máximo 2 horas. Assim, o doméstico passou a ter o mesmo período de descanso do empregado regido pela CLT. Mas há uma grande diferença que certamente será explorada nas provas: o intervalo do doméstico pode ser reduzido para no mínimo 30 minutos, por meio de acordo escrito entre empregado e empregador, o que é inviável para os demais empregados, diante da previsão contida na Súmula 437, II, do TST.

Ao empregado que mora no serviço, ou seja, reside na residência, podem ser concedidos dois intervalos, de no mínimo 1 hora e que somados, tenham até 4 horas. Essa é a única diferença entre o empregado doméstico que mora no serviço em relação ao que se desloca diariamente de casa para o trabalho.

Sobre as férias do doméstico, algumas mudanças devem ser destacadas, conforme o art. 17 da LC n. 150/2015. O obreiro terá 30 dias férias, a não ser que tenha jornada reduzida (até 25 horas semanais), pois neste caso o período será computado de acordo com o número de horas trabalhadas, nos moldes do § 3º do art. 3º da CLT. O § 3º do art. 17 trata da "venda de férias", que é tecnicamente chamada de abono de férias, que pode ser de até 1/3 do período, mas desde que requerido até 30 dias antes do término do período aquisitivo, nos termos do § 4º. Se requerido no prazo legal, será direito do empregado. O § 5º do mesmo artigo diz que o empregado tem direito de permanecer no local de trabalho em que reside durante as férias.

A respeito do FGTS, que foi regulamentado pela LC n. 150/2015, passando a ser obrigatoriamente depositado, temos uma informação apenas a trazer: mensalmente serão recolhidos 8% da remuneração do obreiro, assim como também ocorre na Lei n. 8.036/90, além de 3,2% a título de multa pela rescisão do contrato de trabalho (multa rescisória de 40%). Assim, no sistema da lei do doméstico, a multa é depositada antecipadamente, mês a mês, criando-se uma "poupança" a ser sacada pelo empregado ou empregador, a depender da forma de rescisão do contrato de trabalho. Pode ser pelo empregado, caso demitido sem justa causa ou rescisão indireta, ou pelo empregado, em hipóteses de pedido de demissão e demissão por justa causa. Perceba que 3,2% equivale a 40% de 8% (8 x 0,4 = 3,2).

Sobre a rescisão do contrato de trabalho, prevê o art. 26 que o obreiro receberá seguro desemprego de um salário mínimo pelo período de três meses e as hipóteses de justa causa do art. 27, destacando-se o inciso I, que trata de submissão a maus-tratos de idoso, enfermo, pessoa com deficiência e crianças, o que infelizmente muito acontece no Brasil. O parágrafo único do mesmo artigo traz as hipóteses de rescisão indireta (justa causa do empregador), destacando-se o inciso VII que trata da prática de violência doméstica ou familiar contra mulheres, que pode acarretar o pedido de rescisão pelo doméstico, como uma forma de proteção contra eventual violência ou ameaça diante do fato de ser uma pretensa testemunha do crime.

Acerca dos pagamentos que devem ser realizados pelo empregador, o art. 34 da lei traz o "simples doméstico", que é a guia única a ser expedida pelo empregador para pagamento do FGTS, INSS, multa do FGTS e seguro contra acidentes de trabalho. As alíquotas são: INSS (8%), FGTS (8%), multa do FGTS (3,2%) e seguro contra acidentes de trabalho (0,8%), totalizando 20% da remuneração paga ao obreiro, incluindo horas extras, adicional noturno etc.

1.8. Empregador

Empregador é aquele que dirige a prestação pessoal dos serviços, podendo ser uma pessoa jurídica, com finalidade lucrativa ou não, bem como pessoas físicas que atuem conforme o art. 2º da CLT. As instituições beneficentes e os profissionais liberais são denominados pelo § 1º do art. 2º como "empregadores por equiparação", já que também podem contratar e ser considerados na relação de emprego, como as empresas, contratando e dirigindo a prestação dos serviços.

1.8.1. Características do empregador

As características principais do empregador são: despersonalização e assunção dos riscos do empreendimento. Despersonalização é o contrário da pessoalidade, requisito que caracteriza o empregado. O empregador pode ser substituído e o contrato de trabalho não se altera, conforme ensinam os arts. 10 e 448 da CLT, que tratam da sucessão de empregadores. Já a assunção dos riscos do empreendimento também é denominada alteridade. O empregador assume todos os riscos do empreendimento, não podendo deixar de arcar com os custos da relação de emprego caso o "negócio vá mal". O empregado até pode vir a receber a participação nos lucros, como ocorre nas grandes empresas, mas nunca "participação nos prejuízos".

1.8.2. Grupo econômico

Um dos pontos mais importantes acerca do assunto empregador encontra-se no § 2º do art. 2º da CLT, que trata do tema grupo de empresas ou grupo econômico. A redação conferida ao dispositivo após a reforma trabalhista reconhece o grupo econômico por subordinação e por coordenação, sendo que no primeiro há uma empresa principal e outras subordinadas, enquanto no segundo as empresas estão "em mesmo pé de igualdade", sem que haja uma empresa principal e subordinada. Geralmente, a configuração do grupo se dá em virtude da análise do quadro societário, ou seja, dos sócios que são os mesmos em várias empresas, mas este não pode ser o único elemento a ser analisado, uma vez que o § 3º do mesmo artigo, também inserido pela Lei n. 13.467/2017, afirma que a "mera identidade de sócios" não caracteriza a existência de grupo, sendo necessária a demonstração de interesse integrado, a comunhão de interesses e a atuação conjunta das empresas. Outros aspectos também ajudam a demonstrar a relação entre as empresas, como nomes e logotipos parecidos e o mesmo endereço. A configuração de um grupo de empresas formado por "a", "b" e "c" faz com que haja responsabilidade solidária entre elas, nos termos do § 2º do art. 2º da CLT, o que significa dizer que o empregado de "a" poderá cobrar as verbas trabalhistas devidas também de "b" e "c", sem qualquer benefício de ordem, ou seja, sem que "a" seja necessariamente demandada em primeiro lugar. Trata-se da responsabilidade passiva solidária. No caso, o empregado que trabalhou apenas para "a", poderá ajuizar ação em face de "b" e "c, sem necessariamente ajuizar ou cobrar primeiro de "a".

O TST também reconheceu a teoria do empregador único, que gera a responsabilidade ativa solidária, nos termos da Súmula 129 do TST. Significa dizer que, apesar de o empregado ter sido contratado pela empresa "a" tendo a sua CTPS assinada por aquela empresa, poderá trabalhar também para "b" e "c" na mesma jornada de trabalho, sem que tenhamos mais de um contrato de trabalho. No final da Súmula 129 do TST, há uma exceção, que é a existência de cláusula de exclusividade. Se o empregador, ao firmar contrato com "a", incluir aquela cláusula, a prestação de labor para outras empresas do grupo caracterizará outros contratos de trabalho.

1.8.3. Sucessão de empregadores

Também em relação ao empregador, surgem importantes pontos relacionados à sucessão de empresas, instituto previsto nos arts. 10 e 448 da CLT. A ideia central do instituto é que a alteração na estrutura jurídica da empresa, que pode ser uma fusão, cisão, incorporação, alienação etc., não altera os contratos de trabalho, ou seja, não viola os direitos adquiridos pelos empregados. Assim, se uma empresa "a" é vendida para "b", os contratos de trabalho dos empregados se mantêm, não podendo sofrer alterações maléficas.

Para a configuração da sucessão de empresas, é necessário o preenchimento de dois requisitos: 1) alteração na estrutura jurídica da empresa; e 2) continuidade do empreendimento. A sucessão de empresas faz com que alguns efeitos sejam verificados, em especial para o sucessor (nova empresa) e o sucedido (empresa antiga), que atualmente estão descritos no art. 448-A da CLT, inserido pela reforma trabalhista. Para o sucessor, o principal efeito é que ele passa a ser responsável por todos os débitos trabalhistas, passados, presentes e futuros. Mesmo que haja cláusula de não responsabilização, o sucessor continua a ser responsável pelos débitos passados, pois tal cláusula não produz efeitos nas relações de trabalho. Em resumo, toda a responsabilidade pelos débitos trabalhistas será, em regra, exclusiva da empresa sucessora, a não ser que seja reconhecida a fraude na transferência, hipótese em que a responsabilidade da sucedida será solidária com a sucessora, nos moldes do parágrafo único do art. 448-A da CLT.

1.8.4. Terceirização

Ainda em relação ao empregador, destaca-se o tema da terceirização, alterada novamente pela reforma trabalhista – Lei n. 13.467/2017 – que modificou a Lei n. 6.019/74, permitindo no art. 4º-A a terceirização de todas as atividades da empresa, até mesmo a sua atividade principal, o que significa dizer que a legislação abandonou a ideia anteriormente prevista na Súmula 331 do TST, que permitia a terceirização apenas da atividade-meio. Agora, a partir da reforma trabalhista, tanto as atividades-meio quanto a atividade-fim podem ser regulamente terceirizadas, sem possibilidade de reconhecimento do vínculo com o tomador, já que não há qualquer ilegalidade.

Aos empregados da empresa prestadora dos serviços são assegurados a alimentação, transporte, atendimento médico e ambulatorial, treinamento, bem como as medidas de proteção à saúde dos empregados da empresa tomadora, evitando discriminações em relação aos prestadores de serviço.

Não há direito automático ao recebimento por parte dos prestados de serviços do mesmo salário dos empregados da tomadora, mesmo que desenvolvam as mesmas atividades, mas contratante e contratada podem estabelecer tal direito, conforme o § 1º do art. 4º-C da Lei n. 6.019/74.

Outra norma importante prevista em lei é a impossibilidade do ex-empregado ser contratado como terceirizado ou como empregado de empresa terceirizada pelo prazo de 18 meses, também não podendo figurar como sócio de empresa terceirizada contratada, a não ser que seja aposentado. A norma busca evitar ou dificultar a pejotização, que ocorre quando o empregado é demitido e contratado como pessoa jurídica.

A responsabilidade do tomador dos serviços é subsidiária, ou seja, será aquele condenado ao pagamento das verbas trabalhistas caso o empregador não possua patrimônio suficiente para o pagamento.

1.8.5. Poderes do empregador

Ainda no tocante ao empregador, é sempre importante mencionar seus poderes. Destacam-se os seguintes: organização, fiscalização e disciplinar. O poder de organização ou regulamentar está relacionado à criação de normas internas na empresa. Criadas as normas, cabe ao empregador fiscalizar o cumprimento das obrigações impostas ao empregador. Nos termos do art. 373-A, VI, da CLT, não cabe a realização de revista íntima nos empregados e empregadas. A revista pessoal, se não expuser os empregados a situações vexatórias, é válida. A utilização de câmeras, desde que não sejam instaladas em banheiros e vestiários, também se mostra como um meio lícito de fiscalização, assim como o e-mail corporativo, que pode ser fiscalizado pelo empregador.

Caso os empregados não cumpram as obrigações, cabe a aplicação de penalidades. A lei não menciona a advertência, mas é possível ser aplicada, pois é mais benéfica ao empregado se comparada às demais penalidades, que são: suspensão de até 30 dias (art. 474 da CLT) e a rescisão por justa causa (art. 482 e outros dispositivos da CLT).

1.9. Anotação da CTPS – Carteira de Trabalho e Previdência Social

O vínculo de emprego é essencialmente informal, já que pode se formar de maneira tácita ou expressa, sendo verbalmente ou por escrito. Ocorre que uma formalidade existe: a anotação da CTPS, que possui importância para a identificação do vínculo de emprego (prova do vínculo) e para contagem correta do tempo de serviço (fins previdenciários). A ausência de anotação não afasta o vínculo de emprego, que é uma questão fática, ou seja, é demonstrado pelo preenchimento dos requisitos do art. 3º da CLT. Em uma ação trabalhista, entendendo estarem presentes aqueles requisitos, o Juiz do trabalho reconhece o vínculo entre empregado e empregador e determinada a anotação da CTPS.

A assinatura da CTPS deve ocorrer no prazo de 48 horas, sob pena de multa, cabendo reclamação perante a Delegacia Regional do Trabalho para que seja instaurado procedimento administrativo para tal finalidade, conforme os arts. 36 a 39 da CLT.

Uma informação extremamente importante para as provas de concursos é a impossibilidade de realização de anotações desabonadoras à conduta do empregado, na CTPS, conforme preconiza o art. 29, § 4º, da CLT. Não devem ser anotadas eventuais advertências, suspensões ou justa causa aplicada, na carteira de trabalho do empregado. Tais anotações geram a condenação da empresa ao pagamento de dano moral e material, sendo o primeiro mais simples de ser vislumbrado.

Em relação à prescrição para a anotação da CTPS, temos de aplicar o art. 11, § 1º, da CLT, que diz inexistir prazo de prescrição – bienal ou quinquenal – para o pedido de reconhecimento do vínculo de emprego e anotação daquela, o que significa dizer que a qualquer momento pode o empregado ajuizar ação para reconhecer o vínculo de emprego, conseguindo a anotação da CTPS.

Por fim, podemos formular a seguinte pergunta: os dados que constam na CTPS do empregado, anotada pelo empregador, podem ser considerados inteiramente verdadeiros ou podem ser discutidos se demonstrado eventual equívoco ou erro proposital? As anotações realizadas na CTPS possuem presunção *juris tantum*, ou seja, presunção relativa, cabendo a discussão sobre os fatos ali anotados, como data de ingresso e saída, função, salário, gozo de férias, dentre outros. Tal presunção *juris tantum* consta nas Súmulas 12 do TST e 225 do STF. Os entendimentos sumulados afirmam que não se trata de presunção *jure et de jure* (absoluta), mas, sim, *juris tantum* (relativa). O princípio da primazia da realidade pode demonstrar que o salário recebido era superior ao anotado, que o trabalho teve início antes do período anotado, dentre outros.

1.10. Contrato de trabalho

O contrato de trabalho é formado expressa ou tacitamente, nos termos do art. 442 da CLT, ou seja, o contrato é fático, decorre de elementos que são visualizados no dia a dia. Os requisitos do vínculo do art. 3º da CLT, caso preenchidos, acarretam a formação do vínculo sem que haja qualquer linha escrita sobre o trabalho.

O art. 442-A da CLT diz não ser possível exigir experiência prévia superior a seis meses, pois isso inviabilizaria a contratação dos mais jovens, daqueles que estão ingressando no mercado de trabalho.

Como características do contrato de trabalho, temos: bilateral ou sinalagmático, que é a produção de direitos e deveres para ambas as partes, empregado e empregador; trato sucessivo, pois o contrato é desenvolvido no dia a dia; oneroso, já que o empregado possui direito ao recebimento de salário, mesmo que não tenha sido ajustado (art. 460 da CLT); *intuitu personae*, pois o empregado não pode ser substituído.

A partir de agora, vamos distinguir o trabalho proibido e o ilícito. O primeiro desrespeita normas de proteção trabalhista, como o contrato firmado com menor de 12 anos, gerando o direito ao recebimento de todas as verbas trabalhistas e rescisórias, mas com a proibição de sua continuação. O vínculo de emprego é reconhecido e finalizado.

O trabalho ilícito é aquele que desrespeita a lei penal, como o jogo do bicho (OJ n. 199 da SDI-1 do TST), o trabalho para o tráfico de drogas e para clínicas de aborto. Nas situações de trabalho ilícito, não há reconhecimento do vínculo de emprego, nem o pagamento de qualquer verba trabalhista/rescisória. Duas súmulas importantes para concursos são as 363 e 386, que tratam do servidor público sem concurso, que não tem o vínculo de emprego reconhecido (diante da previsão do concurso, art. 37 da CF), mas receberá o saldo de salário pelas horas trabalhadas e a multa de 40% do FGTS. A segunda súmula trata do Policial Militar que terá o vínculo de emprego reconhecido com empresa privada (boate ou qualquer outro que o PM trabalhe, por exemplo, como segurança), apesar das penalidades que venha a sofrer na corporação.

1.11. Jornada de trabalho

Em relação ao tema jornada de trabalho, o segundo ponto a ser relembrado é o conceito previsto no art. 4º da CLT, que diz que é jornada o tempo à disposição do empregador e não o tempo de trabalho efetivo. Se o empregado não está trabalhando, mas está aguardando ordens, a jornada está sendo cumprida da mesma forma.

Nas empresas com mais de dez empregados, deve haver a anotação dos horários de entrada e saída daqueles, conforme o art. 74, § 2º, da CLT. Percebam que tal obrigação não existe para a empresa que possui dez empregados, mas, sim, para aquela que possui 11 ou mais empregados. Na hipótese, se o empregado afirmar que trabalhou em jornada extraordinária e o empregador não juntar os comprovantes de controle de jornada, será considerado o labor extraordinário. Já vimos que o empregador doméstico deve fazer a anotação da jornada mesmo que possua apenas um empregado. Para as empresas, somente as que tiverem 11 ou mais empregados.

Além da jornada padrão, considerada como o tempo à disposição do art. 4º da CLT, importante diferenciar a jornada sobreaviso e a prontidão, ambas previstas no art. 244, §§ 2º e 3º, da CLT. No sobreaviso, o empregado permanece aguardando na sua residência, pelo período máximo de 24 horas, recebendo 1/3 da remuneração da hora normal. Na prontidão, o empregado permanece aguardando na empresa, pelo período máximo de 12 horas, recebendo 2/3 da hora normal. A Súmula 428 do TST analisa o tema sobreaviso sob a ótica da utilização do aparelho celular. Duas são as informações relevantes: 1) o simples fornecimento de aparelho celular não constitui jornada sobreaviso; e 2) a realização de plantão ou equivalente com a utilização de celular é considerada jornada sobreaviso, seguindo-se as regras constantes no tópico anterior.

Algumas novidades foram introduzidas na CLT pela Lei n. 13.467/2017, que excluiu algumas hipóteses do conceito de "tempo à disposição", o que faz com que alguns momentos que antes eram considerados como jornada não sejam mais. As referidas hipóteses constam no art. 4º, § 2º, da CLT, que afirma não ser tempo à disposição o tempo em que o empregado permanece na empresa para proteger-se de risco de violência ou de intempéries climáticas, ou seja, quando o empregado, para não permanecer na rua, correndo risco de ser assaltado ou por estar chovendo muito, adentrar e permanecer na empresa.

Também o dispositivo afirma não ser jornada de trabalho o tempo em que o empregado está na empresa para a realização de uma das seguintes atividades: práticas religiosas, descanso, lazer, alimentação, atividades de relacionamento pessoal, higiene pessoal, troca de roupa ou uniforme, quando não houver a obrigatoriedade de realizar a troca na empresa. Um detalhe deve ser esclarecido: se a empresa determinar que a troca do uniforme seja feita na empresa, o tempo gasto para tanto será considerado jornada se ultrapassar os cinco minutos do art. 58, § 1º, da CLT.

Perceba que tais períodos acima destacados não são considerados jornada de trabalho mesmo que ultrapassem os 10 minutos do art. 58, § 1º, da CLT, denominado de tempo residual à disposição.

Dois temas foram extintos em relação à jornada de trabalho, por meio da Lei n. 13.467/2017, denominada de reforma trabalhista: *horas in itinere* e *tempo de portaria*, que era tratado na Súmula 429 do TST. O § 2º do art. 58 da CLT afirma que a jornada de trabalho terá início com a efetiva ocupação do posto de trabalho, destacando ainda que o tempo gasto no deslocamento da residência até aquele e para o seu retorno não é considerado tempo à disposição, portanto, não é jornada de trabalho para qualquer efeito. Assim, o tempo que gasto da minha casa até o trabalho, situado em local de difícil acesso ou não servido por transporte público regular, em transporte fornecido pelo empregador, bem como o tempo gasto da portaria da empresa até o meu local de trabalho, não são mais considerados como jornada, não sendo remunerados ou computados para qualquer fim. Assim, para todos os efeitos, as horas de trabalho têm início com a efetiva chegada ao local de trabalho, finalizando com a saída do mesmo.

Os turnos ininterruptos de revezamento não sofreram alteração com a reforma trabalhista, sendo tratados no art. 7º, XIV, da CF/88, que reduz a jornada máxima diária para 6 horas. Nessa espécie de jornada de trabalho, o empregado altera constantemente o horário de trabalho, ora trabalhado, por exemplo, de manhã, ora de tarde, ora de noite. A alternância de horários é maléfica ao empregado, razão pela qual houve a redução da jornada. Contudo, a Súmula 423 do TST reconhece a possibilidade de o turno ininterrupto de revezamento ser de 8 horas, desde que haja negociação coletiva, sem o direito ao recebimento de horas extraordinárias. Destaque também para a Súmula 360 do TST e para a OJ n. 360 da SDI-1 do TST. O primeiro entendimento deixa claro que no TIR há intervalo intra jornada. O segundo entendimento demonstra que os turnos podem ser apenas dois, que compreendam manhã e noite. Não há necessidade de os turnos compreenderem o dia todo (como dia, tarde e noite), basta a alternância entre dois turnos (dia e noite).

1.11.1. Jornada extraordinária

Sobre a jornada extraordinária, temos que o art. 59 da CLT destaca a existência de acordo de prorrogação de jornada, que deve ser escrito, possibilitando a realização de até duas horas extras por dia. Caso o empregado realize mais de duas horas extras, receberá todas elas, nos termos da Súmula 376 do TST. As variações na marcação da jornada de trabalho, que não sejam superiores a cinco minutos na entrada e na saída, desde que não superem dez minutos diários, não são consideradas para fins de descontos e pagamento de minutos extras, nos termos do art. 58, § 1º, da CLT, que trata do tempo residual à disposição. Superando os dez minutos diários, haverá pagamento de jornada extraordinária, na totalidade do tempo excedido, independentemente do que o empregado tinha feito no período, conforme a Súmula 366 do TST.

1.11.2. Compensação da jornada

Sobre os sistemas de compensação de jornada de trabalho, destacam-se as seguintes informações: 1) o sistema tradicional ou semanal pode ser realizado por acordo escrito entre empregado e empregador, nos termos da Súmula 85 do TST, salvo se houver norma coletiva restringindo tal possibilidade; 2) o sistema de compensação "banco de horas" segue as normas do art. 59, §§ 2º e 3º, da CLT, que diz ser necessária negociação coletiva, sendo o prazo máximo de compensação de 1 ano; 3) a reforma trabalhista incluiu o banco de horas semestral e o mensal, conforme §§ 5º e 6º do art. 59 da CLT, sendo que na primeira hipótese poderá ser firmado por ajuste escrito particular e no segundo até mesmo por ajuste tácito; e 4) quanto ao sistema de compensação "semana espanhola", diz a OJ n. 323 da SDI-1 do TST que é válido, desde que haja negociação coletiva. Apenas para lembrar, na semana espanhola o empregado trabalha 40 horas em uma semana, 48 horas em outra, e assim por diante.

Os empregados descritos no art. 62 da CLT estão excluídos do sistema de jornada de trabalho, não possuindo direito a horas extras, intervalos e adicional noturno. São eles: empregados com atividade externa incompatível com o controle de jornada e os gerentes que recebem gratificação de função de pelo menos 40% e, por fim, incluído pela reforma trabalhista, os teletrabalhadores. Contudo, se houver registro de ponto, tais empregados terão direito ao recebimento das horas extras, intervalos, adicional noturno, tal como os demais empregados, pois a exclusão acima mencionada decorre na inexistência de controle de jornada. Assim, se houver tal controle, consideramos os empregados do art. 62 da CLT como "empregados comuns" para fins de jornada de trabalho.

1.11.3. Jornada noturna

A jornada noturna, para os empregados urbanos, é das 22h00 às 5h00, com hora ficta reduzida de 52 minutos e 30 segundos, e adicional noturno de 20%, tudo em conformidade com o art. 73 da CLT. Para os empregados rurais, as regras do adicional noturno sofrem algumas alterações, a saber: horário das 20h às 4h para a pecuária e das 21h00 às 5h00 para a agricultura. Não há hora ficta reduzida, ou seja, a hora possui 60 minutos. O adicional noturno é de 25%. Por fim, no tocante à jornada noturna, destaque para a Súmula 60 do TST, que diz ser devido o adicional noturno quando o empregado trabalha durante a noite e tem a sua jornada prorrogada. As horas prorrogadas, apesar de serem durante o dia, geram o direito ao recebimento do adicional noturno.

1.11.4. Intervalos para descanso e alimentação

Em relação aos intervalos, diferenciam-se o intrajornada e o interjornada. O primeiro é concedido dentro da mesma jornada de trabalho (intervalo do almoço, por exemplo). O interjornada está descrito no art. 66 da CLT, sendo o período de descanso de pelo menos 11 horas entre uma jornada diária e outra. No tocante aos intervalos intrajornada, destaque para o art. 71 da CLT, que traz as seguintes regras: para as jornadas de até 4 horas, não há intervalo. Para as jornadas superiores a 4 horas e que não excedam 6 horas, o intervalo é de 15 minutos. Para as jornadas superiores, intervalo mínimo de 1 hora e máximo de 2 horas, salvo negociação coletiva, que pode impor intervalos superiores. Os intervalos intrajornada não são computados na jornada de trabalho, regra geral. A redução do intervalo mínimo passou a ser possível por meio de negociação coletiva, conforme art. 611-A, III, da CLT, desde que seja mantido o intervalo mínimo de 30 minutos. O § 3º do art. 71 da CLT prevê ainda a possibilidade de redução do intervalo por ato do Ministério do Trabalho, que analisará a existência de refeitórios e a não realização de horas extras como condições para a redução. A supressão não é possível, em nenhuma situação. O fracionamento do intervalo é possível para os trabalhadores do transporte público de passageiros, de acordo com o § 5º do art. 71 da CLT, por meio de negociação coletiva.

1.11.5. Descanso semanal remunerado

O descanso semanal remunerado está previsto no art. 7º, XV, da CF/88 e regulamentado pela Lei n. 605/49, sendo conceituado como o período de repouso de 24 horas consecutivas, concedido preferencialmente aos domingos. A folga deve ser concedida após seis dias de trabalho, conforme a OJ n. 410 da SDI-1 do TST, sob pena de pagamento em dobro da remuneração. A concessão deve ocorrer preferencialmente aos domingos, conforme prevê o art. 7º, XV, da CF/88, mas no comércio, por exemplo, as lojas abrem aos domingos e os empregados descansam em outro dia da semana, chamado de "folga compensatória". Tal folga, se não concedida, acarretará o pagamento em dobro, conforme a Súmula 146 do TST.

O direito ao descanso remunerado somente é concedido aos empregados que preencham dois requisites do art. 6º da Lei n. 605/49, a saber: assiduidade, que é a frequência durante toda a semana; e pontualidade, que é o cumprimento da jornada integral. Ausente qualquer dos requisitos, o empregado descansará, mas sem a remuneração correspondente. Assim, caso um empregado falte na segunda-feira, sofrerá a perda do salário daquele dia e mais o dia de domingo, ou seja, sofrerá o corte de salário em dois dias, mesmo tendo faltado apenas um.

1.11.6. Férias

Agora, tratando do tema "férias", temos que os trabalhadores urbanos, rurais e domésticos possuem direito a 30 dias por ano de descanso, conforme o art. 7º, XVII, da CF/88, tratando-se de período de interrupção do contrato de trabalho, já que não há trabalho, mas há salário.

Em relação às férias, é importante destacar que os 12 primeiros meses de trabalho constituem o período aquisitivo, dentro do qual o empregado vai aos poucos adquirindo o direito ao descanso. Ultrapassado tal período, pode-se dizer que o empregado possui direito ao período de férias, que será concedido, por ordem do empregador, dentro de um próximo período de 12 meses, denominado de concessivo. Dentro do período concessivo, o empregador concederá as férias, escolhendo o dia e mês para início das férias, conforme o art. 136 da CLT. A não concessão das férias no período concessivo traz como consequência o pagamento em dobro da remuneração, o que significa dizer que o empregado, além do direito ao descanso de 30 dias, receberá duas vezes o seu salário + 1/3. A dobra da remuneração faz com que as férias concedidas fora do período concessivo sejam denominadas de férias vencidas ou em dobro.

A comunicação das férias deve ser feita por escrito, com antecedência mínima de 30 dias, conforme o art. 135 da CLT, sendo que a remuneração (salário + 1/3) deve ocorrer até dois dias antes do início do período de descanso, consoante art. 145 da CLT. Aqui vale a pena destacar a Súmula 450 do TST, criada em maio de 2014, que diz ser devida a dobra da remuneração se o pagamento não foi efetuado no período do art. 145 da CLT, o que significa dizer que não adianta conceder as férias no período concessivo se não forem pagos os valores corretamente, no prazo.

O fracionamento das férias, previsto no art. 134, § 1º, da CLT, poderá ocorrer em até três períodos, desde que haja concordância do empregado, sendo que um dos períodos não pode ser inferior a 14 dias e os demais não podem ser inferiores a cinco dias corridos cada um, já que um período tão pequeno não serviria para um descanso efetivo. O referido fracionamento pode ocorrer para os menores de 18 anos e maiores de 50 anos, já que o § 2º do art. 134 da CLT foi revogado.

Outra modificação implementada pela reforma trabalhista consiste na impossibilidade de o período de férias ser iniciado nos dois dias que antecedem feriado ou dia de descanso semanal remunerado.

O abono pecuniário, que é a "venda de férias", previsto no art. 143 da CLT, poderá ocorrer até 1/3 de férias, devendo o empregado requerer até 15 dias antes do término do período aquisitivo, nos termos do § 1º. Muito cuidado, porque não são dez dias a serem convertido, e sim 1/3, que poderá ser diferente caso o obreiro tenha período reduzido de férias em virtude de faltas injustificadas, nos moldes do art. 130 da CLT. O empregado a tempo parcial, que é configurado com a jornada de até 25 horas semanais, não pode "vender férias", conforme o art. 143, § 3º, da CLT.

1.11.7. Férias coletivas

Sobre as férias coletivas, temos que lembrar que o art. 139 da CLT prevê tal possibilidade para todos os empregados da empresa, estabelecimento ou determinado setor. Além disso, há a possibilidade sempre de fracionamento (§ 1º) e não como situação excepcional, como acontece com as férias individuais. Como formalidades, temos a comunicação (e não autorização) ao Ministério do Trabalho e Emprego, comunicação ao sindicato da categoria e afixação em quadros de avisos aos empregados.

1.12. Suspensão e interrupção do contrato de trabalho

A suspensão do contrato de trabalho é a sustação total e temporária dos principais efeitos do contrato de trabalho, período em que não há prestação de labor, pagamento de salário e contagem do tempo de serviço. Vejam que os efeitos não são produzidos, nem para o empregado, nem para o empregador.

Como principais situações, temos: faltas injustificadas, suspensão disciplinar (art. 474 da CLT), suspensão disciplinar para ajuizamento de inquérito para apuração de falta grave (art. 853 da CLT), afastamento para participação em curso de qualificação (art. 476-A da CLT, que ficou conhecido como *lay off*, hipótese em que o empregado recebe uma bolsa auxílio, em vez de salário), afastamento por doença ou acidente de trabalho a partir do 16º dia (uma MP tentou alterar o período para a partir do 31º dia, mas não foi convertida em lei), greve (art. 7º da Lei n. 7.783/89) e prisão temporária do empregado.

A interrupção do contrato de trabalho é a sustação parcial e temporária dos efeitos do contrato de trabalho, já que não há trabalho, mas há salário e contagem do tempo de serviço. A diferença entre a suspensão e a interrupção é que na última temos salário e contagem normal do tempo de serviço.

Como principais hipóteses de interrupção, temos: faltas justificadas (art. 473 da CLT), férias, repouso semanal remunerado e feriados (Lei n. 605/49), 15 primeiros dias de afastamento por acidente ou doença de trabalho (uma MP tentou alterar para os 30 primeiros dias, mas não foi convertida em lei), licenças remuneradas e faltas justificadas pelo empregador, *lockout* (greve do empregador, conforme o art. 17 da Lei n. 7.783/89) e período em que há redução da jornada no aviso-prévio, conforme o art. 488 da CLT.

1.13. Salário e remuneração

As gorjetas, conforme a Súmula 354 do TST, podem ser pagas diretamente ao empregado ou pagas por intermédio do empregador. Os efeitos do recebimento das gorjetas, nessas duas situações, são os mesmos: integram a remuneração, contudo não são consideradas para o cálculo de horas extras, adicional noturno, descanso semanal remunerado e aviso-prévio. O entendimento do TST foi incluído no art. 457 da CLT, em seu § 3º, que não diferencia a origem da gorjeta, que produzirá os mesmos efeitos, que é a integração à remuneração. A negociação coletiva pode prever a retenção de parte das gorjetas, conforme § 6º do mesmo artigo, como forma de possibilitar aos empregadores o pagamento das verbas que são calculadas sobre a gorjeta. O valor poderá ser incorporado ao salário do obreiro se o empregador optar por não mais cobrá-la, desde que tenha sido cobrada anteriormente pelo período de 12 meses, nos termos do § 9º.

Também é importante destacar os sistemas de proteção do salário, em primeiro lugar a proteção em face do empregador. A primeira regra é a proibição do *truck system*, conforme o art. 462, § 2º, da CLT, que veda o pagamento do salário em produtos e serviços. Além disso, destaque para as regras que tratam dos descontos salariais em caso de danos causados pelo empregado ao empregador, que podem ser assim resumidos, nos termos do art. 462, § 1º, da CLT: na hipótese de dolo (intenção), o desconto é válido independentemente de autorização prévia; em se tratando de culpa, somente é possível o desconto se houver autorização prévia. Ainda sobre os descontos, é bom sempre lembrar a redação da Súmula 342 do TST, que os permite para pagamento de planos médicos, odontológicos e outros, se houver autorização prévia e por escrito do empregado, podendo-se declarar a nulidade do desconto caso haja coação.

O salário pode ser estipulado de três formas: a) por unidade de tempo; b) por unidade de obra ou produção; e c) por tarefa. Na unidade de tempo, o salário é devido com o "simples passar do tempo", ou seja, pelo cumprimento da jornada estipulada (8 horas diárias, 44 horas semanais). Na unidade de obra ou produção, o valor é devido de acordo com o trabalho realizado. Quanto maior o valor das vendas, maior o salário. Na terceira tarefa temos um misto de unidade de tempo e produção, pois o empregado recebe para realizar uma determinada tarefa, como instalar dez chuveiros por dia. Terminando o trabalho antes do horário, o empregado é liberado ou passa a receber salário extra.

1.13.1. Adicionais

Os adicionais são considerados parcelas salariais, tendo em vista que integram o salário para todos os efeitos legais. Os adicionais, como de insalubridade, noturno, horas extras etc., integram o salário, mas não se incorporam a ele, não se pode afirmar a existência de direito adquirido ao recebimento deles, nos termos das Súmulas 80 e 248 do TST. Afirma, portanto, que os adicionais são salário-condição, pois o seu recebimento está condicionado à realização de certos acontecimentos, fazendo jus ao seu recebimento apenas enquanto o empregado estiver submetido à determinada condição (trabalho insalubre, periculosidade, jornada extraordinária, jornada noturna, transferido provisoriamente etc.).

Tanto é assim que a Súmula 265 do TST demonstra a perda do adicional noturno na hipótese de o empregado passar a trabalhar no período diurno.

O adicional de insalubridade está previsto no art. 192 da CLT, sendo pago nos percentuais de 10%, 20% e 40% sobre o salário mínimo, apesar de a Súmula Vinculante 4 do STF não permitir que este seja usado como base de cálculo de vantagens do empregado. Importante lembrar que a Súmula 228 do TST, que afirma ser o adicional calculado sobre o salário-base, foi suspensa pelo STF. Sobre o adicional de insalubridade, é indispensável mencionar a Súmula 448 do TST, criada em maio de 2014, que afirma ser devido o adicional de insalubridade em grau máximo (40%) para as atividades de coleta de lixo e limpezas de sanitários em locais públicos ou de grande circulação, diferenciando-a com a limpeza doméstica, que não enseja tal adicional.

Já a periculosidade, prevista no art. 193 da CLT, será devida aos empregados que atuam nos serviços de vigilância e segurança patrimonial, conforme novo inciso I do mencionado artigo, bem como em decorrência de contato com explosivos, inflamáveis e energia elétrica, conforme inciso II. O adicional será de 30% sobre o salário-base, não sendo mais possível o pagamento fracionado, pois a Súmula 364 do TST foi alterada pelo TST para impedir a prática. Também será devido o adicional de periculosidade aos empregados que trabalham com motocicletas ("motoboys"), não sendo devido aos demais empregados que utilizam a motocicleta apenas para deslocamento casa-trabalho-casa. Tem de utilizar a motocicleta para o trabalho mesmo, como entregador de encomendas etc. O pagamento espontâneo do adicional de periculosidade pelo empregador dispensa a realização de perícia técnica, pois o fato é incontroverso, nos termos da Súmula n. 453 do TST, criada em maio de 2014.

1.13.2. Parcelas não salariais

Sobre a ajuda de custo, é indispensável destacar o art. 457, § 2º, da CLT, que diz não possuir natureza salarial, qualquer que seja o valor. Um bom exemplo é a quantia descrita no art. 470 da CLT, que trata dos valores gastos com a transferência do empregado. Sobre as diárias de viagem, a reforma trabalhista retirou por completo a sua natureza salarial, já que o § 2º não mais vincula a sua natureza ao valor. Assim, a partir da Lei n. 13.467/2017, qualquer que seja o valor, as diárias não possuirão natureza salarial, assim como o auxílio-alimentação, que não pode ser pago em dinheiro, e os prêmios e abonos.

Os valores recebidos a título de participação nos lucros e resultados, conforme o art. 3º da Lei n. 10.101/2000, também não possuem natureza salarial. Se houver a rescisão do contrato de trabalho antes do recebimento da PLR, será devido o valor proporcional, conforme Súmula 451 do TST, criada em maio de 2014, que consagra a incidência do princípio da igualdade.

1.13.3. Equiparação salarial

A respeito da equiparação salarial, conforme o art. 461 da CLT e a Súmula 6 do TST, somente é devida se o reclamante provar os seguintes requisitos em relação ao paradigma: mesma função, mesma produtividade, diferença de tempo na função não superior a dois anos e tempo de empresa não superior a quatro anos, mesmo empregador e mesmo estabelecimento. Se houver quadro de carreira, dispensada a sua homologação pela reforma trabalhista, estará excluído o direito à equiparação. Ainda sobre a equiparação salarial, temos que dizer ser possível a aplicação das regras constantes no art. 461 da CLT às sociedades de economia mista, nos termos da Súmula 455 do TST, criada em maio de 2014, tendo em vista possuírem natureza jurídica de direito privado, admitindo pelo regime da CLT e, portanto, sob a incidência das regras de direito do trabalho, dentre elas, aquelas que regem e equiparação salarial.

Por fim, ainda em relação à reforma trabalhista, que alterou o art. 461 da CLT, temos que o § 5º do dispositivo veda a indicação de paradigmas remotos, afirmando explicitamente que aquele deve ser contemporâneo ao reclamante, ou seja, os dois devem ter trabalhado na mesma época, evitando a equiparação em cadeia. Outra novidade é o § 6º, que prevê o pagamento de multa de 50% do limite máximos dos benefícios do RGPS (INSS) quando o desnível salarial reconhecido entre reclamante e paradigma decorrer de discriminação por motivo de sexo ou etnia.

1.14. Salário utilidade (*in natura*)

Sobre salário *in natura*, destaque para o art. 458 da CLT, que diz que o salário pode ser pago em dinheiro e em utilidades, que podem ser bens e serviços. Apenas não pode ser pago com bebidas alcoólicas, drogas nocivas e cigarro, conforme a Súmula 367 do TST. Atentar nos estudos para a prova da OAB e concursos públicos para as utilidades que não são salariais, por terem essa natureza afastada pelo § 2º do art. 458 da CLT, como mensalidade escolar, uniformes, dentre outros. O vale-alimentação possui natureza salarial, nos termos da Súmula 241 do TST. Se fornecido de acordo com o Programa de Alimentação do Trabalhador (PAT), não possui natureza salarial. A natureza salarial do vale-alimentação pode ser retirada por meio de norma coletiva. Assim, o acordo coletivo de trabalho ou a convenção coletiva de trabalho que venham a criar o direito ao recebimento do vale, podem afirmar que aquele valor não possui natureza salarial. Ocorre que, nos termos da OJ n. 413 da SDI-1 do TST, a alteraçao da natureza jurídica da parcela em estudo, de salarial para indenizatória, não possui efeitos pretéritos. Assim como também ocorre com a adesão posterior ao PAT, que não regulariza situações passadas.

1.15. FGTS – Fundo de Garantia por Tempo de Serviço

O Fundo de Garantia por Tempo de Serviço é constituído de um depósito mensal feito exclusivamente sob as expensas do empregador, no valor de 8% da remuneração do empregado, bem como pelo pagamento de uma multa de 40% dos valores depositados na rescisão do contrato de trabalho (demissão sem justa causa e rescisão indireta), bem como de 20% na rescisão por força maior e culpa recíproca. Todos os empregados urbanos, rurais e domésticos (após a EC n. 72/2013) possuem direito ao FGTS, independentemente do contrato ser celebrado por prazo determinado ou indeterminado. Os aprendizes e os empregados contratados pela Lei n. 9.601/98 possuem direito ao FGTS de 2% mensais.

Há a incidência do FGTS no aviso-prévio indenizado, conforme a Súmula 305 do TST, haja vista que é como se o empregador pagasse o salário normalmente, mas sem a prestação de trabalho pelo obreiro.

Um dos assuntos mais cobrados nas provas de concursos e OAB sobre FGTS consta no art. 15, § 5º, da Lei n. 8.036/90, que é a obrigatoriedade de depósito durante o afastamento para o serviço militar obrigatório e licença por acidente de trabalho.

Em relação à prescrição do direito, a regra a ser aplicada não é mais a prescrição trintenária, pois o STF decidiu, no final de 2014, que o prazo é de cinco anos, como os outros direitos trabalhistas, sendo que o TST alterou a redação da Súmula 362 para se adequar à nova realidade jurídica. Contudo, continua ser aplicada a prescrição bienal, conforme previsto expressamente no art. 7º, XXIX, da CF/88.

1.16. **Estabilidades provisórias**

Em relação às estabilidades provisórias, é sempre importante deixar claro que a proteção criada pelo legislador não produz efeitos se o empregado pede demissão ou é demitido por justa causa. No máximo, exige-se, como ocorre com o dirigente sindical, o ajuizamento de ação de inquérito para apuração de falta grave, conforme a Súmula 379 do TST. A necessidade de ação de inquérito para demissão por justa causa não se aplica a todos os empregados dotados de estabilidade provisória, pois a gestante, o acidentado do trabalho e membro da CIPA, apesar de estáveis, podem ser demitidos por justa causa sem qualquer procedimento especial.

1.16.1. Dirigente sindical

O primeiro empregado com estabilidade provisória a ser estudado é o dirigente sindical, nos termos do art. 543 da CLT e do art. 8º, VIII, da CF/88. Ocorre que algumas regras constantes no art. 543 da CLT foram alteradas pela Súmula 369 do TST, modificativa em setembro de 2012. O dirigente sindical, titular ou suplente, possui a estabilidade do registro da candidatura até um ano após o término do mandato. Contudo, de acordo com o entendimento do inciso I da Súmula 369 do TST, deve ser feita a comunicação do registro não mais em 24 horas pelo sindicato, e sim por qualquer meio e mesmo fora daquele prazo se ainda houver vínculo de emprego. Se o registro da candidatura for realizado no período do aviso-prévio, não haverá estabilidade, nos termos do inciso V da Súmula 369 do TST. Além disso, continua em vigor o art. 522 da CLT que limita o número de empregados eleitos com estabilidade, em sete titulares e sete suplentes.

Os membros do conselho fiscal não possuem estabilidade provisória, conforme a OJ n. 365 da SDI-1 do TST. Também os delegados sindicais, conforme a OJ n. 369 da SDI-1 do TST, não gozam da referida estabilidade.

1.16.2. Gestante

Em relação à gestante, o art. 10, II, *b*, da ADCT/CF/88 diz que a estabilidade provisória existe do momento da confirmação da gravidez até cinco meses após o parto. O art. 391-A da CLT diz que, se a gravidez ocorrer no aviso-prévio, indenizado ou trabalhado, haverá a estabilidade provisória. A Súmula 244 do TST diz que a estabilidade provisória independe do conhecimento pelo empregador. Mesmo que o contrato de trabalho seja por prazo determinado, haverá a estabilidade. Em junho de 2014, foi publicada a Lei Complementar n. 146/2014, afirmando também a existência de estabilidade provisória ao cônjuge na hipótese de falecimento da genitora. O adotante, apesar de possuir direito à licença-maternidade, não possui estabilidade provisória, por ausência de previsão legal. Pode ser que um dia adquira tal direito, mas por enquanto não há lei prevendo tal direito.

1.16.3. Acidentado do trabalho

O trabalhador que sofre acidente de trabalho também possui estabilidade provisória, conforme o art. 118 da Lei n. 8.213/91, de 12 meses após a cessação do benefício previdenciário (auxílio-doença acidentário). Os requisitos da estabilidade estão na Súmula 378 do TST. Salienta-se que o empregado não é destinatário da ação de inquérito para apuração de falta grave, ou seja, pode ser demitido por justa causa sem decisão judicial, diferentemente do dirigente sindical.

1.16.4. Membro da Cipa

O membro da Comissão Interna de Prevenção de Acidentes (CIPA), desde que representante dos empregados, eleito por eles, possui estabilidade, nos termos do art. 10, II, *a*, da ADCT, do registro até um ano após o final do mandato. Os suplentes também possuem estabilidade, conforme a Súmula 339 do TST. Se houver a extinção do estabelecimento, também de acordo com o entendimento sumulado, não haverá a manutenção da estabilidade.

1.17. Membro da Comissão de Conciliação Prévia – CCP

O membro da Comissão de Conciliação Prévia possui estabilidade nos termos do art. 625-B, § 1º, da CLT; tal estabilidade somente se aplica aos membros representantes dos empregados, que são eleitos por eles, até um ano após o término do mandato.

1.17.1. Estabilidade dos empregados públicos

A estabilidade prevista no art. 41 da CF/88, em relação aos detentores de cargo público, é aplicável aos estatutários. Porém o TST possui a Súmula 390 que estende tal direito aos celetistas aprovados em concurso público para a Administração Pública Direta, autárquica e fundacional. Contudo, os celetistas, mesmo que aprovados em concurso público, das sociedades de economia mista e empresas públicas não possuem estabilidade, podendo ser demitidos por ato imotivado. A necessidade de motivação surge apenas para os celetistas da Empresa de Correios e Telégrafos – ECT, conforme a OJ n. 247 da SDI-1 do TST.

1.18. Aviso-prévio

O primeiro ponto a ser destacado é o cabimento do aviso-prévio nos contratos por prazo determinado, conforme o art. 481 da CLT, na hipótese de ter sido incluída a cláusula assecuratória do direito recíproco de rescisão. Nessa situação, o término antecipado do contrato por prazo determinado seguirá as regras dos contratos por prazo indeterminado, isto é, com a inclusão do aviso-prévio.

O prazo do aviso-prévio é de, no mínimo, 30 dias e, no máximo, 90 dias, conforme regras criadas pela Lei n. 12.506/2011. O art. 7º, XXI, da CF/88 foi regulamentado pela referida lei, incluindo-se três dias ao aviso-prévio para cada ano completo de empresa. Importante lembrar que o aviso-prévio de oito dias, descrito no art. 487, I, da CLT, não foi recepcionado pela Constituição Federal. Importante destacar que o aviso-prévio concedido pelo empregado, ou seja, quando ele pede demissão, continua a ser de 30 dias, pois a proporcionalidade que gera o direito a até 90 dias somente se aplica ao aviso concedido pelo empregador. Nos termos da Súmula 441 do TST, as novas regras instituídas pela Lei n. 12.506/2011 somente se aplicam às rescisões ocorridas após 13 de outubro de 2011.

Nos termos do art. 487 da CLT, se o empregador não conceder o aviso-prévio, deverá indenizar o empregado pelo período, o que significa dizer que, se o aviso-prévio não for trabalhado, será indenizado. Já se o empregado não conceder o aviso-prévio, nos termos do mesmo artigo de lei, poderá o empregador descontar da rescisão o valor do período.

A anotação da CTPS levará em consideração o prazo do aviso-prévio, conforme a OJ n. 82 da SDI-1 do TST, qualquer que seja a espécie de aviso (trabalhado ou indenizado).

Na hipótese de aviso-prévio concedido pelo empregador, nos termos do art. 488 da CLT, haverá a redução da jornada de trabalho, em duas horas diárias ou por sete dias corridos, sendo que a opção é do empregado. Tal regra não se aplica ao aviso-prévio concedido pelo empregado. Cuidado com essa informação. Se não houver a referida redução, o aviso-prévio terá de ser novamente concedido. Também importante dizer que não pode haver a substituição do tempo reduzido pelo pagamento de horas extraordinárias, nos termos da Súmula 230 do TST.

1.19. Rescisão do contrato de trabalho

Antes de adentrarmos nas hipóteses de rescisão, vale a pena tratar do art. 477-A da CLT, inserido pela reforma trabalhista (Lei n. 13.467/2017). O novo dispositivo afirma que o empregador pode demitir um, alguns ou todos os empregados da empresa, sem qualquer necessidade de autorização ou negociação do sindicato dos trabalhadores, o que reforça o poder potestativo de rescisão do empregador. Além disso, outra informação relevante inserida pela reforma trabalhista, no art. 477-B da CLT, trata do plano de demissão voluntária (PDV) e da quitação plena e irrevogável dos direitos decorrentes do contrato de trabalho, nos moldes da jurisprudência do STF. A única possibilidade de discutir judicialmente acerca de verbas devidas em decorrência do contrato é se houver ressalva quando da adesão ao PDV.

1.19.1. Demissão por justa causa

Em relação à dispensa por justa causa, por se tratar de penalidade a ser imposta, deve seguir as regras de proporcionalidade, singularidade, imediaticidade e inalteração. A justa causa deve ser reservada aos erros mais graves do empregado, devendo ser comunicada o mais rápido possível ao empregador, sob pena de perdão tácito. As hipóteses mais importantes de justa causa previstas no art. 482 da CLT são:

1. Improbidade, que é a conduta desonesta, que ocorre quando o empregado, por exemplo, apresenta um atestado médico falso ou furta algum equipamento da empresa.
2. Incontinência de conduta e mau procedimento: a primeira está ligada a conduta sexual errada (fotos pornográficas por *e-mail* da empresa, assédio sexual etc.). O mau procedimento é toda conduta errada sem conotação sexual, como dirigir embriagado com o carro da empresa, utilizar-se de palavras inadequadas no ambiente de trabalho etc.
3. Condenação criminal: depende do trânsito em julgado e da ausência de suspensão da execução da pena. Enquanto houver possibilidade de recurso, não estará configurada a justa causa.
4. Indisciplina e insubordinação: indisciplina é o desrespeito às ordens gerais, ao passo que a insubordinação é o desrespeito às ordens pessoais.
5. Abandono de emprego: depende da caracterização dos critérios objetivo e subjetivo, sendo que o primeiro é o prazo para a sua caracterização, nos termos da Súmula 32 do TST. Já o critério subjetivo é a intenção do empregado de não mais voltar, que é demonstrada pela falta de resposta a comunicação que dê a ele a ciência inequívoca da necessidade de retornar ao trabalho, sob pena de abandono. As faltas consecutivas pelo prazo de 30 dias geram o abandono, ao passo que as faltas não consecutivas geram a justa causa por desídia.
6. Ofensas à honra ou boa fama e ofensas físicas: apenas para lembrar que as ofensas em face do empregador ou superiores hierárquicos, para serem caracterizadas, podem ocorrer em qualquer lugar, enquanto as ofensas às demais pessoas devem ocorrer no serviço. Além disso, em todas as situações, a legítima defesa exclui a justa causa, desde que moderada.

A reforma trabalhista incluiu mais uma hipótese de justa causa, na alínea *m* do art. 482 da CLT, que trata da perda da habilitação ou dos requisitos estabelecidos em lei para o exercício da profissão, em decorrência de conduta dolosa do empregado.

O bancário não pode mais ser demitido por justa causa na hipótese de cheques sem fundos, inscrição em SPC, Serasa, pois foi revogado em 2010 o art. 508 da CLT, que previa a justa causa pelo não pagamento de dívidas legalmente exigíveis. Os grevistas que simplesmente aderem ao movimento não podem ser demitidos por justa causa, já que estão exercendo um direito presente no art. 9º da CF/88. Esse é o entendimento da Súmula 316 do STF. A recusa injustificada na utilização dos equipamentos de proteção individual (EPIs) gera a rescisão por justa causa, nos termos do art. 158 da CLT.

1.19.2. Rescisão indireta

Na rescisão indireta, prevista no art. 483 da CLT, a justa causa é do empregador, mas precisa ser reconhecida judicialmente, ao contrário do que ocorre no caso de justa causa obreira. Reconhecida a rescisão indireta, a consequência será a condenação do empregador ao pagamento das verbas devidas na rescisão sem justa causa.

As situações mais comuns de rescisão indireta são:

- Perigo manifesto de mal considerável: pode ocorrer quando o empregador não fornece os equipamentos de proteção individual ao empregado.
- Descumprimento das obrigações do contrato: comumente, o atraso no pagamento dos salários, o pagamento de salário abaixo do mínimo, a não realização de depósitos de FGTS. Destaque para a Súmula 13 do TST.
- Ato lesivo da honra e boa fama ou ofensas físicas: a legítima defesa exclui a rescisão indireta, ou seja, se o empregador ofender o empregado por legítima defesa, não haverá rescisão indireta.
- Redução do trabalho daqueles que recebem por obra ou tarefa, de forma a afetar o salário: nessa hipótese, a redução do trabalho tem por finalidade reduzir o salário, já que este é recebido por obra ou tarefa.

Destaque também para o § 3º do art. 483 da CLT, que diz que, nas hipóteses "d" e "g", o empregado pode optar por permanecer trabalhando ou não para ajuizar a demanda trabalhista. Tais hipóteses são "descumprimento das obrigações do contrato" e "redução do trabalho quando o salário é por obra ou tarefa". Nas demais hipóteses, o empregado deve deixar o trabalho e ajuizar a demanda de rescisão indireta.

1.19.3. Rescisão por culpa recíproca

Na culpa recíproca, presente no art. 484 da CLT, o empregador pagará ao empregado 50% do aviso-prévio, do 13º salário proporcional e das férias proporcionais, além de multa de 20% do FGTS, conforme o art. 18, § 2º, da Lei n. 8.036/90.

1.19.4. Rescisão por comum acordo

A reforma trabalhista implementou outra forma de rescisão do contrato de trabalho, previsto no art. 484-A da CLT e denominada de "comum acordo", pois efetivamente as partes entram em consenso e decidem por rescindir o contrato. A previsão mais importante para as provas da OAB é em relação às verbas que são pagas na hipótese de rescisão, a saber: a) por metade: aviso prévio indenizado, multa de 40% do FGTS; b) na integralidade: as demais verbas trabalhistas. Além disso, será permitido o saque do FGTS, mas limitado a 80% dos depósitos realizados, não sendo possível o recebimento do seguro-desemprego.

1.19.5. Homologação da rescisão

A reforma trabalhista revogou os dispositivos do art. 477 da CLT que impunham a necessidade de homologação das rescisões dos contratos com mais de um ano. Assim, não há mais tal necessidade, independentemente do tempo de contrato de trabalho. O § 6º do mesmo artigo, que trata do prazo para pagamento das verbas rescisórias, também foi alterado para prever tão somente um prazo, qual seja, 10 dias corridos, sob pena de ser imposta a multa do § 8º, que é de um salário do obreiro.

Como forma de substituir a homologação, foi inserido o art. 507-B da CLT, que trata da possibilidade de ser firmado o "recibo de quitação anual" entre empregado e empregador, na vigência ou não do contrato de trabalho, discriminando todas as obrigações mensais que deveriam ser cumpridas pelo empregador. A quitação anual dada pelo empregado terá eficácia liberatória das parcelas ali especificadas, como ocorria com a homologação da rescisão, nos termos da Súmula 330 do TST.

1.20. Greve

Greve é um direito dos empregados, previsto no art. 9º da CF e conceituado pelo art. 2º da Lei n. 7.783/89 como a suspensão coletiva, temporária e pacífica, demonstrando que é a categoria que realiza a greve (e não um pequeno número de empregados), temporária e pacífica, apenas para atingir um determinado objetivo, como um reajuste salarial. O período de greve é considerado pelo art. 7º da Lei n. 7.783/89 como de suspensão do contrato de trabalho, o que significa dizer que aqueles dias não são pagos, mas tal situação deve ser definida pelo Poder Judiciário, por acordo coletivo de trabalho ou convenção coletiva de trabalho.

Como fazer greve é um direito do trabalhador, conforme o art. 9º da CF/88, a participação não pode ser considerada justa causa, conforme a Súmula 316 do STF; além disso, não pode haver a rescisão dos contratos durante a greve, desde que o empregador mantenha equipes para as situações em que a empresa não pode parar, ou seja, para suas atividades essenciais. O empregador, desde que sejam mantidos tais serviços essenciais, não pode contratar substitutos, pois seria a forma mais fácil de esvaziar o movimento e desestimular os integrantes de categoria e buscar aquela forma de reivindicação dos seus direitos. A impossibilidade de contratação está prevista no art. 9º, parágrafo único, da Lei de Greve.

A comunicação da greve deve ser realizada nos prazos descritos nos arts. 3º e 13 da Lei de Greve, a depender de a atividade ser ou não essencial. Se não for essencial, a comunicação será com antecedência mínima de 48 horas. Nas atividades essenciais, que estão descritas no art. 10 da lei, a comunicação aos empregados e à sociedade será feita com antecedência mínima de 72 horas. Além disso, devem ser mantidos os serviços mínimos ao atendimento dos interesses da coletividade. Cuidado, pois a lei não traz informação acerca do percentual, não sendo certo falar em 30%, como "dizem por aí"!

1.21. Prescrição e decadência

A primeira regra a ser lembrada está prevista no art. 7º, XXIX, da CF/88, que trata dos prazos de prescrição bienal e quinquenal. Primeiro, a ação trabalhista pode ser ajuizada enquanto em curso o contrato de trabalho (o que não é usual) ou após o seu término. Na segunda situação, deverá ser ajuizada em até dois anos a contar da rescisão do contrato, sob pena de ser declarada prescrita. A prescrição bienal também é chamada de total, pois retira a totalidade das verbas trabalhistas devidas ao empregado. Mesmo que tenha trabalhado por décadas, perderá absolutamente tudo caso não ajuíze a ação em até dois anos após o término do vínculo de emprego.

Ajuizada a ação, deve-se analisar a prescrição quinquenal, voltando-se cinco anos do dia do ajuizamento, para saber quais são as verbas que ainda não prescreveram e aquelas que não podem mais ser buscadas. Ex.: ajuizando a ação no dia 10-2-2016, posso buscar as verbas trabalhistas até o dia 10-2-2011. O período anterior já estará prescrito. Vejam que pode ser que apenas parte das minhas verbas esteja prescrita, razão pela qual a prescrição quinquenal também é denominada de parcial. Caso o vínculo se iniciado no ano de 2005, desta data até 10-2-2011 está prescrito. O período posterior poderá ser reconhecido em juízo e gerar a condenação da empresa reclamada.

Uma pergunta que se faz em relação ao tema é a seguinte: caso o reclamante peça a condenação ao pagamento de dez anos de verbas trabalhistas, provavelmente o réu irá alegar a prescrição quinquenal em relação ao período anterior aos cinco anos. Mas se não houver qualquer alegação, o juiz considerará prescrito aquele período? Em outras palavras, pode o juiz reconhecer a prescrição de ofício? O TST vem dizendo que não, que o juiz não pode reconhecer de ofício (sem pedido) a prescrição, mesmo que esteja "na cara", pois tal conduta prejudica o empregado e beneficia o empregador, sendo que o último foi o responsável pela lesão aos direitos do primeiro.

A fluência dos prazos prescricionais é normal em relação aos empregados doentes ou aposentados por invalidez, a não ser que estejam totalmente impossibilitados de locomoção, de irem ao Poder Judiciário. Em situação diversa, diz a OJ

n. 375 da SDI-1 do TST que a prescrição é contada normalmente, devendo o empregado inerte sofrer com as consequências da perda de direitos.

Importante modificação implementada pela reforma trabalhista em relação ao tema prescrição, que é totalmente diferente do entendimento do TST, diz respeito à *prescrição intercorrente*, prevista no art. 11-A da CLT. Sabe-se que até a reforma trabalhista o entendimento do TST, exposto na Súmula 114, era no sentido de não ser aplicável o tema no processo do trabalho. Agora, a prescrição será reconhecida de ofício ou a requerimento, quando o processo de execução ficar parado por mais de dois anos, a contar do momento em que a parte deveria realizar a conduta.

Por fim, os nossos prazos de decadência são aqueles relacionados ao ajuizamento das ações de procedimentos especiais trabalhistas, a saber: mandado de segurança (120 dias a contar da ciência da lesão ao direito), ação rescisória (dois anos a contar do trânsito em julgado) e ação de inquérito para apuração de falta grave (30 dias a contar da suspensão do empregado estável).

1.22. **Direito coletivo do trabalho**

O primeiro princípio do direito coletivo do trabalho a ser lembrado é denominado de "liberdade associativa e sindical", previsto no art. 8º, V, da CF/88, que proíbe as cláusulas de sindicalização forçada. O empregado será sindicalizado se quiser, se requerer e até quando quiser. Além disso, o princípio da autonomia sindical previsto no inciso I do art. 8º da CF/88 mostra-se indispensável para a prova da OAB, pois propõe a ausência de autorização do Estado para a criação de sindicatos, mas impõe o registro no Ministério do Trabalho para que haja controle sobre o princípio da unicidade sindical, evitando-se que surjam vários sindicatos para a defesa da mesma categoria, na mesma base territorial.

Já o princípio da intervenção sindical na negociação coletiva, previsto no art. 8º, VI, da CF/88, afirma que o sindicato dos empregados deve participar de toda negociação coletiva, a saber, Acordo Coletivo de Trabalho (empresas x sindicatos dos empregados) e Convenção Coletiva de Trabalho (sindicato dos empregados x sindicato dos empregados).

Sobre a unicidade sindical, descrita em dica anterior, deve ser lembrado que o art. 8º, II, da CF/88 proíbe a criação de mais de uma entidade sindical para a defesa da mesma categoria na mesma base territorial, que não pode ser inferior a um município. Assim, ao adotar a teoria da unicidade sindical, o Brasil foi de encontro ao preconizado na Convenção n. 87 da OIT (Organização Internacional do Trabalho), razão pela qual ela não foi ratificada por nosso país, já que a pluralidade sindical pregada pela OIT não se encaixa em nosso ordenamento jurídico.

1.23. **Sindicatos**

Previstos no art. 511 da CLT, possuem natureza jurídica de direito privado, não dependendo de autorização do Estado para a sua criação e funcionamento, como já visto, mas devendo realizar o registro perante o MTE para que possua personalidade sindical, ou seja, possa efetivamente atuar como ente sindical.

O sistema de custeio dos sindicatos é formado pela: a) contribuição sindical – imposto sindical – que deixou de ser obrigatória com a reforma trabalhista; b) contribuição confederativa – art. 8º, IV, da CF – financiamento do sistema confederativo – devida apenas pelos sindicalizados – Súmula Vinculante 40 do STF; c) contribuição assistencial – prevista em norma coletiva, para custeio das atividades assistenciais – devida pelos associados, d) mensalidade sindical: prevista no estatuto do sindicado para custeio da associação..

Sobre a contribuição sindical, importante frisar que diversos artigos da CLT foram modificados para fixar a premissa de que aquela somente pode ser cobrada com a autorização do empregado, não mais sendo obrigatória. Como exemplo, temos os arts. 545, 578, 579, 582, dentre outros. Assim, a partir da Lei n. 13.467/2017, todas as fontes de receitas do sindicato são facultativas.

A estrutura sindical brasileira é formada pelos sindicatos, federações e confederações, que podem ser assim resumidos: a) sindicato: base da pirâmide; b) federação: atuação estadual, com pelo menos cinco sindicatos; c) confederação: atuação nacional, com sede em Brasília, formada por, pelo menos, três federações. As federações e confederações atuarão no sistema sindical quando a categoria não for organizada em sindicato, nos termos do art. 611, § 2º, da CLT.

A atuação mais importante dos sindicatos no dia a dia do trabalhador brasileiro é na criação de normas coletivas – acordos coletivos e convenções coletivas de trabalho – na medida em que são as normas com maior capacidade de melhora das condições de trabalho, haja vista que os sindicatos atuam em "pé de igualdade", sem a subordinação inerente ao vínculo de emprego. O sindicato dos trabalhadores atua obrigatoriamente, conforme o art. 8º, VI, da CF, na formulação de tais normas coletivas, sendo que o ACT e a CCT possuem forma escrita (art. 613, parágrafo único, da CLT), já que são registradas perante o Ministério do Trabalho, sendo que o depósito é feito no prazo de até oito dias, conforme o art. 614 da CLT. Além disso, temos de nos lembrar de outro prazo, que é o de entrada em vigor da negociação em três dias a partir do depósito no Ministério do Trabalho (art. 614, § 1º, da CLT). As questões podem buscar o conhecimento sobre os dois prazos: oito dias para depósito e três dias para a entrada em vigor. Não vamos esquecer!!!

Ao entrar em vigor, possuem o prazo máximo de dois anos, nos termos do art. 614, § 3º, da CLT, sendo que nem sempre os entes sindicais firmam tal prazo. Ele é apenas um máximo, sendo que muitos sindicatos preferem negociar ano a ano, especialmente em virtude de reajustes salariais, que são anuais.

Vale a pena destacar que o novo § 3º do art. 614 da CLT veda a ultratividade das normas coletivas, que antes era reconhecida pela Súmula 277 do TST, que não será mais aplicada. Assim, ao término da vigência da norma coletiva, os direitos ali criados deixam de existir caso não sejam mantidos por norma coletiva seguinte.

2. TEORIA DO DIREITO PROCESSUAL DO TRABALHO

2.1. Princípios

Os princípios são usualmente definidos como o alicerce de uma determinada ciência, isto é, o primeiro fundamento, que irá inspirar, orientar e informar as normas jurídicas.

2.1.1. Princípio do *jus postulandi*

O processo do trabalho adota a possibilidade de o empregado e o empregador litigarem sem a necessidade de constituir advogado, ou seja, confere aqueles sujeitos da relação de emprego capacidade postulatória para prática de atos processuais, como se infere do art. 791 da CLT.

Afirma-se, ainda, que o sindicato como substituto processual não pode se valer do *jus postulandi*.

O princípio não é ilimitado, pois a Súmula 425 do TST o restringe às Varas do Trabalho e aos Tribunais Regionais do Trabalho, não podendo ser utilizado nas ações rescisórias, nos mandados de segurança, nas ações cautelares e nos recursos de competência do TST.

Por fim, não pode a parte sem advogado ajuizar cautelar (tutela de urgência) ou impetrar mandado de segurança, mesmo que seja na 1ª instância da Justiça do Trabalho (Varas do Trabalho). Da mesma sorte não exercerá o *jus postulandi* quando for o caso de ajuizamento de ação rescisória, seja no TRT ou no TST.

2.1.2. Princípio da conciliação ou conciliatório

Este princípio preconiza que a Justiça do Trabalho é eminentemente conciliadora, como se infere do art. 764 e parágrafos da CLT, quer nos dissídios individuais quer nos coletivos, pois todos estarão sempre sujeitos à conciliação, o que é ratificado pelo art. 652, *a*, do mesmo diploma legal.

No procedimento comum ordinário, de acordo com a combinação dos arts. 846 e 850 da CLT, há dois momentos obrigatórios para a proposta judicial de conciliação: quando da abertura da audiência e após as razões finais, porém antes da decisão, sob pena de nulidade.

Cumpre destacar que grande parte da doutrina e da jurisprudência defende a nulidade do processo se, pelo menos, o juiz não propor a derradeira tentativa de conciliação em audiência, isto é, se após as razões finais não tentar conciliar as partes, haja vista que esta supriria a falta da primeira.

Já no procedimento comum sumaríssimo, o juiz, em qualquer fase da audiência, poderá incitar as partes ao acordo, nos termos do art. 852-E da CLT.

No entanto, é imperioso salientar que o juiz não é obrigado a homologar acordo entre as partes, como se infere da Súmula 418 do TST.

Porém, a Justiça do Trabalho estimula o acordo em qualquer fase do processo, ainda que após o trânsito em julgado e já em fase de execução, como se denota da OJ n. 376 da SDI-I do TST.

A OJ n. 132 da SDI-2 do TST dispõe que o acordo homologado em que o empregado dá plena e ampla quitação, sem que faça constar qualquer ressalva, alcança não só o objeto da lide, mas também todas as demais parcelas do extinto contrato de trabalho, motivo pelo qual o ajuizamento de outra demanda resta por violar a coisa julgada.

2.1.3. Princípio da irrecorribilidade imediata das decisões interlocutórias

Decisão interlocutória, nos termos do art. 203, § 2º, do CPC, é o pronunciamento do juiz que não se configura como sentença ou despacho. No processo trabalhista, a base legal deste princípio são os arts. 799, § 2º, e 893, § 1º, da CLT.

Dessa forma, no processo do trabalho, em regra, não cabe recurso imediato contra as decisões interlocutórias, sendo este princípio uma vereda do princípio da oralidade, salvo nas hipóteses taxativamente enumeradas na Súmula 214 do TST.

Para exemplificar, na situação descrita na letra "a" da súmula, seria cabível o recurso de revista, vez que se trata decisão proferida pelo Tribunal Regional do Trabalho, na forma do art. 896 da CLT. Assim, se um trabalhador ajuiza uma ação após três anos da mudança de regime da CLT para estatutário e o juiz reconhece a prescrição bienal, em caso de afastamento da prescrição pelo TRT em sede de recurso ordinário, caberia de imediato recurso de revista, haja vista que a decisão do regional viola a Súmula 382 do TST, impedindo que os autos voltem à origem (Vara do Trabalho) para apreciar os pedidos.

Cabe destacar que, para evitar a preclusão ou convalidação, é trivial no processo do trabalho, quando as decisões interlocutórias são proferidas em audiência, requerer que seja registrado em ata de audiência o protesto antipreclusivo, o que é requerido com espeque no art. 795 c/c o art. 893, § 1º, ambos da CLT.

Assim, se a parte requerer a oitiva de testemunha e o magistrado indeferir, como estamos diante de uma decisão interlocutória, que não se enquadra em nenhuma das exceções previstas na Súmula 214 do TST, caberá o protesto em ata para, se for o caso em decorrência de prejuízo, requerer sua apreciação quando da interposição do recurso ordinário em face da sentença.

Note que o legislador reformista trouxe mais algumas exceções ao princípio em tela, como se denota do § 1º, incisos II e III do art. 855-A da CLT, que admite recursos de imediato das decisões interlocutórias que acolham ou rejeitem o incidente de desconsideração da personalidade jurídica, respectivamente, o agravo de petição, quando a decisão for em sede de execução, e o agravo interno, quando proferida por relator em incidente instaurado originariamente no tribunal.

2.1.4. Princípio da normatização coletiva

A Justiça do Trabalho exerce o chamado **poder normativo**, que consiste na competência material de solucionar conflitos coletivos, criando normas e condições gerais e abstratas, por meio da denominada **sentença normativa,** que serão aplicadas no âmbito das categorias envolvidas (profissionais e econômicas), o que permanece mantido mesmo com o advento da Emenda Constitucional n. 45/2004.

Essa função especial conferida aos tribunais da Justiça laboral é prevista no § 2º do art. 114 da CF/88, que na verdade nada tem a ver com o aplicar do direito já existente, pois no exercício desta competência a Justiça do Trabalho cria normas jurídicas, o que será analisado com mais cautela ao tratarmos do dissídio coletivo.

2.1.5. Princípio da oralidade

No processo do trabalho, que ostenta procedimentos essencialmente orais, os atos processuais são realizados pelas partes e pelo juiz em audiência, de forma oral e verbal, o que tem por objetivo simplificar o procedimento e gerar mais celeridade, com significativo aumento de poderes do magistrado na direção do processo.

Não são poucos os dispositivos da CLT que fazem menção aos atos orais, como é o caso da defesa regulada no art. 847, em que a reclamada terá 20 minutos para aduzi-la (mesmo na vigência do processo eletrônico é assegurada a apresentação de defesa oral); razões finais orais em dez minutos, como se depreende do art. 850 da CLT, dentre outros.

2.1.6. Princípio da celeridade

Presente no art. 765 da CLT e no art. 5º, LXXVIII, da CF/88, no processo do trabalho tem seu relevo, pois o trabalhador busca verbas de natureza alimentar, o que é constatado pela existência de procedimentos mais breves, rápidos.

2.1.7. Princípio da concentração

Este princípio está explícito nos arts. 849 e 852-C, ambos da CLT. Na verdade, orienta a prática de atos em uma mesma oportunidade, como é o caso da determinação de que as audiências no processo do trabalho sejam unas, para que nela sejam realizados todos os atos processuais necessários para a solução da demanda, salvo total impossibilidade.

2.1.8. Princípio da subsidiariedade

Este princípio nada mais é do que a aplicação do processo civil no direito processual do trabalho, o que é autorizado pelo art. 769 da CLT.

São dois os pressupostos para admitir a incidência do CPC no processo do laboral: 1) omissão na CLT; e 2) compatibilidade das normas do processo civil com os princípios que orientam o processo do trabalho.

Da jurisprudência do TST podemos extrair alguns exemplos, pela aplicação ou não do CPC, como é o caso da OJ n. 310 da SDI-I que afirma ser inaplicável ao processo do trabalho o art. 191 do CPC (art. 229 do CPC/2015) que concede prazo em dobro para os litisconsortes que tenham procuradores diferentes, por ferir o princípio da celeridade; a Súmula 263 que versa sobre a possibilidade de saneamento de erros à petição inicial; a Súmula 394 que diz ser aplicável ao processo trabalhista, em qualquer instância, o art. 493 do CPC; dentre outras.

Esse dispositivo (art. 769 da CLT), que deve ser combinado com o art. 15 do CPC (autoriza a aplicação do CPC ao processo do trabalho de forma subsidiária ou supletiva), aplica-se no processo de conhecimento, pois se estivermos diante de procedimentos na execução, aplicar-se-á o disposto no art. 889 da CLT, onde num primeiro momento será aplicável a Lei de Execuções Fiscais (LEF – Lei n. 6.830/80) e, persistindo a omissão, socorre-se, então, do CPC, mas em qualquer um dos casos desde que não haja incompatibilidade com os princípios processuais do trabalho.

2.1.9. Princípio da imediação ou imediatidade

Tal princípio permite que o juiz tenha contato direto com as partes, peritos, testemunhas, a fim de melhor formar o seu convencimento, como se infere do art. 820 da CLT.

2.1.10. Princípio da busca da verdade real

Este princípio processual deriva do princípio do direito material do trabalho, conhecido como princípio da primazia da realidade. Esta assertiva é corroborada pelo art. 765 da CLT, que confere aos Juízos e Tribunais do Trabalho ampla liberdade na direção do processo.

2.1.11. Princípio da ultrapetição ou extrapetição

Significa, basicamente, que os órgãos jurisdicionais podem resolver a lide de forma distinta daquela que fora objeto do pedido, o que em regra é vedado, pois o pedido é um limitador da atividade jurisdicional e, por isso, o juiz não pode proferir sentença *citra*, *ultra* ou *extra petita*, em razão do princípio da adstrição, exceto nos casos autorizados em lei.

O exemplo clássico é o art. 496 da CLT, onde se verifica a possibilidade de o juiz converter a reintegração de empregado estável em indenização. Tem-se ainda a Súmula 211 do TST.

2.1.12. Princípio da *non reformatio in pejus*

Preconiza que o Tribunal, no julgamento de um recurso, não pode proferir decisão que agrave a situação do recorrente. Assim, se o rol de pedidos do reclamante for julgado parcialmente procedente e somente a reclamada recorrer, não pode o Tribunal julgar procedente todo o rol de pedidos do reclamante, pois estaria a agravar a situação processual da reclamada.

2.1.13. Princípio da publicidade

Estampado nos arts. 5º, LX, e 93, IX, da Constituição Federal de 1988, é uma garantia que visa transparência sobre os atos e julgamentos praticados pelo Poder Judiciário e decorre, fatalmente, do devido processo legal.

Note que não se trata de um princípio absoluto, vez que o próprio texto constitucional admite restrição a este, nos termos do art. 5º, LX, da CF/88. A CLT, por seu turno, em sentido semelhante, no art. 770.

2.2. **Comissões de Conciliação Prévia**

As Comissões de Conciliação Prévia – CCP foram instituídas pela Lei n. 9.958/2000, tendo com o objetivo principal desafogar a Justiça do Trabalho, promovendo a inclusão, na CLT, dos arts. 625-A ao 625-H.

Importa destacar que a criação das referidas comissões é uma faculdade e não um dever legal, como dispõe o art. 625-A da CLT. Podem, inclusive, ser constituídas por grupos de empresas ou ter caráter intersindical.

A composição da comissão constituída no âmbito da empresa deve observar a determinação contida no art. 625-B da CLT, razão pela qual terá no mínimo dois e no máximo dez membros, sendo que a metade de seus membros será indicada pelo empregador e a outra metade eleita pelos empregados, via escrutínio secreto, o que será fiscalizado pelo sindicato da categoria, havendo tantos suplentes quantos forem os representantes titulares.

O mandato dos membros das Comissões de Conciliação de Prévia será de um ano, sejam eles titulares ou suplentes, permitindo-se uma recondução, mas é vedada a dispensa dos representantes dos empregados, titulares ou suplentes, até um ano após o final do mandato, exceto de praticarem falta grave nos termos da lei, isto é, a norma laboral assegura a garantia provisória no emprego, admitindo, outrossim, a extinção da relação de empregado caso o membro pratique alguma falta grave ensejadora da rescisão contratual.

O representante dos empregados continuará a desenvolver suas atividades normais na empresa, vez que seu afastamento só irá ocorrer quando convocado para atuar como conciliador, o que gera interrupção do contrato de trabalho, vez que será computado como tempo de trabalho efetivo o despendido na atividade de conciliar.

Quando a Comissão de Conciliação Prévia for criada no âmbito do sindicato terá sua constituição e normas de funcionamento definidas em convenção ou acordo coletivo de trabalho.

O art. 625-D da CLT obriga o trabalhador a tentar a solução, primeiramente, na Comissão de Conciliação Prévia, para só após ingressar com sua reclamação trabalhista na Justiça do Trabalho, em caso de inexistência de acordo.

Porém o Supremo Tribunal Federal em 13-5-2009 concedeu liminar nas ADIs 2.139 e 2.160, por maioria e nos termos do voto do Senhor Ministro Marco Aurélio, para dar interpretação conforme a Constituição Federal relativamente ao art. 625-D, para permitir ao empregado escolher entre a conciliação ou ingressar com a reclamação trabalhista no Judiciário Trabalhista.

A partir da provocação, as comissões terão prazo de dez dias para a realização da sessão de tentativa de conciliação, e uma vez esgotado o prazo sem realização da sessão, deverá ser fornecida ao empregado e ao empregador declaração de tentativa de conciliação frustrada, para que seja juntada em eventual reclamação trabalhista (atualmente em razão da decisão do STF acima citada fica com seu efeito reduzido ou aplicabilidade prejudicada), ficando suspenso o prazo prescricional para ajuizamento da ação trabalhista a partir da provocação da Comissão, o qual voltará a fluir após o fim dessa prazo ou da efetiva tentativa frustrada de conciliação.

Cabe informar que o termo de conciliação lavrado perante a Comissão de Conciliação Prévia, assinado pelo empregado, pelo empregador ou preposto e pelos membros da comissão é título executivo extrajudicial (art. 876 da CLT) e tem eficácia liberatória geral, exceto quanto às parcelas expressamente ressalvadas, nos termos do art. 625-A e seu parágrafo único, sendo certo dizer que aquilo que não foi ressalvado não poderá ser discutido em juízo, mas como o termo citado não faz coisa julgada material, não impede o aceso ao Judiciário Trabalhista.

2.3. Competência da Justiça do Trabalho

2.3.1. Definição

Como a jurisdição é função, dever e poder, monopolizada pelo Estado, todos os magistrados (juízes, desembargadores e ministros) a exercem. Porém a competência é exatamente a divisão dos trabalhos entre eles para processar e julgar as demandas judiciais, de modo que é possível, considerando nosso ordenamento jurídico, que um magistrado tenha jurisdição, mas não tenha competência, embora a recíproca não seja verdadeira.

2.3.1.1. Relação de trabalho e relação de emprego

Para fins de fixação da competência da Justiça do Trabalho, a distinção entre trabalhador e empregado perdeu sua relevância com o advento da Emenda Constitucional n. 45/2004, na medida em que a especializada passou a processar e julgar as ações oriundas da relação de trabalho, com algumas ressalvas, como é o caso de trabalhador no âmbito da administração pública (servidor estatutário).

Com a ampliação da competência envidada pela emenda constitucional retrocitada, não há dúvidas, pelo visto, de que as ações oriundas da relação de emprego são de competência da justiça do trabalho, mas também as lides decorrentes da relação de trabalho, razão pela qual cabe a esta especializada julgar ações envolvendo o descumprimento de obrigações legais e contratuais inerentes à relação de emprego, bem com ações decorrentes das relações de trabalho (trabalho autônomo, trabalho eventual, trabalho voluntário, estágio etc.), as ações que visam apreciar reclamações de empregado que tenham por objeto direito fundado em quadro de carreira (Súmula 19 do TST), ações ajuizadas por empregados em face de empregadores referentes ao cadastramento no PIS (Súmula 300 do TST), dentre inúmeras outras.

2.3.1.2. Complementação de aposentadoria

O Plenário do Supremo Tribunal Federal decidiu no julgamento do Recurso Extraordinário 586.456 que cabe à Justiça Comum julgar processos decorrentes de contrato de previdência complementar privada, o que significa que não é da Justiça do Trabalho a competência para julgar ações que tenham essa causa de pedir.

No entanto, quando a vantagem é instituída em decorrência do próprio contrato de trabalho ou, por exemplo, regulamento interno de empresa, a competência será da Justiça do Trabalho, consoante OJ n. 26 da SDI-1 do TST.

2.3.1.3. Entes de direito público externo e organismos internacionais

No que tange à competência da Justiça do Trabalho para processar e julgar as ações oriundas das relações de trabalho com os entes de direito público externo, cabe trazer à baila que o Supremo Tribunal Federal já decidiu, de forma reiterada, que não há imunidade de jurisdição para os entes de direito público externo, razão pela qual a Justiça do Trabalho tem competência para processar e julgar lides envolvendo tais entes.

No entanto, o Pretório Excelso também assentou entendimento no sentido de que o ente de direito público externo possui imunidade de execução, isto é, a Justiça Laboral não possui competência para executar seus julgados, em razão da soberania daqueles entes, de modo que, como regra geral, deve lançar mão da carta rogatória, o que nos levar a afirmar que a imunidade é relativa e não absoluta, vez que não se aplica do processo de conhecimento, mas tão somente ao de execução, isso se não houver renúncia expressa.

Porém, no que tange aos organismos internacionais, o raciocínio é diverso, nos termos da OJ n. 416 da SDI-1 do TST.

2.3.1.4. Servidores públicos e trabalhadores de cartórios extrajudiciais

Se a relação de trabalho é mantida com a Administração Pública e não for regida pela CLT (não empregado), pelo contrário, ostente natureza tipicamente estatutária ou caráter jurídico-administrativo, a competência não será da justiça laboral, mas sim da Justiça Federal ou Estadual, como se extrai da ADI 3.395.

Ademais, se houver contratação de trabalhador por tempo determinado no âmbito da Administração Pública, nos moldes do art. 37, IX, da Constituição, a competência é da Justiça Comum, o que já fora decidido reiteradas vezes pelo Supremo Tribunal Federal, em razão do seu caráter administrativo.

Entretanto, é de grande valia observar a competência residual mencionada na Orientação Jurisprudencial n. 138 da SDI-1.

No que tange aos cartórios extrajudiciais, bem como aos empregados das sociedades de economia mista ou empresas públicas, como os trabalhadores tem vínculo de emprego (regido pela CLT), a competência para apreciar eventual lide será da Justiça do Trabalho.

2.3.1.5. Conflito envolvendo entes sindicais

Diante do consignado no art. 114, III, da CF/88 (ações sobre representação sindical, entre sindicatos e trabalhadores, e entre sindicatos e empregadores), não restam dúvidas acerca da competência da Justiça do Trabalho para dirimir qualquer controvérsia envolvendo as entidades sindicais e trabalhadores ou empregadores, ou até mesmo questões sobre representação sindical.

2.3.1.6. Ações constitucionais de defesa

A Constituição Federal determina, no art. 114, IV, que compete à Justiça do Trabalho processar e julgar as ações de mandado de segurança, *habeas corpus* e *habeas data*, desde que os atos praticados envolvam matéria sujeita a sua jurisdição.

2.3.1.7. Danos morais e materiais

O art. 114, VI, da CF/88 dispõe que "compete a Justiça do Trabalho processar e julgar as ações de indenização por dano moral ou patrimonial, decorrentes da relação de trabalho", o que atualmente não gera mais controvérsias na doutrina ou na jurisprudência, tendo em vista a redação da Súmula 392 do TST.

Porém, quando as ações envolvem acidente de trabalho, temos dois prismas para analisar:

1º) **Ações acidentárias movidas pelo trabalhador segurado em face do INSS:** neste caso, como o objeto da ação será prestação acidentária, a competência é da Justiça Comum Estadual, como se extrai do art. 109, I, da CF/88, da Súmula 15 do STJ e das Súmulas 235 e 501 do STF.

Sem prejuízo do acima exposto, pode ainda ser citado o art. 643, § 2º, da CLT, o qual assevera que compete a Justiça ordinária o julgamento das ações referentes a acidentes de trabalho.

2º) **Ações indenizatórias pleiteando danos morais ou materiais do empregado em face do empregador:** nesta hipótese, se o empregado sofre um infortúnio decorrente de acidente de trabalho, por culpa ou dolo do empregador, a competência é da Justiça do Trabalho, inclusive aquelas anteriores ao advento da Emenda Constitucional n. 45/2004, desde que ainda não haja sentença de mérito proferida pela Justiça Comum, que era a competente para apreciar tais ações, nos termos da Súmula Vinculante 22 do STF.

Importante destacar que a CLT, do art. 223-A ao art. 223-G trata do Dano Extrapatrimonial, tanto para pessoas físicas quanto jurídicas, fixando, inclusive, os limites da reparação nos §§ 1º e 2º do art. 223-G, o que fora incluído pela Lei n. 13.467/2017 (Reforma Trabalhista).

2.3.1.8. Ações possessórias

A Justiça do Trabalho também tem competência para julgar ações possessórias decorrentes das relações de trabalho, seja no que tange a bens móveis ou imóveis, ou seja, tem competência para julgar ação de reintegração de posse, ação de manutenção de posse e ação de interdito proibitório, o que pode ser feito no bojo da reclamação trabalhista ou em reconvenção, desde que guarde nexo de causalidade com a relação de trabalho.

No que toca à competência para julgamento das ações possessórias envolvendo o exercício do direito de greve, importa citar a Súmula Vinculante 23 do STF.

2.3.1.9. Greve

Prevê solenemente nossa Carta Magna, no art. 114, II, que compete à Justiça do Trabalho "processar e julgar as ações que envolvam e que envolvam exercício do direito de greve", o que nos leva a afirmar que tanto as ações individuais quanto as coletivas, desde que esta matéria (greve) seja veiculada, serão julgadas pela Justiça Laboral, o que não inclui as ações penais decorrentes do exercício do direito em testilha, como já decidiu o STF na ADI 3.684.

No caso de greve em atividade essencial, que tenha possibilidade de lesão ao interesse público, o Ministério Público do Trabalho pode ajuizar dissídio coletivo para que a Justiça do Trabalho venha a dirimi-lo, nos termos do § 3º do art. 114 da CF/88, caso em que a competência será originariamente do TRT ou do TST.

2.3.1.10. Execução das contribuições sociais e fiscais

Prevê o art. 114, VIII, da CF que compete à Justiça do Trabalho processar e julgar a execução, de ofício, das contribuições sociais previstas no art. 195, I, *a*, e II, e seus acréscimos legais, decorrentes das sentenças que proferir.

Com efeito, a Justiça Laboral é competente para determinar o recolhimento das contribuições fiscais. Porém a competência da Justiça do Trabalho, quanto à execução das contribuições previdenciárias, limita-se às sentenças condenatórias em pecúnia que proferir e aos valores, objeto de acordo homologado, que integrem o salário de contribuição, como se infere do art. 876, parágrafo único, da CLT, da Súmula 368, I, do Tribunal Superior do Trabalho e Súmula Vinculante 53 do STF, inclusive as contribuições devidas ao Seguro de Acidente de Trabalho, consoante Súmula 454 do TST.

2.3.1.11. Penalidades administrativas impostas pelos órgãos de fiscalização do trabalho

Dispõe a Constituição no art. 114, VI, que compete à Justiça do Trabalho processar e julgar *as ações relativas às penalidades administrativas impostas aos empregadores pelos órgãos de fiscalização das relações de trabalho*, ou seja, as ações ajuizadas pelos tomadores de serviços em razão das penalidades oriundas dos órgãos de fiscalização que fazem parte do Ministério do Trabalho e Emprego.

Nesse contexto, é lícito afirmar que a Justiça do Trabalho tem competência para julgar todas as ações ajuizadas pelos empregadores e tomadores de serviço decorrentes da questão ora veiculada, ou seja, tutelas de evidência, mandados de segurança, ações anulatórias, ações de cunho declaratório etc.

Ademais, também serão executadas na Justiça do Trabalho as Certidões de Dívida Ativa (CDA) da União decorrentes de penalidades impostas pelos mesmos órgãos acima citados, isto é, se a União pretende executar uma CDA, desde que o crédito tributário seja decorrente da penalidade imposta pelos órgãos de fiscalização do trabalho, como seria o caso das multas administrativas, nada mais óbvio do que afirmar que a competência é da Justiça Laboral.

2.3.1.12. Ações de cobranças de profissionais liberais

Havia divergência até a edição da Súmula 363 do STJ, que resolveu toda a controvérsia nos seguintes termos: "Compete à Justiça estadual processar e julgar a ação de cobrança ajuizada por profissional liberal contra cliente".

2.3.1.13. Homologação de acordo extrajudicial

Com a entrada em vigor da Lei n. 13.467/2017 (Reforma Trabalhista), o art. 652, alínea *f*, da CLT assevera que compete às Varas do Trabalho decidir quanto à homologação de acordo extrajudicial em matéria de competência da Justiça do Trabalho, estando o procedimento de jurisdição voluntária ora citado no art. 855-B ao art. 855-E da norma laboral.

Desta forma, este processo, para ser iniciado, precisa de petição assinada em conjunto por ambas as partes, sendo obrigatória a representação delas por advogados diferentes, podendo o trabalhador ser assistido pelo advogado de sua categoria profissional.

A lei determina que o juiz, no prazo de 15 dias a contar da distribuição da petição inicial, irá analisar o acordo e, se for necessário, designará audiência, proferindo sentença.

A petição de homologação de acordo extrajudicial **suspende** o prazo prescricional da ação quanto aos direitos nela especificados, o qual voltará a fluir no dia útil seguinte ao do trânsito em julgado da decisão que indeferir a homologação requerida.

2.3.2. Competência em razão do lugar

Em relação à competência territorial das Varas do Trabalho, vale dizer que a regra geral é no sentido de que a reclamação deve ser apresentada no local em que o empregado tenha prestado seus serviços, sendo irrelevante o local da contratação ou do seu domicílio, conforme redação do *caput* do art. 651 da CLT.

No que tange ao agente ou viajante comercial, temos que o § 1º do art. 651 estabelece uma exceção, qual seja:

1) o reclamante deve propor sua reclamação trabalhista no foro em que a empresa tenha agência ou filial, desde que o trabalhador esteja subordinado a ela; ou

2) em caso de inexistir subordinação à agência ou filial, promoverá sua reclamação onde tenha domicílio ou na localidade mais próxima.

Exceção ainda é vista, em razão da regra geral, no § 2º do art. 651 do diploma consolidado, o qual atribui competência às Varas do Trabalho para processar e julgar lides ocorridas em agência ou filial situada no estrangeiro, desde que o empregado seja brasileiro e não haja convenção internacional em contrário, exigindo-se, em contrapartida, que a empresa tenha sede, filial ou representação no Brasil, pois do contrário, obviamente, haverá total impossibilidade de ajuizamento da ação em solo brasileiro.

Note que o art. 651, § 3º, da norma laboral determina que, em caso de empresas que promovam atividades fora do lugar da celebração do contrato, o trabalhador poderá ajuizar sua reclamação no local onde o contrato fora celebrado ou onde prestou os serviços, como sói acontecer nas atividades circenses, feiras agropecuárias, dentre outras.

2.3.3. Conflito de competência

Pode ocorrer entre dois ou mais órgãos dúvidas acerca de quem é ou não realmente competente para processar e julgar determinada demanda, decorrendo desta circunstância casuística o denominado conflito de competência, que pode ser positivo ou negativo, havendo, por seu turno, regras próprias de processamento e competência para a solução deste incidente na CLT, na Lei n. 7.701/88 e no CPC, sem prejuízo do previsto no regimento interno dos tribunais.

O conflito de competência ocorre quando dois ou mais juízes se declaram competentes (conflito positivo), quando dois ou mais juízes se declaram incompetentes (conflito negativo) ou ainda quando entre dois ou mais juízes há controvérsia sobre a reunião ou separação de processos.

Impende salientar que quando a CLT faz menção ao conflito de jurisdição (art. 803 e ss.), o melhor entendimento é no sentido de que a expressão mais correta seria "conflito de competência", pois a jurisdição que é função exercida pelo Estado, via de regra, por intermédio do Poder Judiciário, é "una e indivisível", razão pela qual o mais adequado é falar conflito de competência.

Com base no disposto no art. 114, V, da CF que confere à Justiça do Trabalho competência para resolver os conflitos de competência, temos que tal competência, obviamente, só alcança os órgãos de jurisdição trabalhista, com algumas exceções, como é o caso da competência deferida para o Supremo Tribunal Federal nos termos do art. 102, I, *o*, da CF, quando no conflito estiver envolvido Tribunal Superior, inclusive o próprio Tribunal Superior do Trabalho.

No processo do trabalho, o conflito pode ser suscitado pelos juízes e tribunais do trabalho, pelo Ministério Público do Trabalho e pela parte interessada, nos termos do art. 805 da CLT, devendo a parte interessada, no ato de suscitar o conflito, fazer prova de sua existência (art. 807 da CLT). Entretanto, se a parte interessada já tiver oposto no feito exceção de incompetência, a ela é vedado suscitar conflito de competência (art. 806 da CLT), haja vista que terá operado a preclusão lógica, porém se não foi a parte que suscitou o conflito de competência, poderá oferecer exceção declinatória de foro (interpretação a *contrario sensu*).

Suscitado o conflito e este estando devidamente formado, é possível que o relator solicite informações dos órgãos em conflito e, depois de ouvido o Ministério Público do Trabalho, submeterá o conflito a julgamento, comunicando o seu resultado às autoridades que estão envolvidas no conflito, devendo o feito prosseguir no juízo, então, competente.

No que tange a competência para a solução dos conflitos suscitados, temos que a solução dar-se-á:

1) Pelos Tribunais Regionais do Trabalho, quando ocorrer entre as Varas do Trabalho da mesma região, entre juízes de direito investidos em jurisdição trabalhista da mesma região, ou entre Varas do Trabalho e juízes de direito investidos na jurisdição trabalhista, desde que da mesma região (art. 678, I, *c*, 3, da CLT).
2) Pelo Tribunal Superior do Trabalho, quando suscitado entre Tribunais Regionais do Trabalho, entre juízes do trabalho e juízes de direito investidos em jurisdição trabalhista que estejam sujeitos à jurisdição de Tribunais Regionais diversos.
3) Pelo Superior Tribunal de Justiça, quando ocorre o conflito entre juízes do trabalho e juízes de direito não investidos em jurisdição trabalhista ou juízes federais, o que independe da região, malgrado a redação do art. 811 da CLT, que fora revogada pelo texto constitucional vigente (art. 105, I, *d*, da CF/88).
4) Pelo Supremo Tribunal Federal quando envolver o Tribunal Superior do Trabalho e outros órgãos do Poder Judiciário.

Logicamente, não há conflito entre Tribunal Regional do Trabalho e o Tribunal Superior do Trabalho e, também, não há conflito de competência entre Tribunal Regional do Trabalho e Vara do Trabalho a ele vinculada, pois em ambos os casos a questão resolver-se-á pela hierarquia, como se denota, por exemplo, da Súmula 420 do TST.

2.4. Partes e procuradores

Cabe lembrar que o art. 791 da CLT menciona que os empregados e os empregadores poderão reclamar pessoalmente perante a Justiça do Trabalho e acompanhar suas reclamações até o final, o que traduz o instituto do *jus postulandi*, já estudado por nós anteriormente.

No entanto, facultativamente, poderão reclamante e reclamada atribuir a alguém a capacidade de agir em seu nome, razão pela qual as partes, nos dissídios individuais e nos dissídios coletivos, têm a faculdade de serem assistidos por advogado, como de extrai dos §§ 1º e 2º do art. 791 da CLT.

A representação da parte por advogado far-se-á mediante a outorga de poderes pelo instrumento de mandato, o que é realizado através da procuração, ou seja, para que possa o advogado atuar em juízo é exigido o instrumento de mandato (procuração *ad judicia*) como prevê o art. 105 do CPC.

O art. 791, § 3º, da CLT possibilita a constituição de advogado em audiência, a requerimento do advogado e com a anuência da parte interessada.

É imperioso fazer distinção entre **mandato expresso** e tácito, pois aquele primeiro pode ser por escrito ou *apud acta*, que é a outorga de poderes conferidos pelo reclamante ou pela reclamada em audiência, registrando, portanto, seus termos na própria ata de audiência, o que admite inclusive a concessão de poderes especiais.

Já o **mandato tácito** é a conferência de poderes para o foro em geral (*ad iudicia*), o que ocorre pelo simples fato de a parte estar acompanhada de advogado no momento da realização da audiência, o que a doutrina entende ser a previsão do § 3º do art. 791.

É vedado o substabelecimento de advogado investido em mandato tácito, pois se entende que o poder para substabelecer nao está inserido na cláusula *ad judicia*, nos termos da OJ n. 200 da SDI-1 do TST.

A OJ n. 319 da SDI-1 do TST prevê que válidos são os atos praticados por estagiário se, entre o substabelecimento e a interposição do recurso, sobreveio a habilitação, do então estagiário, para atuar como advogado.

Com relação à exigência de exibição ou juntada aos autos dos atos constitutivos da empresa para demonstrar a validade da outorga de poderes via mandato, esta fica dispensada, salvo se houver impugnação da parte contrária, como se infere da OJ n. 255 da SDI-1 do TST.

Na hipótese de interposição de recurso, a questão da regularidade na representação é resolvida com a leitura da Súmula 383 do TST.

As pessoas jurídicas de direito público ficam dispensadas de juntar instrumento de mandato, na forma da Súmula 436 do TST.

Insta destacar, no particular, o que prevê a OJ n. 349 da SDI-1 do TST: "A juntada de nova procuração aos autos, sem ressalva de poderes conferidos ao antigo patrono, implica revogação tácita do mandato anterior".

2.5. Assistência judiciária, gratuidade de justiça e isenção

A assistência judiciária, integral e gratuita, é um direito fundamental assegurado a todos que comprovem estar em situação de insuficiência de recursos, conforme proclamado solenemente no art. 5º, LXXIV, da CF/88.

No âmbito da Justiça do Trabalho, a assistência judiciária é prestada pelo sindicato da categoria profissional a que pertencer o trabalhador, sendo devida àquele que receber salário igual ou inferior ao dobro do mínimo legal, bem como àquele que receba além desse limite, mas que comprove que sua situação econômica lhe impeça demandar em juízo sem prejuízo próprio ou de sua família, como se extrai do art. 14 da Lei n. 5.584/70.

A assistência é devida mesmo que o trabalhador não seja associado ao sindicato, por determinação do art. 18 da Lei n. 5.584/70, ou seja, se preencher os requisitos legais, o trabalhador tem direito à assistência, seja filiado ou não.

Porém, o § 3º do art. 790 da CLT, com a redação dada pela Lei n. 13.467/2017, estabelece que "é facultado aos juízes, órgãos julgadores e presidentes dos tribunais do trabalho de qualquer instância conceder, a requerimento ou de ofício, o benefício da justiça gratuita, inclusive quanto a traslados e instrumentos, àqueles que perceberem salário igual ou inferior a 40% (quarenta por cento) do limite máximo dos benefícios do Regime Geral de Previdência Social" e o § 4º do mesmo artigo determina que "o benefício da justiça gratuita será concedido à parte que comprovar insuficiência de recursos para o pagamento das custas do processo".

A gratuidade pode ser requerida em qualquer tempo e grau de jurisdição, desde que, na fase recursal, seja realizado o requerimento no prazo alusivo ao recurso. Outrossim, se indeferido o requerimento de justiça gratuita formulado na fase recursal, cumpre ao relator fixar prazo para que o recorrente efetue o preparo, consoante o art. 99, § 7º, do CPC e como estabelece a OJ n. 269 da SDI-1 do TST.

O art. 790-A da CLT, no entanto, isenta de custas além dos beneficiários da justiça gratuita, a União, o Distrito Federal, os Estados, os Municípios, as autarquias, as fundações públicas que não explorem atividade econômica e o Ministério Público do Trabalho, o que também se aplica, por exemplo, as empresas públicas que não atuam no regime concorrencial, vez que não atuam no seguimento de atividade econômica, pelo contrário, prestam serviços de caráter público para atender a coletividade.

No entanto, esta isenção de custas não alforria as entidades citadas (União, Estados, Distrito Federal, Municípios, autarquias e fundações públicas que não explorem atividade econômica), com exceção do Ministério Público do Trabalho, de reembolsar as despesas judiciais realizadas pela parte vencedora, como se infere do parágrafo único do preceptivo citado e, além disso, não isenta as entidades fiscalizadoras do exercício profissional de pagar as despesas processuais cabíveis, tais como Ordem dos Advogados do Brasil, Conselho Regional de Odontologia, Conselho Regional de Medicina etc.

2.6. Processo judiciário do trabalho

Os atos processuais são públicos e o horário para sua realização é das 6h00 às 20h00 em dias úteis (art. 770 do CLT). O art. 216 do CPC assevera que "além dos estabelecidos em lei, são feriados, para efeito forense, os sábados, os domingos e os dias em que não haja expediente forense".

Os atos e termos processuais devem ser assinados pelas partes, mas caso estas estejam impedidas de fazê-lo por motivo justificado, ou não possam, deverão ser assinados pelo procurador legalmente constituído, ou a rogo na presença de duas testemunhas, como ordena a norma processual cogente do art. 772 da CLT.

Cumpre alertar que, como o processo é uma relação, os autos do processo são formados pela petição inicial, contestação, documentos, decisões, termos, petições etc., que permanecem sob a responsabilidade dos escrivães ou diretores de secretaria (art. 777 da CLT).

As partes e seus respectivos advogados podem consultar os autos nas Secretarias das Varas do Trabalho durante o expediente, mas a retirada dos autos da Secretaria mediante carga só pelo advogado. É possível, ainda, que os autos saiam dos cartórios ou secretarias quando tiverem de ser remetidos aos órgãos competentes, em caso de recurso ou requisição (arts. 778 e 779 da CLT).

É importante ressaltar que as partes poderão requerer certidões dos processos em curso ou arquivados, as quais serão lavradas pelos escrivães ou chefes de secretaria, sendo que aquelas sobre processos que correm em segredo de justiça, sempre dependerão de despacho do juiz (art. 781, parágrafo único, da CLT).

A retirada (desentranhamento) de documentos juntados aos autos só poderá ocorrer depois de finalizado o processo, desde que o interessado deixe cópia reprográfica (traslado), na forma do art. 780 da CLT.

2.6.1. Da distribuição e do distribuidor

Tendo em vista o disposto na CLT do art. 783 ao art. 788, é lícito afirmar que as reclamações serão distribuídas entre as Varas do Trabalho ou entre os Juízes de Direito do Cível (quando estiverem no exercício da "jurisdição" trabalhista), na ordem rigorosa de sua apresentação ao distribuidor, quando na localidade houver mais de uma Vara do Trabalho (art. 713 da CLT). Em caso de inexistir mais de uma Vara do Trabalho, as reclamações serão apresentadas diretamente na Vara do Trabalho existente na localidade.

2.6.2. Prazos processuais

Prazo processual é o período de tempo dentro do qual alguém deve praticar algum ato, vez que o processo tem por finalidade solucionar o conflito de interesses e, notadamente, para que seu objetivo principal seja alcançado, mister se faz agir com brevidade de tempo, ou seja, chegar na decisão o mais rápido possível.

A Consolidação das Leis do Trabalho contém três dispositivos de extrema relevância no que tange aos prazos, sem prejuízo de outros que serão citados, quais sejam os arts. 774, 775 e 776.

2.6.2.1. Contagem dos prazos

Na contagem dos prazos, como se depreende do art. 775 da CLT, exclui-se o dia do começo (a contagem dar-se-á, em regra, no primeiro dia útil subsequente a ciência do ato processual), porém inclui-se o dia do vencimento e **são contados em dias úteis**.

O § 1º do art. 775 da CLT estabelece que os prazos podem ser prorrogados, pelo tempo estritamente necessário, quando o juízo entender necessário, bem como em virtude de força maior, devidamente comprovada. Ademais, ao juízo cabe dilatar os prazos processuais e alterar a ordem de produção dos meios de prova, adequando-os às necessidades do conflito de modo a conferir maior efetividade à tutela do direito.

O decurso dos prazos deverá ser certificado nos autos pelos escrivães ou chefes de secretaria, nos termos do art. 776 do mesmo diploma legal.

Observe que quando a intimação for realizada na sexta-feira, ou a publicação com efeito de intimação tiver ocorrido neste dia (sexta), o prazo judicial será contado a partir da segunda-feira imediata, exceto se não houver expediente, caso em que começara a fluir no dia útil que se seguir, de acordo com a Súmula 1 do TST.

No entanto, se a parte for intimada ou notificada no sábado, o início do prazo se dará no primeiro dia útil imediato e a contagem, no subsequente, conforme previsão da Súmula 262, I, do TST.

É imperioso observar que o prazo para interpor recurso quando a sentença for prolatada em audiência, pois pode ser realizada de forma oral, conta-se findo o prazo de 48 horas (art. 851, § 2º, da CLT) para juntada da ata de audiência de julgamento, exceto se o juiz exceder o prazo *retro*, quando então a parte deverá ser intimada, como se extrai da Súmula 30 do TST.

Porém, se a parte foi intimada para comparecer em audiência de publicação da sentença e se ausentar, será contado o início do prazo recursal desde a prática do ato, ou seja, da prolação da sentença em razão da Súmula 197 do TST.

2.6.2.2. Prazos para as pessoas jurídicas de direito público

O Decreto-lei n. 779/69, que institui algumas prerrogativas à Fazenda Pública no processo do trabalho, determina em seu art. 1º, II e III, respectivamente, que o prazo a que se refere à parte final do art. 841 da CLT (cinco dias) deve ser contato em quádruplo, ou seja, deve ser de no mínimo 20 dias entre o recebimento da notificação para a audiência e a realização desta.

Assegura-se, ainda, o prazo em dobro para recorrer, não tendo aplicação o direito processual comum (CPC) em razão da previsão legal expressa, inclusive no caso de oposição de embargos de declaração (OJ n. 192 da SDI-1 do TST).

2.6.2.3. Suspensão e interrupção dos prazos

Pode haver a suspensão ou a interrupção dos prazos, conforme os casos venham a ser definidos em ocasiões próprias.

Na suspensão, ocorre uma causa que determina a paralisação provisória na sua contagem ou a postergação do início da contagem, razão pela qual quando terminada a causa voltará a contar de onde parou ou terá início a contagem, como é o caso do das férias coletivas dos Ministros do TST (Súmula 262, II, do TST).

A interrupção, por sua vez, é a situação que gera o "zerar" na contagem do prazo, ou seja, inicia-se sua contagem novamente do zero, como é o caso de oposição de embargos de declaração, que como regra geral interrompe o prazo para a interposição de recursos por quaisquer das partes (art. 897-A, § 3º, da CLT).

2.6.3. Comunicação dos atos processuais

O legislador se valeu do termo *notificação* na Consolidação das Leis Trabalhistas, como referência a todo e qualquer ato processual praticado, seja ele a citação ou intimação, não obstante o art. 880 da CLT mencionar, dentre outras, que o executado será citado pelo oficial de justiça para que cumpra o julgado ou garanta a execução, sob pena de penhora.

Estando as partes devidamente representadas por seus advogados, a notificação postal será feita diretamente aos patronos. Todavia, estando os litigantes no exercício do *jus postulandi* as notificações serão remetidas diretamente a eles, também pelos correios.

No direito processual do trabalho, a regra geral é a notificação, seja ela dirigida ao autor ou ao réu. Deste modo, cumpre dizer que da exordial trabalhista não há citação do reclamado, mas sim notificação do mesmo, conforme o art. 841 da CLT.

Desrespeitado, por outro lado, o prazo legal de cinco dias estabelecido pelo art. 841, é facultado ao reclamado o direito de comparecer à audiência e arguir a nulidade da citação, caso em que, se decretada pelo Magistrado, deverá este designar uma nova data para essa audiência.

Dispõe o Decreto-Lei n. 779/69 (art. 1º, II) a lista das prerrogativas processuais da Fazenda Pública, sendo a esta concedida prazo em quádruplo daquele fixado pelo art. 841, *caput*, da CLT (20 dias entre o recebimento da notificação e a realização da 1ª audiência). Sendo o decreto lacunoso e a CLT omissa, e considerando que o art. 841 não prevê regra especial, o TST entende que a notificação da Fazenda Pública também deverá ser feita pelos correios, prevalecendo o regramento geral.

Considerando-se que a CLT não exige que a notificação seja entregue pessoalmente ao destinatário, doutrina e jurisprudência entendem que para tornar-se válida basta que a notificação seja entregue no endereço do reclamado, podendo ser recebida pelo empregado da empresa, pelo zelador ou porteiro do edifício, ou simplesmente, ser depositada na caixa de correio.

Quando o destinatário não é encontrado ou cria algum empecilho para o recebimento da notificação, esta será feita por edital conforme se extrai do art. 841, § 1º, da CLT.

Assevera o art. 852-B, II, da CLT que no procedimento sumaríssimo "não se fará citação por edital, incumbindo ao autor a correta indicação do nome e endereço do reclamado".

2.7. Despesas processuais

As despesas processuais, em sentido lato, devem ser entendidas como todos os gastos realizados pelas partes, das quais são algumas espécies as custas, honorários do perito, emolumentos, honorários de advogado, depósito recursal e tradução realizada por intérprete (art. 819 da CLT).

2.7.1. Custas

As custas, que são determinadas por lei, caracterizam-se por despesas processuais relativas a formação, desenvolvimento e terminação do processo, sendo devidas pela mera provocação da atividade jurisdicional, sendo certo que o Supremo Tribunal Federal qualifica-as como taxas remuneratórias de serviços públicos.

Em regra, as custas são pagas ao final pelo vencido, porém, em caso de interposição de recursos, deverá haver o pagamento antecipado, ou seja, as custas serão pagas e comprovado o recolhimento dentro do prazo recursal, como prevê o § 1º do art. 798 da CLT.

Impende notar que no processo do trabalho, nos termos do art. 789 da CLT, nos dissídios individuais e nos dissídios coletivos do trabalho, nas ações e procedimentos de competência da Justiça do Trabalho, bem como nas demandas propostas perante a Justiça Estadual, no exercício da jurisdição trabalhista, as custas relativas ao processo de conhecimento incidirão à base de 2%, observado o mínimo de R$ 10,64 e o máximo de quatro vezes o limite máximo dos benefícios do regime geral de previdência social, sendo calculadas de acordo com as regras estabelecidas nos incisos do artigo citado. Em caso de acordo, as custas serão, em regra, rateadas entre as partes, salvo se do contrário constar no acordo.

Outrossim, em caso de não pagamento das custas, o devedor será executado na forma prevista na CLT, como determina o § 2º do art. 790 da norma laboral.

2.7.2. Honorários periciais

O art. 790-B da CLT determina que o pagamento dos honorários do perito será responsabilidade da parte sucumbente na pretensão objeto da perícia (e não na demanda), ou seja, temos regra própria na Consolidação das Leis do Trabalho, o que afasta, por óbvio, a incidência do Código de Processo Civil no particular.

Ademais, o texto é bastante elucidativo ao dizer que o pagamento é de responsabilidade da parte que **sucumbe na pretenção objeto da perícia**, de modo que o magistrado trabalhista não esta autorizado a determinar adiantamento de valores para realização de perícias (§ 3º do art. 790-B da CLT) quando o autor da reclamação pleitear, por exemplo, adicional de insalubridade ou periculosidade, haja vista que só com o proferir da sentença é que se saberá quem fora a parte sucumbe na pretensão objeto da perícia e, caso o juiz determine a antecipação, o meio adequado para impugnar tal decisão é o mandado de segurança, haja vista que **é ilegal a exigência do referido depósito para custeio dos honorários periciais**, dada a incompatibilidade com o processo do trabalho, como se extrai da OJ n. 98 da SDI-2 do TST.

Observe que mesmo sendo beneficiário da justiça gratuita, aquele que perder a pretensão objeto da perícia será obrigado a pagar tal despesa processual e, caso não tenha obtido em juízo créditos capazes de suportar a despesa, ainda que em outro processo, a União deverá responder o encargo, o que também já previa a Súmula 457 do TST.

É possível, entretanto, o deferimento do parcelamento dos honorários periciais, nos termos do § 2º do art. 790-B da CLT.

Cabe salientar que a responsabilidade pelo pagamento dos honorários do perito assistente é da parte que o indicou (o que independe da relação posta em juízo), vez que se trata de mera faculdade, ainda que a parte que o indicou seja vencedora, com fulcro na Súmula 341 do TST.

2.7.3. Honorários advocatícios

Este assunto é estudado, basicamente, pelas Súmulas 219 e 329, ambas do TST, as quais transcrevemos abaixo, sendo certo que é imperioso lembrar que honorários de sucumbência são aqueles pagos pela parte que perde ao advogado da parte vencedora.

> **Súmula 219 do TST.** HONORÁRIOS ADVOCATÍCIOS. CABIMENTO (alterada a redação do item I e acrescidos os itens IV a VI na sessão do Tribunal Pleno realizada em 15-3-2016) – Res. 204/2016, DEJT divulgado em 17, 18 e 21-3-2016
>
> I – Na Justiça do Trabalho, a condenação ao pagamento de honorários advocatícios não decorre pura e simplesmente da sucumbência, devendo a parte, concomitantemente: a) estar assistida por sindicato da categoria profissional; b) comprovar a percepção de salário inferior ao dobro do salário mínimo ou encontrar-se em situação econômica que não lhe permita demandar sem pre-

juízo do próprio sustento ou da respectiva família. (art. 14, § 1º, da Lei n. 5.584/70). II – É cabível a condenação ao pagamento de honorários advocatícios em ação rescisória no processo trabalhista. III – São devidos os honorários advocatícios nas causas em que o ente sindical figure como substituto processual e nas lides que não derivem da relação de emprego. IV – Na ação rescisória e nas lides que não derivem de relação de emprego, a responsabilidade pelo pagamento dos honorários advocatícios da sucumbência submete-se à disciplina do Código de Processo Civil (arts. 85, 86, 87 e 90). V – Em caso de assistência judiciária sindical, revogado o art. 11 da Lei n. 1060/50 (CPC de 2015, art. 1.072, inc. III), os honorários advocatícios assistenciais são devidos entre o mínimo de dez e o máximo de vinte por cento sobre o valor da condenação, do proveito econômico obtido ou, não sendo possível mensurá-lo, sobre o valor atualizado da causa (CPC de 2015, art. 85, § 2º). VI – Nas causas em que a Fazenda Pública for parte, aplicar-se-ão os percentuais específicos de honorários advocatícios contemplados no Código de Processo Civil.

Súmula n. 329 do TST. HONORÁRIOS ADVOCATÍCIOS. ART. 133 DA CF/1988. Mesmo após a promulgação da CF/1988, permanece válido o entendimento consubstanciado na Súmula n. 219 do Tribunal Superior do Trabalho.

Instrução Normativa n. 27/2005, TST, art. 5º. Exceto nas lides decorrentes da relação de emprego, os honorários advocatícios são devidos pela mera sucumbência.

Tendo em vista a ampliação da competência da Justiça do Trabalho com o advento da Emenda Constitucional n. 45/2004, que acarretou a remessa de alguns processos da Justiça Comum Estadual para aquela especializada, a OJ n. 421 da SDI-1 admite a condenação nos honorários pela mera sucumbência, com aplicação das regras do CPC.

Porém, com o advento da Lei n. 13.467/2017, que alterou a CLT, fora incluído o art. 791-A que contém cinco parágrafos, todos versando sobre a condenação em honorários de sucumbência. Acreditamos que a Súmula 219 será revista e a 329, quiçá, cancelada!

Com efeito, ao advogado, ainda que atue em causa própria, serão devidos honorários de sucumbência, fixados entre o mínimo de 5% e o máximo de 15% (quinze por cento) sobre o valor que resultar da liquidação da sentença, do proveito econômico obtido ou, não sendo possível mensurá-lo, sobre o valor atualizado da causa e, em caso de procedência parcial, o juízo arbitrará honorários de sucumbência recíproca, vedada a compensação entre os honorários.

Ao fixar os honorários, o juízo observará o grau de zelo do profissional, o lugar de prestação do serviço, a natureza e a importância da causa, bem como o trabalho realizado pelo advogado e o tempo exigido para o seu serviço.

Os honorários são devidos também nas ações contra a Fazenda Pública e nas ações em que a parte estiver assistida ou substituída pelo sindicato de sua categoria, sendo também cabíveis na reconvenção.

Por fim, se vencido o beneficiário da justiça gratuita, desde que não tenha obtido em juízo, ainda que em outro processo, créditos capazes de suportar a despesa, as obrigações decorrentes de sua sucumbência ficarão sob condição suspensiva de exigibilidade e somente poderão ser executadas se, nos dois anos subsequentes ao trânsito em julgado da decisão que as certificou, o credor demonstrar que deixou de existir a situação de insuficiência de recursos que justificou a concessão de gratuidade, extinguindo-se, passado esse prazo, tais obrigações do beneficiário.

2.8. Certidão negativa de débitos trabalhistas

A Lei n. 12.440, de 7 de julho de 2011, incluiu na CLT o art. 642-A e seus parágrafos, instituindo a Certidão Negativa de Débitos Trabalhistas (CNDT), que é expedida gratuita e eletronicamente para comprovar a inexistência de débitos inadimplidos perante a Justiça do Trabalho.

Segundo a CLT, o interessado não poderá obter a certidão quando em seu nome constar o inadimplemento de obrigações estabelecidas em sentença condenatória transitada em julgado proferida pela Justiça do Trabalho ou em acordos judiciais trabalhistas, inclusive no concernente aos recolhimentos previdenciários, a honorários, a custas, a emolumentos ou a recolhimentos determinados em lei, bem como o inadimplemento de obrigações decorrentes de execução de acordos firmados perante o Ministério Público do Trabalho ou Comissão de Conciliação Prévia.

Quando se verificar a existência de débitos garantidos por penhora suficiente ou com exigibilidade suspensa, será expedida Certidão Positiva de Débitos Trabalhistas em nome do interessado com os mesmos efeitos da CNDT.

A certidão em apreço irá certificar a empresa em relação a todos os seus estabelecimentos, agências e filiais e terá o prazo de validade de 180 dias contados da data de sua emissão.

Ademais, para participar de procedimentos de licitação, a Lei n. 8.666/93 passou a exigir, em razão da alteração promovida pela Lei n. 12.440/2011, em seu art. 29, V, que além de outros documentos é imprescindível a prova de inexistência de débitos inadimplidos perante a Justiça do Trabalho, mediante a apresentação de certidão negativa.

2.9. Nulidades no processo do trabalho

2.9.1. Conceito

O tema das nulidades no processo do trabalho é regulado pela CLT do art. 794 ao art. 798.

Em suma, a nulidade deve ser compreendida como a possibilidade de o ato processual não produzir efeitos ou ter desconstituído seus efeitos, isto é, trata-se de sanção pela qual a norma jurídica retira de um ato jurídico processual seus efeitos, mormente quando sua realização não se dá de acordo com os primados legais.

2.9.2. Princípios das nulidades

2.9.2.1. Instrumentalidade das formas ou finalidade

Em princípio, com espeque no art. 188 do CPC, pode-se dizer que os atos e termos processuais não dependem de forma determinada (liberdade das formas), exceto quando a lei expressamente a exigir, sendo reputados válidos os que forem realizados de outra forma, desde que alcancem a sua finalidade.

Com efeito, o fito é conservar os atos processuais praticados de forma diversa da prescrita em lei, desde que sua finalidade se verifique e produzam os efeitos colimados pela norma, privilegiando mais o conteúdo do que a forma propriamente dita.

2.9.2.2. Prejuízo ou transcendência

Podemos resumir esse princípio com a seguinte afirmativa: não haverá nulidade sem prejuízo às partes interessadas, considerando que o prejuízo seja exclusivamente processual.

O legislador fora influenciado pelo sistema francês (*pas de nulité san grief*), notadamente em razão da redação do art. 794 da CLT: "Nos processos sujeitos à apreciação da Justiça do Trabalho só haverá nulidade quando resultar dos atos inquinados manifesto prejuízo às partes litigantes".

2.9.2.3. Convalidação ou preclusão

As nulidades devem ser arguidas no momento processual oportuno, sendo que tal princípio se aplica às nulidades relativas, vez que as nulidades absolutas podem ser arguidas em qualquer momento, inclusive de ofício pelo magistrado, não estando sujeitas à preclusão (convalidação), consoante art. 795, *caput*, da CLT.

2.9.2.4. Interesse ou interesse de agir

Previsto no art. 796, *b*, da CLT, significa que a nulidade não poderá ser conhecida, se arguida pela parte que lhe deu causa, ou seja, somente terá interesse de requerer a declaração da nulidade à parte que fora prejudicada e que não tenha dado causa, vez que ninguém pode se beneficiar da própria torpeza.

Vale ressaltar que este princípio só se aplica em sede de nulidades relativas, uma vez que quando for caso de nulidade absoluta o magistrado deve pronunciá-la de ofício, sendo irrelevante, portanto, quem deu causa ou quem alegou.

2.9.2.5. Utilidade ou aproveitamento dos atos processuais praticados

Também conhecido como causalidade, concatenação ou interdependência dos atos processuais, preconiza que devem ser aproveitados todos os atos posteriores aquele notadamente nulo, na medida em que não sofram reflexos das nulidades porventura existentes, como se infere do art. 798 da CLT.

Assim, a pronúncia de uma nulidade não atinge todos os atos posteriores, permanecendo válidos os atos independentes.

Sendo assim, o juiz ou tribunal ao pronunciar a nulidade irá declarar os atos a que ela se estende, exatamente para que sejam aproveitados os atos independes.

2.9.2.6. Renovação dos atos processuais viciados ou saneamento das nulidades

Também conhecido como princípio da economia processual, tem lugar no aproveitamento máximo da relação jurídica processual, o que significa dizer que é possível à renovação os atos que contém defeitos capazes de gerar nulidade, como se extrai do art. 796, *a*, da CLT: "A nulidade não será pronunciada: a) quando for possível suprir-se a falta ou repetir-se o ato".

2.10. **Dissídio individual**

2.10.1. Da ação (reclamação) trabalhista

No processo laboral, temos as ações individuais (dissídios individuais) que são estabelecidas em decorrência de uma lide entre reclamante e reclamada (pode haver ação plúrima – art. 842 da CLT), onde as partes são consideradas individualmente e os dissídios coletivos, quando envolvem os sindicatos.

2.10.1.1. Forma da reclamação e requisitos. Petição inicial

Esse tema será apresentado de forma detalhada na teoria que precede a análise de casos para identificação e elaboração da peça prático-profissional.

2.10.1.2. Tutela de urgência

A tutela de urgência, cautelar ou antecipada, pode ser concedida em caráter antecedente ou incidental (art. 294, parágrafo único, do CPC), sendo que a tutela de urgência será deferida quando houver elementos que evidenciem a probabilidade do direito e o perigo de dano ou risco ao resultado útil do processo (art. 300 do CPC).

A CLT faz menção à liminar no art. 659, IX e X, prevendo que é atribuição do magistrado conceder medida liminar, até decisão final do processo em reclamações trabalhistas que visem tornar sem efeito transferência disciplinada pelos parágrafos do art. 469 da norma laboral e, também, conceder liminar, até decisão final do processo, em reclamações trabalhistas que visem reintegrar no emprego dirigente sindical afastado, suspenso ou dispensado pelo empregador.

A CLT nada dispõe acerca da tutela de urgência antecipada e por ser totalmente compatível como o processo do trabalho, aplicamos o CPC, cuja finalidade é prover de forma antecipada os efeitos do que seria concedido na sentença, sendo que a decisão que defere ou indefere a tutela é nitidamente uma decisão interlocutória e, como sabemos, estas são irrecorríveis de imediato no processo do trabalho.

No processo do trabalho, não são raros os casos de tutela antecipada, seja inerente às obrigações de fazer, não fazer e entrega de coisa.

Destacamos o seguinte exemplo: empregado demitido sem justa causa sem que lhe seja entregue os documentos hábeis para levantamento do FGTS e as guias pertinentes para recebimento do seguro-desemprego. Diante dessa situação, adequado se mostra o pedido de tutela antecipada visando oficiar o Ministério do Trabalho e Emprego para pagar ao trabalhador o seguro-desemprego (caso preencha os requisitos legais), bem como expedição de alvará para a Caixa Econômica Federal visando à liberação do saldo existente na conta vinculada do trabalhador no FGTS.

Como não cabe recurso de imediato para impugnar decisão que antecede os efeitos da tutela pretendida, em razão da sua natureza interlocutória, caberá mandado de segurança, como se extrai da Súmula 414 do TST.

Percebe-se, então, que no processo do trabalho é trivial a impetração de mandado de segurança para impugnar as decisões interlocutórias proferidas antes da sentença, à falta de recurso específico de imediato contra essas decisões, como é o caso das decisões que deferem tutela antecipada.

No entanto, caso a tutela seja concedida na sentença, não se pode impugnar via mandado de segurança, haja vista que o remédio jurídico apropriado é o recurso ordinário.

Porém, nem sempre cabe mandado de segurança para impugnar decisão de tutela provisória, como é o caso previsto na OJ n. 64 da SDI-2 do TST, bem como na OJ n. 65 da mesma SDI.

2.10.1.3. Emenda e aditamento da petição inicial

De início cabe dizer que emenda e aditamento são figuras bem distintas. A primeira quer dizer remendar, consertar algo, o que significa dizer que há emenda à petição inicial quando esta contém vício ou defeito processual, enquanto aditamento é adicionar algo, isto é, haverá alteração do pedido ou da causa de pedir.

No entanto, uma vez realizada a citação, o CPC veda a alteração do pedido ou da causa de pedir sem o consentimento do réu (art. 329, I).

Pois bem, nos domínios do processo do trabalho, como o juiz não verifica se a petição preenche ou não os requisitos legais, como regra, antes da audiência, até o momento de apresentação da contestação pelo reclamado em audiência é permitida a alteração do pedido ou da causa de pedir, ou de ambos, o que independe da concordância do reclamado (malgrado alguns magistrados entenderem que é preciso aquiescência do réu).

Contudo, uma vez apresentada a contestação pelo réu na audiência à alteração só será permitida com a concordância do reclamado, podendo o juiz de ofício, se for o caso, antes de ofertada a contestação, determinar a emenda da petição inicial.

Em ambos os casos, o juiz deverá designar uma nova data para a audiência, respeitando-se, assim, os princípios constitucionais do contraditório e da ampla defesa.

No que tange ao emendar da petição inicial, o juiz quando verificar que a mesma contém algum vício sanável, suprível, deve intimar o reclamante para que proceda com a emenda no prazo de 15 dias, consoante a Súmula 263 do TST.

Cabe observar que, com a entrada em vigor da Lei n. 13.467/2017, o § 3º do art. 841 da CLT estabelece que "oferecida a contestação, ainda que eletronicamente, o reclamante não poderá, sem o consentimento do reclamado, desistir da ação".

2.10.1.4. Indeferimento da petição inicial

Caso o vício da petição inicial seja insuperável, insanável, o magistrado deverá indeferir a petição, acarretando a proferir de sentença sem resolução do mérito.

Todavia, como o magistrado geralmente só tem contato com a petição inicial na audiência, é de difícil aplicação no processo do trabalho, sendo certo que, como visto, só se pode falar em indeferimento de plano quando o vício for insanável, muito embora não haja obrigatoriedade do juiz conceder prazo para que a parte sane a irregularidade, vez que a Súmula 263 do TST assim determina.

Por fim, saliente-se que a decisão que indefere a petição inicial trabalhista é uma sentença terminativa que extingue o processo sem resolução de mérito, salvo quando houver a pronúncia da prescrição ou decadência, quando então será uma sentença definitiva, mas em qualquer caso desafia recurso ordinário. Caso haja a interposição do recurso ordinário, o juiz poderá reconsiderar sua decisão em cinco dias, nos moldes do art. 331 do CPC, aplicado subsidiariamente, vez que não há incompatibilidade.

2.10.2. Elementos da ação

Os elementos da ação, de acordo com o § 2º do art. 337 do CPC, são:

a) **partes** – são aqueles envolvidos no litígio (no processo do trabalho geralmente denominados de reclamante e reclamada, ou seja, aquele que afirma ser titular de um direito material violado contra aquele que supostamente violou o direito material);

b) **causa de pedir** – é o fundamento da própria demanda, pressupondo um direito e um fato a ele contrário, fazendo nascer a pretensão jurídica (a causa de pedir pode ser próxima ou remota, sendo que aquela corresponde aos fundamentos jurídicos do pedido, enquanto esta é constituída pelos fatos afirmados na exordial); e, por fim,

c) **pedido** – é aquilo que se pretende obter por meio da tutela jurisdicional (o pedido pode ser imediato, que é o provimento jurisdicional pretendido – condenação, declaração etc., e, mediato, ou seja, o bem jurídico pretendido – horas extras, adicional de insalubridade etc.).

É de suma importância saber os elementos da ação para identificarmos, pelo menos, dois institutos importantes: litispendência e coisa julgada, pois uma ação é idêntica à outra quando tem as mesmas partes, a mesma causa de pedir e mesmo pedido.

Assim, se há repetição de ação que ainda está em curso, temos a litispendência, enquanto, se houver repetição de ação que já fora julgada (sentença de mérito com trânsito em julgado), verificamos a ocorrência da coisa julgada.

2.11. Procedimentos

O processo de conhecimento do trabalho admite dois procedimentos: comum e especial, sendo que o procedimento comum é ordinário, sumário (para alguns doutrinadores não existe mais esse procedimento) ou sumaríssimo (dissídio de alçada exclusivo das Varas), enquanto o procedimento especial é aplicado às ações específicas, como a ação de cumprimento, o inquérito judicial para apuração de falta grave e o dissídio coletivo, sem prejuízo das ações especiais cíveis admitidas no processo do trabalho, como a ação rescisória, a ação cautelar, o mandado de segurança etc.

Note que o procedimento comum ordinário é o mais utilizado, vez que ele deverá ser adotado quando não for cabível nenhum outro procedimento, ou seja, o critério para sua utilização é o da exclusão.

Já o procedimento sumário fora instituído pelo art. 2º da Lei n. 5.584/70.

Temos ainda o procedimento sumaríssimo que fora introduzido pela Lei n. 9.957/2000, acrescentando à CLT os arts. 852-A a 852-I.

2.11.1. Procedimento ordinário

Esse procedimento, que é o mais usual no processo do trabalho, é regulado de forma geral nos arts. 837 a 852 da CLT, sendo aplicado nas causas cujo valor supere a 40 salários mínimos, no que pese haver entendimento doutrinário no sentido de admitir como possível o rito ordinário nas causa de valor superior a dois salários mínimos, porém, inferior a 40 salários, quando for parte no dissídio a Administração Pública direta, autárquica ou fundacional, já que os entes de personalidade jurídica de direito público não podem ser demandados ou demandarem pelo rito sumaríssimo.

Com a entrada em vigor da Lei n. 13.467/2017, que alterou o § 1º do art. 840 da CLT, há necessidade de prévia liquidação dos pedidos, ou seja, se exige o correspondente valor dos pedidos formulados que tenham natureza pecuniária, como ocorre no procedimento sumaríssimo. Dito de outro modo, todos os pedidos, independentemente do procedimento, devem ser certos, determinados e com indicação do valor correspondente.

Admite a citação por edital e habitualmente a audiência é dividida em três partes (embora a regra seja audiência una – conciliação, instrução e julgamento), como sejam, inaugural de conciliação e apresentação de defesa, audiência de instrução e, por fim, audiência de julgamento.

No caso de audiência una, que é a regra no processo do trabalho, como se extrai do art. 843 e do art. 849 da CLT (concentração dos atos processuais), deverá ser observado o seguinte procedimento: pregão; primeira proposta conciliatória; leitura da petição inicial (quando não for dispensada pelas partes); oferecimento da defesa (prazo de 20 minutos, embora na prática seja apresentada por escrito e atualmente de forma eletrônica pelo PJe-JT); depoimento pessoal das partes; oitiva das testemunhas; razões finais (dez minutos para cada parte); segunda proposta conciliatória e, em sendo rejeitada pelas partes, profere-se a sentença.

Contudo, se a audiência for dividida em três partes, teremos o seguinte procedimento: pregão; primeira proposta conciliatória; leitura da petição inicial; oferecimento da defesa – adiamento da audiência – prova pericial (se houver); – nova audiência – depoimento das partes; oitiva das testemunhas; oitiva de peritos e técnicos se houver; razões finais (dez minutos para cada parte); segunda proposta conciliatória – adiamento da audiência – sentença, denominada de audiência de julgamento (o magistrado designa um dia para leitura e publicação ou deixa *sine die* – sem data certa para proferir sentença, quando então as partes serão intimadas da decisão).

É de bom grado salientar que terminado o interrogatório qualquer das partes pode se retirar, prosseguindo-se a instrução com o seu representante, nos termos do art. 848, § 1º, da CLT.

Considerando que na audiência de julgamento as partes raramente estão presentes, é exatamente da data da publicação da sentença, ou, conforme o caso, da data da juntada aos autos da ata de audiência contendo a decisão, que terá início o prazo para recurso.

2.11.2. Procedimento sumário

Esse procedimento fora instituído pela Lei n. 5.584/70, também conhecido como "dissídio de alçada", tendo por objetivo empregar mais celeridade as demandas trabalhistas cujo valor da causa seja de até dois salários mínimos.

No que efetivamente releva, a lei em apreço dispõe em seu art. 2º e §§ 3º e 4º que nos dissídios individuais, proposta a conciliação, e não havendo acordo, o Presidente da Junta ou juiz, antes de passar à instrução da causa, fixar-lhe-á o valor para determinação da alçada, se este for indeterminado no pedido. Porém, quando o valor fixado para a causa, na forma deste artigo, não exceder de duas vezes o salário mínimo vigente na sede do juízo, será dispensável o resumo dos depoimentos, devendo constar da ata a conclusão da Junta quanto à matéria de fato. Outrossim, salvo se versarem sobre matéria constitucional, nenhum recurso caberá das sentenças proferidas nos dissídios de alçada a que se refere o parágrafo anterior, considerando, para esse fim, o valor do salário mínimo à data do ajuizamento da ação.

Observe que a previsão contida no § 3º da Lei n. 5.584/70 acima transcrito tem preceptivo similar na CLT, conforme se extrai do § 1º do art. 851.

2.11.3. Procedimento sumaríssimo

Esse procedimento, previsto na CLT do art. 852-A ao art. 852-I, deve ser observado nos dissídios individuais cujo valor, na data do ajuizamento da ação, não seja superior a 40 salários mínimos, o que pensamos não ser uma faculdade, mas sim um rito obrigatório, vez que de ordem pública, sendo inadmissível para as ações coletivas.

Se o valor da causa for de 40 salários mínimos, mas a soma de todos os pedidos ultrapassar esse valor será observado o rito ordinário, necessariamente, pois entende-se que o valor da causa deve corresponder à pretensão almejada pelo autor, de modo que se o valor do somatório dos pedidos for superior àquele limite deve ser instituído o procedimento ordinário.

No entanto, um setor da doutrina entende ser possível conversão para garantir o acesso à justiça, ou seja, se foi ajuizada a demanda adotando o rito sumaríssimo é possível sua conversão para o rito ordinário.

A Consolidação das Leis do Trabalho exclui desse procedimento a Administração Pública Direta, autárquica e fundacional e, como não faz distinção, até mesmo em caso de serem chamadas para responderem subsidiariamente estarão necessariamente excluídas.

O **pedido deve ser certo e determinado e indicar o valor correspondente**, sendo que não há necessidade de liquidar pedidos de obrigação de fazer ou não fazer, como seria o caso de anotação do contrato de trabalho na CTPS do obreiro, devendo ainda o reclamante indicar o endereço correto da reclamada, não se admitindo, por sua vez, a citação por edital. O não atendimento desses requisitos importa extinção do feito sem resolução do mérito (arquivamento da reclamação) e a condenação do autor nas custas do processo, que serão calculadas sobre o valor da causa, embora seja aplicável, a nosso sentir, o disposto na Súmula 263 do TST, vez que se trata de vício sanável.

A apreciação da reclamação trabalhista deve ocorrer no prazo máximo de 15 dias do ajuizamento e, se necessário, poderá constar de pauta especial de acordo com o movimento judiciário da Vara do Trabalho.

É dever das partes e dos advogados comunicar ao juízo as mudanças de endereço que venha a ocorrer no curso do processo, vez que serão reputadas válidas aquelas que forem enviadas para o local anteriormente indicado, caso não tenha havido a comunicação referida.

É de bom grado alertar que essa regra geral (audiência una) sofre exceções, ou seja, é possível que haja a interrupção da audiência, quando então seu prosseguimento e a solução da causa dar-se-ão no prazo máximo de 30 dias, salvo motivo relevante justificado pelo juiz nos autos, consoante prevê o § 7º do art. 852-H da CLT.

O juiz deverá conduzir o processo com ampla liberdade para determinar as provas a serem produzidas, levando em consideração o ônus da prova para cada litigante, podendo inclusive limitar ou excluir aquelas que entender excessivas, impertinentes ou protelatórias, dando valor especial às regras de experiência comum ou técnica.

Aberta a sessão, o juiz deve esclarecer as partes sobre as vantagens da conciliação e usará os meios adequados visando persuadi-los na solução conciliatória do litígio, independentemente da fase da audiência.

Na ata de audiência devem ser registrados resumidamente os atos essenciais, as afirmações fundamentais das partes e as informações úteis à solução da causa trazidas pela prova testemunhal, devendo ainda o juiz decidir de plano todos os incidentes e exceções que possam interferir no prosseguimento da audiência e do processo, sendo as demais decididas na sentença.

No que pertine às provas propriamente ditas, sobre os documentos apresentados por uma das partes a outra deve manifestar-se imediatamente sem interrupção da audiência, exceto se houver absoluta impossibilidade, o que fica a critério do juiz, como se extrai do § 1º do art. 852-H da CLT.

É possível produção de prova pericial, quando a prova do fato o exigir ou for legalmente imposta, como ocorre nos pedidos de insalubridade e periculosidade, caso em que ao juiz incumbe de plano fixar o prazo e o objeto da perícia, nomeando o perito e uma vez apresentado o laudo, as partes terão o prazo comum de cinco dias para manifestações.

As testemunhas, no máximo de duas para cada parte, irão comparecer independentemente de intimação. Porém as que não comparecerem e a parte comprovar que procedeu o seu convite, serão intimadas e caso reiteram na ausência, o juiz pode determinar sua condução coercitiva, aplicando-se o art. 730 da CLT em caso de não comparecimento injustificado.

Por fim, a sentença mencionará os elementos de convicção do juízo, com resumo dos fatos relevantes ocorridos em audiência, dispensado o relatório, ou seja, no procedimento sumaríssimo não há nulidade da sentença por ausência de relatório.

2.12. **Audiência**

2.12.1. Aspectos preliminares

Audiência é um ato processual público (em regra), solene e muito importante do processo, em especial no processo do trabalho, vez que não se verifica, salvo raríssimas exceções, julgamento sem que o magistrado tenha contato direto com as partes, com as testemunhas e, quando necessário, com os peritos e assistentes técnicos (§ 2º do art. 848 da CLT).

Esse ato é presidido pelo juiz, onde na mesma oportunidade, como regra geral por ser a audiência no processo do trabalho una, se instrui, discute e decide a causa, atendendo, desta forma, os princípios da imediatidade, concentração e publicidade.

Por esta razão, as audiências são públicas, salvo na hipótese de segredo de justiça, como se extrai do art. 813 da CLT combinado com o art. 93, IX, da CF/88, e devem ser realizadas em dias úteis entre às 8 e 18 horas, não devendo ultrapassar de cinco horas seguidas, salvo quando houver matéria urgente, podendo haver, quando necessário, audiências extraordinárias nos termos do § 2º do art. 813.

Assim, é lícito dizer que a audiência é um ato público, em princípio imprescindível, na qual o reclamado apresentará suas respostas, e ato seguinte, o juiz procede à instrução, concedendo, logo em seguida, prazo para razões finais e, por fim, prolata a sentença.

Considerando o disposto no art. 813 e seguintes e no art. 843 e seguintes da Consolidação das Leis do Trabalho, podemos dizer que as audiências são realizadas na sede do juízo. No entanto, em casos especiais, pode ser designado outro lugar para a realização da audiência, mediante edital afixado na sede do Juízo ou Tribunal, com antecedência mínima de 24 horas visando dar ciência aos interessados.

À hora designada para a audiência devem estar presentes, além dos servidores necessários para a realização do ato, o juiz, que pelo art. 815, parágrafo único, tem a tolerância de 15 minutos de atraso. Após esse tempo, podem os presentes (interessados) retira-se do local, consignando o fato na ata de audiência.

Observe que a tolerância é exclusiva do juiz, não se estendendo às partes ou seus advogados, vez que como se extrai da OJ n. 245 da SDI-1 do TST.

Cabe advertir que o juiz tem o denominado poder de polícia em audiência, como se infere do art. 816 da norma laboral, a ele competindo manter a ordem e o decoro em audiência, ordenando que se retirem da sala de audiência os que se comportem inconvenientemente e requisitar, quando necessário for, a força policial.

No mais, o registro das audiências será feito em livro próprio, constando de cada registro os processos apreciados e a respectiva solução, bem como as ocorrências eventuais, podendo ser concedida certidão às pessoas que vieram a requerer, do registro das audiências, nos moldes do art. 817 e parágrafo único da CLT.

2.12.2. Desenvolvimento

2.12.2.1. Presença das partes e substituição

Na audiência de conciliação, instrução e julgamento (art. 843 ao art. 852 da CLT) há obrigatoriedade legal de comparecimento pessoal das partes, o que independe da presença dos advogados, exceto nos casos de reclamações plúrimas (dissídios individuais plúrimos – litisconsórcio facultativo) ou nas ações de cumprimento, em que os empregados poderão se fazer substituir pelo sindicato, de acordo com o previsto no art. 843 da CLT.

O § 1º do art. 843 autoriza ao empregador se fazer substituir pelo gerente, ou qualquer outro preposto que tenha conhecimento do fato, e cujas declarações obrigarão o preponente.

Com efeito, o preposto não precisa conhecer o reclamante, mas tão somente os fatos, quer pelo empregador, quer por terceiros, ou seja, a lei não exige que ele, preposto, tenha vivenciado os fatos.

Caso o empregador queira se fazer substituir por preposto, o § 3º do art. 843 estabelece que ele não precisa ser empregado da reclamada, o que fora incluído pela Lei da Reforma Trabalhista (Lei n. 13.467/2017), de modo que o TST, provavelmente, irá cancelar ou revisar a Súmula 377 do TST.

O empregado também pode ser substituído, se por motivo de doença ou qualquer outro motivo poderoso devidamente comprovado não possa comparecer na audiência, por outro empregado da mesma profissão, ou pelo sindicato da categoria, consoante § 2º do art. 844, cujo fito é apenas evitar o arquivamento da reclamação, não podendo o substituto desistir, confessar, transigir etc., devendo o magistrado designar uma nova audiência com a notificação do reclamante.

2.12.2.2. Ausência das partes

Dispõe o art. 844 da CLT que "o não comparecimento do reclamante à audiência importa o arquivamento da reclamação, e o não comparecimento do reclamado importa revelia, além de confissão quanto à matéria de fato", porém, em havendo motivo relevante, poderá o juiz suspender o julgamento, designando nova audiência.

Assim, a ausência do reclamante na audiência inaugural importa no arquivamento do processo, mas nada impede que o autor ajuíze novamente sua ação. Porém, se ajuizar uma nova ação e der causa ao segundo arquivamento, não poderá demandar com o mesmo objeto em face do mesmo empregador pelo prazo de seis meses (art. 732 da CLT), sendo certo que tal penalidade não é aplicada em caso de desistência homologada pelo magistrado.

Vale lembrar que a desistência só produz efeitos depois de homologada pelo juiz, como dispõe o parágrafo único do art. 200 do CPC.

De acordo com o § 2º do art. 844 da CLT, inserido pela Lei n. 13.467/2017, na hipótese de ausência do reclamante, este será condenado ao pagamento das custas calculadas na forma do já citado art. 789, **ainda que beneficiário da justiça gratuita**, salvo se comprovar, no prazo de 15 dias, que a ausência ocorreu por motivo legalmente justificável, sendo certo que o pagamento das custas, ora referidas, é condição para o ajuizamento de nova ação.

Para todos os efeitos, nos termos da Súmula 268 do TST, a reclamação trabalhista, ainda que arquivada, interrompe a prescrição no que toca aos mesmos pedidos, o que só ocorre uma vez, consoante previsão contida no art. 202 do Código

Civil em vigor. Note que o § 3º do art. 11 da CLT, inserido pela Reforma Trabalhista, preceitua que: "A interrupção da prescrição somente ocorrerá pelo ajuizamento de reclamação trabalhista, mesmo que em juízo incompetente, ainda que venha a ser extinta sem resolução do mérito, produzindo efeitos apenas em relação aos pedidos idênticos".

A ausência do reclamado, no entanto, importa revelia e confissão quanto à matéria de fato. Porém, a revelia não produz o efeito material citado (presunção de veracidade dos fatos) quando: I – havendo pluralidade de reclamados, algum deles contestar a ação; II – o litígio versar sobre direitos indisponíveis; III – a petição inicial não estiver acompanhada de instrumento que a lei considere indispensável à prova do ato; IV – as alegações de fato formuladas pelo reclamante forem inverossímeis ou estiverem em contradição com prova constante dos autos.

Note que, mesmo que presente o advogado com procuração e contestação, podendo essa revelia ser ilidida mediante atestado médico que comprove a impossibilidade de locomoção do empregador ou seu preposto no dia da audiência, nos termos da Súmula 122 do TST. Ademais, como se infere do § 5º do art. 844 da CLT, inserido pela Lei n. 13.467/2017, ainda que ausente o reclamado, se estiver presente o advogado, serão aceitos a contestação e os documentos eventualmente apresentados.

Todavia, caso o juiz indefira a juntada da contestação e documentos, no particular, em especial quando se pretende impugnar questões de direito, cerceia o direito de defesa (violação ao princípio constitucional da ampla defesa), razão pela qual cabe ao advogado requerer que sejam registrados seus protestos pelo indeferimento, na medida em que o ato praticado pelo juiz é nitidamente uma decisão interlocutória.

Interessante saber que a revelia também se aplica às pessoas jurídicas de direito público, como dispõe a OJ n. 152 da SDI-1 do TST.

Se ambas as partes faltarem, sem motivo justificado, teremos o arquivamento do feito, com a condenação do reclamante no pagamento das custas, de acordo com os termos já expostos.

2.12.2.3. Tentativa de conciliação e oferecimento de resposta

Quando aberta a audiência, o juiz fará a primeira tentativa de conciliação e, havendo acordo, será lavrado termo assinado pelo juiz e pelas partes, constando o prazo e demais condições para o cumprimento (art. 846 e § 1º da CLT).

Insta averbar que, entre as condições do acordo, poderá ser estabelecida a de ficar a parte que não cumprir o acordo obrigada a satisfazer integralmente o pedido ou pagar uma indenização convencionada, sem prejuízo do cumprimento do acordo (§ 2º do art. 846 da CLT)

Não havendo acordo, o reclamado terá 20 minutos para aduzir defesa após a leitura da inicial, se tal não for dispensada pelas partes, e, finalizada a defesa, seguir-se-á a instrução do processo, podendo o juiz, de ofício, interrogar os litigantes (arts. 847 e 848, *caput*, da CLT).

Percebe-se que o reclamado é notificado para comparecer na audiência, onde oferecerá defesa, sendo certo que no PJe-JT a resposta é oferecida por meio eletrônico e, se for solicitado segredo no momento do protocolo eletrônico, o juiz promove a liberação do acesso à defesa no dia da audiência para que possa o reclamante se manifestar sobre ela e documentos juntados.

O parágrafo único do art. 847 prevê que a parte poderá apresentar defesa escrita pelo sistema de processo judicial eletrônico até a audiência.

Outrossim, mesmo na vigência do processo eletrônico, é assegurada à reclamada a oferta de defesa oral na própria audiência.

Vale salientar que o § 3º do art. 841, incluído pela Lei n. 13.467/2017, vaticina que "oferecida a contestação, ainda que eletronicamente, o reclamante não poderá, sem o consentimento do reclamado, desistir da ação".

2.12.2.4. Instrução processual e adiamento da audiência

O reclamante e o reclamado comparecerão à audiência com suas testemunhas independentemente de intimação ou notificação, apresentando na mesma oportunidade as demais provas (art. 845 da CLT), razão pela qual não há necessidade prévia de arrolar testemunhas na petição inicial.

Porém, seguindo o regramento legal previsto na CLT, as testemunhas convidadas que não estiverem presentes serão intimadas de ofício pelo juiz ou a requerimento das partes, ficando sujeita a condução coercitiva, caso não compareçam sem motivo justificado, sem prejuízo da aplicação de multa, na forma do art. 825 e seu parágrafo único da CLT.

Caso seja adiada a audiência por algum motivo relevante (art. 849 da CLT), como a ausência de testemunha que será intimada, ou até mesmo em caso de perícia, ou quando temos a tripartição do ato, será designada audiência de prosseguimento e caso o reclamante nao compareça não há que se falar em arquivamento, vez que já contestada a ação, tendo sido adiada, como visto, a instrução, nos termos da Súmula 9 do TST, devendo ser aplicada a confissão ficta.

Se a ausência for da reclamada, na audiência de prosseguimento, também não se pode aplicar revelia, pois esta só tem cabimento quando da ausência na audiência inaugural.

Nesses casos (ausência do reclamante ou da reclamada, ou de ambos, na audiência de prosseguimento), o que ocorre é a aplicação da Súmula 74 do TST. Questão interessante é saber se houve a ausência de ambas as partes na audiência de prosseguimento.

Com efeito, deve o juiz aplicar a confissão recíproca, quando cabível, e decidir de acordo com o ônus da prova de cada litigante (art. 818 da CLT e seus incisos), ou seja, se estivermos diante de fatos constitutivos, o magistrado julgará improcedente o pedido, enquanto, se forem fatos modificativos, extintivos ou impeditivos, julgará procedente o pedido, mas de toda sorte o resultado pode ser diferente, a depender da prova pré-constituída produzida nos autos, como se denota do item II da Súmula 74 do TST acima transcrita.

Com as partes presentes, proceder-se-á o interrogatório e, terminado este, poderá qualquer dos litigantes retirar-se, prosseguindo-se com o seu representante, após, serão ouvidos as testemunhas, os peritos e os técnicos, se houver, na forma do art. 848 da CLT.

2.12.2.5. Trâmites finais

Terminada a instrução, as partes poderão aduzir razões finais, no prazo máximo de dez minutos para cada uma e após as razões finais, se houver, o juiz renovará a proposta de conciliação.

Havendo acordo, a sentença homologatória de transação valerá como coisa julgada material, só podendo ser impugnado por ação rescisória, exceto para a Previdência Social quanto às contribuições que lhe forem devidas, que poderá interpor recurso ordinário, se assim o desejar (parágrafo único do art. 831 e art. 895, I, ambos da CLT).

Não havendo a conciliação ou sendo esta impossível, será proferida a decisão (art. 850 da CLT).

Os trâmites da instrução serão resumidos em ata, devendo constar na íntegra a decisão, sendo os litigantes notificados pessoalmente da decisão ou por seus representantes na própria audiência, exceto no caso de revelia, quando então a notificação será feita na forma do § 1º do art. 841 da CLT (arts. 851 e 852 da CLT).

2.12.3. Respostas do reclamado

Esse tema será apresentado de forma detalhada na teoria que precede a análise de casos para identificação e elaboração da peça prático-profissional.

2.12.3.1. Prescrição e decadência

Prescrição e decadência são fatos extintivos e quando acolhidas induzem a resolução do mérito, na forma do art. 487, II, do CPC, não podendo ser arguidas como preliminares.

O Tribunal Superior do Trabalho tem se manifestado no sentido de ser inadmissível o reconhecimento da prescrição de ofício no direito processual do trabalho, com espeque em diversos fundamentos, sendo o mais relevante o princípio da proteção (TST, RR – 597-77.2010.5.11.0004 e demais precedentes).

A **prescrição** é a perda de exigir uma pretensão por não ter o seu titular exercido o seu direito no prazo previsto em lei, enquanto a **decadência** é a perda do direito material propriamente dito em razão da inércia do titular, como é o caso do inquérito para apuração de falta grave, do mandado de segurança e da ação rescisória.

A prescrição, segundo o TST, pode ser arguida até a instância ordinária, de acordo com a Súmula 153, ou seja, caso o reclamado não venha a argui-la na contestação, poderá fazê-lo no recurso ordinário, mesmo que a sentença não tenha feito menção sobre o instituto em apreço.

A interrupção da prescrição é estudada no art. 11, § 3º, e Súmula 268 do TST.

O prazo para o reclamante ajuizar sua reclamação trabalhista, após a extinção do contrato de trabalho é de dois anos, salvo quanto às ações meramente declaratórias (exemplo: reconhecimento de vínculo empregatício), podendo exigir créditos retroativos aos últimos cinco anos do ajuizamento da ação, conforme prevê o art. 7º, XXIX, da CF/88, art. 11 da CLT e Súmula 308, I, do TST. No que tange ao FGTS, a Súmula 362 do TST estabelece as regras que, como regra geral, também é quinquenal.

No caso de aviso-prévio indenizado, a prescrição começa a fluir no final da data do término do aviso-prévio, na forma da OJ n. 83 da SDI-1 do TST.

Com o advento da Lei n. 13.467/2017 (Reforma Trabalhista), passamos a ter a prescrição intercorrente no art. 11-A da CLT, o que certamente acaba com uma antiga cizânia jurisprudencial entre as Súmulas 327 do STF e 114 do TST, já que passa a ser admita sua incidência no processo do trabalho.

2.12.3.2. Compensação, retenção e dedução

O art. 767 da CLT aduz que "a compensação, ou retenção, só poderá ser arguida como matéria de defesa", o que deve ser analisado em contexto com as Súmulas 18 e 48 do TST.

Percebe-se que o momento processual adequado para a reclamada arguir a **compensação** (fato extintivo), sob pena de preclusão, é a contestação, o que significa dizer que não haverá possibilidade de arguição em momento posterior, devendo a compensação ficar adstrita às dívidas de natureza trabalhista como danos causados pelo empregado em equipamentos da empresa dolosamente; aviso-prévio em caso de empregado que tenha pedido demissão sem cumpri-lo; pagamento de valor de curso custeado pelo empregador e, com seu final, o empregado pede demissão, violando o compromisso de ficar na empresa por um determinado período após o fim do curso etc.

É imperioso observar que na compensação temos duas pessoas que ao mesmo tempo são credor e devedor uma da outra; as obrigações vão se extinguindo até onde possam ser compensadas; necessário que as dívidas sejam líquidas, vencidas e de coisas fungíveis e não ficam vinculadas aos pedidos que o reclamante deduz na sua exordial, não podendo ser deferida de ofício pelo juiz.

A **dedução** é bem distinta da compensação, vez que o juiz pode deferir de ofício, sendo na verdade matéria de ordem pública (objeção) que tem por núcleo o princípio da vedação ao enriquecimento sem causa, onde o reclamante pleiteia títulos que já foram pagos pela reclamada devendo haver, portanto, liame entre o pedido e o que será deduzido, ou seja, se o reclamante pede pagamento de 20 horas extras por mês e a reclamada em contestação requer a dedução juntando holerites comprovando o pagamento de pelo menos 10 horas por mês, não há que se falar em compensação, mas sim dedução das horas extras já pagas, assim como vantagem recebida em decorrência de previdência privada conforme Súmula 87 do TST.

Para finalizar, temos ainda a **retenção**, que também deve ser arguida com a contestação. Trata-se de direito da reclamada de reter algo que pertence ao reclamante até que este venha a adimplir sua obrigação perante aquele. Cite-se, ainda, a retenção do imposto de renda, que deve ser retido e recolhido pela empresa em razão dos rendimentos devidos e pagos ao empregado, como se denota no art. 46 da Lei n. 8.541/92.

2.12.3.3. Reconvenção

Esse tema será apresentado de forma detalhada na teoria que precede a análise de casos para identificação e elaboração da peça prático-profissional.

2.13. **Provas no processo do trabalho**

2.13.1. Definição, finalidade e objeto da prova

Habitualmente, define-se prova como todo meio lícito, ou moralmente legítimo, ainda que não previstos em lei (art. 369 do CPC), de que dispõem as partes para demonstrar a veracidade ou não de determinado fato, tendo como objetivo formar o convencimento do julgador acerca da sua existência ou inexistência, o que é aplicado tanto para o autor quanto para o réu, assegurando-se a ambos o exercício pleno da ampla defesa.

Destarte, é indubitável que a **finalidade da prova** é auxiliar o juiz no descobrimento da verdade, formando seu convencimento.

Ademais, no que tange ao **objeto da prova**, é certo que apenas os fatos devem ser provados, pois a parte não é obrigada a provar o direito, uma vez que o nosso sistema processual consagra uma presunção legal de que o juiz conhece o direito (art. 376 do CPC), sendo que essa presunção só se aplica em caso de direito federal, pois o juiz pode determinar a prova do teor e vigência do direito estrangeiro, municipal, estadual, distrital ou consuetudinário, pela parte que o alegou.

No processo do trabalho, é comum às partes juntarem aos autos os instrumentos de negociação coletiva (acordos ou convenções), bem como regulamento de empresa, visando convencer o magistrado acerca de um determinado direito.

Há fatos, no entanto, que independem de provas, que são os fatos notórios; os afirmados por uma parte e confessados pela parte contrária; os admitidos, no processo, como incontroversos; em cujo favor da parte milita presunção legal de existência ou de veracidade, como dispõe o art. 374 do CPC.

A Consolidação das Leis do Trabalho dispõe de uma seção exclusivamente para tratar das provas no processo do trabalho, regulando o tema de forma genérica do art. 818 ao art. 830.

2.13.2. Ônus da prova

Em princípio, as partes têm o ônus de provar os fatos que apresentam em juízo, seja na petição inicial, na contestação ou no curso da relação processual.

Assim sendo, quando falamos em ônus da prova, queremos dizer qual é a parte que tem a incumbência de demonstrar a veracidade daquilo que alega.

O art. 818 da CLT, com a redação dada pela Lei n. 13.467/2017 (Reforma Trabalhista), estabelece que ao autor cabe a prova dos fatos constitutivos e ao réu os fatos impeditivos, modificativos ou extintivos (fatos obstativos da pretensão autoral).

Assim, a título de exemplo, nos termos da Súmula 6, item VIII, do TST, "é do empregador o ônus da prova do fato impeditivo, modificativo ou extintivo da equiparação salarial".

No processo do trabalho, é uniforme na jurisprudência o cabimento da **inversão do ônus da prova**, excepcionalmente, onde o reclamado, além de provar os fatos extintivos, modificativos e impeditivos, também deverá comprovar fato negativo no que tange a pretensão do autor, ou seja, que o fato constitutivo aduzido pelo autor não merece acolhida.

A inversão do ônus da prova é admitida no processo do trabalho, como se extrai da Súmula 338, III, do TST.

Outrossim, a Súmula 212 do TST que impõe ao empregador o ônus de provar a forma de ruptura do contrato de trabalho, quando negada a prestação do serviço ou o despedimento.

Ademais, com o art. 818 da CLT, sem seus parágrafos, estabelece uma regra de instrução (*ope judicis*), e não de julgamento (inversão *ope legis*), ou seja, nos casos previstos em lei ou diante de peculiaridades da causa relacionadas à impossibilidade ou à excessiva dificuldade de cumprir o encargo nos termos deste artigo ou à maior facilidade de obtenção da prova do fato contrário, poderá o juízo atribuir o ônus da prova de modo diverso, desde que o faça por decisão fundamentada, caso em que deverá dar à parte a oportunidade de se desincumbir do ônus que lhe foi atribuído. Outrossim, esta decisão deverá ser proferida antes da abertura da instrução e, a requerimento da parte, implicará o adiamento da audiência e possibilitará provar os fatos por qualquer meio em direito admitido. De toda sorte, esta decisão de distribuição dinâmica do ônus da prova não pode gerar situação em que a desincumbência do encargo pela parte seja impossível ou excessivamente difícil.

2.13.3. Princípios norteadores

2.13.3.1. Princípio do contraditório e da ampla defesa

No que tange à produção das provas em juízo, com sucedâneo no devido processo legal, as partes têm o direito de produzir e se manifestarem reciprocamente sobre as provas apresentadas. Trata-se de princípio constitucional explícito que deve ser observado em qualquer processo, sob pena de nulidade.

Especificamente sobre o contraditório, é necessário que as partes tenham ciência das provas que são produzidas, a fim de que se manifestem sobre elas.

Com relação à ampla defesa, assegura-se às partes a produção de todos os meios probatórios úteis, necessários e pertinentes para demonstrar a veracidade do que alegam.

2.13.3.2. Princípio da necessidade da prova

Significa dizer que as meras alegações das partes não são suficientes, sendo necessário que a parte faça prova do que alega em juízo, vez que fato alegado e não provado é tido por inexistente pelo julgador, acarretando consequências no momento de ser proferida a sentença.

2.13.3.3. Princípio da unidade da prova

A prova deve ser examinada no seu conjunto, isto é, deve formar um todo. Logo, não deve o juiz apreciar a prova de forma isolada, como seria o caso da confissão, que deve ser analisada em seu conjunto e não apenas algumas partes.

Isso não significa dizer que ao juiz é vedado valorar as provas produzidas, em razão do princípio da persuasão racional, que será visto adiante.

2.13.3.4. Princípio do livre convencimento ou persuasão racional

No sistema que vige, o juiz forma sua convicção apreciando livremente o valor das provas dos autos, mas que não se confunde com arbítrio, pois tem o dever de fundamentar suas decisões.

Este princípio está expresso no CPC em seu art. 371.

A título de exemplo, podemos citar a OJ n. 233 da SDI-1 do TST, onde se prevê que "a decisão que defere horas extras com base em prova oral ou documental não ficará limitada ao tempo por ela abrangido, desde que o julgado fique convencido de que o procedimento questionado superou aquele período".

2.13.3.5. Princípio da imediação

Como diretor do processo, quem colhe as provas direta ou indiretamente é o juiz, que terá contato direto com as partes, testemunhas e, mesmo em caso de realização de prova pericial, poderá inquirir peritos e os assistentes técnicos das partes para esclarecimentos.

É verdade que o princípio em apreço está umbilicalmente ligado à produção de provas orais, que como já vimos, são realizadas em audiência.

2.13.3.6. Princípio da aquisição processual

A prova produzida é adquirida pelo processo, ainda que prejudicial à parte que a produziu, ou seja, para a relação processual não é relevante identificar a parte que produziu a prova, mas sim que a prova é elemento essencial para a formação do convencimento do julgador e a resolução eficaz da lide.

2.13.3.7. Princípio da isonomia probatória

Este princípio tem amparo no texto constitucional (art. 5º, *caput*, da CF/88) e no art. 139, I, do CPC (o juiz deve assegurar as partes igualdade de tratamento), sendo certo que o magistrado tem o dever de conceder as partes o mesmo tratamento no que tange a produção das provas, ou seja, dar a elas as mesmas oportunidades.

2.13.3.8. Princípio do inquisitivo ou inquisitorial

Também conhecido como **princípio da busca da verdade real**, tem seu fundamento no art. 765 da CLT, bem como no art. 370 do CPC. Desta feita, cabe ao juiz, caso as provas sejam inúteis, indeferi-las; se necessárias, determinar sua produção e, se ainda não estiver convencido, ordenar a produção das provas que entender necessárias.

2.13.4. Meios de prova

Para que as partes possam demonstrar a veracidade dos fatos alegados, devem lançar mão dos meios probatórios, embora, como já afirmado, o sistema dos meios de provas é exemplificativo, pois as partes podem valer-se de outras não previstas em lei, desde que moralmente admissíveis.

O próprio magistrado também poderá determinar a produção de provas para formar seu convencimento. Inobstante, ficaremos adstritos aqueles meios mais utilizados no processo do trabalho.

Cumpre ainda esclarecer que a CLT, em seu art. 819, prevê que "o depoimento das partes e testemunhas que não souberem falar a língua nacional será feita por meio de intérprete nomeado pelo juiz ou presidente", haja vista que em todo processo é obrigatório o uso do vernáculo (língua portuguesa), como determina o art. 192 do CPC.

Haverá também a necessidade de intérprete se aquele que for prestar depoimento for surdo-mudo, ou mudo que não saiba escrever, sendo certo que, em qualquer caso, as despesas correrão por conta da parte a quem interessar o depoimento, como ordenam os §§ 1º e 2º do artigo susomencionado.

2.13.4.1. Interrogatório, depoimento pessoal e confissão

Combinando os arts. 820 e 848 da CLT é certo que após a defesa, ao iniciar a instrução do processo, o juiz pode interrogar as partes, razão pela qual se conclui que inquirir tem o mesmo significado de interrogar, ou seja, se o juiz não interrogar as partes, poderá qualquer uma delas requerer, por seu intermédio, o interrogatório recíproco.

No entanto, a doutrina mais abalizada diferencia **interrogatório** de **depoimento pessoal**, sendo o primeiro o meio pelo qual o juiz visa obter esclarecimentos sobre fatos da causa e que pode ocorrer em qualquer fase do processo, até mesmo após encerrada a instrução, desde que antes de proferir a sentença, não tendo como fito provocar a confissão, vez que não se trata de uma modalidade probatória.

Já o depoimento pessoal tem por objetivo, além de esclarecer fatos relevantes da causa, à confissão da parte, por isso, a parte é intimada para depor pessoalmente com a advertência de que se não comparecer em audiência, ou ainda que esteja presente, se recuse a depor, haverá a confissão.

Sendo assim, não é admitida a aplicação da confissão caso a parte não tenha sido intimada para depor com aquela cominação, ou seja, a confissão não será aplicada em caso de não comparecimento da parte quando não houver aquela advertência, como se extrai da já citada Súmula 74, I, do TST.

Com efeito, em regra, o depoimento pessoal e o interrogatório, na praxe trabalhista, são realizados de forma única, pois primeiramente o magistrado interroga para formar seu convencimento e, logo em seguida, as partes fazem as perguntas que sejam pertinentes para obter a confissão.

Interessante advertir que tanto no depoimento pessoal quanto no interrogatório, as partes podem fazer perguntas, como autoriza o art. 820 da CLT.

Por fim, apenas para elucidação, devemos ter em mente o que é a **confissão**.

Com efeito, o CPC define a confissão no art. 389 da seguinte forma: "Há confissão, judicial ou extrajudicial, quando a parte admite a verdade de fato contrário ao seu interesse e favorável ao adversário".

Há distinção entre a **confissão real** e a **confissão ficta**, sendo que na confissão real o que se tem em vista é o reconhecimento da veracidade dos fatos que os demandantes levam a juízo, que será obtida com seu próprio depoimento ou representante com poder especial (art. 390, § 1º, do CPC).

No que tange à confissão ficta, este goza de **presunção relativa *(juris tantum)*** de veracidade, o que significa dizer que irá prevalecer enquanto não houver outro meio que seja capaz de afastá-la. Com efeito, considerando o já estudado art. 843, § 1º, da CLT, se o empregador ou seu preposto não tiver conhecimento dos fatos, haverá confissão ficta.

2.13.4.2. Documentos

Documento é o meio idôneo que a parte lança mão como prova material da existência de um fato, abrangendo os escritos, reproduções cinematográficas, gravações, desenhos etc.

O reclamante deve juntar os documentos com a exordial, enquanto a reclamada com a defesa em audiência, ressalvando-se a possibilidade de prova documental superveniente, ou seja, é lícito às partes juntarem novos documentos quando fundados em fatos ocorridos após os inicialmente articulados ou para contrapô-los, consoante o art. 787 da CLT.

A CLT trata dos documentos de forma esparsa nos arts. 777, 780, 787 e 830, sendo certo afirmar que este último dispositivo admite que o **documento em cópia** oferecido como prova pode ser declarado autêntico pelo advogado da parte, sob sua responsabilidade pessoal. Contudo, se for impugnada sua autenticidade, quem produziu o documento será intimado para apresentar cópias autenticadas ou o original, cabendo ao serventuário proceder à conferência, certificando nos autos a conformidade entre os documentos.

Nesse particular, a OJ n. 36 da SDI-1 do TST dispõe: "O instrumento normativo em cópia não autenticada possui valor probante, desde que não haja impugnação ao seu conteúdo, eis que se trata de documento comum às partes".

Ademais, se não houver impugnação da parte contrária, será válida a autenticação aposta em uma face do documento que contenha verso, vez que se trata de documento único, de acordo com a OJ Temporária n. 23 da SDI-1 do TST.

Quanto às pessoas jurídicas de direito público, impende averbar que "são válidos os documentos apresentados em fotocópia não autenticada", como estabelece a Orientação Jurisprudencial n. 134 da SDI-1 do TST.

Note que as **anotações constantes na CTPS** não fazem prova absoluta do que nela consta, vez que o entendimento é no sentido de que as anotações geram presunção relativa de veracidade de acordo com a Súmula 12 do TST, o que significa dizer que admite prova em sentido contrário, salvo para o empregador, vez que para este a presunção é absoluta, exceto se provar cabalmente que a anotação resultou de erro material.

2.13.4.3. Perícia

Como em algumas hipóteses a demonstração da veracidade dos fatos depende de conhecimento técnico especializado, exsurge nos domínios do processo do trabalho a prova pericial, que é realizada pelo perito, pois é o profissional habilitado para tanto, na medida em que o juiz é desprovido daquele conhecimento técnico que refoge à órbita jurídica.

O perito é um auxiliar da justiça e, em razão da insuficiência da CLT (faz menção ao perito apenas nos arts. 826 e 827) e da Lei n. 5.584/70, aplicamos subsidiariamente o art. 156 e seguintes do CPC.

Podemos afirmar, então, que a perícia é necessária quando a prova dos fatos alegados pelas partes depender do **conhecimento técnico ou científico**, quando então o juiz poderá nomear um perito, devendo o juiz fixar o prazo para a entrega do laudo, podendo cada uma das partes indicar assistente técnico os quais deverão apresentar o laudo no mesmo prazo fixado para o perito, conforme preconiza o art. 3º da Lei n. 5.584/70.

No processo do trabalho, a prova pericial pode ser determinada de ofício pelo juiz ou requerida pelas partes, mas em caso de revelia por ausência da reclamada (o que gera confissão quanto a matéria de fato), quando houver pedido de insalubridade e periculosidade, o magistrado deve determinar a produção de prova pericial nos termos do art. 195, § 2º, da CLT, podendo o réu, mesmo sendo revel, indicar assistente técnico, à falta de vedação legal.

Determina a CLT em seu art. 827 que "o juiz ou presidente poderá arguir os peritos compromissados ou os técnicos, e rubricará, para ser junto ao processo, o laudo que os primeiros tiverem apresentados".

Note que a realização de perícia é obrigatória para verificação de insalubridade, nos termos da OJ n. 278 da SDI-1 do TST, mas quando não for possível sua realização, como em caso de fechamento da empresa, poderá o julgado utilizar-se de outros meios de prova, como seria o caso da prova emprestada.

A perícia sobre insalubridade ou periculosidade pode ser realizada por médico ou engenheiro do trabalho, nos termos da OJ n. 165 da SDI-1 do TST, vez que o art. 195 da CLT não faz qualquer distinção entre aqueles profissionais para efeito de caracterização e classificação da insalubridade ou periculosidade, sendo necessário, em contrapartida, que o laudo seja elaborado por profissional devidamente qualificado.

A verificação mediante perícia de prestação de serviços em condições insalubres, considerando que o agente insalubre constatado é diverso daquele apontado na causa de pedir, não retira o direito ao recebimento ao adicional, ou seja, não prejudica o pedido, consoante já vimos em razão da redação contida na Súmula 293 do TST.

A Súmula 453 do TST versa sobre uma das hipóteses de dispensa da prova pericial, no caso de empresas que pagam voluntariamente o adicional de periculosidade.

2.13.4.4. Testemunha

No processo do trabalho, a testemunha é um dos meios de prova mais relevantes, pois não raras vezes é o único meio probante de que as partes dispõem para convencer o magistrado acerca da realidade dos fatos, tendo como substrato o princípio da primazia da realidade (verdade real, no âmbito processual).

Todavia, não será admitida a prova testemunhal quanto a fatos já confessados ou provados por documento, ou quando os fatos só podem ser provados com documentos ou por meio de perícia, como acontece com pagamento de salários e insalubridade, respectivamente.

Podemos definir testemunha como a pessoa física que é indene às partes e totalmente desvinculada do processo, mas que é convocada (pelas partes ou pelo juízo) para depor sobre fatos que tenha conhecimento, ou seja, testemunha é a pessoa natural chamada a juízo para depor sobre fatos que tem conhecimento, totalmente estranha ao processo, sendo certo que, em princípio, todas as pessoas podem depor, com exceção daquelas que são incapazes, impedidas ou suspeitas.

As causas de incapacidade e de impedimento são de ordem objetiva, enquanto as de suspeição de ordem subjetiva.

A CLT no art. 829 prevê que "a testemunha que for parente até o terceiro grau civil, amigo íntimo ou inimigo de qualquer das partes, não prestará compromisso, e seu depoimento valerá como simples informação".

Com efeito, haja vista a insuficiência da CLT, aplicamos o art. 447 do CPC que trata das pessoas incapazes, impedidas e suspeitas para depor.

É imperioso notar que não torna suspeita a testemunha o simples fato de estar litigando ou de ter litigado contra o mesmo empregador, nos termos da Súmula 357 do TST, *in verbis*: "Não torna suspeita a testemunha o simples fato de estar litigando ou de ter litigado contra o mesmo empregador".

No processo do trabalho, as testemunhas devem comparecer à audiência ainda que não sejam intimadas, ou seja, serão convidadas pelas partes, mas em caso de ausência, serão intimadas pelo magistrado de ofício ou mediante requerimento das partes e, caso não compareçam sem motivo justificado, ficarão sujeitas a condução coercitiva além de multa, como aduz o art. 825 e parágrafo único, da CLT.

No procedimento sumaríssimo, o juiz somente intimará a testemunha, em caso de ausência, se a parte comprovar que a convidou, não bastando a mera alegação, como prevê o § 3º do art. 825-H da CLT.

Antes de prestar seu **compromisso legal**, nos termos do art. 828 da CLT, a testemunha será qualificada, ficando sujeita às penas previstas na lei penal em caso de falsidade em suas declarações.

Façamos alusão, pela importância do tema, ao que é a **contradita de testemunha**, pois, como vimos anteriormente, as testemunhas impedidas, suspeitas ou incapazes não podem depor.

Sendo assim, contradita nada mais é do que a impugnação da testemunha pelo outro polo da relação processual, que irá arguir incapacidade, impedimento ou suspeição daquela pessoa natural, devendo ser arguida após a qualificação da testemunha e antes de prestar o compromisso, vez que não o fazendo haverá preclusão.

Caso o juiz venha a deferir ou indeferir a contradita, cabe à parte requerer que sejam registrados em ata os protestos contra aquela decisão, uma vez que estaremos diante de uma decisão interlocutória, irrecorrível de imediato, portanto.

Quanto à inquirição das testemunhas, dispõe o art. 820 da CLT que: "As partes e testemunhas serão inquiridas pelo juiz ou presidente, podendo ser reinquiridas, por seu intermédio, a requerimento dos vogais, das partes, seus representantes ou advogados".

Em regra, primeiro são ouvidas as testemunhas do reclamante e depois as da reclamada na sede do juízo e se a testemunha for funcionário civil ou militar e tiver que depor em hora de serviço, será requisitada ao chefe da repartição para que possa comparecer, nos moldes do art. 823 da CLT.

Em qualquer hipótese, a testemunha não pode sofrer descontos pelas faltas ao serviço ocasionadas pelo seu comparecimento para depor, quando arroladas ou convidadas (art. 822 da CLT).

Deve o magistrado providenciar meios para que o depoimento de uma testemunha não seja ouvido pela outra que ainda irá depor, sendo os depoimentos resumidos na ata de audiência (art. 824 da CLT).

No que tange à **quantidade de testemunhas** que cada parte pode arrolar, vale reiterar que, a depender do procedimento, temos:

1) no rito ordinário serão três para cada parte (art. 821 da CLT);

2) no rito sumaríssimo, até duas para cada parte (§ 2º do art. 852-H da CLT);

3) no inquérito judicial para apuração de falta grave, até seis para cada parte (art. 821 da CLT);

4) no procedimento sumário (Lei n. 5.584/70), aplica-se a regra geral prevista na CLT, que são três testemunhas para cada parte, haja vista a omissão da lei citada.

2.14. Sentença nos dissídios individuais

2.14.1. Breves considerações

Com efeito, determina a CLT nos arts. 831 e 850, que é necessária, antes de ser proferida a decisão, a conciliação pré-decisória, o que, caso não seja observado, enseja decretação de nulidade, ou seja, a segunda tentativa de conciliação é um dos requisitos de eficácia da sentença trabalhista, vez que é indispensável à tentativa, mesmo que as partes não cheguem a um denominador comum.

2.14.2. Requisitos essenciais e complementares

Dispõe o art. 832 da CLT: "Da decisão deverão constar o nome das partes, o resumo do pedido e da defesa, a apreciação das provas, os fundamentos da decisão e a respectiva conclusão".

No procedimento sumaríssimo, o relatório é dispensado, nos termos do art. 852-I da CLT.

A sentença no processo do trabalho também conterá os requisitos complementares, como se denota dos parágrafos do art. 832 da CLT.

Dessa forma, quando a decisão concluir pela procedência do pedido, determinará o prazo e as condições para o seu cumprimento, devendo sempre mencionar as custas que devem ser pagas pela parte vencida.

Ademais, as decisões cognitivas ou homologatórias de acordo deverão sempre indicar a natureza jurídica das parcelas constantes da condenação ou do acordo homologado, inclusive o limite de responsabilidade de cada parte pelo recolhimento da contribuição previdenciária, quando houve a incidência.

2.14.3. Intimação da União e acordo após o trânsito em julgado

De acordo com o § 4º do art. 832, a União deve ser intimada das decisões homologatórias de acordos que contenham parcela de natureza indenizatória, sendo facultada a interposição de recurso relativo aos tributos que lhe forem devidos, caso em que, se desejar, interporá o recurso ordinário.

Outrossim, pode também a União interpor recurso relativo à discriminação das parcelas a que faz alusão o § 3º do mesmo dispositivo legal, o que se coaduna com o disposto no citado parágrafo único do art. 831.

2.14.4. Correção de erros materiais

Havendo na decisão evidentes erros ou enganos de escrita, de digitação ou de cálculo, antes da execução, estes poderão ser corrigidos de ofício pelo juiz, ou ainda, a requerimento dos interessados ou da Procuradoria da Justiça do Trabalho, como vaticina o art. 833 c/c o art. 897-A, § 1º, ambos da CLT.

2.14.5. Intimação da decisão

Com relação à ciência da decisão, pode-se dizer que a publicação e sua notificação aos litigantes ou a seus patronos, consideram-se realizadas nas próprias audiências em que foram as mesmas proferidas, exceto se houver revelia, caso em que a notificação será realizada na forma do § 1º do art. 841 da CLT, como determina o art. 852 da CLT.

Assim vaticina o art. 834 da CLT: "Salvo nos casos previstos nesta Consolidação, a publicação das decisões e sua notificação ao litigantes, ou seus patronos, consideram-se realizadas nas próprias audiências em que forem as mesmas proferidas".

2.14.6. Da responsabilidade por dano processual

A Lei n. 13.467/2017 (Reforma Trabalhista) incluiu na CLT os arts. 793-A ao 793-D para tratar de um assunto que era estudado apenas no CPC.

Assim, responde por perdas e danos aquele que litigar de má-fé como reclamante, reclamado ou interveniente.

Considera-se litigante de má-fé aquele que: I – deduzir pretensão ou defesa contra texto expresso de lei ou fato incontroverso; II – alterar a verdade dos fatos; III – usar do processo para conseguir objetivo ilegal; IV – opuser resistência injustificada ao andamento do processo; V – proceder de modo temerário em qualquer incidente ou ato do processo; VI – provocar incidente manifestamente infundado; VII – interpuser recurso com intuito manifestamente protelatório.

Note que, de ofício ou a requerimento, o juízo condenará o litigante de má-fé a pagar multa, que deverá ser superior a 1% (um por cento) e inferior a 10% (dez por cento) do valor corrigido da causa, a indenizar a parte contrária pelos prejuízos que esta sofreu e a arcar com os honorários advocatícios e com todas as despesas que efetuou.

Porém, quando forem dois ou mais os litigantes de má-fé, o juízo condenará cada um na proporção de seu respectivo interesse na causa ou solidariamente aqueles que se coligaram para lesar a parte contrária.

Por outro lado, quando o valor da causa for irrisório ou inestimável, a multa poderá ser fixada em até duas vezes o limite máximo dos benefícios do Regime Geral de Previdência Social.

De toda sorte, o valor da indenização será fixado pelo juízo ou, caso não seja possível mensurá-lo, liquidado por arbitramento ou pelo procedimento comum, nos próprios autos.

Por fim, aplica-se a multa prevista no art. 793-C da CLT à testemunha que intencionalmente alterar a verdade dos fatos ou omitir fatos essenciais ao julgamento da causa.

2.15. Recursos no processo do trabalho

2.15.1. Conceito

Em suma, recurso é o direito de demonstrar o inconformismo com uma decisão no curso do mesmo processo.

No processo do trabalho, os recursos são interpostos por simples petição, ou seja, a CLT dispensa formalidades, embora se afirme que devem estar fundamentados, de acordo com a redação do art. 899.

Com efeito, o **princípio da dialeticidade** ou **discursividade**, que é seguido pelo TST na Súmula 422, irá exigir, em regra, que o recurso esteja devidamente fundamentado, sob pena de não conhecimento.

2.15.2. Princípios

2.15.2.1. Duplo grau de jurisdição

Um dos princípios mais citados pela doutrina é o duplo grau de jurisdição que, em apertada síntese, preconiza evitar eventual abuso das instâncias inferiores ao decidirem as lides, de modo que haveria um controle daquelas decisões judiciais pela instância superior.

No entanto, não é inconstitucional norma infraconstitucional limitar o cabimento de recursos nos procedimentos, como é o caso do sistema restritivo, previsto no art. 2º, § 4º, da Lei n. 5.584/70, que trata dos dissídios de alçada (procedimento sumário), quando então só será admitida a interposição de recurso quando a matéria for constitucional.

2.15.2.2. Taxatividade

Esse princípio, que a doutrina também denomina como **legalidade**, preconiza que recurso é necessariamente o meio de impugnação que esteja previsto em lei, seja na CLT ou em outra norma esparsa (extravagante), razão pela qual os recursos estão taxativamente previstos em lei.

Desta feita, como o rol de recursos é taxativo (*numerus clausus*), não se admite interpretação extensiva para viabilizar a utilização de outros recursos não previstos na legislação processual do trabalho.

2.15.2.3. Voluntariedade

Este princípio informa que as partes, quando inconformadas com a decisão proferida, se desejarem, poderão recorrer de forma independente no prazo prescrito em lei, razão pela qual o tribunal não pode conhecer de ofício matérias não arguidas pelas partes, exceto se forem questões de ordem pública, enquanto não tenha operado a preclusão.

2.15.2.3.1. *Duplo grau de jurisdição obrigatório ou reexame necessário*

No que pese não ter natureza de recurso, vez que não tem por objetivo reformar ou anular a decisão proferida, cabe examinarmos o duplo grau de jurisdição obrigatório (reexame necessário, remessa *ex officio*), que é uma verdadeira condição de eficácia das decisões proferidas contra as pessoas jurídicas de direito público, o que permanece plenamente aplicável mesmo com o advento da CF/88, vez que não viola os princípios da igualdade e do devido processo legal, ou seja, a decisão proferida contra as pessoas jurídicas de direito público não produzirão efeito senão depois de confirmada pelo tribunal.

O reexame necessário, no processo do trabalho, está previsto no art. 1º, V, do Decreto-lei n. 779/69, que na verdade denomina o instituto como recurso ordinário *ex officio*, o que, em apertada síntese, significa que todas as decisões contrárias à Fazenda Pública (União, Estados, Distrito Federal, Municípios, suas respectivas autarquias e fundações públicas que não explorem atividade econômica) que comportarem recurso ordinário só terão eficácia após submetidas à instância superior, não havendo, portanto, trânsito em julgado de decisão que não tenha sido remetida ao Tribunal competente, o que não se aplica às sociedades de economia mista e às empresas públicas em razão do regime peculiar a elas atribuído pela Constituição.

Assim, é lícito afirmar que não só as sentenças estão sujeitas ao duplo grau, na medida em que acórdão proferido em ações originárias perante o Tribunal Regional do Trabalho também estão, uma vez que o Decreto-lei *supra* faz menção ao recurso ordinário *ex officio*, sendo possível, portanto, seu cabimento para o TST, como seria o caso das decisões proferidas em sede de mandado de segurança, nos termos da Súmula 303, IV, do TST.

A remessa necessária tem como consequência a aplicação dos efeitos devolutivo e translativo, mas não se aplica nas hipóteses excepcionadas pelo item I, *a*, *b* e *c*, bem como naquelas previstas no item II, todos da Súmula 303.

Vale registrar que não cabe o reexame no caso de decisões que desafiam agravo de petição, vez que o ordenamento trata do recurso ordinário de ofício.

Não cabe recurso de revista contra acórdão que julgou remessa necessária, sem que tenha ocorrido a interposição de recurso ordinário voluntário, salvo se a decisão agrava a situação processual do ente público, nos termos da OJ n. 334 da SDI-1 do TST.

Não cabe ação rescisória de decisão não submetida ao reexame, bastando direito de petição ao Presidente do Tribunal para avocação dos autos, conforme redação da OJ n. 21 da SDI-2 do TST.

Não há legitimidade recursal de ente público em relação à sucumbência sofrida por uma de suas autarquias ou fundações, nos moldes da OJ n. 318 da SDI-1 do TST, o que também deve ser observado para ação rescisória.

2.15.2.4. Unirrecorribilidade ou singularidade

Este princípio, também conhecido como unicidade recursal, sinaliza no sentido de que contra uma decisão só cabe um recurso específico, ou seja, não pode a parte interpor dois ou mais recursos contra uma única decisão, na medida em que os recursos devem ser manejados sucessivamente e não concomitantemente.

Contudo, parte da doutrina aduz que não se pode entender esse princípio de forma absoluta, uma vez que, excepcionalmente, uma mesma decisão pode dar ensanchas à interposição de mais de um recurso, como seria o caso de uma sentença que julga parcialmente procedente o pedido do reclamante, mas é omissa em alguns pedidos, caso em que a reclamada poderia interpor recurso ordinário e o reclamante embargos de declaração para sanar as omissões.

2.15.2.5. Fungibilidade ou conversibilidade

Este princípio informa que um recurso interposto erroneamente pode ser convertido para o recurso que seria cabível (recurso correto), tendo em vista a natureza instrumental do processo e o princípio da primazia do mérito.

No entanto, é necessária a presença de alguns requisitos para que seja aplicado:

1º) não haver erro grosseiro ou má-fé – ocorre erro grosseiro quando a norma jurídica vaticina precisamente qual é o recurso cabível e a parte interpõe outro cabalmente desconexo;

2º) dúvida razoável (objetiva) em relação ao recurso cabível – significa que na doutrina e na jurisprudência há controvérsia acerca do recurso que deva ser manejado naquele caso concreto; e

3º) observância da tempestividade no que tange ao recurso correto (teoria do prazo menor) – quer dizer que o recurso interposto incorretamente tem de ter sido interposto no prazo do recurso que seria cabível.

Da jurisprudência do TST podemos extrair alguns exemplos de aplicação ou não do princípio. Vejamos: Súmula 421 do TST; OJ n. 152 da SDI-2 do TST; OJ n. 412 da SDI-1 do TST etc.

2.15.3. Efeitos dos recursos

2.15.3.1. Efeito devolutivo

Como se extrai do art. 899, *caput*, da CLT os recursos terão efeito meramente devolutivo, ou seja, transferem do juízo *a quo* (inferior) para o juízo *ad quem* (superior) as matérias impugnadas, buscando-se nova manifestação sobre o que fora decidido, o que nos persuade no seguinte sentido: todos os recursos têm efeito devolutivo!

Esse efeito pode ser analisado sob dois prismas, isto é, quanto à extensão (prisma horizontal) e quanto à profundidade (prisma vertical).

No que tange à **extensão do efeito devolutivo**, temos que o órgão *ad quem* (que irá apreciar o recurso) ficará limitado às questões formuladas pela parte recorrente nas razões do seu recurso, ou seja, haverá adstrição ao que for objeto de recurso, não podendo enfrentar outras questões.

Assim, se o autor faz pedido de horas extras, insalubridade e adicional noturno e a sentença julga procedente apenas o pedido de horas extras e improcedentes, os demais, se a parte recorrer pretendendo a reforma no que toca ao adicional de insalubridade, o tribunal não poderá apreciar o adicional noturno, que transitará em julgado.

No entanto, o **efeito devolutivo em profundidade** sinaliza no sentido de que serão objeto de apreciação pelo tribunal todas as questões suscitadas no curso da relação processual, mesmo que a sentença não as tenha apreciado por inteiro e, por seu turno, quando o pedido ou a defesa contiverem mais de um fundamento e o magistrado acolher apenas um deles, o recurso também irá devolver as demais, desde que relativas ao capítulo impugnado conforme a Súmula 393 do TST.

Cumpre salientar que se o processo estiver em condições de julgamento, o tribunal, ao julgar o recurso ordinário, deverá decidir desde logo o mérito da causa, nos termos do § 3º do art. 1.013 do CPC, inclusive quando constatar omissão da sentença no exame de um dos pedidos.

Conclui-se então que o efeito devolutivo implica devolução da matéria que for impugnada pelo recorrente (prisma horizontal), mas o juízo *ad quem* poderá adentrar em todas as teses jurídicas ventiladas no processo (prisma vertical).

2.15.3.2. Efeito suspensivo

Como sugere o próprio efeito, tem-se que a aplicação do mesmo impede a execução da decisão, haja vista que ficará com sua eficácia suspensa, o que não é a regra no processo do trabalho, pois como já dito acima, a regra é apenas o efeito devolutivo.

No entanto, em algumas situações excepcionais, poderemos ter a aplicação do efeito suspensivo nos recursos trabalhistas.

O TST afirma, no item I da Súmula 414, que é admissível a obtenção de efeito suspensivo ao recurso ordinário mediante requerimento dirigido ao tribunal, ao relator ou ao presidente ou ao vice-presidente do tribunal recorrido, por aplicação subsidiária ao processo do trabalho do art. 1.029, § 5º, do CPC.

Ademais, não cabe efeito suspensivo em recurso ordinário interposto de decisão proferida em mandado de segurança, conforme a OJ n. 113 da SBDI-2 do TST.

Por fim, cabe citar o art. 9º da Lei n. 7.701/88 que dispõe: "O efeito suspensivo deferido pelo Presidente do Tribunal Superior do Trabalho terá eficácia pelo prazo improrrogável de 120 dias contados da publicação, salvo se o recurso for julgado antes do término do prazo", o que é aplicável quando houver recurso ordinário interposto em face de decisões proferidas em dissídio coletivo, ou seja, contra sentenças normativas, e também o art. 14 da Lei n. 10.192/2001 que vaticina: "O recurso interposto de decisão normativa da Justiça do Trabalho terá efeito suspensivo, na medida e extensão conferidas em despacho do Presidente do TST".

2.15.3.3. Efeito substitutivo

Está previsto no art. 1.008 do CPC, o que se aplica apenas se o recurso for conhecido, vez que é o julgamento de mérito do recurso que gera o efeito ora analisado, mesmo que o acórdão do juízo *ad quem* apenas confirme a decisão, isto é, negue provimento ao recurso interposto.

2.15.3.4. Efeito translativo

Admite que o tribunal enfrente questões fora do que consta do recurso ou das contrarrazões, mas apenas se aplica às questões de ordem pública (objeções processuais), como a coisa julgada, litispendência, perempção, nulidade de citação etc., na medida em que devem ser conhecidas de ofício pelo Judiciário em qualquer tempo e grau de jurisdição.

Neste caso, não se pode falar em *reformatio in pejus* ou alegar julgamento *citra, ultra* ou *extra petita.*

Cumpre esclarecer que decisões *extra petita* são aquelas em que o órgão jurisdicional conhece de algo diverso do que fora aduzido pelo autor ou recorrente, acarretando nulidade; decisões *ultra petita* são aquelas que concedem mais, além do que for pedido, gerando a nulidade da decisão na parte que excede e, por fim, decisões *citra petita* são aquelas que deixam de apreciar algo que fora questionado ou pedido pelas partes, o que gera nulidade.

2.15.3.5. Efeito regressivo

Limita-se à possibilidade de haver retratação ou reconsideração do órgão que proferiu a decisão que se recorre, o que é uma exceção, aplicável, por exemplo, em dois recursos no processo do trabalho, que são o agravo de instrumento e o agravo regimental.

2.15.4. Pressupostos de admissibilidade

Também denominados de requisitos de admissibilidade dos recursos, devem ser cumpridos quando da interposição do recurso que a parte pretende impugnar a decisão, a fim de que seja conhecido e julgado em seu mérito.

Como regra geral, os recursos passam por dois juízos de admissibilidade, sendo o primeiro pelo juízo que proferiu a decisão que se recorre (juízo *a quo*) e o segundo pelo órgão que é competente para julgar o recurso (juízo *ad quem*).

Observe que a decisão de conhecimento do juízo *a quo* não vincula o juízo *ad quem*, haja vista que os pressupostos recursais são entendidos como matérias de ordem pública.

Na seara recursal trabalhista, esses requisitos de admissibilidade são classificados da seguinte forma: intrínsecos (subjetivos) e extrínsecos (objetivos). O não atendimento de qualquer um dos pressupostos abaixo analisados impõe o não conhecimento do recurso interposto.

2.15.4.1. Pressupostos intrínsecos ou subjetivos

Esses pressupostos estão umbilicalmente ligados à decisão que se pretende recorrer e aqueles que podem ou não recorrer da decisão, razão pela qual são eles a legitimidade, a capacidade e o interesse.

2.15.4.1.1. *Legitimidade*

Extraímos do art. 996 do CPC que o recurso pode ser interposto pela parte vencida, pelo terceiro prejudicado e até mesmo pelo Ministério Público, que na seara trabalhista será o Ministério Público do Trabalho.

A OJ n. 318 da SDI 1 do TST registra importante exemplo.

2.15.4.1.2. *Capacidade*

Não é suficiente que a parte seja legítima, sendo imprescindível que também seja capaz, isto é, no ato de interpor o recurso, a parte deve ser plenamente capaz de praticar aquele ato processual, pois caso não seja deve ser assistida ou representada.

2.15.4.1.3. *Interesse*

Determina que o pretendido pelo recurso deve trazer alguma utilidade para a parte, haja vista que é necessária a demonstração do prejuízo ou perda em decorrência da decisão proferida, ou seja, reflete a necessidade e utilidade do recurso interposto.

A OJ n. 237, II, da SDI-1 do TST é um bom exemplo ao afirmar que o Ministério Público do Trabalho tem interesse em recorrer contra decisão que declara a existência de vínculo empregatício com sociedade de economia mista ou empresa pública, após a CF/88, sem a prévia aprovação em concurso público.

2.15.4.2. Pressupostos extrínsecos ou objetivos

Caracterizam-se por questões estranhas diversas da decisão que se pretende recorrer, por isso são denominados extrínsecos. São eles a recorribilidade do ato, a adequação, a tempestividade, a regularidade na representação e o preparo.

2.15.4.2.1. *Recorribilidade do ato*

Significa que a decisão que se pretende impugnar é passível de contrariedade mediante recurso, ou seja, a **decisão judicial tem de ser passível de recurso**.

Cabe lembrar que as decisões interlocutórias, no processo do trabalho, são irrecorríveis de imediato, em razão do princípio da concentração e celeridade, sendo na verdade um dos aspectos da oralidade, o que se afirma com espeque no art. 799, § 2º, e no art. 893, § 1º, ambos da CLT.

Assim, para evitar a preclusão, faz-se a impugnação em ata, quando em audiência for proferida aquela decisão interlocutória, que será analisada na oportunidade da interposição do recurso cabível quando prolatada a decisão final, se a parte assim requerer.

2.15.4.2.2. *Adequação*

Não obstante o acima apresentado, é preciso que, além de o ato judicial ser recorrível, a parte interponha o recurso correto (adequado).

No processo do trabalho, admite-se a aplicação do princípio da conversibilidade ou fungibilidade, como já ressaltamos.

2.15.4.2.3. *Tempestividade*

Esse pressuposto está relacionado ao prazo para a interposição do recurso, que no processo do trabalho, em regra, são oito dias (a Lei n. 5.584/70, art. 6º, uniformizou o prazo dos recursos previstos no art. 893 da CLT), inclusive o recurso de agravo em caso de decisão denegatória dos embargos de divergência ou recurso de revista (§ 4º do art. 894 e § 12 do art. 896).

Já os embargos de declaração são opostos no prazo de cinco dias e o recurso extraordinário em 15 dias.

O recorrido terá igual prazo para resposta ao recurso interposto (art. 900 da CLT).

Com relação aos agravos regimentais, como regra geral, os Regimentos Internos dos Tribunais estabelecem o prazo de cinco dias, sendo necessário à consulta do Regimento Interno (RI) do tribunal respectivo quanto necessário sua utilização, exceto se o manejo for no Tribunal Superior do Trabalho, vez que o RITST segue a uniformidade dos prazos, ou seja, terá a parte oito dias para interpor tal recurso no âmbito do TST, como dispõe o art. 235, bem como o agravo contra decisão que não admite recurso de embargos no TST, consoante § 4º do art. 894 da CLT.

As pessoas jurídicas de direito público (União, Estados, Distrito Federal, Municípios e suas respectivas autarquias e fundações públicas que não explorem atividade econômica) têm prazo em dobro para interpor qualquer recurso, nos termos do art. 1º, III, do Decreto-lei n. 779/69.

No que tange aos embargos de declaração, os entes de direito público também poderão valer-se do prazo em dobro, como se extrai da OJ n. 192 da SDI-1 do TST.

Se a parte alegar feriado local visando à prorrogação do prazo recursal, a ela cabe o ônus de comprovar sua existência. No entanto, em havendo feriado forense, incumbe à autoridade que proferir a decisão de admissibilidade do recurso certificar o expediente nos autos, sendo admitida a reconsideração da análise da tempestividade do recurso, via prova documental superveniente em agravo regimental, agravo de instrumento ou até mesmo embargos de declaração (Súmula 385 do TST).

2.15.4.2.4. *Regularidade na representação processual*

O recurso deve ser interposto pela própria parte quando no exercício do *jus postulandi*, exceto recursos de competência do TST (Súmula 425 do TST), quando então deverá ser constituído advogado.

Observe que, de acordo com a Súmula 383 do TST (já estudada por nós), é inadmissível recurso firmado por advogado sem procuração juntada aos autos até o momento da sua interposição, salvo mandato tácito. Em caráter excepcional (art. 104 do CPC), admite-se que o advogado, independentemente de intimação, exiba a procuração no prazo de cinco dias após a interposição do recurso, prorrogável por igual período mediante despacho do juiz. Caso não a exiba, considera-se ineficaz o ato praticado e não se conhece do recurso. Verificada a irregularidade de representação da parte em fase recursal, em procuração ou substabelecimento já constante dos autos, o relator ou o órgão competente para julgamento do recurso designará prazo de cinco dias para que seja sanado o vício. Descumprida a determinação, o relator não conhecerá do recurso, se a providência couber ao recorrente, ou determinará o desentranhamento das contrarrazões, se a providência couber ao recorrido (art. 76, § 2º, do CPC).

Ademais, verificada a total ausência de assinatura no recurso, o juiz ou o relator concederá prazo de cinco dias para que seja sanado o vício. Descumprida a determinação, o recurso será reputado inadmissível (art. 932, parágrafo único, do CPC). Porém é válido o recurso assinado, ao menos, na petição de apresentação ou nas razões recursais. (OJ n. 120 da SDI-1 do TST).

2.15.4.2.5. *Preparo*

No processo do trabalho, o preparo é analisado sob dois prismas, quais sejam: custas e depósito recursal.

A falta de preparo gera deserção, sendo que a OJ n. 140 da SDI-1 do TST estabelece que em caso de recolhimento insuficiente das custas processuais ou do depósito recursal, somente haverá deserção do recurso se, concedido o prazo de cinco dias previsto no § 2º do art. 1.007 do CPC, o recorrente não complementar e comprovar o valor devido.

As custas só serão pagas uma vez quando da interposição do recurso. Assim, se a parte interpôs recurso ordinário deverá pagar, mas se for interpor recurso de revista não paga, salvo se houver majoração do valor da condenação.

De acordo com a Súmula 25 do TST, a parte vencedora na primeira instância, se vencida na segunda, está obrigada, independentemente de intimação, a pagar as custas fixadas na sentença originária, das quais ficará isenta a parte então vencida, sendo que no caso de inversão do ônus da sucumbência em segundo grau, sem acréscimo ou atualização do valor das custas e se estas já foram devidamente recolhidas, descabe um novo pagamento pela parte vencida, ao recorrer. Deverá ao final, se sucumbente, **reembolsar** a quantia. Outrossim, não caracteriza deserção a hipótese em que, acrescido o valor da condenação, não houve fixação ou cálculo do valor devido a título de custas e tampouco intimação da parte para o preparo do recurso, devendo ser as custas pagas ao final. Note-se que o reembolso das custas à parte vencedora faz-se necessário mesmo na hipótese em que a parte vencida for pessoa isenta do seu pagamento, nos termos do art. 790-A, parágrafo único, da CLT.

Quanto ao depósito recursal, a CLT faz menção a ele no art. 899 e seus parágrafos, o qual tem natureza de garantia do juízo, da condenação, sendo uma obrigação da reclamada (empregador ou tomador dos serviços), desde que haja condenação em pecúnia, sendo indevido caso não haja condenação pecuniária na forma da Súmula 161 do TST.

De acordo com o art. 7º da Lei n. 5.584/70, "a comprovação do depósito da condenação (CLT, art. 899, §§ 1º a 5º) terá que ser feita dentro do prazo para a interposição do recurso, sob pena de ser este considerado deserto", o que é ratificado pela Súmula 245 do TST, onde se lê que o depósito recursal deve ser feito e comprovado no prazo alusivo ao recurso, e caso haja a interposição antecipada deste não haverá prejuízo para a dilação legal.

Assim, se a parte tem oito dias para interpor o recurso ordinário e o faz no terceiro dia, poderá juntar a guia comprobatória do depósito recursal até o oitavo dia do prazo, não se admitindo, destarte, que seja considerado deserto.

No agravo de instrumento, a questão da comprovação do pagamento é diferente, vez que o agravante deve comprovar o pagamento do depósito recursal no ato da interposição do recurso, mesmo que o interponha antecipadamente (§ 7º do art. 899 da CLT).

De acordo com o § 4º do art. 899 da CLT, há uniformidade na forma pela qual o depósito recursal será pago, já que o mesmo deverá ser feito em conta vinculada ao juízo e corrigido com os mesmos índices da poupança.

Importa destacar, de acordo com os §§ 9º, 10 e 11 do art. 899, que o valor do depósito recursal será reduzido pela metade para entidades sem fins lucrativos, empregadores domésticos, microempreendedores individuais, microempresas e empresas de pequeno porte, sendo que são isentos do depósito recursal os beneficiários da justiça gratuita, as entidades filantrópicas e as empresas em recuperação judicial. Ademais, o depósito recursal poderá ser substituído por fiança bancária ou seguro-garantia judicial.

Considerando a Súmula 128 do TST, cabe consignar que é ônus da parte recorrente efetuar o depósito legal, integralmente, em relação a cada novo recurso interposto, sob pena de deserção, mas quando atingido o valor da condenação, nenhum depósito mais é exigido para qualquer recurso, o que também é previsto no item II, letra "b" da Instrução Normativa n. 3 do TST.

Com efeito, a parte recorrente deve efetuar o depósito no valor da condenação para que seja conhecido seu recurso, mas se o valor da condenação em pecúnia for superior ao teto recursal de cada recurso interposto, limitar-se-á o depósito ao valor do limite legal.

É imperioso destacar que se o valor constante do primeiro depósito, efetuado no limite legal, é inferior ao da condenação, será devida complementação de depósito em recurso posterior, observado o valor nominal remanescente da condenação e/ou os limites legais para cada novo recurso.

Em havendo condenação solidária, o depósito realizado por uma das recorrentes aproveita as demais, salvo pleito de exclusão da lide, nos termos da acima transcrita Súmula 128, III, do TST.

Caso garantido o juízo, na fase executória, a exigência de depósito para recorrer de qualquer decisao viola os princípios da legalidade e do devido processo legal, mas se houver elevação do valor do débito, exige-se, por óbvio, a complementação da garantia do juízo, conforme redação do item II da Súmula 128 do TST.

Caso seja parte no processo uma massa falida, não haverá deserção se não houver o pagamento das custas ou de depósito recursal, o que não se aplica à empresa em liquidação extrajudicial, conforme a Súmula 86 do TST.

Vale destacar que não é exigido depósito recursal, em qualquer fase do processo ou grau de jurisdição, dos entes de direito público externo e das pessoas de direito público contempladas no Decreto-Lei n. 779/69, bem assim da massa falida, da herança jacente e da parte que, comprovando insuficiência de recursos, receber assistência judiciária integral e gratuita do Estado (Item X da Instrução Normativa n. 3 do TST).

A propósito, cabe dizer que a OJ n. 409 da SDI-1 determina que o recolhimento da multa imposta como sanção por litigância de má-fé não é pressuposto objetivo para interposição dos recursos de natureza trabalhista. Ademais, a OJ n. 389 da SDI-1 do TST preceitua: "Constitui ônus da parte recorrente, sob pena de deserção, depositar previamente a multa aplicada com fundamento nos §§ 4º e 5º, do art. 1.021, do CPC/2015 (§ 2º do art. 557 do CPC/73), à exceção da Fazenda Pública e do beneficiário de justiça gratuita, que farão o pagamento ao final".

Não se pode confundir o depósito recursal, tendo em vista sua natureza peculiar, com o depósito para apreciação de recurso administrativo mencionado no art. 636, § 1º, da CLT. Na verdade, não há que se falar no depósito previsto no dispositivo como pressuposto de admissibilidade de recurso administrativo, como vaticina a Súmula 424 do TST.

2.15.5. Recursos em espécie

A partir de agora estudaremos os recursos em espécie, observando-se a sistemática processual trabalhista.

O recurso ordinário, o agravo de instrumento, o agravo de petição, os embargos de declaração e o recurso de revista serão apresentados de forma detalhada na teoria que precede a análise de casos para identificação e elaboração da peça prático-profissional.

2.15.5.1. Recursos de revista com idêntico fundamento de direito (recurso repetitivo)

É de bom grado salientar que em caso de existência de multiplicidade de recursos de revista fundados em idêntica questão de direito, poderá a questão ser remetida à SDI ou ao Tribunal Pleno, por decisão da maioria simples dos seus membros, mediante requerimento de um dos Ministros que compõem a Seção Especializada, considerando a relevância da matéria ou a existência de entendimentos divergentes entre os Ministros dessa Seção ou das Turmas do TST.

Note-se que o Presidente da Turma ou da SDI, por indicação dos relatores, afetará um ou mais recursos repetitivos da controvérsia para julgamento pela SDI ou pelo Pleno, sob o trâmite de recursos repetitivos.

Nessa situação, caberá ao Presidente da Turma ou da Seção Especializada que afetar o processo para julgamento sob o rito em apreço, expedir comunicação aos demais Presidentes de Turma ou de Seção Especializada, que poderão afetar outros processos sobre a questão para julgamento conjunto, a fim de conferir ao órgão julgador visão global da questão, sendo certo que o Presidente do Tribunal Superior do Trabalho oficiará os Presidentes dos Tribunais Regionais do Trabalho para que suspendam os recursos interpostos em casos idênticos aos afetados como recursos repetitivos, até o pronunciamento definitivo do Tribunal Superior do Trabalho.

Outrossim, caberá ao Presidente do Tribunal de origem admitir um ou mais recursos representativos da controvérsia, os quais serão encaminhados ao Tribunal Superior do Trabalho, ficando sobrestados os demais recursos de revista até o pronunciamento definitivo do Tribunal Superior do Trabalho.

Importa destacar que o recurso repetitivo será distribuído a um dos Ministros membros da Seção Especializada ou do Tribunal Pleno e a um Ministro revisor, podendo o relator solicitar, aos Tribunais Regionais do Trabalho, informações a respeito da controvérsia, a serem prestadas no prazo de 15 dias e, em seguida, terá vista o Ministério Público pelo prazo de 15 dias.

Admite-se, ainda, a figura do *amicus curiae* (amigo da corte), que é uma modalidade de intervenção assistencial, em processos de relevância social, por parte de entidades que tenham representatividade adequada, para se manifestar nos autos sobre questão de direito pertinente à controvérsia debatida nos autos, mas que não são partes dos processos, atuando apenas como interessados na causa, haja vista que o relator poderá admitir manifestação de pessoa, órgão ou entidade com interesse na controvérsia, inclusive como assistente simples.

Transcorrido o prazo para o Ministério Público e remetida cópia do relatório aos demais Ministros, o processo será incluído em pauta na Seção Especializada ou no Tribunal Pleno, devendo ser julgado com preferência sobre os demais feitos.

Após publicado o acórdão do Tribunal Superior do Trabalho, os recursos de revista sobrestados na origem seguirão a seguinte sorte: 1) terão seguimento denegado na hipótese de o acórdão recorrido coincidir com a orientação a respeito da matéria no Tribunal Superior do Trabalho; ou 2) serão novamente examinados pelo Tribunal de origem na hipótese de o acórdão recorrido divergir da orientação do Tribunal Superior do Trabalho a respeito da matéria.

No caso de reexame pelo Tribunal de origem, consoante a segunda hipótese acima citada, mantida a decisão divergente pelo Tribunal de origem, far-se-á o exame de admissibilidade do recurso de revista.

Não obstante, pode ocorrer que a matéria também verse sobre questão constitucional, caso em que a decisão do Pleno sobre questão afetada e julgada sob o rito dos recursos repetitivos, não obstará o conhecimento de eventuais recursos extraordinários sobre a questão constitucional.

Aos recursos extraordinários interpostos perante o Tribunal Superior do Trabalho, caberá ao Presidente do Tribunal Superior do Trabalho selecionar um ou mais recursos representativos da controvérsia e encaminhá-los ao Supremo Tribunal Federal, sobrestando os demais até o pronunciamento definitivo da Corte, de modo que o Presidente do Tribunal Superior do Trabalho poderá oficiar os Tribunais Regionais do Trabalho e os Presidentes das Turmas e da Seção Especializada do Tribunal para que suspendam os processos idênticos aos selecionados como recursos representativos da controvérsia e encaminhados ao Supremo Tribunal Federal, até o seu pronunciamento definitivo.

A decisão firmada em recurso repetitivo não será aplicada aos casos em que se demonstrar que a situação de fato ou de direito é distinta daquelas no processo julgado sob o rito dos recursos repetitivos.

Por fim, ressaltamos que caberá revisão da decisão firmada em julgamento de recursos repetitivos quando se alterar a situação econômica, social ou jurídica, caso em que será respeitada a segurança jurídica das relações firmadas sob a égide da decisão anterior, podendo o Tribunal Superior do Trabalho modular os efeitos da decisão que a tenha alterado.

2.15.5.2. Embargos no TST

A base legal do recurso em testilha é o art. 894 da CLT, sendo certo que a Lei n. 13.015, de 21 de julho de 2014 alterou a redação do inciso II e acrescentou os §§ 2º, 3º e 4º.

O recurso de embargos deve ser interposto no prazo de oito dias, seguindo a uniformização dos prazos no processo do trabalho, e são recebidos no efeito meramente devolutivo.

Note-se que antes da edição da Lei n. 11.496/2007 havia a previsão dos embargos de nulidade, que foram revogados, de modo que atualmente só vigem os embargos infringentes e os embargos de divergência.

Da decisão que nega seguimento a ambos no âmbito do TST caberá agravo no prazo de oito dias, que não é o de instrumento.

2.15.5.2.1. *Embargos infringentes*

Os dissídios coletivos, em regra, são julgados pelos Tribunais Regionais do Trabalho. No entanto, se o dissídio exceder a jurisdição do TRT, será competente o TST.

É de bom grado observar que se o dissídio coletivos for no Estado de São Paulo como um todo, a competência será do TRT da 2ª Região, haja vista que o Estado de São Paulo tem dois TRT's, o da 2ª Região (Capital) e o da 15ª Região (Campinas), ou seja, se houver conflito coletivo em áreas que abracem o TRT da 2ª Região e o TRT da 15ª Região, a competência para julgar os dissídios coletivos será daquele Regional.

Assim, são cabíveis os embargos infringentes (recurso bem delineado na Lei n. 7.701/88 e no Regimento Interno do TST) das decisões proferidas em dissídio coletivo originariamente julgados pelo TST, visando modificar a decisão, tendo competência para o julgamento dos embargos a SDC (art. 2º, II, *c*, da Lei n. 7.701/88), quando a decisão não for unânime, como se depreende do art. 894, I, *a*, da CLT, sendo que a falta de unanimidade está relacionada a cada cláusula que fora debatida no recurso.

Não cabem embargos infringentes quando a decisão normativa estiver em consonância com os precedentes ou súmulas do TST.

O recurso em apreço, por ter natureza ordinária, comporta devolutividade ampla, abrangendo matéria fática e jurídica.

Desta feita, pode-se afirmar que tal recurso é cabível tão somente nas hipóteses de julgamento de dissídios coletivos e desde que a decisão não seja unânime.

2.15.5.2.2. *Embargos de divergência*

É utilizado para uniformizar entendimento no âmbito do TST (turmas ou seções especializadas), em sede de dissídio individual, impugnando decisões divergentes proferidas pelas Turmas do tribunal, ou seja, decisão de Turma que diverge de outra Turma, bem como decisão de Turma que diverge de decisão da SDI do TST, consoante art. 894, II, da CLT.

Deve ser considerada, para todos os efeitos, a divergência atual, razão pela qual não enseja o presente recurso decisões superadas por iterativa, notória e atual jurisprudência do TST, na forma do § 2º do art. 894 e da já citada Súmula 333 do TST.

Possui **natureza extraordinária**, sendo as razões encaminhadas à SDI (art. 3º, III, *b*, da Lei n. 7.701/88), não admitindo reexame de fatos e provas (Súmula 126 do TST), comportando efeito devolutivo restrito (matérias e questões jurídicas).

Perfeitamente cabível o recurso de embargos em fase de execução, sendo necessária a demonstração inequívoca de interpretação divergente de dispositivo da Constituição Federal conforme a Súmula 433 do TST.

Mesmo no procedimento sumaríssimo é admitido o recurso de embargos, desde que observado o disposto na Súmula 458 do TST.

É preciso destacar que não cabem embargos para a SDI das decisões proferidas pelas turmas em agravo, salvo nas hipóteses veiculadas na Súmula 353 do TST.

O ministro relator denegará seguimento aos embargos caso a decisão recorrida esteja de acordo com súmula da jurisprudência do TST ou do STF, ou ainda com iterativa, notória e atual jurisprudência do TST, quando então deverá o relator indicá-la, assim como nas hipóteses de intempestividade, deserção, irregularidade de representação ou de ausência de qualquer outro pressuposto extrínseco de admissibilidade.

2.15.5.3. Recurso adesivo

Também conhecido como recurso subordinado, não é considerado pela doutrina um recurso propriamente dito, em razão da sua dependência ao recurso principal, estando previsto no art. 997 do CPC.

É plenamente aceitável no processo do trabalho, nos termos da Súmula 283 do TST.

Assim, aplica-se subsidiariamente (art. 796 da CLT), no que couber, o artigo do diploma processual civil acima transcrito, devendo seguir os mesmos requisitos de admissibilidade do recurso principal, inclusive quanto ao preparo (custas e depósito recursal), quando necessário.

Deve ser apresentado no prazo de contrarrazões e pode ser manejado no recurso ordinário, nos embargos, no agravo de petição e no recurso de revista, sendo exigida sucumbência recíproca.

É de bom alvitre perceber que caso o reclamante desista ou se o seu recurso ordinário por ele interposto não for conhecido, a mesma sorte será dada ao recurso adesivo, pois ele é acessório, ou seja, ocorrerá o mesmo com o recurso adesivo.

Será oferecido perante o mesmo órgão jurisdicional que intimou o recorrente para contrarrazões, devendo ser concedido prazo para resposta ao outrora recorrente, agora recorrido, que poderá, inclusive, desistir do recurso, uma vez que não depende esse ato da concordância da parte contrária (art. 998 do CPC), caso em que o recurso adesivo também não seguirá, pois como visto trata-se de um recurso subordinado, que só tem independência no que tange ao seu mérito.

No que diz respeito à forma, segue o mesmo padrão do recurso principal interposto, alterando-se apenas o conteúdo.

2.16. Liquidação de sentença

2.16.1. Conceito e finalidade da liquidação

Prevista na CLT no art. 879, a liquidação tem cabimento quando a sentença que condena ao pagamento de determina quantia não é líquida, ou seja, proceder-se-á sua liquidação em razão de não se encontrarem quantificados os direitos que foram deferidos pela sentença, a ponto de permitirem, de imediato, a execução.

Dessa feita, como o título executivo necessita de alguns requisitos, quais sejam, certeza, exigibilidade e liquidez, mister se faz sua liquidação para apurar o *quantum debeatur*.

Assim, sentença ilíquida é a que, tendo condenado ao pagamento de algum crédito, não lhe fixou seu valor e sendo ilíquida a condenação, a parte terá de promover, antes de iniciar a execução, a liquidação do julgado, que constitui, pois, um complemento da sentença condenatória exequenda. A liquidação pode ser por cálculo, por arbitramento ou por artigos.

A Consolidação das Leis do Trabalho determina que na liquidação não se poderá modificar ou inovar a sentença liquidando, e menos ainda discutir matéria pertinente à causa principal. Pensar de forma diversa seria admitir violação à coisa julgada.

Logo, a liquidação da sentença destina-se exclusivamente, como já dito, a apurar o *quantum debeatur* dentro dos estritos termos fixados no comando executório.

2.16.2. Tramitação da liquidação da sentença

Prevê o art. 879, § 2º, que, "elaborada a conta e tornada líquida, o juízo deverá abrir às partes prazo comum de oito dias para impugnação fundamentada com a indicação dos itens e valores objeto da discordância, sob pena de preclusão".

Considerando o disposto nos §§ 3º e 4º do art. 879 da CLT, elaborada a conta pela parte ou pelos órgãos auxiliares da Justiça do Trabalho, o juiz procederá à intimação da União para manifestação, no prazo de dez dias, sob pena de preclusão, sendo que a atualização do crédito devido à Previdência Social observará os critérios estabelecidos na legislação previdenciária.

Outrossim, o Ministro de Estado da Fazenda poderá, mediante ato fundamentado, dispensar a manifestação da União quando o valor total das verbas que integram o salário de contribuição ocasionar perda de escala decorrente da atuação do órgão jurídico, nos termos do § 5º do art. 879 da CLT.

Registre-se que quando se tratar de cálculos de liquidação complexos, o juiz tem a faculdade de nomear perito visando à elaboração da conta fixando, então, depois de concluído o trabalho, os honorários do perito, devendo o magistrado observar, além de outros critérios, os da razoabilidade e proporcionalidade.

Por fim, dispõe o § 7º do art. 879, incluído pela Lei n. 13.467/2017, que a atualização dos créditos decorrentes de condenação judicial será feita pela Taxa Referencial (TR), divulgada pelo BC.

2.16.3. Da impugnação a liquidação trabalhista

Com efeito, em face do citado § 2º do art. 879, teremos as seguintes situações:

1ª) Quando o juiz abrir vista às partes antes da homologação, a parte interessada deverá oferecer sua impugnação no prazo assinado, sob pena de preclusão. Com ou sem a impugnação, o juiz homologará a liquidação. No entanto, se a parte interessada não impugnou a conta de liquidação, não poderá mais, futuramente, em sede de embargos, discutir a sentença liquidanda.

No entanto, é preciso registrar que a jurisprudência tem tolerado, mesmo à falta de impugnação, que o reclamado/executado, em sede de embargos possa invocar algumas matérias de ordem pública, apontar títulos que inexistem etc.

2ª) Se os cálculos forem homologados de imediato, vale dizer, sem oitiva das partes, o juiz mandará citar o executado/devedor, quando então este deverá utilizar-se dos embargos do executado e o credor da impugnação de que trata o art. 884, § 3º, da CLT.

Verifica-se, portanto, da leitura do § 2º do art. 879 que atualmente o juiz deve dar vista às partes, impedindo-o, portanto, de homologar os cálculos, sem oitiva das partes. Porém, se assim o fizer, conforme apresentado no segundo item acima, cabe apresentar embargos, se devedor, ou impugnação, se credor, nos termos do citado art. 884, § 3º, da Consolidação das Leis do Trabalho.

Ademais, a jurisprudência do TST caminha no sentido de afirmar que a decisão que resolve a liquidação não é uma mera decisão interlocutória, mas sim uma verdadeira sentença, haja vista que admite o cabimento de ação rescisória, nos termos da Súmula 399, II, do TST, desde que enfrente as questões de fundo postas pelas partes.

De outro giro, não seria passível de corte rescisório a decisão (*rectus*: sentença) que apenas afirma estar preclusa a oportunidade de impugnar a sentença de liquidação, nos termos da OJ n. 134 da SDI-II do TST.

2.17. **Execução**

2.17.1. Definição

Podemos entender a execução como um conjunto de atos de atuação das partes e do juiz que tem por fito a concretização daquilo que foi decidido no processo de conhecimento ou previsto em título executivo extrajudicial.

Note, contudo, que o art. 878 só admite o início da execução de ofício se a parte não estiver assistida por advogado. Eis a redação: "A execução será promovida pelas partes, permitida a execução de ofício pelo juiz ou pelo Presidente do Tribunal apenas nos casos em que as partes não estiverem representadas por advogado".

2.17.1.1. Princípios da execução

2.17.1.1.1. *Princípio da igualdade de tratamento*

Em decorrência do princípio da isonomia previsto no art. 5º, *caput*, da CF/88, na execução é preciso que o juiz dispense tratamento isonômico às partes, mas considerando que o exequente (em regra o empregado) é a parte mais fraca no sentido econômico, o seu crédito de natureza alimentar precisa ser satisfeito o mais rápido possível, daí por que algumas peculiaridades são vistas na execução trabalhista, como o início da execução de ofício pelo juiz (art. 878 da CLT).

Note, contudo, que o art. 878 só admite o início da execução de ofício se a parte não estiver assistida por advogado. Eis a redação: "A execução será promovida pelas partes, permitida a execução de ofício pelo juiz ou pelo Presidente do Tribunal apenas nos casos em que as partes não estiverem representadas por advogado".

2.17.1.1.2. *Princípio da natureza real da execução*

Esse princípio, que também é denominado pela doutrina de princípio da patrimonialidade, indica que a execução deve recair sobre os bens (patrimônio) do executado e não sobre sua pessoa (pessoal), como se infere do art. 789 do CPC.

Dessa forma, não se admite mais a coação física para cumprimento de obrigações de natureza civil, salvo nas hipóteses previstas no art. 5º, LXVII, da CF/88, muito embora o STF tenha editado a Súmula Vinculante 25.

2.17.1.1.3. *Princípio da limitação expropriatória*

É fato que o devedor responde com todos os seus bens, sejam eles atuais ou futuros, mas não todos, ou seja, somente aqueles necessários para satisfazer o crédito exequendo.

Porém há bens que são absolutamente impenhoráveis, como, por exemplo, os salários, os livros e as máquinas para o exercício de qualquer profissão, o seguro de vida, o bem de família etc., o que é regulado pelo CPC no art. 833 e pela lei de impenhorabilidade do bem de família (Lei n. 8.009/90), sendo certo que algumas exceções são aplicadas dentro da razoabilidade, tendo em vista a natureza do crédito (alimentar) que se executa.

A LC n. 150/2015 (Lei dos Empregados Domésticos) revogou expressamente o inciso I do art. 3º da Lei n. 8.009/90, de modo que não há mais possibilidade de penhorar o bem de família dos empregadores domésticos.

Cabe ressaltar, no entanto, que o TST admite a penhora de renda da empresa, como se extrai da OJ n. 93 da SDI-2 do TST.

2.17.1.1.4. *Princípio do exato adimplemento ou efetividade*

É sabido que o objetivo da execução é dar ao credor o que ele teria conseguido se o devedor cumprisse voluntariamente, de modo que quando as medidas do Estado não forem suficientes (sub-rogação e coerção), é possível a conversão em perdas e danos, como ocorre, por exemplo, nas obrigações de fazer e não fazer. Seria o caso da conversão em indenização por parte do empregador caso não seja observado o disposto no § 10 do art. 477 da CLT ou em virtude da não entrega das guias para habilitação do empregado no seguro-desemprego.

Outrossim, pode o juiz também determinar providências que assegurem resultado prático equivalente, ou seja, no caso acima, poderia oficiar o Ministério do Trabalho e Emprego para que o trabalhador pudesse requerer sua habilitação e receber o benefício epigrafado.

Ademais, este princípio impede que a execução vá além daquilo que seja suficiente para o cumprimento da obrigação.

2.17.1.1.5. *Princípio da utilidade ao credor*

Como se trata de procedimento que tem por fito entregar ao credor efetivamente o que lhe é devido, a execução deve ser útil para o exequente. Dessa forma, devem-se evitar atos tendenciosos a comprometer tal utilidade.

Assim, a execução não tem por azo tão somente acarretar danos ao executado, pelo contrário, seu patrimônio deve ser capaz de saldar a dívida exequenda.

Nesse sentido, dispõe o art. 836 do CPC.

2.17.1.1.6. *Princípio da não prejudicialidade do devedor*

Também conhecido como execução menos gravosa ou menos onerosa, está previsto expressamente no art. 805 do CPC.

Assim, se por vários meios o credor puder promover a execução, o juiz deve determinar que se procedam os atos de execução pelo modo menos gravoso para o devedor, como se infere do art. 805 do CPC.

Contudo, ao executado que alegar ser a medida executiva menos gravosa incumbe indicar outros meios mais eficazes e menos onerosos, sob pena de manutenção dos atos executivos já determinados.

2.17.1.1.7. *Princípio da primazia do credor trabalhista*

Este princípio está intrinsecamente ligado com o objetivo maior da execução trabalhista, ou seja, a execução visa à satisfação do credor, até porque seus créditos são de natureza alimentar. Cumpre a leitura do art. 797 do CPC.

2.17.1.2. Legitimidade ativa

De acordo com o art. 878 da CLT a execução será promovida pelas partes, permitida a execução de ofício pelo juiz ou pelo Presidente do Tribunal apenas nos casos em que as partes não estiverem representadas por advogado.

Com relação ao Ministério Público do Trabalho, este tem legitimidade para requerer o início da execução de título executivo judicial, caso tenha atuado como parte no processo de conhecimento em primeira ou em segunda instância e, em se tratando de título extrajudicial, na hipótese de Termo de Ajustamento de Conduta.

O próprio executado pode dar início à execução e, nos termos do art. 878-A, deve efetuar o pagamento do que entender devido à previdência, sem prejuízo de eventual diferença, nos seguintes termos.

2.17.1.3. Legitimidade passiva

É preciso salientar que o natural legitimado para figurar no polo passivo do processo de execução trabalhista é o empregador, porém é possível que o empregado possa figurar como executado, nas hipóteses em que é devedor de custas ou outras despesas processuais, bem como nos casos em que tenha sido condenado a pagar determinada quantia (se for julgada procedente uma reconvenção, por exemplo) etc.

Em caso de condenação do tomador dos serviços em decorrência de responsabilidade subsidiária (terceirização), é imperioso que tenha participado da relação processual e conste do título executivo, nos moldes do item IV da Súmula 331 do TST.

Ademais, o responsável solidário, integrante do grupo econômico (art. 2º, § 2º, da CLT) responderá pelos créditos do exequente na fase executiva, mesmo que não tenha participado da relação processual na fase de conhecimento.

Outrossim, em caso de sucessão trabalhista, no viés de aquisição de empresa pertencente a grupo econômico, deve ser observada a disposição contida na OJ n. 411 da SDI-1 do TST.

O art. 448-A da CLT dispõe que caracterizada a sucessão empresarial ou de empregadores prevista nos arts. 10 e 448 desta Consolidação, as obrigações trabalhistas, inclusive as contraídas à época em que os empregados trabalhavam para a empresa sucedida, são de responsabilidade do sucessor, sendo certo que a empresa sucedida responderá solidariamente com a sucessora quando ficar comprovada fraude na transferência.

Nos termos do art. 16 da Lei n. 6.019/74 (Lei de Trabalho Temporário), "no caso de falência da empresa de trabalho temporário, a empresa tomadora ou cliente é solidariamente responsável pelo recolhimento das contribuições previdenciárias, no tocante ao tempo em que o trabalhador esteve sob suas ordens, assim como em referência ao mesmo período, pela remuneração e indenização previstas nesta Lei".

Por outro lado, o § 7º do art. 11 da Lei supra citada averba que "a contratante é subsidiariamente responsável pelas obrigações trabalhistas referentes ao período em que ocorrer o trabalho temporário, e o recolhimento das contribuições previdenciárias observará o disposto no art. 31 da Lei n. 8.212, de 24 de julho de 1991".

Se houver sucessão de empresa em liquidação extrajudicial, deve ser aplicada a OJ n. 408 da SDI-1 do TST: "É devida a incidência de juros de mora em relação aos débitos trabalhistas de empresa em liquidação extrajudicial sucedida nos moldes dos arts. 10 e 488 da CLT. O sucessor responde pela obrigação do sucedido, não se beneficiando de qualquer privilégio a este destinado".

2.17.1.3.1. *Desconsideração da personalidade jurídica*

É sabido que o patrimônio da empresa não se confunde com o dos seus sócios, de modo que se a execução é promovida em face da empresa (empregadora), mas se esta não tem bens capazes de saldar a execução, permite-se que o juiz afaste o véu corporativo (teoria da penetração), desconsiderando a personalidade jurídica da empresa (*disregard doctrine*) para alcançar os bens dos sócios.

A teoria da desconsideração da personalidade jurídica for solenemente proclamada pelo atual Código Civil de 2002 em seu art. 50 e no CDC no art. 28, os quais também são aplicáveis no Direito Processual do Trabalho, vez que o direito comum é fonte subsidiária, conforme previsão do art. 8º, parágrafo único, da CLT.

Todavia, como não há na legislação trabalhista dispositivo de natureza material que admita expressamente a teoria em apreço, alguns operadores do direito afirmam que os dispositivos citados acima acampam tal aplicação. Porém há aqueles que defendam tratar-se de construção jurisprudencial.

Outrossim, atualmente a jurisprudência e a doutrina passaram a aplicar, também, a **desconsideração da personalidade jurídica inversa ou invertida**, que nada mais é do que o atingir o ente coletivo (empresa) e seu patrimônio social, responsabilizando, assim, a pessoa jurídica por obrigações dos seus dirigentes, que atuaram de forma ilícita ou abusiva, o que é aplicado por interpretação evolutiva dos arts. 50 do Código Civil e 28 do Código de Defesa do Consumidor.

A CLT, no art. 855-A, trata do incidente de desconsideração da personalidade jurídica, determinando a aplicação dos arts. 133 a 137 do CPC.

Ademais, assevera que da decisão interlocutória que acolher ou rejeitar o incidente: I – na fase de cognição, não cabe recurso de imediato, na forma do § 1º do art. 893 da mesma norma; II – na fase de execução, cabe agravo de petição, independentemente de garantia do juízo; III – cabe agravo interno se proferida pelo relator em incidente instaurado originariamente no tribunal.

Por fim, a instauração do incidente suspenderá o processo, sem prejuízo da concessão da tutela de urgência de natureza cautelar de que trata o art. 301 do CPC.

2.17.1.4. Competência

A fixação da competência para a execução do título executivo depende de sua natureza, ou seja, se é título executivo judicial ou extrajudicial.

O art. 877 da CLT dispõe que a competência é do juiz que tiver conciliado ou julgado originariamente o dissídio, se for título executivo judicial.

Em se tratando de título extrajudicial, será competente o juiz que teria competência para o processo de conhecimento relativo à matéria, como se infere do art. 877-A da CLT.

Dessa forma, para promover a execução de título extrajudicial, deve o exequente observar a disciplina contida no art. 651 da CLT, o qual fixa a competência em razão do local.

2.17.2. Títulos executivos

A CLT trata dos títulos executivos no art. 876, sendo que se percebe do texto legal é que temos títulos executivos judiciais e extrajudiciais, sendo estes estritamente os Termos de Ajustamento de Conduta firmados junto ao MPT (TAC) e os termos de conciliação firmados junto as CCP (art. 625-E, parágrafo único), pois os demais previstos no dispositivo são títulos judiciais.

Ocorre que há duas correntes relevantes sobre a ampliação ou restrição dos títulos executivos no processo do trabalho, quais sejam:

1ª) Corrente restritiva: sustenta que o rol do art. 876 da CLT é taxativo admitindo-se uma única exceção que é a Certidão de Dívida Ativa da União); e

2ª) Corrente ampliativa: entende que os títulos apresentados no art. 876 são meramente exemplificativos, admitindo-se, portanto, outros títulos executivos, judiciais ou extrajudiciais.

Com o advento da Emenda Constitucional n. 45/2004, temos que o art. 114, VIII, da Carta Magna ensejou que outro título fosse executado na Justiça do Trabalho, seguindo os procedimentos previstos na Lei de Execuções Fiscais (Lei n. 6.830/80), qual seja a certidão de dívida ativa da União referente às multas decorrentes de penalidades impostas pelos órgãos de fiscalização das relações de trabalho, ou seja, caso um auditor-fiscal do trabalho do Ministério do Trabalho e Emprego venha a lavrar um auto de infração em face de uma empresa em razão de irregularidades constatadas, aplicando, por seu turno, multa ao empregador, em havendo o inadimplemento, haverá a inscrição na dívida ativa (CDA), o que vai representar, em nosso sentir, um outro título executivo extrajudicial na seara trabalhista, o que atualmente é ratificado pela previsão contida no § 10 do art. 896 da CLT.

No entanto, dispõe o art. 13 da Instrução Normativa n. 39/2016 do TST que os cheques e notas promissórias também podem ser executados na Justiça do Trabalho, desde que provenientes de dívidas inequivocamente trabalhista.

É importante ressaltar, por fim, que se considera inexigível o título judicial fundado em lei ou ato normativo declarados inconstitucionais pelo Supremo Tribunal Federal ou em aplicação ou interpretação tidas por incompatíveis com a Constituição Federal, conforme disposto no art. 884, § 5º, da CLT.

2.17.3. Execução provisória e definitiva

A execução de título executivo judicial pode ser provisória ou definitiva. Quando se tratar de execução de título extrajudicial, será sempre definitiva.

Assim, definitiva é a execução fundada em sentença transitada em julgada (incluído o acordo homologado judicialmente) ou em título extrajudicial, que visa efetivamente a expropriação de bens do executado para satisfação integral do exequente.

No entanto, é provisória a execução quando o título judicial exequendo estiver sendo objeto de recurso recebido apenas no efeito devolutivo, que é a regra geral no processo do trabalho (art. 899 da CLT), ou seja, cabe execução provisória quando não houver sentença transitada em julgado, que ficará paralisada com a constrição judicial de bens do executado, isto é, a execução provisória tem seu curso até a penhora, entendendo-se como tal o julgamento da subsistência ou não da penhora, e não apenas o ato de constrição propriamente dito.

Não é possível a execução provisória iniciada de ofício pelo magistrado, razão pela qual, para viabilizar a execução provisória, é necessário o requerimento do exequente (via carta de sentença), caso em que será determinada a extração da carta de sentença, uma vez que os autos principais seguem seu curso normal, de praxe na instância superior.

2.17.4. Aplicação subsidiária da Lei de Execuções Fiscais

Dispõe o art. 899 da CLT: "Aos trâmites e incidentes do processo de execução são aplicáveis, naquilo que não contravierem ao presente Título, os preceitos que regem o processo dos executivos fiscais para cobrança judicial da dívida ativa da Fazenda Pública Federal".

Assim, o que se extrai do preceptivo em epígrafe é que se a CLT for omissa não pode o aplicador do direito se valer diretamente do CPC, pois primeiramente deve buscar a regulação da casuística na LEF para, após se permanecer a lacuna, se aplicar o CPC.

Vaticina o art. 1º da Lei n. 6.830/90 (LEF): "A execução judicial para cobrança da Dívida Ativa da União, dos Estados, do Distrito Federal, dos Municípios e respectivas autarquias será regida por esta Lei e, subsidiariamente, pelo Código de Processo Civil".

2.17.5. Mandado de citação

De acordo com o art. 880 da CLT, não pago o débito voluntariamente nas condições e prazos fixados na sentença ou acordo homologado, o juiz, de ofício ou a requerimento, mandará expedir mandado de citação ao executado, para que pague o débito oriundo da decisão ou acordo, incluídas as contribuições previdenciárias, em 48 horas ou garanta a execução, sob pena de penhora.

O mandado de citação, penhora e avaliação, que será cumprido pelo oficial de justiça, deverá conter a decisão exequenda ou o termo de acordo não cumprido (§§ 1º e 2º do art. 880 da CLT).

Se o executado, depois de procurado por duas vezes não for encontrado, no espaço de 48 horas, far-se-á a citação por edital, independentemente do rito que seguiu o processo de conhecimento, afixando-se o mesmo na sede da Vara, caso não haja jornal oficial, pelo prazo de cinco dias (§ 3º do art. 880 da CLT).

Pois bem, citado o executado, ele tem três opções, quais sejam:

a) pagar em 48 horas;
b) garantir a execução em 48 horas; ou
c) ficar inerte, quando então serão penhorados seus bens para garantir a execução.

Em caso de pagamento por parte do executado, lavrar-se-á termo de quitação em duas vias assinadas pelo exequente, pelo executado e pelo escrivão ou diretor que lavrar o termo, entregando a segunda via ao executado e juntando a outra no processo.

Se o exequente não estiver presente, a importância será depositada mediante guia em estabelecimento bancário oficial de crédito ou, na falta deste, em estabelecimento bancário idôneo, nos termos do art. 881 e parágrafo único da CLT.

Todavia, o executado que não pagar a importância reclamada poderá garantir a execução mediante depósito da quantia correspondente, atualizada e acrescida das despesas processuais, apresentação de seguro-garantia judicial ou nomeação de bens à penhora, observada a ordem preferencial estabelecida no art. 835 do CPC, como se extrai do art. 882 da CLT.

Pelo dispositivo em apreço, é fácil perceber que a garantia da execução, por ato volitivo do executado, pode se dar ou pelo depósito do numerário ou pela indicação de bens a penhora, assim como seguro-garantia judicial.

Impende averbar que a carta de fiança bancária equivale a dinheiro para efeito da gradação dos bens penhoráveis, estabelecida pelo artigo retrocolacionado, nos termos da OJ n. 59 da SDI-2 do TST.

Entretanto, como fora acima afirmado, pode o executado ser citado e quedar-se inerte, quando então, de acordo com o art. 883 da CLT, seguir-se-á penhora dos bens, tantos quantos bastem ao pagamento da importância da condenação, acrescida de custas e juros de mora, sendo estes devidos a partir da data do ajuizamento da ação.

É de bom grado transcrever também a Súmula 304 do TST, que aduz: "Os débitos trabalhistas das entidades submetidas aos regimes de intervenção ou liquidação extrajudicial estão sujeitos a correção monetária desde o respectivo vencimento até seu efetivo pagamento, sem interrupção ou suspensão, não incidindo, entretanto, sobre tais débitos, juros de mora".

Impende destacar que os juros de mora incidem sobre a importância da condenação já corrigida monetariamente, nos moldes da Súmula 200 do TST, e que os juros de mora e correção monetária incluem-se na liquidação, ainda que omisso o pedido inicial ou a condenação, como prevê a já citada Súmula 211 do TST.

Com pertinência na atualização monetária decorrente das indenizações por danos morais, a jurisprudência pacificou o seguinte entendimento:

> Súmula n. 439 do TST. DANOS MORAIS. JUROS DE MORA E ATUALIZAÇÃO MONETÁRIA. TERMO INICIAL. Nas condenações por dano moral, a atualização monetária é devida a partir da data da decisão de arbitramento ou de alteração do valor. Os juros incidem desde o ajuizamento da ação, nos termos do art. 883 da CLT.

Cumpre dizer, no que pese haver divergência doutrinária e jurisprudencial, que há entendimento admitindo a aplicação do art. 523, § 1º, do CPC no processo do trabalho, porém vem decidindo o Tribunal Superior do Trabalho sob o fundamento que a CLT tem disposição própria, não havendo omissão que justifique a aplicação do CPC.

O art. 883-A da CLT averba que a decisão judicial transitada em julgado somente poderá ser levada a protesto, gerar inscrição do nome do executado em órgãos de proteção ao crédito ou no Banco Nacional de Devedores Trabalhistas (BNDT), nos termos da lei, depois de transcorrido o prazo de 45 dias a contar da citação do executado, se não houver garantia do juízo.

2.17.6. Penhora

Não sendo pago o valor nem garantido o juízo, seguir-se-á com a penhora dos bens.

Trata-se, com efeito, de ato de constrição judicial, envidada sobre o patrimônio do devedor, em decorrência da sub-rogação que o Estado exerce na fase executiva (ato de império), com o fito de satisfazer o crédito exequendo.

Interessante notar que a doutrina elenca alguns efeitos decorrentes da penhora, dentre os quais destacamos os seguintes: torna ineficaz a alienação dos bens constritos; gera preferência do credor e, por fim, produz a garantia do juízo, haja vista que só se pode falar, realmente, em garantia do juízo, quando os bens penhorados são suficientes para pagar o crédito do exequente e outras despesas de cunho processual como as custas, por exemplo.

Com efeito, a penhora é o ato judicial de constrição de bens do executado que visa resguardar patrimônio necessário para uma futura expropriação.

2.17.6.1. Dos bens penhoráveis e impenhoráveis

Os bens impenhoráveis estão previstos no art. 833 do CPC.

No entanto, doutrina e jurisprudência tendem a afirmar que é necessário relativizar a impenhorabilidade absoluta prevista no dispositivo em tela, haja vista que o princípio da dignidade da pessoa humana, no caso o trabalhador, deve merecer hegemonia sobre a inadimplência, ademais quando se tratar de crédito privilegiado, que é exatamente aquele devido ao trabalhador.

Entretanto, a jurisprudência do Tribunal Superior do Trabalho é intransigente no sentido de não admitir penhora em conta salário, ainda que referente à percentual, como se infere da OJ n. 153 da SDI-2.

De outro giro, dispõe o art. 834 do CPC que podem ser penhorados, à falta de outros bens, os frutos e rendimentos dos bens inalienáveis.

Diga-se de passagem, que é possível a penhora sobre cédula de crédito rural pignoratícia ou hipotecária, como vaticina a OJ n. 226 da SDI-1 do TST.

2.17.6.2. Da penhora sobre bem de família

Dispõe a Lei n. 8.009/90, em seu art. 1º, que o imóvel residencial próprio do casal, ou da entidade familiar, é impenhorável e não responderá por qualquer tipo de dívida civil, comercial, fiscal, previdenciária ou de outra natureza, contraída pelos cônjuges ou pelos pais ou filhos que sejam seus proprietários e nele residam, salvo nas hipóteses previstas consignadas na lei, de sorte que a impenhorabilidade compreende o imóvel sobre o qual se assentam a construção, as plantações, as benfeitorias de qualquer natureza e todos os equipamentos, inclusive os de uso profissional, ou móveis que guarnecem a casa, desde que quitados.

Entretanto, excluem-se da impenhorabilidade os veículos de transporte, obras de arte e adornos suntuosos e, no caso de imóvel locado, a impenhorabilidade aplica-se aos bens móveis quitados que guarneçam a residência e que sejam de propriedade do locatário.

Nota-se, entretanto, que a impenhorabilidade não é absoluta, razão pela qual é possível haver penhora sobre bem de família, nos casos previstos no art. 3º da referida lei. Porém, atualmente, não se pode mais penhorar bem de família decorrente de dívidas com os empregados domésticos, como já dissemos acima, vez que o inciso I do artigo *retro* fora revogado expressamente pelo art. 46 da LC n. 150/2015.

A questão que se põe em voga é a dispensa formal de constituição do bem de família, ou seja, não se exige qualquer formalidade, bastando demonstração cabal de que aquele imóvel, que está na iminência de ser constrito, ou já penhorado, é o único e que serve de moradia para sua família.

2.17.6.3. Execução contra massa falida ou empresa em recuperação judicial

Quando a massa falida está no polo passivo, há divergência doutrinária no sentido de como prosseguir a cobrança do crédito, e **três correntes** apontam no cenário jurídico:

A **primeira corrente**, denominada de tradicional, defende que com o decreto da falência a execução dos créditos deve ir para o juízo universal em razão do princípio da igualdade entre os credores, havendo inclusive julgado do TST nesse sentido, invocando a aplicação do art. 768 da CLT.

Já para a **segunda corrente**, a execução deve continuar na Justiça do Trabalho, pois o art. 114 da CF/88 determina que a Justiça Laboral tem competência para executar suas próprias decisões, o que exclui, portanto, o juízo universal, pouco importando se a constrição ocorreu antes ou depois da falência, haja vista que o crédito trabalhista é privilegiado, havendo também julgado no TST nesse sentido.

A **terceira corrente**, conhecida como eclética, posiciona-se de acordo com o momento da constrição, ou seja, se os bens são penhorados antes da falência, não são alcançados pelo juízo falimentar, porém, se os atos de constrição ocorrem após a quebra, cessa a competência da justiça do trabalho, devendo o juiz expedir certidão de crédito para habilitação perante o juízo falimentar, o que é afirmado com espeque no já citado princípio da isonomia entre os credores privilegiados.

Em caso de recuperação judicial, entende-se que deve o feito seguir na Justiça do Trabalho até a apuração do valor, quando então o magistrado deve ordenar a expedição de certidão de crédito.

Observe que o deferimento da recuperação judicial suspende a prescrição das ações de conhecimento e de execução em curso, como se extrai do art. 6º da Lei n. 11.105/2005.

Ademais, vale lembrar que os créditos privilegiados estão limitados a 150 salários mínimos, como prevê o art. 151 da Lei n. 11.101/2005.

Por fim, há entendimento afirmando que é possível continuar a execução na Justiça do Trabalho, seja em caso de falência, seja em caso de recuperação, em face dos sócios, em razão da desconsideração da personalidade jurídica, sem prejuízo da habilitação no juízo universal.

No caso de empresa em liquidação extrajudicial, a execução, inexoravelmente, deve prosseguir na Justiça do Trabalho, como prevê a OJ n. 143 da SDI-1 do TST.

2.17.7. Embargos à execução

Esse tema será apresentado de forma detalhada na teoria que precede a análise de casos para identificação e elaboração da peça prático-profissional.

2.17.7.1. Embargos à execução na execução por carta precatória

É fato que os embargos à execução são oferecidos e julgados pelo próprio juízo da execução.

No entanto, caso a execução seja por carta precatória, na hipótese de não haver bens passíveis de penhora no foro da execução, os embargos podem ser oferecidos no juízo deprecante ou no juízo deprecado, mas a competência para julgá-los será do juízo da execução, ou seja, o deprecante, exceto se o embargante alegar única e exclusivamente vícios na penhora, avaliação ou alienação praticados pelo juízo deprecado, quando a este caberá o julgamento (art. 20 da Lei n. 6.830/80; e art. 914, § 2º, do CPC).

Todavia, se a penhora incidir em bem de terceiro, serão cabíveis os embargos de terceiro, de modo que a Súmula 419 averba que "Na execução por carta precatória, os embargos de terceiro serão oferecidos no juízo deprecado, salvo se indicado pelo juízo deprecante o bem constrito ou se já devolvida a carta (art. 676, parágrafo único, do CPC de 2015)".

2.17.7.2. Impugnação do exequente

A impugnação a que se refere o art. 884, *caput*, da CLT é a que se poderia dar o nome de resposta do embargado (outrora reclamante, ora exequente), a sua defesa aos embargos à execução ofertado.

O prazo para impugnação (resposta) aos embargos é também de cinco dias a contar da intimação, sendo certo que a não impugnação não gera os efeitos da revelia.

No processo do trabalho, como se verifica do § 3º do art. 884 da CLT, o exequente, no mesmo prazo que tem o executado para embargar, poderá impugnar a sentença de liquidação e caso o exequente apresente essa impugnação, o executado deve ser intimado para apresentar defesa, também considerando o mesmo prazo.

Na verdade, o que se percebe, é que temos duas impugnações!

A impugnação, que se processa depois da decisão homologatória da liquidação, não se confunde com aquela que o credor-exequente apresenta a título de contrariedade aos embargos opostos pelo devedor-executado (art. 884, *caput*, da CLT), nem tampouco com a que se refere o § 2º do art. 879 da Consolidação das Leis do Trabalho, que se traduz em fala sobre os cálculos de liquidação, caso o juiz abra vista.

Simplificando: 1) se o executado apresentar embargos à execução, o credor/exequente será intimado para, no prazo de cinco dias, impugnar (oferecer defesa) aos embargos à execução; e 2) no mesmo prazo de cinco dias que o executado tem para embargar, o exequente poderá impugnar a sentença de liquidação, prazo este que começa a fluir do momento em que toma ciência inequívoca da garantia da execução ou da realização da penhora, pois diz a parte final do § 3º "... cabendo ao exequente igual direito e no mesmo prazo", já que ambas as oportunidades são concomitantes, a de embargar (pelo executado) e a de impugnar a sentença de liquidação (pelo exequente).

O levantamento pelo exequente, autorizado pelo juiz, do depósito em dinheiro do montante da execução, não prejudica o seu direito de impugnar a liquidação, desde que o tenha feito no prazo.

Se, todavia, o exequente, intimado dos cálculos, antes de decisão homologatória e de qualquer procedimento de constrição sobre os bens do executado, alertado sobre a cominação da preclusão, deixa transcorrer o prazo de dez dias sem se pronunciar, é-lhe defeso depois proceder à impugnação, porque terá incorrido na preclusão a que se refere o § 2º do art. 879.

É certo que o § 3º do art. 884 da CLT diz que somente nos embargos à penhora poderá o executado impugnar a sentença de liquidação, cabendo ao exequente igual direito (entenda-se: direito de impugnar, não de embargar) e no mesmo prazo.

A jurisprudência não oscila quanto ao entendimento de que se o executado e o exequente não se manifestam, quando da vista dos cálculos, fica-lhes precluso o direito de embargar e de impugnar, por força do § 2º do art. 879 da CLT.

O juiz, na mesma sentença, julga os embargos do devedor, a impugnação do credor e a impugnação do órgão previdenciário, como de depreendo do § 4º do art. 884 da CLT.

Por fim, o § 6º do art. 884 determina que a exigência da garantia ou penhora para oferecimento de embargos à execução é inaplicável às entidades filantrópicas e/ou àqueles que compõem ou compuseram a diretoria dessas instituições.

2.17.7.3. Trâmites finais da execução trabalhista

Pois bem, se não tiverem sido arroladas testemunhas na defesa (embargos à execução), o juiz proferirá sua decisão em cinco dias – prazo impróprio –, julgando subsistente ou não a penhora.

Entretanto, se tiverem sido arroladas testemunhas, o escrivão ou chefe fará os autos conclusos ao juiz em 48 horas, finda a instrução, quando então aquele proferirá sentença nos termos acima mencionados.

Proferida a decisão, as partes serão notificadas da decisão por aviso de recebimento, e julgada subsistente a penhora, o juiz mandará avaliar os bens, a qual será realizada pelo Oficial de Justiça e deve ser concluída em no máximo dez dias a contar da nomeação.

Insta salientar que da decisão que rejeitar os embargos, sem apreciar seu mérito, cabe agravo de petição para o TRT, no prazo de oito dias, o mesmo ocorrendo se os embargos à execução forem recebidos e, no mérito, forem julgados procedentes, improcedentes ou procedentes em parte.

Pois bem, após avaliação, o bem será expropriado para, com o produto arrecadado, realizar o pagamento ao credor.

Com efeito, a CLT prevê que o bem penhorado será levado à hasta pública (leilão, se bens móveis, ou praça, se bens imóveis), para satisfazer o crédito do exequente, o que deve ser divulgado com antecedência mínima de 20 dias.

A arrematação far-se-á em dia, hora e lugar anunciados e os bens serão vendidos pelo maior lance, tendo o exequente preferência para adjudicação.

Com relação propriamente à arrematação, o arrematante deverá garantir o lance com o sinal correspondente a 20% o valor dos bens.

É possível que não haja licitante na hasta pública, quando então, desde que o exequente não requeira à adjudicação, poderão os bens penhorados ser vendidos por leiloeiro nomeado pelo juiz.

No entanto, em havendo arrematação, se o arrematante ou seu fiador não pagar dentro de 24 horas o preço da arrematação, perderá em benefício da execução o sinal, que é de 20%, votando à hasta pública os bens penhorados.

Alertamos para o fato de que, em havendo parcelamento pela Secretaria da Receita Federal, no que tange às contribuições sociais, o devedor deverá juntar aos autos a comprovação da avença, ficando a execução da obrigação social suspensa até a quitação de todas as parcelas.

No caso acima citado, as Varas do Trabalho deverão encaminhar mensalmente à Secretaria da Receita Federal do Brasil informações sobre os recolhimentos efetivados nos autos, exceto se outro prazo for estabelecido em regulamento.

2.17.7.3.1. *Da avaliação*

A avaliação nada mais é do que a atribuição de valor aos bens penhorados, o que é realizado pelo Oficial de Justiça no momento da apreensão dos bens, o que permite a constatação da garantia do juízo, sendo inclusive determinado pela Lei n. 6.830/80 no art. 13 que "o termo ou auto de penhora conterá, também, a avaliação dos bens penhorados, efetuada por quem o lavrar".

A CLT prevê que o Oficial de Justiça terá dez dias para realizar a avaliação, como se extrai do art. 721, § 3º, e art. 888, *caput*, ambos da CLT.

Segundo previsão expressa do art. 680 do CPC, que reafirma o acima consignado, a avaliação é atividade afeta ao Oficial de Justiça, ressalvadas as hipóteses ali consignadas.

Caso na localidade não exista avaliador ou quem possa assumir o encargo, devemos observar o que dispõe o § 2º do art. 13 da LEF, nos seguintes termos: "Se não houver, na Comarca, avaliador oficial ou este não puder apresentar o laudo de avaliação no prazo de 15 (quinze) dias, será nomeada pessoa ou entidade habilitada a critério do Juiz".

2.17.7.4. Remição da execução

A remição nada mais é do que o pagamento da execução pelo executado, o que está previsto no art. 13 da Lei n. 5.584/70 e no art. 826 do CPC.

2.17.7.5. Execução de prestações sucessivas

De acordo com os arts. 890 a 892, quando houver execução de prestações sucessivas por tempo determinado, a execução pelo não pagamento de uma prestação compreenderá as que lhe sucederem, contudo, tratando-se de prestações sucessivas por tempo indeterminado, a execução, inicialmente, compreenderá as prestações devidas até a data do ingresso na execução.

2.17.8. Embargos de terceiro

Esse tema será apresentado de forma detalhada na teoria que precede à análise de casos para identificação e elaboração da peça prático-profissional.

2.17.9. Execução contra a Fazenda Pública

A execução contra a Fazenda Pública (pessoas jurídicas de direito público) segue um regime diferenciado em razão da impenhorabilidade dos bens públicos, estando excluídas as sociedades de economia mista e as empresa públicas, que explorem atividade econômica no regime concorrencial.

Quanto a estas últimas, por exemplo, a ECT (Empresa Brasileira de Correios e Telégrafos) poderá se valer do regime ora em estudo, vez que não explora atividade econômica, pelo contrário, atuam no seguimento de prestação de serviço eminentemente público e relevante, como já fora decidido pelo STF e pelo TST, devendo ser aplicado o mesmo raciocínio às demais empresas públicas e também ao sociedades de economia mistas que não atuam no mercado concorrencial (STF, ARE 698.357-AgR, voto da Min. Cármen Lúcia, j. em 18-9-2012, Segunda Turma, *DJE* de 4-10-2012. Ver também RE 599.628, Rel. p/ o ac. Min. Joaquim Barbosa, j. em 25-5-2011, Plenário, *DJE* de 17-10-2011, com repercussão geral).

No entanto, faz-se mister observar o disposto na OJ n. 343 da SDI-1 do TST: "É válida a penhora em bens de pessoa jurídica de direito privado, realizada anteriormente à sucessão pela União ou por Estado-membro, não podendo a execução prosseguir mediante precatório. A decisão que a mantém não viola o art. 100 da CF/1988".

Cumpre dizer que até que seja fixado o valor devido, seguir-se-á o rito estabelecido pela CLT, mas uma vez tornada líquida a conta, o procedimento a ser observado é aquele previsto no CPC.

Embora o art. 884 da CLT cite o prazo de cinco dias, é bom observar que o prazo fora ampliado pela MP n. 2.180-35/2001, que está com sua constitucionalidade em questão no STF, tendo este tribunal deferido cautelar na ADC 11 em 2007, que fora prorrogada em 2009, para suspender toda e qualquer decisão que, incidentalmente, a declare inconstitucional.

O próprio TST (E-RR-110200-18.2003.5.21.0921) inclinou-se nesse sentido, com o azo de aguardar a decisão final do STF, razão pela qual, até decisão final do Supremo, o prazo continuará sendo de 30 dias.

Caso o ente público apresente embargos, o juiz do trabalho irá decidir e da decisão caberá recurso de agravo de petição para o TRT.

Não apresentados os embargos ou resolvidos estes e com o trânsito em julgado, o magistrado deve requisitar o pagamento da quantia devida ao Presidente do tribunal, a fim de que mande expedir precatório, observando-se, doravante, o previsto no art. 100 da CF/88.

Quando o crédito for considerado de pequeno valor, não se aplica o regime dos precatórios, vez que será necessário apenas à expedição de RPV (requisitório de pequeno valor) observando-se os seguintes limites: 60 salários mínimos se for a Uniao; 40 salários mínimos se forem os Estados ou o Distrito Federal e 30 salários mínimos se forem os municípios, nos termos do art. 97, § 12, do ADCT.

Por fim, quando a Fazenda Pública for condenada para responder subsidiariamente pelos créditos trabalhistas, não poderá invocar a seu favor o disposto no art. 1º-F da Lei n. 9.494/97, que limita os juros aplicados à caderneta de poupança, como se extrai da OJ n. 382 da SDI-I do TST.

2.18. Procedimentos especiais

2.18.1. Inquérito para apuração de falta grave

Esse tema será apresentado de forma detalhada na teoria que precede a análise de casos para identificação e elaboração da peça prático-profissional.

2.18.2. Dissídio coletivo

Em regra, a solução do conflito coletivo dar-se-á pela negociação coletiva (convenções ou acordos coletivos de trabalho – ambas são formas de autocomposição) e, eventualmente, pela arbitragem. Caso não haja a solução do conflito pelas formas anteriormente consignadas, as partes poderão lançar mão do dissídio coletivo.

Tradicionalmente, o dissídio coletivo é conceituado como um processo de índole coletiva, que tem por fim solucionar conflitos coletivos de trabalho através de pronunciamentos normativos (denominados de "sentenças normativas" – Poder Normativo da Justiça do Trabalho) que constituem novas condições de trabalho, ou seja, é uma ação de interesses gerais e abstratos que envolvem categorias profissionais e econômicas.

É pelo Poder Normativo que a Justiça do Trabalho profere sentenças normativas criando novas condições, quando do julgamento de um dissídio coletivo de natureza econômica.

O que se põe em voga são interesses coletivos abstratos de categorias profissionais e econômicas, observando-se o que dispõe o § 2º do art. 114 da Constituição Federal de 1988.

Nos moldes da Súmula 190 do TST, "ao julgar ou homologar ação coletiva ou acordo nela havido, o Tribunal Superior do Trabalho exerce o poder normativo constitucional, não podendo criar ou homologar condições de trabalho que o Supremo Tribunal Federal julgue iterativamente inconstitucionais".

Na Consolidação das Leis do Trabalho, os dissídios coletivos estão previstos a partir do art. 856 da CLT.

Vale dizer que a OJ n. 15 da SDC do TST exige a comprovação da legitimidade nos seguintes termos: "A comprovação da legitimidade *ad processum* da entidade sindical se faz por seu registro no órgão competente do Ministério do Trabalho, mesmo após a promulgação da Constituição Federal de 1988".

No entanto, a OJ n. 19 da SDC do TST estabelece que "a legitimidade da entidade sindical para a instauração da instância contra determinada empresa está condicionada à prévia autorização dos trabalhadores da suscitada diretamente envolvidos no conflito".

Ademais, a OJ n. 8 da SDC do TST averba que "a ata de assembleia de trabalhadores que legitima a atuação da entidade sindical em favor de seus interesses deve registrar, obrigatoriamente, a pauta reivindicatória, produto da vontade expressa da categoria", de modo que "nos processos de dissídio coletivo só serão julgadas as cláusulas fundamentadas na representação, em caso de ação originária, ou no recurso", como determina o Precedente Normativo n. 37 do TST.

Observe que a legitimidade *ad causam* do sindicato está vinculada a correspondência entre as atividades exercidas pelos setores profissionais e econômicos envolvidos no conflito coletivo, como prevê a OJ n. 22 da SDC: "É necessária a correspondência entre as atividades exercidas pelos setores profissional e econômico, a fim de legitimar os envolvidos no conflito a ser solucionado pela via do dissídio coletivo".

Registre-se, ainda, que a representação sindical abrange toda a categoria, não comportando separação fundada na maior ou menor dimensão de cada ramo ou empresa, conforme preceitua a OJ n. 23 da SDC do TST.

2.18.2.1. Classificação

2.18.2.1.1. *Dissídio coletivo de natureza econômica*

Afirma a doutrina que é verdadeiramente uma ação constitutiva, que visa proferir de sentença normativa criando novas normas ou condições de trabalho que serão aplicadas nas relações de emprego, admitindo-se subclassificação.

2.18.2.1.1.a. Dissídio originário ou inaugural

O dissídio coletivo de natureza econômica será original quando não há negociação coletiva ou sentença normativa precedente, de modo que buscam a fixação de normas.

Assim, considerando o parágrafo único do art. 867, *a* e *b*, da CLT, a sentença normativa vigorará a partir de sua publicação, quando o dissídio for ajuizado após o prazo acima citado, ou, quando não existir acordo, convenção ou sentença normativa em vigor, da data do ajuizamento.

De outra banda, a sentença normativa passará a vigorar a partir do dia imediato ao termo final de vigência do acordo, convenção ou sentença normativa, quando o dissídio for ajuizado no prazo acima mencionado.

2.18.2.1.1.b. Dissídio revisional ou de revisão

Esta modalidade tem por objetivo a revisão de norma coletiva anterior e está baseado na cláusula *rebus sic stantibus*, em que a Justiça do Trabalho, verificando alteração nas condições então vigentes, procede à devida atualização, considerando as reais necessidades do momento.

Quando decorrido mais de um ano de sua vigência, caberá revisão das decisões que fixarem condições de trabalho, quando se tiverem modificado as circunstâncias que as ditaram, de modo que tais condições tenham se tornado injustas ou inaplicáveis (art. 873 da CLT).

Note-se que a revisão poderá ser promovida por iniciativa do tribunal prolator da decisão, pelo Ministério Público do Trabalho, pelos sindicatos representativos das categorias econômicas ou profissionais interessados no cumprimento da decisão (art. 874 da CLT).

Ademais, quando a revisão for promovida por iniciativa do tribunal que proferiu a decisão ou pelo Ministério Público do Trabalho, as associações sindicais e o empregador ou empregadores interessados serão ouvidos no prazo de 30 dias e, quando promovida à revisão por uma das partes interessadas, serão ouvidas as outras no mesmo prazo *supra* (parágrafo único do art. 874 da CLT).

Por fim, a revisão deve ser julgada pelo Tribunal que proferiu a decisão, depois de ouvido o Ministério Público do Trabalho (art. 875 da CLT).

2.18.2.1.1.c. Dissídio de extensão

Esta modalidade tem por azo estender a toda categoria as normas ou condições que tiveram como destinatários apenas parte dela, em obediência ao princípio da isonomia, como prevê o art. 868 da CLT, devendo o Tribunal fixar quando a decisão entrará em execução.

Considerando o art. 869 da CLT, a decisão sobre as novas condições de trabalho também poderá ser estendida a todos os empregados da mesma categoria profissional compreendida na jurisdição do Tribunal por solicitação de um ou mais empregadores, ou de qualquer sindicato destes; por solicitação de um ou mais sindicatos de empregados; de ofício pelo Tribunal que houver proferido a decisão e por solicitação do Ministério Público do Trabalho.

Sempre que o Tribunal estender a decisão, marcará a data em que a extensão deve entrar em vigor, sendo certo que para que a decisão possa ser estendida, será imprescindível que 3/4 dos empregadores e 3/4 dos empregados, ou os respectivos sindicatos, concordem com a extensão da decisão, cabendo ao Tribunal competente marcar prazo, não inferior a 30 nem superior a 60 dias, a fim de que se manifestem os interessados e, após ouvidos os interessados e a Procuradoria da Justiça do Trabalho, será o processo submetido ao julgamento do Tribunal, tudo nos termos dos arts. 870 e 871 da CLT.

Quando houver a homologação de acordo em dissídio coletivo, não se aplica o efeito extensivo, salvo se for observado o procedimento determinado na CLT a partir do art. 868, como se infere da OJ n. 2 da SDC.

2.18.2.2. Dissídio coletivo de natureza jurídica

A doutrina considera essa modalidade de dissídio uma ação de natureza meramente declaratória, vez que a pretensão nele manejada é apenas a interpretação de normas coletivas preexistentes e em vigor, não servindo, por outro lado, para interpretação de norma genérica.

Nesse sentido, a OJ n. 9 da SDC do TST: "O dissídio coletivo não é o meio próprio para o Sindicato vir a obter o reconhecimento de que a categoria que representa é diferenciada, pois esta matéria – enquadramento sindical – envolve a interpretação de norma genérica, notadamente do art. 557 da CLT".

Em sentido semelhante, está redigida a OJ n. 7 da SDC do TST, vez que "não se presta o dissídio coletivo de natureza jurídica à interpretação de normas de caráter genérico, a teor do disposto no art. 313, II, do RITST".

2.18.2.3. Dissídio coletivo de natureza mista ou híbrida

Trata-se de um dissídio de natureza jurídica e econômica, ou seja, terá carga declaratória e constitutiva.

Dá-se quando o tribunal julga dissídio coletivo de greve declarando ou não a abusividade desta, ao mesmo tempo em que constitui novas condições de trabalho (art. 8º da Lei n. 7.783/89 e art. 114, § 3º, da CF).

É fato que a Justiça do Trabalho, pela Carta Constitucional vigente, tem competência para declarar se a greve é abusiva ou não, o que é ratificado pela Súmula 189 do TST, estando no mesmo sentido o Precedente Normativo n. 29 da SDC do TST: "Compete aos Tribunais do Trabalho decidir sobre o abuso do direito à greve".

Por fim, frisamos que um bom setor da doutrina faz menção ao denominado dissídio de greve, pura e simplesmente, que seria instaurado em caso de frustração na negociação coletiva, quando então os trabalhadores, observando os requisitos legais, resolvem deflagrar o movimento paredista.

2.18.2.4. Competência e recursos

No concernente à competência para o julgamento dos dissídios e a interposição de recursos, assentamos que, em regra, a competência para julgar o dissídio coletivo é dos Tribunais Regionais do Trabalho, salvo se a questão exceder à jurisdição de um TRT, quando então a competência será do TST, podendo as Varas do Trabalho praticar atos que sejam necessários e por ordem do Tribunal, nos termos do art. 866 da CLT. As Varas do Trabalho jamais julgam dissídios coletivos!

Se o dissídio coletivo for de competência originária do TRT, da decisão cabe recurso ordinário para o TST (art. 895, II, da CLT), cuja competência para julgamento é da SDC, com espeque na Lei n. 7.701/88, art. 2º, II. No entanto, se a competência para o julgamento for originária do TST, o recurso cabível contra a sentença normativa é o de embargos infringentes para o próprio TST, quando a decisão não for unânime, mas a competência para o julgamento será da SDC, com fulcro no art. 894, I, *a*, da CLT e na Lei n. 7.701/88, art. 2º, II, *c*.

Quando houver a interposição de recurso ordinário em face da sentença normativa proferida pelo TRT, só haverá efeito devolutivo (art. 899, *caput*, da CLT). Porém, o Presidente do TST poderá atribuir efeito suspensivo ao mesmo pelo prazo de 120 dias que será contado da data da publicação, exceto se o recurso for julgado antes do término desse prazo, como se extrai do art. 9º da Lei n. 7.701/88 e do art. 14 da Lei n. 10.192/2001.

No entanto, é possível a cassação do efeito suspensivo, como se extrai da Súmula 279 do TST.

2.18.3. Ação de cumprimento

Esse tema será apresentado de forma detalhada na teoria que precede a análise de casos para identificação e elaboração da peça prático-profissional.

2.18.4. Mandado de segurança

Esse tema será apresentado de forma detalhada na teoria que precede a análise de casos para identificação e elaboração da peça prático-profissional.

2.18.5. Ação rescisória

Esse tema será apresentado de forma detalhada na teoria que precede a análise de casos para identificação e elaboração da peça prático-profissional.

2.18.6. Ação de consignação em pagamento

Esse tema será apresentado de forma detalhada na teoria que precede a análise de casos para identificação e elaboração da peça prático-profissional.

ANEXO I

Prezado(a) aluno(a),

1. Justificativa

Antes da entrada em vigor da Reforma Trabalhista (Lei n. 13.467/2017) em 11 de novembro de 2017, revisamos todo o conteúdo da obra, fazendo as devidas adaptações para que você tenha um material de estudo totalmente atualizado.

Você irá perceber que mudamos conteúdo, tanto no direito material quanto no direito processual do trabalho, retificamos as peças, além de incluir caso simulado e peça modelo para fins de arguição de incompetência territorial e, sem prejuízo, nas questões dissertativas, apresentamos os reflexos da reforma no gabarito original, e muito mais.

Porém o Presidente da República, no dia 14 de novembro de 2017, publicou a Medida Provisória n. 808, em que modifica diversos dispositivos que já haviam sido alterados pela Lei n. 13.467/2017.

Assim, a fim de evitar mudar o texto da obra, haja vista que a MP poderá ser convertida ou não em lei e, caso o seja, sofrerá diversas alterações, já que existem diversas emendas apresentadas no Congresso Nacional em face da MP, resolvemos por bem confeccionar este anexo, para melhor elucidação sobre os pontos alterados, os quais você precisa ter conhecimento.

Na certeza do seu sucesso, um fraternal abraço dos autores, Bruno Klippel e Fagner Sandes.

2. A Medida Provisória n. 808, de 14 de novembro de 2017.

Os principais pontos da medida provisória que precisam ser destacados são:

- Jornada 12x36 somente pode ser criada por negociação coletiva, conforme o art. 59-A da CLT.
- Para as entidades atuantes no setor de saúde, poderá ser fixada a jornada 12x36 por negociação particular escrita.
- A etnia, a idade, a nacionalidade, a honra, a imagem, a intimidade, a liberdade de ação, a autoestima, o gênero, a orientação sexual, a saúde, o lazer e a integridade física são os bens juridicamente tutelados inerentes à pessoa natural, quando da análise do pedido de fixação de danos morais.
- Para a fixação do dano moral, passa a ser utilizado para parâmetro o valor máximo dos benefícios do regime geral de previdência social, em vez do salário do empregado.
- Os parâmetros previstos no art. 223-G da CLT não se aplicam no caso de morte, sendo que a condenação na hipótese poderá ser superior à prevista em lei.
- A reincidência para a elevação do dano moral é aquela que ocorrer dentro do prazo de dois anos, contado do trânsito em julgado da decisão condenatória.
- A empregada gestante será afastada de atividades insalubres, deixando de receber o adicional respectivo, podendo trabalhar naquelas condições quando o grau de insalubridade for mínimo ou médio e a esta apresentar, voluntariamente, atestado médico.
- A lactante será afastada de qualquer atividade insalubre quando apresentar atestado médico.
- Na contratação de autônomo, é proibida a celebração de cláusula de exclusividade, sendo que, se presente a subordinação jurídica, será reconhecido o vínculo de emprego.
- O contrato de trabalho intermitente será celebrado por escrito, com anotação obrigatória na CTPS.
- O prazo para manifestação do empregado chamado a trabalhar é de 24 horas, presumindo-se a recusa no caso de silêncio.
- Os pagamentos não podem ser realizados em período superior a um mês, podendo período inferior ser acordado entre as partes, sendo que o empregado intermitente possui direito de receber salário igual aos trabalhadores da empresa que realizam as mesmas funções.

- O contrato de trabalho intermitente será rescindido de pleno direito após o decurso do prazo de um ano sem convocação, sendo devido, pela metade, o aviso prévio e a multa do FGTS e na integralidade as demais parcelas.
- A rescisão do contrato de trabalho autoriza a movimentação da conta de FGTS em até 80% dos depósitos realizados, sendo que o empregado não poderá requerer o seguro-desemprego.
- O aviso-prévio no contrato intermitente será necessariamente indenizado.
- A ajuda de custo, para ser considerada verba indenizatória, não pode exceder 50% da remuneração mensal.
- Em relação às gorjetas, eventual valor remanescente, após o pagamento dos encargos sociais e previdenciários, será revertido aos empregados.
- Cláusula de negociação coletiva não pode ser anulada por ação individual, devendo ser por meio de ação coletiva, na qual os sindicatos signatários serão litisconsortes necessários.

Parte II – Peças processuais

3. PETIÇÃO INICIAL E DEFESA DO RECLAMADO

3.1. Petição inicial

3.1.1. Apresentação

Trata-se de uma das mais importantes peças processuais para o aluno que busca a sua aprovação no Exame de Ordem na 2ª fase em Direito do Trabalho, razão pela qual "toda atenção é merecida"! Diversos são os requisitos que serão abordados nesta obra, de forma que o candidato esteja pronto para o "tão esperado dia", sabendo com precisão identificar a peça, buscar seus fundamentos e formular os pedidos adequadamente.

A preparação para o Exame de Ordem, nessa primeira parte, que se refere única e exclusivamente à petição inicial, passa pela leitura do art. 319 do CPC (Lei n. 13.105/2015) e do art. 840 da CLT (alterado pela Lei n. 13.467/2017), por tratarem dos requisitos daquela peça inaugural.

Em tese, pode-se dizer que a petição inicial é "o veículo pelo qual o autor exerce o direito fundamental de acesso à justiça. Trata-se, pois, do ato processual mais importante para o exercício desse direito"[1].

A importância ímpar dessa peça processual está interligada ao princípio da inércia da jurisdição, presente no art. 2º do CPC, que descreve, em síntese, que o Estado não exercerá seu Poder Jurisdicional sem provocação da parte.

Apesar de a CLT trazer requisitos próprios no art. 840 para a redação da petição inicial, nas provas da OAB devem ser seguidas as normas constantes no art. 319 do CPC, pois são aqueles requisitos que são pontuados pelas bancas examinadoras. Em síntese, na petição inicial trabalhista, por indicação do CPC, deve o examinando apontar o *juízo competente, a qualificação das partes, os fatos e fundamentos jurídicos do pedido, os pedidos, que devem ser formulados de forma certa, determinada e com indicação do valor, o valor da causa e as provas com que pretende demonstrar a veracidade dos fatos afirmados.*

---

1 BEZERRA LEITE, Carlos Henrique. *Curso de direito processual do trabalho.* 9. ed. São Paulo: LTr, 2011, p. 458.

Como será visto mais adiante, nem todos os requisitos acima apontados seriam necessários de acordo com a teoria do direito processual do trabalho, mas para a prática trabalhista são considerados indispensáveis, como já dito, pontuados pelo gabarito da banca examinadora, conforme será demonstrado oportunamente.

3.1.2. Características e requisitos

A petição inicial trabalhista, pelas normas da CLT, mostra-se infinitamente mais simples se comparada com a cível, regida pelo CPC, haja vista que o art. 840 da CLT não traz todos os requisitos do art. 319 do CPC. **Contudo, para as provas da 2ª fase da OAB, deve-se seguir o Código de Processo Civil, por ser mais completo, sob pena de perda de pontos.**

Algumas características principais da petição inicial trabalhista podem ser destacadas:

Pode ser escrita ou verbal: sendo escrita, seguirá as normas dispostas na CLT e no CPC. Sendo verbal, será reduzida a termo por servidor da Justiça do Trabalho, ou seja, o reclamante se encaminhará àquela Justiça, sendo iniciada a demanda com a redução a termo do que for narrado pelo obreiro.

Tendo-se por base o art. 840 da CLT, os requisitos da petição inicial trabalhista são: "designação da autoridade competente, qualificação das partes, breve exposição dos fatos de que resulte o dissídio, o pedido, que deverá ser certo, determinado e com a indicação de seu valor, a data e a assinatura do reclamante ou de seu representante".

Contudo, conforme já afirmado, deve-se seguir o art. 319 do CPC, em relação aos requisitos, sendo que aqueles passam a ser analisados, um a um, a partir de agora:

a) Juiz a que é dirigida, ou seja, o juízo competente para a análise dos pedidos que estão sendo formulados:

Trata-se do juízo competente, ou seja, o órgão jurisdicional com atribuição para julgar os pedidos que estão sendo formulados, conforme regras preestabelecidas, em obediência ao princípio do juiz natural. O primeiro passo é estabelecer se a competência é da Vara do Trabalho, do Tribunal Regional do Trabalho ou do Tribunal Superior do Trabalho, haja vista que existem demandas de competência originária dos tribunais, tais como o mandado de segurança e ação rescisória, que serão analisadas em tópico específico.

Nas provas de 2ª fase do Exame de Ordem, geralmente são expostos fatos que levam o candidato a redigir uma petição inicial de competência da Vara do Trabalho. Para tanto, deve ser lido e relido o art. 651 da CLT, aqui transcrito por sua importância, já que narra o juízo competente, que, em regra, é **aquele em que se deu a prestação dos serviços.** Assim, pouco importa, nessa regra geral, o local da contratação. Deve-se atentar para o local em que o serviço foi prestado. Se houve transferência, mesmo que múltiplas, o juízo competente será o do **último local da prestação dos serviços.** Assim, exemplificando, caso João Guilherme seja contratado em Vitória/ES para trabalhar em São Paulo/SP, sendo posteriormente transferido para Recife/PE, local em que o vínculo se encerrou, o juízo competente será **Recife/PE, por ser o último local de prestação dos serviços.**

Para que não haja dúvidas e diante da importância do dispositivo, transcreve-se o art. 651 da CLT:

> Art. 651. A competência das Juntas de Conciliação e Julgamento é determinada pela localidade onde o empregado, reclamante ou reclamado, prestar serviços ao empregador, ainda que tenha sido contratado noutro local ou no estrangeiro.
>
> § 1º Quando for parte de dissídio agente ou viajante comercial, a competência será da Junta da localidade em que a empresa tenha agência ou filial e a esta o empregado esteja subordinado e, na falta, será competente a Junta da localização em que o empregado tenha domicílio ou a localidade mais próxima.
>
> § 2º A competência das Juntas de Conciliação e Julgamento, estabelecida neste artigo, estende-se aos dissídios ocorridos em agência ou filial no estrangeiro, desde que o empregado seja brasileiro e não haja convenção internacional dispondo em contrário.
>
> § 3º Em se tratando de empregador que promova realização de atividades fora do lugar do contrato de trabalho, é assegurado ao empregado apresentar reclamação no foro da celebração do contrato ou no da prestação dos respectivos serviços.

Caso o problema narre que o **empregado é agente ou viajante comercial,** ou seja, que desenvolvia suas atividades sem um ponto fixo de trabalho, aplica-se o § 1º do dispositivo acima, que afirma ser competente o juízo em que se encontra **a sede ou filial a que estava vinculado** ou, na inexistência, **no local em que é domiciliado o reclamante** e, por fim, caso não haja Justiça do Trabalho no local do domicílio, **na localidade mais próxima.**

Se o empregador realizar atividade fora do local da contratação, como ocorre com os circos e empresas de eventos, o reclamante poderá mover sua reclamação **no local da contratação ou em qualquer local em que tenha prestado serviços.**

Apesar de todas as regras aqui expostas, a maioria esmagadora das questões que já foram postas no Exame de Ordem foi resolvida com a **regra geral**, ou seja, **endereçando a petição inicial para o juízo trabalhista do local da prestação dos serviços.**

Como exemplo, vejamos parte do enunciado que já foi cobrado em prova de prática trabalhista na 2ª fase da OAB:

(XII Exame de Ordem – FGV) Síntese da entrevista feita com Bruno Silva, brasileiro, solteiro, CTPS 0010, Identidade 0011, CPF 0012 e PIS 0013, filho de Valmor Silva e Helena Silva, nascido em 20-2-1990, domiciliado na Rua Oliveiras, 150 – Cuiabá – CEP 20000-000: que foi admitido em 5-7-2011 pela empresa Central de Legumes Ltda., situada na Rua das Acácias, 58 – Cuiabá – CEP 20000-010, e dispensado sem justa causa em 27-10-2013, quando recebeu corretamente as verbas da extinção contratual; que teve a CTPS assinada e exercia a função de empacotador, recebendo por último o salário de R$ 1.300,00 por mês; que sua tarefa consistia em empacotar congelados de legumes numa máquina adquirida para tal fim.

Vejamos que a ação trabalhista tinha de ser ajuizada em Cuiabá, uma vez que o enunciado deixava claro que o reclamante havia trabalhado naquela cidade.

Assim, para que não pairem dúvidas acerca da competência, vamos narrar as três situações típicas de provas da OAB, foco central de nosso estudo, que levam ao conhecimento acerca do juízo competente:

- 1ª situação: mais simples, afirmará que o reclamante laborou em determinado local, sendo esse o competente para a ação trabalhista.
- 2ª situação: narrará que o reclamante foi contratado em determinada cidade, mas laborou em outro lugar. A ação trabalhista será ajuizada no local em que houve a prestação do labor.
- 3ª situação: o problema narrará que houve trabalho em múltiplos locais, devendo-se verificar qual foi o último local da prestação dos serviços, pois ali deverá ser ajuizada a demanda trabalhista.

Por fim, sobre o primeiro requisito da petição inicial, deve-se comentar o novo posicionamento da FGV, demonstrado na prova da 2ª fase do XXIII Exame de Ordem: caso a questão afirme qual é a cidade da prestação dos serviços, mas sem informar o Estado da Federação, não inclua o Estado. Não presuma que Recife é uma cidade do estado de Pernambuco, por exemplo. Se a questão trouxer explicitamente que a cidade de prestação de serviços foi Recife/PE, inclua a informação completa. Caso traga apenas a informação sobre Recife, coloque apenas o nome da cidade.

b) Os nomes, prenomes, estado civil, profissão, domicílio e residência do autor e do réu, CNPJ, CPF e CTPS (documentos de identificação) – em síntese, a qualificação das partes;

A qualificação das partes é indispensável para a verificação de diversos institutos de direito processual, tais como *coisa julgada, litispendência, continência etc.*, já que todos estão relacionados às partes. No processo do trabalho, as partes são denominadas *reclamante* (autor) e *reclamado* (réu), sendo que, em sua maioria, o reclamante é o empregado. Pode ser que haja a inversão, principalmente nas petições iniciais de ações de rito especial, tais como a ação de consignação em pagamento, o inquérito para apuração de falta grave etc., mas em 99% das situações, a narrativa da banca examinadora trará o empregado (ex-empregado) como reclamante e a empresa como reclamado.

Caso o problema faça menção aos dados das partes (nome, endereço, CPF, CNPJ etc.), todos devem ser utilizados, da forma como apresentados. **A alteração do nome, por exemplo, pode ser considerada identificação de prova, o que acarretaria a atribuição da nota zero.**

Utilizando o mesmo exemplo acima, do XII Exame de Ordem – FGV, percebemos que a banca trouxe uma série de informações sobre as partes e, claro, não as trouxe à toa, apenas para "completar linhas"! Se a banca redigiu diversos dados sobre a identificação das partes, é porque quer que você as utilize na petição. Vejamos o enunciado uma vez mais:

(XII Exame de Ordem – FGV) Síntese da entrevista feita com Bruno Silva, brasileiro, solteiro, CTPS 0010, Identidade 0011, CPF 0012 e PIS 0013, filho de Valmor Silva e Helena Silva, nascido em 20-2-1990, domiciliado na Rua Oliveiras, 150 - Cuiabá - CEP 20000-000: que foi admitido em 5-7-2011 pela empresa Central de Legumes Ltda., situada na Rua das Acácias, 58 - Cuiabá - CEP 20000-010, e dispensado sem justa causa em 27-10-2013, quando recebeu corretamente as verbas da extinção contratual; que teve a CTPS assinada e exercia a função de empacotador, recebendo por último o salário de R$ 1.300,00 por mês; que sua tarefa consistia em empacotar congelados de legumes numa máquina adquirida para tal fim.

Na hipótese de os dados não serem fornecidos, **não devem ser inventados**, sob pena de considerar-se identificação da prova. Nesse caso, o candidato deve agir de uma das duas formas abaixo:

"Maria da Penha (profissão, estado civil, endereço, CTPS, CPF etc.)"

"Maria da Penha (qualificação completa)".

Caso você comece a criar os dados ("Rua das Couves, n. 50, Bairro dos Cocais etc.), a banca poderá atribuir ZERO à sua questão, por entender que você está identificando a sua prova. Falando (ou escrevendo) de maneira muito clara: a banca pode entender que você combinou com algum examinador que se chegar alguma petição com esses dados, é para ser atribuída "nota 10, com louvor, distinção, prêmio melhor petição do mundo", pois é a sua! Você reprovará sem qualquer possibilidade de recurso, pois a banca não dá provimento aos apelos quando entendem que o problema foi de identificação.

Continuando sobre o tema, a qualificação das partes geralmente consta como um fator de atribuição de nota, como ocorreu no XIII Exame Unificado FGV, em 2014, quando a qualificação do embargante (no caso, embargos do devedor), gerava a atribuição de 0,50 (meio ponto). Na situação, a FGV trouxe os requisitos, tais como nome, profissão, estado civil, número de documentos, devendo a parte utilizá-los obrigatoriamente. Vejamos:

Gabarito XIII Exame de Ordem

Formato de embargos de devedor/embargos à execução/embargos à penhora, com citação do art. 884 CLT dirigido à 50ª Vara do Trabalho de Boa Vista/Roraima, com indicação do processo **e qualificação do embargante** (0,50). Obs.: A omissão/erro de qualquer dos requisitos reduzirá a nota em 0,20 pontos.

Claro que, se a banca tiver sido omissa, qualquer uma das duas formas acima narradas pode ser utilizada: deixando claro quais são as informações que demonstram estar qualificada a parte (profissão, estado civil etc.) ou a informação, entre parênteses, de que ali consta a "qualificação completa".

Duas situações ainda devem ser tratadas, a saber: responsabilidade subsidiária diante de terceirização (Súmula 331 do TST) e responsabilidade solidária pela existência de grupo de empresas (art. 2º, § 2º, da CLT).

Caso o enunciado da questão afirme que o reclamante foi contratado por uma empresa para prestar serviços para outra, **descrevendo, assim, uma situação de terceirização,** deverá o candidato incluir no polo passivo as duas empresas, na qualidade de reclamadas, formando-se um litisconsórcio passivo. Um exemplo pode aclarar:

> "João da Silva foi contratado na qualidade de vigilante pela empresa Alfa, prestando serviços na empresa Beta, [...]".

Nesse caso, o polo passivo deverá ser assim redigido:

> "em face de empresa Alfa (qualificação completa) e, subsidiariamente, com fulcro na Súmula 331 do TST, empresa Beta (qualificação completa), [...]".

A menção à Súmula 331 do TST **é indispensável em todas as situações envolvendo terceirização,** haja vista ser o único verbete do TST, em vigor, acerca da matéria. Ademais, o entendimento daquele Tribunal é no sentido de que o tomador dos serviços (aquele que terceiriza os serviços) deve participar do contraditório para ser alcançado na execução trabalhista.

Além disso, ao mencionar, desde o início da petição inicial, a Súmula n. 331 do TST, o aluno demonstra ao examinador o preenchimento de um dos requisitos constantes no gabarito da banca, haja vista que aquele, ao corrigir a peça, buscará analisar se o examinando mencionou o verbete do TST. Mencionando-se desde logo o verbete sumulado, o examinando "estará ajudando" o examinador a corrigir a sua peça.

Continuando, na hipótese de **grupo de empresas**, regulado pelo art. 2º, §§ 2º e 3º, da CLT, alguns cuidados devem ser tomados: caso esteja clara a existência do grupo empresarial, as empresas narradas no problema devem ser inseridas no polo passivo, com os cuidados já lançados acerca da qualificação, fazendo-se menção sempre ao dispositivo acima descrito, constante da Consolidação das Leis do Trabalho. A afirmação que é feita leva em consideração a redução do risco para o candidato, mas a ausência das empresas formadoras do grupo não pode ensejar, pela banca examinadora, a redução de pontos, haja vista que a Súmula 205 do TST foi cancelada, não mais impondo a inserção obrigatória de todas as empresas do grupo no polo passivo. Mas, ressalta-se, **é melhor que sejam inseridas as ditas empresas, para evitar questionamentos quando da revisão da prova.**

Por fim, uma rápida explicação em relação ao endereço do advogado, que por costume é incluído no cabeçalho da petição inicial, após a qualificação do reclamante (autor). Na vigência do CPC/73, o art. 39 obrigava a indicação do endereço, o que não ocorre no art. 106 do CPC, que é específico para o advogado que atua em causa própria, na medida em que não haverá procuração nos autos. Quando o reclamante contrata um advogado, na procuração que é outorgada ao causídico consta o endereço nos termos do art. 105 do CPC, o que dispensa a menção na petição inicial.

Ocorre que é uma prática de anos a inclusão do endereço do advogado na petição inicial, o que não deve ser modificado e que nao trará qualquer consequência negativa na prática trabalhista. Assim, prefere-se dizer para que o examinando **mantenha a indicação do endereço** por meio da seguinte frase padrão incluída nas petições:

> "(qualificação do autor), *por meio de seus Advogado infrafirmado, com escritório profissional na Rua...*, ajuizar a presenta RECLAMAÇÃO TRABALHISTA... [...]"

c) Os fatos e os fundamentos jurídicos do pedido, ou seja, a causa de pedir:

Nos termos da CLT, os fatos e os fundamentos do pedido são uma "breve exposição dos fatos de que resulte o dissídio". Em uma ou outra expressão, representam a causa de pedir da petição inicial, requisito indispensável ao pedido formulado ao Poder Judiciário.

A indicação da causa de pedir mostra-se realmente indispensável, pois auxilia na verificação de uma série de institutos processuais, tais como conexão, continência, coisa julgada e litispendência, além de demonstrar ao Juiz do Trabalho os fatos, bem como os fundamentos da pretensão autoral.

O CPC faz menção aos *fundamentos jurídicos*, não sendo necessária, pelo menos em tese, a menção aos dispositivos de lei. **Contudo, no Exame de Ordem, como o que está em jogo é a verificação de aprendizagem, deve-se sempre fazer menção aos dispositivos de lei (Constituição Federal, CLT, leis extravagantes), assim como às súmulas e orientações jurisprudenciais do TST, indispensáveis, atualmente, nas provas de 2ª fase do exame.**

Ao redigir uma petição inicial no Exame de Ordem, deverá o candidato, num primeiro momento, descrever os fatos narrados no enunciado da questão, observando apenas aqueles que são importantes para o deslinde da controvérsia. Ao ler a questão, **o candidato deve assinalar, para facilitar a formalização da peça, as principais informações, que são, na maioria das situações, as seguintes: *data de admissão e demissão; cargo; salário; local da prestação dos serviços; se o contrato for formalizado por prazo determinado ou indeterminado e a forma de término do vínculo (com justa causa, sem justa causa etc.).***

Costuma-se dizer que o aluno, ao receber a sua prova da OAB 2ª fase, deve realizar, pelo menos, duas leituras:

- 1ª leitura: pode ser feita de forma mais rápida, principalmente para identificar a peça a ser redigida. Caso haja a narrativa de algo que ocorreu no "mundo dos fatos", ou seja, não esteja relacionada a algum processo em andamento, a questão provavelmente estará pedindo a redação de uma petição inicial.

- 2ª leitura: de forma mais atenta, com a assinalação dos principais aspectos narrados pela banca, que foram destacados anteriormente, de forma a que o examinando já comece a pensar na causa de pedir e nos pedidos que serão formulados. Assim, caso o aluno verifique a existência de uma situação que gera dano moral, deve assinalar tal hipótese, já destacando no rascunho quais são os dispositivos legais relacionados ao aludido dano. Caso o problema afirme que houve transferência provisória sem pagamento de qualquer adicional, já deverá o aluno procurar em seu Vade Mecum todos os artigos, súmula e OJs relacionados ao tema, já que na exposição serão mencionados tais pontos.

Várias são as situações que podem ser narradas pela banca examinadora para a redação de uma petição inicial, mas algumas acabam sendo mais comuns, até porque ocorrem em um número significativo na prática. São elas:

a) Trabalho sem anotação de Carteira de Trabalho, que acarretará um pedido específico de reconhecimento do vínculo de emprego.
b) Ausência de pagamento de alguma verba trabalhista, que renderá a rescisão indireta do contrato de trabalho ou o pedido de condenação ao pagamento da parcela referida.
c) Fornecimento de utilidades, ocasionando o pedido de condenação ao pagamento de salário *in natura*.
d) Justa causa sem o referido embasamento legal, gerando o pedido de conversão da justa causa em demissão sem justa causa e consequente pagamento das verbas rescisórias.
e) Trabalho mediante algum agente insalubre ou periculoso, ocasionando o pedido de condenação ao pagamento dos referidos adicionais.
f) Demissão sem justa causa no curso de estabilidade provisória, que renderá pedido liminar de reintegração do obreiro e nulidade da dispensa.
g) Assédio moral ou outro ato que gere dano moral e consequente pedido de indenização por danos morais.
h) Trabalho em jornada superior à legalmente fixada, com a consequente condenação ao pagamento de horas extraordinárias e seus reflexos nas verbas trabalhistas e rescisórias.
i) Rebaixamento de função, que acarretará o pedido de condenação ao pagamento de danos morais, bem como eventuais diferenças salariais e das demais verbas trabalhistas.

Assim, uma leitura atenta do problema certamente servirá para verificar a violação ao direito do empregado, bem como o dispositivo legal a ser utilizado na fundamentação.

Um exemplo pode ser esclarecedor: "Joana foi demitida sem justa causa por seu empregador quando estava em sua 3ª semana de gravidez. O empregador não conhecia o estado gravídico, tendo em vista não ter sido informado pela obreira".

Na construção da causa de pedir, esses fatos, contidos no problema, devem ser repetidos na peça inaugural. Além disso, devem-se buscar na legislação e nos entendimentos do TST os dispositivos de lei que afirmam que a conduta praticada em desfavor da obreira (demissão sem justa causa) está em desacordo com o ordenamento jurídico. Assim, nessa hipótese, destacam-se o art. 10, II, *b*, do ADCT e a Súmula 244, I, do TST, que devem ser **obrigatoriamente inseridos na narração realizada pelo aluno na petição inicial.** De nada adiantará a "simples menção ao dispositivo", assim como também não terá valia, pois não serão alcançados os pontos na integralidade, a narrativa sobre a ilegalidade de demissão, se não forem mencionados os dispositivos referidos.

Os gabaritos fornecidos pela FGV demonstram a necessidade de menção aos dispositivos legais, súmulas e OJs pelo examinando. Vejamos:

Gabarito XII Exame de Ordem

Fundamento (culpa ou risco da atividade) (0,20) e indicação dos artigos para o dano material: art. 186 ou 402 ou 927 ou 949 do CCB (0,20).

Pensão vitalícia: pagamento de pensão vitalícia (de 20% do seu salário) por conta da redução da capacidade laborativa (0,40). Indicação do art. 950 do CCB (0,20).

Gabarito XIV Exame de Ordem

Reintegração porque a dispensa do portador de deficiência não foi acompanhada da contratação de outro em condição semelhante. (0,60) Indicação do art. 93, § 1º, da Lei n. 8.213/91 ou art. 36, § 1º, do Dec. n. 3.398/99. (0,20)

Indenização por dano moral em virtude do monitoramento indevido do e-mail pessoal do trabalhador, ferindo a intimidade (0,60). Indicação do art. 5º, X, da CF/88 ou arts. 21, 186 ou 927 do CCB (0,20)

Devolução do desconto de contribuição confederativa porque o trabalhador não era sindicalizado (0,60). Indicação da Súmula 666 do STF ou PN 119 do TST ou OJ n. 17 SDC do TST. (0,20)

Plus salarial pelo acúmulo de função em parte do horário de trabalho (0,60). Indicação do art. 456, parágrafo único, da CLT ou art. 13 da Lei n. 6.615/78 ou art. 8º da Lei n. 3.207/57. (0,20)

1 hora extra, com adicional de 50% pela pausa alimentar parcialmente concedida. (0,60) Indicação da Súmula 437, I, do TST ou art. 71, § 4º, da CLT. (0,20)

Percebe-se que em todas as situações a FGV exige a **informação + dispositivo legal,** sendo retirada pontuação caso não haja a indicação do dispositivo correto.

d) O pedido, que deve ser certo, determinado e com a indicação do seu valor, nos termos da CLT e, conforme CPC, com as suas especificações.

Segundo entendimento doutrinário, o pedido é "o objeto da ação. É ele que faz com que o autor bata às portas do Poder Judiciário para postular a restauração de seu direito, que alega ter sido violado, agredido ou ameaçado de lesão pelo outro sujeito da relação jurídica de direito material: o réu"[2]. Para o Exame de Ordem, muitas vezes, o pedido é a parte da petição inicial mais trabalhosa para o candidato, haja vista que pode variar de acordo com os fundamentos lançados na causa de pedir.

Os pedidos a serem formulados podem ser, dentre outros:

a) Condenação ao pagamento de verbas trabalhistas e rescisórias.

b) Condenação ao pagamento de dano moral.

c) Condenação em obrigação de fazer (anotar a CTPS).

d) Rescisão indireta.

e) Conversão de justa causa em rescisão sem justa causa.

Sendo o pedido de condenação ao pagamento de valores, se decorrerem de jornada extraordinária, acarretarão o reflexo dessa condenação em outras parcelas, trabalhistas e rescisórias, já que o pagamento de horas extras "aumenta" o salário do obreiro e, por consequência, de todas as verbas calculadas sobre o salário. Como exemplo:

"Assim sendo, PEDE:

A condenação ao pagamento das horas extraordinárias trabalhadas no período... a..., bem como nos reflexos em 13º salário, férias acrescidas de 1/3, FGTS e multa de 40% sobre aquele montante, totalizando a quantia de R$...".

NÃO INVENTE VALOR PARA OS PEDIDOS. Coloque valor exato apenas quando a banca indicar o mesmo, do contrário siga o exemplo acima. Assim, diga condenação na quantia de R$...

Alguns pedidos e requerimentos são específicos do direito do trabalho e devem ser formulados na ação trabalhista, tais como:

1. **Justiça gratuita:** deve ser requerida com base no art. 790, § 3º, da CLT, como já vimos. Nas provas da OAB, deve-se requerer o benefício da justiça gratuita, uma vez que o examinando é tratado como um advogado particular. Caso haja menção expressa de que o reclamante dirigiu-se ao sindicato da categoria e não possui condições financeiras para arcar com os custos do processo, será requerida a assistência judiciária gratuita.

2. **Multas dos arts. 467 e 477, § 8º, ambos da CLT:** tais multas são pedidas se as verbas incontroversas não forem pagas na primeira audiência (art. 467) e se as verbas rescisórias não forem pagas no prazo (art. 477). Como não se sabe qual defesa será apresentada, **deve-se sempre requerer a multa do art. 467 da CLT,** uma vez que o reclamado pode apresentar defesa sobre todos os fatos, tornando-os controvertidos, pode apresentar defesa parcial, controvertendo apenas alguns ou pode não apresentar defesa, tornando-se revel, o que atrai a presunção de veracidade dos fatos afirmados na petição inicial. Já a multa do art. 477, § 8º, da CLT somente

[2] BEZERRA LEITE, Carlos Henrique. *Curso de direito processual do trabalho*. 9. ed. São Paulo: LTr, 2011, p. 469.

será pedida se o enunciado da questão disser que as verbas rescisórias não foram pagas no prazo legal ou que ainda não foram pagas. O prazo que consta no § 6º do art. 477 da CLT.

Por fim, vale a pena afirmar que a multa do art. 477, § 8º, da CLT é de um salário do empregado, não sendo um salário mínimo, mas sim um salário do empregado.

3. **Indenização pelo seguro-desemprego:** deve ser pedida com base na Súmula 389 do TST, caso o enunciado afirme que o obreiro não teve acesso ao benefício por culpa do empregador.

Atenção especial *para os honorários advocatícios de sucumbência, pois deve ser observado o que dispõe o art. 791-A da CLT.*

e) O valor da causa

No processo do trabalho, o valor da causa não possui relação com a competência, assim como ocorre no processo civil, em que pode ser determinante para que a demanda seja encaminhada à Vara Cível ou ao Juizado Especial Cível.

Na seara processual trabalhista, o valor da causa é importante para a fixação do procedimento a ser seguido, haja vista a existência de três ritos diferenciados, a saber:

Rito (procedimento)	Valor da causa em salários mínimos
Sumário	Até 2
Sumaríssimo	Até 40
Ordinário	Acima de 40

Para fins de Exame de Ordem, o rito sumário não é importante, não sendo objeto das bancas examinadoras, mesmo porque há posicionamento doutrinário, apesar de minoritário, no sentido de restar revogado após a criação do rito sumaríssimo.

No Exame de Ordem, como não é possível a utilização de calculadora, a FGV vêm permitindo que o candidato descreva as parcelas requeridas (13º, férias, FGTS etc.), deixando o valor em branco. **A discriminação correta das parcelas é condição indispensável para que o candidato alcance pontuação máxima.**

Assim, apesar de a teoria do direito processual do trabalho afirmar que o valor da causa não se mostra como um requisito indispensável para a petição inicial trabalhista, para a Prova da OAB, você deverá lembrar de tal requisitos e ao final dos pedidos incluir o que segue:

"Dá-se à causa o valor de R$..."

Como já dito, não há necessidade de cálculos, podendo-se deixar em branco o valor, pois o importante é que você deixe claro ao examinador que você sabe da necessidade de incluir o requisito. Se o enunciado disser que o valor da pretensão do reclamante é de R$ 20.000,00, obviamente você dirá que "Dá-se à causa o valor de R$ 20.000,00 (vinte mil reais)".

f) As provas com que o autor pretende demonstrar a verdade dos fatos alegados

Na petição inicial trabalhista, assim como ocorre na cível, é normal fazer-se menção aos meios de prova que a parte pretende produzir no curso da demanda. Os documentos devem ser juntados na inicial, conforme o art. 320 do CPC. As demais provas serão produzidas em audiência, tais como depoimentos pessoais das partes, prova pericial e prova testemunhal.

Faz-se, nesse momento, apenas menção genérica às provas, da seguinte forma:

> "Pretende provar o alegado por meio de prova documental, testemunhal, pericial e depoimento pessoal."

Não há necessidade de arrolar as testemunhas, já que essas são ouvidas independentemente de intimação, a teor do art. 825 da CLT.

g) O requerimento para a citação do réu

Apesar de não constar do art. 840 da CLT e do art. 319 do CPC como um requisito indispensável da petição inicial, já que a citação (notificação inicial) é realizada automaticamente pela Vara do Trabalho (art. 841 da CLT), no Exame de Ordem mostra-se fundamental a formulação de requerimento para a citação (notificação, nos termos trabalhistas) do réu (reclamado), sob pena de não atribuição da nota integral.

O requerimento para citação do réu geralmente acompanha a informação acerca da confissão ficta sobre a matéria de fato, consequência principal da revelia. Logo, o candidato deve formular o seguinte *requerimento:*

> A notificação do reclamado para comparecer à audiência e, querendo, apresentar defesa sob pena de revelia e confissão sobre a matéria de fato.

3.1.3. Como identificar a peça

A petição inicial trabalhista é a peça mais fácil de ser identificada, dentre todas as que podem ser solicitadas, tendo em vista que o enunciado da questão abordará fatos que ocorreram "fora" do processo, ou seja, não há informação acerca de processo ajuizado. Os fatos sempre se referem ao vínculo de emprego, ao que ocorreu no dia a dia do labor desenvolvido pelo empregado. Assim, o examinador não mencionará fatos que ocorreram em uma demanda, tais como decisões judiciais, atos de Juiz do Trabalho etc.

A banca examinadora, ao dizer que as verbas trabalhistas não foram pagas, **refere-se ao dia a dia do obreiro.** Da mesma forma, quando afirma que o empregado era humilhado pelo superior hierárquico, razão pela qual você, na qualidade de advogado, deve tomar alguma providência processual. Nessas hipóteses, como o problema ainda se encontra no plano da vida, a única providência (peça) a ser tomada é o ajuizamento da reclamação trabalhista, ou seja, apresentação de petição inicial.

Para que não fique dúvida: se o problema informa que o obreiro nunca recebeu adicional de insalubridade, apesar de trabalhar em ambiente extremamente ruidoso, a única peça cabível é a petição inicial, para levar o problema do obreiro ao Poder Judiciário. Ninguém pensaria em recurso, pois não há decisão judicial. Muito menos em contestação, pois não há informação sobre o ajuizamento de demanda trabalhista. A depender da situação vivida pelo empregado durante o vínculo de emprego, o pedido a ser formulado na petição inicial é que sofrerá variação, podendo ser a simples condenação ao pagamento das verbas trabalhistas, anotação da CTPS, reversão da justa causa, rescisão indireta do contrato de trabalho, condenação ao pagamento de dano moral, dentre outros.

3.1.4. Pedido de tutela provisória de urgência

Em algumas situações, pode ser necessária a formulação de pedido de antecipação de tutela, haja vista o perigo de dano grave e de difícil reparação para a parte autora. A possibilidade de ser formulado pedido liminar, baseado em juízo de verossimilhança, objeto de análise superficial pelo magistrado, encontra-se prevista no art. 294 e seguintes do CPC de forma genérica e, de maneira específica, no art. 659, IX e X, da CLT. As hipóteses celetistas englobam: *decisão liminar para tornar sem efeito transferência de empregado nas hipóteses do art. 469 da CLT* e *decisão liminar visando reintegrar dirigente sindical afastado, suspenso ou dispensado pelo empregador.*

Atualmente, pode-se formular pedido de tutela provisória de urgência em todas as situações que denotem urgência, desde que presentes os requisitos do art. 300 do CPC, a seguir transcrito e explicado:

> Art. 300. A tutela de urgência será concedida quando houver elementos que evidenciem a probabilidade do direito e o perigo de dano ou o risco ao resultado útil do processo.
>
> § 1º Para a concessão da tutela de urgência, o juiz pode, conforme o caso, exigir caução real ou fidejussória idônea para ressarcir os danos que a outra parte possa vir a sofrer, podendo a caução ser dispensada se a parte economicamente hipossuficiente não puder oferecê-la.
>
> § 2º A tutela de urgência pode ser concedida liminarmente ou após justificação prévia.

Os requisitos descritos no *caput* do art. 300 do CPC, indispensáveis para a concessão da tutela de urgência, podem ser assim resumidos:

a) Probabilidade do direito (*fumus boni iuris*): significa verossimilhança das afirmações, ou seja, a demonstração de que as afirmações tendem a ser consideradas verdadeiras, quando da análise do mérito.

b) Perigo de dano ou o risco ao resultado útil do processo (*periculum in mora*): significa que a demora na análise do pedido formulado pelo autor acarretará sérios prejuízos a ele, razão pela qual precisa de providência liminar, ou seja, no início do processo.

As hipóteses mais comuns de tutela provisória são: transferência ilegal de empregado e reintegração de obreiro estável que foi dispensado imotivadamente, tal como a gestante, cipeiro, dirigente sindical, membro de comissão de conciliação prévia, dentre outros.

Nessas hipóteses, deve o candidato deixar claro no preâmbulo da peça que existe o pedido de tutela provisória de urgência ou pedido liminar. Além disso, nos fatos e fundamentos, deve expressamente fazer menção ao preenchimento dos requisitos do art. 300 do CPC, que já foram explicados e geralmente surgem nas peças com os nomes *fumus boni iuris* e *periculum in mora*.

Por fim, quando da formulação dos pedidos, deve-se incluir como o **primeiro pedido** algo como o que segue:

> "Ante o exposto, PEDE:
> LIMINARMENTE, a reintegração do obreiro, tendo em vista a existência de estabilidade provisória, determinando-se ao reclamado o imediato retorno do obreiro às suas atividades laborais, sob pena de multa diária de R$...".

3.1.5. Fundamentos mais comuns

Nesse tópico, serão descritas as situações mais comuns em provas de Exame de Ordem, demonstrando os fundamentos que devem ser utilizados para a redação de uma petição inicial completa. O candidato deve lembrar sempre de mencionar, além das normas contidas na CF/88 e CLT, as súmulas e orientações jurisprudenciais do TST, por serem muito cobradas e pontuadas pelas bancas examinadoras:

- jornada de trabalho e horas extraordinárias;
- adicional de insalubridade e periculosidade;
- adicional de transferência;
- equiparação salarial;
- indenização referente ao seguro-desemprego;
- ausência de pagamento das verbas rescisórias – multa do art. 477, § 8º, da CLT;
- intervalos intrajornada e interjornada;
- adicional noturno;

- dano moral;
- revista íntima;
- ausência de anotação da CTPS e reconhecimento do vínculo de emprego;
- responsabilidade subsidiária do tomador na terceirização;
- rescisão indireta;
- responsabilidade solidária passiva e ativa no grupo de empresas.

3.1.6. Petição inicial de situações especiais

Duas situações são bem particulares no direito do trabalho e podem ser facilmente cobradas em sua prova de 2ª fase da OAB: **pedido de reversão da justa causa** e **pedido de rescisão indireta.** Nas duas situações, deve-se tomar cuidado com a fundamentação e, sobretudo, com o pedido a ser formulado.

Na primeira hipótese – **reversão da justa causa –,** a banca examinadora trará uma situação fática em que o empregado reclamante foi **demitido injustamente por justa causa,** não estando presente qualquer hipótese legal que justifique a rescisão do contrato de trabalho por aquele motivo. Um exemplo do dia a dia pode aclarar a explicação:

> João já havia chegado atrasado cinco vezes ao trabalho nos últimos 3 meses, sem que qualquer penalidade tivesse sido imposta ao mesmo, como advertência ou suspensão. Também não havia sido realizado pelo empregado qualquer desconto salarial, que seria totalmente lícito de se realizar, inclusive do repouso semanal remunerado. Na sexta vez em que chegou atrasado, João foi demitido por justa causa, supostamente por desídia (art. 482, "e" da CLT), tendo em vista os repetidos atrasos.

Na situação, o examinando deve verificar que os **atrasos não podem gerar a justa causa, uma vez que não houve qualquer pena aplicada anteriormente,** como advertência ou suspensão, o que inviabiliza a dispensa, na medida em que o último atraso será considerado, para o direito do trabalho, como o primeiro, pois não houve reprimenda em relação aos demais. Assim, deverá expor na petição inicial que a **pena aplicada – justa causa – é desproporcional à conduta do empregado,** o que demonstra não estar presente a hipótese típica de desídia. Como pedido, deverá requerer:

> A reversão da justa causa em demissão sem justa causa, condenando-se o reclamado ao pagamento de todas as verbas devidas ao reclamante, assim como aviso-prévio, 13º proporcional, férias proporcionais, saldo de salário, multa de 40% do FGTS, bem como a liberações das guias de seguro-desemprego.

Já na rescisão indireta, a hipótese a ser narrada pela banca examinadora é outra. O contrato de trabalho **ainda está em curso, em vigor, mas o empregador está descumprindo alguma de suas obrigações,** praticando atos como a retenção da CTPS, atraso de salários, não pagamento de horas extras, não realização dos depósitos de FGTS, assédio moral, não fornecimento de EPIs (equipamentos de proteção individual), dentre outros previstos no art. 483 da CLT. Assim, diante da **justa causa do empregador,** em vez de o empregado pedir demissão, poderá optar por uma solução que é financeiramente melhor, que é a formulação do pedido de rescisão indireta, na medida em que receberá todas as verbas devidas como se fosse uma demissão sem justa causa. Comprando o **pedido de demissão com a rescisão indireta,** podemos dizer que na última o empregado receberá as seguintes verbas que não receberia na primeira situação: aviso-prévio (no pedido de demissão teria que conceder o aviso), multa de 40% do FGTS, saque dos valores depositados na conta vinculado do FGTS e seguro-desemprego.

O pedido a ser formulado na rescisão indireta pode ser aproximadamente (já que não se trata de uma regra fixa) como o que consta abaixo:

> Seja reconhecida a culpa recíproca, tendo em vista estar provada a hipótese descrita no art. 483, ... da CLT, condenando-se o reclamado ao pagamento de todas as verbas devidas ao reclamante, assim como aviso-prévio, 13º proporcional, férias proporcionais, saldo de salário, multa de 40% do FGTS, bem como a liberações das guias de seguro-desemprego.

3.1.7. Estrutura da peça

1. **Competência:** endereçamento à Vara do Trabalho do local da prestação dos serviços.
2. **Qualificação da parte autora (reclamante):** nome, prenome, CTPS, CPF e endereço do reclamante; informação de que a peça é subscrita por Advogado regularmente constituído, constando o endereço daquele, para o recebimento de notificações.
3. **Nome da ação que está sendo proposta e fundamento legal:** descrição de ajuizamento de reclamação trabalhista, com base nos arts. 840 da CLT e 319 do CPC.
4. **Qualificação da parte ré (reclamado):** nome, informação acerca da natureza jurídica (direito privado ou público, se for empresa), CNPJ e endereço para recebimento de notificação.
5. **Fatos e fundamentos jurídicos do pedido:** descrição da causa de pedir, ou seja, afirmação acerca dos fatos que são tratados no problema apresentado pela banca examinadora, bem como os fundamentos jurídicos que demonstram a violação do direito do reclamante, por exemplo, trabalho em horas extraordinárias, rebaixamento de função, dano moral etc. Apesar de teoricamente não haver necessidade de mencionar os fundamentos legais (artigos de lei, súmulas, OJs etc.), no Exame da Ordem **tal requisito é indispensável, pois o candidato deve mostrar ao examinador que conhece o direito do trabalho.**

6. **Pedido e/ou requerimento:** dentre os pedidos que são formulados em todas as reclamações trabalhistas, têm-se:
   6.1. Notificação do reclamado para comparecer à audiência e, querendo, apresentar defesa, sob pena de revelia e confissão sobre a matéria de fato.
   6.2. Produção de todos os meios de prova admitidos em direito, em especial, documental, testemunhal, pericial e depoimento pessoal das partes.
   6.3. Condenação ao pagamento da multa do art. 467 da CLT, caso as verbas incontroversas não sejam pagas na primeira audiência, no valor de R$...
   6.4. Deferimento da justiça gratuita, nos termos do art. 790, § 3º, da CLT, tendo em vista a impossibilidade de o reclamante arcar com os custos do processo.
   6.5. Condenação em honorários de sucumbência, observando-se o disposto no art. 791-A da CLT, com o mínimo de 5% e o máximo de 15%.
7. **Pedidos especiais:** a depender dos fundamentos da demanda, podem ser formulados diversos pedidos, tais como:
   7.1. Deferimento de liminar, para reintegrar o reclamante, tendo em vista a presença do *fumus boni iuris* e *periculum in mora*.
   7.2. Reconhecimento do vínculo de emprego, com a anotação da CTPS do reclamante no período compreendido entre... e... .
   7.3. Condenação ao pagamento das seguintes verbas rescisórias: 3/12 de 13º proporcional ao ano de 2011, 5/12 de férias proporcionais acrescidos de 1/3, multa de 40% do FGTS etc., no valor de R$...
   7.4. A decretação da rescisão indireta do pacto laboral, tendo em vista o descumprimento, pelo empregador, das obrigações do contrato de trabalho.
   7.5. Condenação ao pagamento de dano moral, no valor de R$... [...].
   7.6. Condenação ao pagamento da multa do art. 477 da CLT, tendo em vista não ter sido cumprido o prazo para o pagamento das verbas rescisórias, no valor de R$...
   7.7. Condenação à entrega das guias de seguro-desemprego, nos termos da Súmula 389 do TST.
8. **Valor da causa:** dá-se à causa o valor de R$... [...].
9. **Fechamento:** nestes termos, requer deferimento (ou requer deferimento, apenas).
10. **Data, local e assinatura/OAB:** caso o problema traga tais dados, devem ser fielmente assinalados. Caso contrário, nenhum dado deve ser inventado, sob pena de identificação da prova, o que acarretará a atribuição da nota zero.

3.1.8. Peça prático-profissional: petição inicial

Suzana trabalhou na residência da família Moraes de 15-6-2015 a 15-9-2015, data na qual teve baixa em sua CTPS. A família do ex-empregador vive em Natal/RN. Suzana foi contratada a título de experiência por 45 dias, findos os quais nada foi tratado e Suzana continuou trabalhando normalmente. Suzana realizava todas as atividades do lar, iniciando o trabalho às 7h e saindo às 16h, de segunda à sexta-feira, com trinta minutos de intervalo. Suzana tinha descontado do seu salário 10% referente ao vale-transporte, além de sua cota-parte do INSS e 25% do valor da alimentação consumida no emprego. Suzana fazia a limpeza dos 3 banheiros existentes na residência mas não recebia qualquer adicional. Em determinada ocasião, Suzana viajou com a família por 4 dias úteis para Gramado/RS. Nessa ocasião, trabalhou como babá das 8h às 17h, desfrutando de uma hora de almoço. Na data da dispensa, Suzana recebeu as seguintes verbas: férias proporcionais de 3/12 avos acrescidas de 1/3 e 13º salário proporcional de 3/12 avos. Você foi procurado por Suzana para, na condição de advogado(a), redigir a peça prático-profissional pertinente em defesa dos interesses da trabalhadora, sem criar dados ou fatos não informados. (Valor: 5,00)

GABARITO:

Deverá ser redigida uma petição inicial endereçada ao Juiz do Trabalho da Vara do Trabalho de Natal/RN. Deverá ser considerado pelo examinando o reconhecimento do trabalho como sendo um contrato por prazo indeterminado e a desconstituição de contrato de experiência, pois não tendo havido prorrogação expressa do contrato de experiência, o contrato se transmudou em por prazo indeterminado, na forma do art. 5º, § 2º, da LC n. 150/2015. Em decorrência disso, deverá ser pretendido o pagamento de aviso prévio de 30 dias e os reflexos disso nas férias + 1/3 e 13º salário, conforme o art. 23, § 1º, da LC n. 150/2015. Deverá ser requerida a devolução do desconto de 25% da alimentação, pois vedado pelo art. 18, da LC n. 150/2015, e o excesso do desconto do vale transporte, que é de 6% do salário base do trabalhador, conforme parágrafo único do art. 4º da Lei n. 7.418/85. Deverá ser pretendida uma hora extra diária, em razão da supressão do intervalo de uma hora, nos termos do art. 13 da LC n. 150/2015 e Súmula 437 do TST. Deverá ser exigida, ainda, 30 minutos diários de hora extra, já que a jornada diária da empregada era de 8:30hs, sem qualquer referência a acordo escrito para compensação, conforme exigido pelo art. 2º, § 4º, da LC n. 150/2015. Deverá ser requerido o pagamento de 25% por hora trabalhada em viagem, percentual que deverá incidir sobre 32 horas, conforme o art. 11, § 2º, da LC n. 150/2015. Encerramento.

3.1.9. Modelo de peça

Excelentíssimo Senhor Juiz da... Vara do Trabalho de Natal – Tribunal Regional do Trabalho do Rio Grande do Norte.

(Espaço)

Suzana (qualificação completa), por meio de seu Advogado *infrafirmado*, com procuração em anexo e endereço profissional (endereço completo), vem perante Vossa Excelência, com base nos arts. 840 da CLT e 319 do CPC, propor a presente

RECLAMAÇÃO TRABALHISTA

Em face de (membro da família Moraes, qualificação completa), tendo em vista os fundamentos a seguir expostos:

1. Dos fatos e fundamentos

A reclamante trabalhou na qualidade de empregada doméstica para a família do reclamado, no período de 15-6-2015 a 15-9-2015, na cidade de Natal/RN. O contrato foi firmado à título de experiência por 45 dias, nada tendo sido tratado após o término do referido período, presumindo-se o contrato foi transformado em contrato por prazo indeterminado, nos termos do art. 5º, § 2º da LC n. 150/2015.

Por consequência, declarada a existência de um contrato por prazo indeterminado firmado entre as partes, é direito da reclamante receber as parcelas advindas da rescisão do referido contrato, a saber: aviso prévio de 30 dias, conforme art. 23, § 1º da LC n. 150/2015; bem como os reflexos nas férias + 1/3 e 13º salário, já que o período do aviso prévio integra o contrato de trabalho para todos os efeitos.

A reclamante desenvolvia as suas atividades das 7h às 16h, de segunda à sexta-feira, usufruindo de 30 minutos de intervalo para descanso e alimentação. Como não havia qualquer acordo prévio e escrito entre as partes sobre a redução do referido intervalo, nos termos do art. 13 da LC n. 150/2015, há que se presumir que a reclamante fazia jus ao descanso mínimo de 1.

Salienta-se que a redução do intervalo viola norma de ordem pública, conforme previsto na Súmula n. 437 do TST, que determina ainda o pagamento do intervalo completo como jornada extraordinária, o que justifica o pedido de condenação ao pagamento de 1h extraordinária por dia trabalhado pela reclamante.

Ademais, pelo fato de a reclamante ter usufruído do intervalo reduzido, a mesma trabalhava 8:30h diárias, excedendo a jornada máxima prevista no art. 2º da LC n. 150/2015, culminando com a necessária condenação ao pagamento de 30 minutos extras diários.

Ainda em relação à jornada de trabalho prestada pela reclamante, há que se frisar que a mesma laborou durante viagem realizado com a família do reclamado por quatro dias para a cidade de Gramado/RS, não tendo recebido qualquer quantia extraordinária durante aquele período, contrariando o disposto no art. 11, § 2º, da LC n. 150/2015, que dispõe sobre o direito de receber adicional de 25% sobre as horas trabalhadas em viagem. Logo, possui a reclamante direito de receber o referido adicional sobre 32 horas (8h x 4 dias) trabalhadas.

Por fim, o empregador realizava o desconto de 25% do valor da alimentação consumido durante o expediente, o que se mostra ilegal por claramente violar o art. 18 da LC n. 150/2015, que proíbe a realização do referido desconto, devendo os valores ser devolvidos à reclamante. O reclamado também realizava o desconto de 10% do salário à título de vale-transporte, violando o art. 4º da Lei n. 7.418/85, que limita o desconto a 6% do salário do obreiro, devendo a quantia também ser devolvida à reclamante.

2. Dos pedidos

Ante o exposto, REQUER-SE:

1. A notificação do reclamante para comparecer à audiência e apresentar defesa, sob pena de revelia e confissão em relação à matéria fática.

2. A condenação da reclamada ao pagamento das seguintes verbas:

a) Aviso-prévio de 30 dias e seus reflexos nas férias + 1/3 e 13º salário, tendo em vista o reconhecimento de um contrato por prazo indeterminado entre as partes.

b) 1 hora extraordinária por dia de trabalho, em decorrência de redução ilícita do intervalo intrajornada.

c) 30 minutos extras por dia de trabalho, uma vez que a reclamante laborava 8:30h diários.

d) Adicional de 25% sobre 32 horas trabalhadas em viagem.

e) Devolução das quantias ilegalmente descontadas à título de vale-transporte e alimentação.

3. A concessão do benefício da Justiça Gratuita, conforme art. 790, § 3º, da CLT, tendo em vista não ter condições de arcar com as custas processuais.

4. A produção de todos os meios de prova, em especial, documental, testemunhal, pericial e depoimento pessoal.

5. A procedência de todos os pedidos formulados.

Dá-se à causa o valor de R$...

Local/Data

Assinatura

OAB n. ...

3.1.10. Questão de provas anteriores/Questão simulada

1. **(XIV Exame de Ordem – FGV)** Síntese da entrevista realizada com Heitor Samuel Santos, brasileiro, solteiro, desempregado, filho de Isaura Santos, portador da identidade 559, CPF 202, residente e domiciliado na Rua Sete de Setembro, casa 18 – Manaus – Amazonas – CEP 999:

• trabalhou na fábrica de componentes eletrônicos Nimbus S.A. situada na Rua Leonardo Malcher, 7.070 – Manaus – Amazonas – CEP 210), de 10-10-2012 a 2-7-2014, oportunidade na qual foi dispensado sem justa causa e recebeu, corretamente, sua indenização;

• a empresa possui 220 empregados;

• é portador de deficiência e soube que, após a sua dispensa, não houve contratação de um substituto em condição semelhante;

• seu e mail pessoal era monitorado pela empresa porque, na admissão, estava ocorrendo um problema na plataforma institucional, daí por que a ex-empregadora acordou com os empregados que o conteúdo de trabalho seria enviado ao e-mail particular de cada um, desde que pudesse fazer o monitoramento; que, em razão disso, o empregador teve acesso a diversos escritos e fotos particulares do depoente, inclusive conteúdo que ele não desejava expor a terceiros;

• durante o contrato sofreu descontos a título de contribuição sindical e confederativa, mesmo não sendo sindicalizado;

• teve a CTPS assinada como assistente de estoque, mas, em parte do horário de trabalho, também realizava as tarefas de um analista de compras, pois seu chefe determinava que ele fizesse pesquisa de preços e comparasse a sua evolução ao longo do tempo, atividades estranhas ao seu mister de assistente de estoque;

• trabalhava de 2ª a 6ª feira das 8:00 às 16:45 h, com intervalo de 45 minutos para refeição, e aos sábados das 8:00 às 12:00 h, sem intervalo. Você, contratado como advogado, deve apresentar a medida processual adequada à defesa dos interesses de Heitor, sem criar dados ou fatos não informados. (Valor: 5,00)

GABARITO:

FORMATO – Petição inicial, com endereçamento ao juízo de Manaus-AM, identificação de autor e ré. REINTEGRAÇÃO Deverá ser requerida a reintegração ao emprego porque a dispensa do portador de deficiência não se fez acompanhar da contratação de outro em condição semelhante, violando o art. 93, § 1º, da Lei n. 8.213/91 e o art. 36, § 1º, do Decreto n. 3.398/99. DANO MORAL – Deverá ser requerido o pagamento de indenização por dano moral em virtude do monitoramento indevido do e-mail pessoal do trabalhador, ferindo a intimidade, conforme o art. 5º, X, da CF/88, e os arts. 21, 186 e 927, todos do CCB, ou Súmula 392 do TST. DEVOLUÇÃO DESCONTOS – Deverá ser requerida a devolução do desconto efetuado a título de contribuição confederativa, pois o trabalhador não era sindicalizado, conforme a Súmula 666, do STF, PN 119 TST e OJ n. 17 da SDC, do TST. ACÚMULO FUNCIONAL – Deverá ser requerido um *plus* salarial pelo exercício de função estranha em parte do horário de trabalho, com base no art. 456, parágrafo único, da CLT ou art. 13 da Lei n. 6.615/78. HORAS EXTRAS – Deverá ser requerido, em razão da pausa alimentar parcialmente concedida, o pagamento de uma hora extra diária com adicional de 50%, de 2ª a 6ª feira, na forma da Súmula n. 437, I, do TST, e do art. 71, § 4º, da CLT. ENCERRAMENTO – Requerimento de citação/notificação do réu para contestação, procedência dos pedidos e indicação de valor dado à causa.

Observação: Com a Reforma Trabalhista, a não concessão do intervalo intrajornada, total ou parcialmente, acarreta o pagamento apenas da parte suprimida e sem natureza salarial.

2. **(XII Exame de Ordem – FGV)** Síntese da entrevista feita com Bruno Silva, brasileiro, solteiro, CTPS 0010, Identidade 0011, CPF 0012 e PIS 0013, filho de Valmor Silva e Helena Silva, nascido em 20-2-1990, domiciliado na Rua Oliveiras, 150 – Cuiabá – CEP 20000- 000: que foi admitido em 5-7-2011 pela empresa Central de Legumes Ltda., situada na Rua das Acácias, 58 – Cuiabá – CEP 20000-010, e dispensado sem justa causa em 27-10-2013, quando recebeu corretamente as verbas da extinção contratual; que teve a CTPS assinada e exercia a função de empacotador, recebendo por último o salário de R$ 1.300,00 por mês; que sua tarefa consistia em empacotar congelados de legumes numa máquina adquirida para tal fim. Em 30-11-2011 sofreu acidente do trabalho na referida máquina, quando sua mão ficou presa no interior do equipamento, ficando afastado pelo INSS e recebendo auxílio doença acidentário até 20-5-2012, quando retornou ao serviço. No acidente, sofreu amputação traumática de um dedo da mão esquerda e se submeteu a tratamento médico e psicológico, gastando com os profissionais R$ 2.500,00 entre honorários profissionais e medicamentos, tendo levado consigo os recibos. No retorno, tendo sido comprovada pelos peritos do INSS a perda de 20% da sua capacidade laborativa, foi readaptado a outra função. A CIPA da empresa, convocada quando da ocorrência do acidente, verificou que a máquina havia sido alterada pela empresa, que retirou um dos componentes de segurança para que ela trabalhasse com maior rapidez e, assim, aumentasse a produtividade. Bruno costumava fazer digitação de trabalhos de conclusão de curso para universitários, ganhando em média R$ 200,00 por mês, mas no período em que esteve afastado pelo INSS não teve condição física de realizar esta atividade, que voltou a fazer tão logo retornou ao emprego. Analisando cuidadosamente o relato feito pelo trabalhador, apresente a peça pertinente à melhor defesa, em juízo, dos interesses dele, sem criar dados ou fatos não informados. (Valor: 5,0)

GABARITO:

Elaboração de uma petição inicial, com endereçamento ao juiz do Trabalho de uma das Varas de Cuiabá e qualificação das partes. DANO MATERIAL (DANO EMERGENTE) – o examinando deve requerer a reparação pelo dano material experimentado pelo trabalhador (dano emergente), no valor de R$ 2.500,00, conforme notas fiscais de gastos com o tratamento médico e psicológico, pois comprovada a imprudência (culpa) da empresa na alteração do maquinário. DANO MATERIAL (LUCRO CESSANTE) – o examinando deve requerer a reparação pelo dano material experimentado pelo trabalhador (lucro cessante), no valor de R$ 200,00 mensais, no período de 10-12-2011 a 19-5-2012, pois comprovada a imprudência (culpa) da empresa na alteração do maquinário. DANO MORAL – o examinando deve requerer o pagamento do dano moral pelo sofrimento injusto a que foi submetido o trabalhador, pois comprovada a imprudência (culpa) da empresa na alteração do maquinário. DANO ESTÉTICO – o examinando deve requerer o pagamento do dano estético gerado no trabalhador (amputação de um dedo), pois comprovada a imprudência (culpa) da empresa na alteração do maquinário. PENSÃO VITALÍCIA – o examinando deve requerer pensão vitalícia de 20% do salário do trabalhador por conta da redução de sua capacidade laborativa.

3.1.11. Modelo da peça

1. XIV Exame de Ordem – FGV

EXCELENTÍSSIMO SENHOR JUIZ DA... VARA DO TRABALHO DE MANAUS/AM.

HEITOR SAMUEL SANTOS, brasileiro, solteiro, desempregado, filho de Isaura Santos, portador da identidade 559, CPF 202, residente e domiciliado na Rua Sete de Setembro, casa 18 – Manaus – Amazonas – CEP 999, por meio de seus Advogados infra firmados, com escritório na Rua..., onde recebem as notificações, vem perante Vossa Excelência ajuizar a presente

AÇÃO TRABALHISTA
Com pedido liminar de Reintegração

Nos termos dos arts. 840 da CLT e 319 do CPC/2015, em face de **NIMBUS S.A.** situada na Rua Leonardo Malcher, 7.070 – Manaus – Amazonas – CEP 210, pelos fatos e fundamentos que passa a expor:

1. Dos fatos e fundamentos jurídicos

O reclamante trabalhou para a reclamada no período de 10-10-2012 a 2-7-2014, na condição de empregado portador de deficiência, sendo dispensado sem justa causa.

Após a sua dispensa, soube que não houve a contratação de qualquer outro empregado substituto portador de deficiência, apesar de a empresa possuir 220 empregados. A não contratação de substituto viola o art. 93, § 1º, da Lei n. 8213/91 e o art. 36, § 1º, do Decreto n. 3.398/99, já que a dispensa de empregado portador de deficiência somente é válida se houver a contratação de substituto em condições semelhantes. A nulidade da dispensa enseja a reintegração liminar do obreiro.

Durante todo o período de trabalho, a reclamado fiscalizou o seu e-mail pessoal, para onde eram encaminhadas as mensagens relacionadas ao trabalho, diante de um problema na plataforma de e-mail corporativo, o que fez com que a empresa tivesse acesso a informações e conteúdos de caráter privado. Verifica-se claramente que a atitude da reclamada enseja a sua condenação ao pagamento de dano moral, tendo em vista não ser possível a fiscalização de e-mail pessoal do empregado, diante da clara violação à intimidade do mesmo, que é protegida pelo art. 5º, X, da CF/88, bem como pela Súmula 392 do TST que diz ser da competência da Justiça do Trabalho os pedidos de dano moral quando decorrentes do vínculo de emprego, o que ora se percebe. A fiscali zação do e-mail do empregado, aceito pela doutrina e jurisprudência, ocorre no e-mail corporativo, o que não é o caso já que o e-mail pessoal do empregado é que era utilizado no dia a dia da empresa.

Além do mais, apesar de não ser sindicalizado, sofreu ao longo do vínculo de trabalho descontos relacionados à contribuição confederativa. Tal desconto é totalmente ilegal, devendo-se condenar a reclamada à devolução dos valores, nos termos propostos pela Súmula n. 666 e Súmula Vinculante 40, ambas do STF, que afirmam ser devido o desconto apenas dos empregados sindicalizados, o que não era o caso, como já provado.

O reclamante desenvolvia a atividade de assistente de estoque, mas também realizava as tarefas de um analista de compras, pois era determinado pelo chefe a realização de tais atividades estranhas ao seu cargo, durante parte da jornada de trabalho. A afirmativa acima deixa claro o acumula funcional a que estava submetido o reclamante, já que dentro de sua jornada de trabalho desenvolvia atividades inerentes a dois cargos. Como consequência e com base no art. 456, parágrafo único, da CLT, faz jus o reclamante ao recebimento de um *plus* salarial de forma a remunerá-lo também pela nova função.

Sua jornada de trabalho era cumprida de 2ª a 6ª feira, das 8h às 16:45h, com intervalo de 45 minutos para refeições e, aos sábados, das 8h às 12h, sem intervalo. A narrativa nos leva a uma única conclusão: o intervalo mínimo para descanso e alimentação a que alude o art. 71 da CLT não era cumprido em sua integralidade, já que em vez de 1h ininterrupta, o empregado gozava de apenas 45 minutos, gerando o direito ao recebimento de 1h extra diária, nos termos da Súmula n. 437, I, do TST e do art. 71, § 4º, da CLT.

2. Dos pedidos

Ante o exposto, PEDE:

a) LIMINARMENTE seja deferida a reintegração ao reclamante, tendo em vista a nulidade de sua dispensa, demonstrado por não ter sido contratado substituto portador de deficiência;

b) A condenação da reclamada ao pagamento das seguintes verbas:

b.1. Dano moral em decorrência da fiscalização indevida do e-mail pessoal, ocasionando violação à intimidade do obreiro, em valor de R$... [...];

b.2. Devolução dos valores descontados a título de contribuição confederativa, uma vez não ser sindicalizado o obreiro, no valor de R$...;

b.3. Pagamento de *plus* salarial em decorrência do acumulado funcional no valor de R$...;

b.4. 1 hora extraordinária por dia, em decorrência da não concessão do intervalo para descanso e alimentação, bem como os seus reflexos legais, no valor de R$...;

c) A condenação da reclamada ao pagamento da multa do art. 467 da CLT, caso as verbas incontroversas não sejam pagas na primeira audiência, no valor de R$...

d) A condenação da reclamada ao pagamento da multa do art. 477, § 8º, da CLT, tendo em vista que as verbas rescisórias não foram pagas corretamente no prazo aludido no § 6º do mesmo artigo, no valor de R$...

e) Condenação do réu no pagamento dos honorários advocatícios de sucumbência, observando-se os parâmetros estabelecidos no art. 791-A da CLT e seu § 2º.

Dos Requerimentos:

a) Deferimento dos benefícios da gratuidade de justiça.

b) Seja a reclamada notificada para comparecer à audiência e apresentar defesa, sob pena de revelia e confissão acerca da matéria fática.

c) A produção de todos os meios de prova em direito admitidos, em especial, documental, testemunhal, pericial e depoimento pessoal das partes.

d) Sejam julgados procedentes todos os pedidos deduzidos nesta inicial.

Dá-se à causa o valor de R$... [...].

Termos em que requer deferimento.

Local... Data...

Advogado...

OAB n. ...

2. XII Exame de Ordem – FGV

EXCELENTÍSSIMO SENHOR JUIZ DA... VARA DO TRABALHO DE CUIABÁ/MT.

BRUNO SILVA, brasileiro, solteiro, CTPS 0010, Identidade 0011, CPF 0012 e PIS 0013, domiciliado na Rua Oliveiras, 150 – Cuiabá – CEP 20000- 000, por meio de seus Advogados infra firmados, com escritório na Rua..., onde recebem as notificações, vem perante Vossa Excelência ajuizar a presente

AÇÃO TRABALHISTA

Nos termos do art. 840 da CLT e do art. 319 do CPC/2015, em face de CENTRAL DE LEGUMES LTDA., situada na Rua das Acácias, 58 – Cuiabá – CEP 20000-010, pelos fatos e fundamentos que passa a expor:

1. Dos fatos e fundamentos jurídicos

O reclamante foi admitido pela reclamada em 5-7-2011 na função de empacotador, tendo sido dispensado em 27-10-2013. O último salário recebido foi de R$ 1.300,00 e suas tarefas consistiam no empacotamento de legumes congelados com a utilização de uma máquina específica da reclamada. Salienta-se que ao término do vínculo de emprego todas as verbas foram corretamente pagas.

Ocorre que em 30-11-2011 o reclamante sofreu um grave acidente de trabalho, enquanto trabalhava na máquina de empacotamento, tendo sofrido amputação de um dos dedos da mão esquerda, que ficou presa no interior da máquina, o que o levou a afastar-se das atividades laborais pelo INSS e se submetido a tratamento médico e psicológico. Recebeu alta do INSS e retornou ao trabalho em 20-5-2012, gozando da estabilidade provisória prevista no art. 118 da Lei n. 8.213/91.

O acidente foi causado, conforme verificado pela Comissão Interna de Prevenção de Acidentes - CIPA, pela modificação da máquina realizada pela empresa, que retirou um de seus componentes de segurança para aumentar a produtividade, o que evidencia a conduta culposa da reclamada pelo acidente.

Dos danos moral e estético

A perda do um dos dedos da mão esquerda do reclamante gerou profunda dor e sofrimento pela injustiça causada, na medida em que a empresa agiu com culpa por ter modificado a máquina utilizada, reduzindo a segurança desta em detrimento do aumento da produtividade. Assim, deve ser o reclamante indenizado pelos danos morais diretamente ligados à dor íntima sofrida, bem como pelos danos estéticos decorrentes do defeito aparente que o reclamante hoje carrega, sendo que a amputação, como já dito, decorreu da culpa da reclamada, nos termos dos arts. 186 e 927 do Código Civil, que prescrevem o dever de indenizar, assim como o art. 5º, V e X, da CF/88, que asseguram o direito a indenização proporcional ao dano.

Do dano material

Também baseado nos arts. 186 e 927 do Código Civil, resta claro o dever da reclamada em indenizar o reclamante pelos danos materiais sofridos, que podem ser vistos sob o ângulo dos danos emergentes e dos lucros cessantes. O primeiro é facilmente verificado pelos gastos que o reclamante teve com o tratamento médico e psicológico, bem como com os remédios que utilizou, no valor total de R$ 2.500,00, Já os lucros cessantes são evidenciados pelo fato de o reclamante não ter podido, no período em que estava se recuperando, realizar outra função típica do dia a dia, que é a digitação de trabalhos de conclusão de cursos para universitários, atividade que lhe rendia R$ 200,00 por mês. Assim, deve a empresa indenizar os lucros cessantes que ocorreram no período de 10-12-2011 a 19-5-2012, período de incapacidade do reclamante.

Da pensão vitalícia

Como já narrado, o reclamante teve redução de sua capacidade laborativa na ordem de 20%, conforme atestado pelo INSS, que inclusive gerou a necessidade de sua readaptação. Assim sendo, nos termos do art. 950 do Código Civil, deverá a reclamada ser condenação ao pagamento de pensão vitalícia de 20% sobre o salário do reclamante.

2. Dos pedidos

Ante o exposto, PEDE:

a) A condenação da reclamada ao pagamento de:

a.1. Dano moral no valor de R$...

a.2. Dano estético no valor de R$...

a.3. Danos emergentes no valor de R$ 2.500,00;

a.4. Lucros cessantes de R$ 200,00 por mês no período de afastamento das atividades laborativas;

a.5. Pensão vitalícia de 20% do salário do reclamante no valor de R$...;

b) A condenação da reclamada ao pagamento da multa do art. 467 da CLT, caso as verbas incontroversas não sejam pagas na primeira audiência, no valor de R$...

c) Condenação da ré no pagamento de honorários de sucumbência, observando-se os parâmetros estabelecidos no art. 791-A da CLT e seu § 2º.

Dos Requerimentos:

a) Deferimento dos benefícios da gratuidade de justiça.

b) Seja a reclamada notificada para comparecer à audiência e apresentar defesa, sob pena de revelia e confissão acerca da matéria fática.

c) A produção de todos os meios de prova em direito admitidos, em especial, documental, testemunhal, pericial e depoimento pessoal das partes.

d) Sejam julgados procedentes todos os pedidos deduzidos nesta inicial.

Dá-se à causa o valor de R$... [...].

Termos em que requer deferimento.

Local... Data...

Advogado...

OAB n

3.2. Ação de consignação em pagamento

3.2.1. Apresentação

A ação de consignação em pagamento é muito utilizada no dia a dia forense pelo empregador por possuir como finalidade o **reconhecimento do adimplemento para evitar os efeitos da mora.** A prática trabalhista demonstra que muitas vezes o empregado se recusa a receber alguma verba, em especial as rescisórias, quando lhe é aplicada a justa causa. A recusa do empregado ao recebimento faz com que o empregador tenha de ajuizar uma ação de consignação em pagamento, buscando do Poder Judiciário o reconhecimento de que as verbas depositadas quitam o débito e que, portanto, não lhe podem ser imputados os efeitos da mora.

Tal importância da ação pode ser reconhecida pela banca examinadora, que preparará um problema acerca do tema, que não é de difícil desate. Alguns detalhes devem ser observados, como o prazo para depósito e outros temas acerca do procedimento, pois refletem nos requisitos a serem preenchidos na petição inicial.

3.2.2. Características e requisitos

A previsão legal da ação de consignação em pagamento e todas as informações pertinentes encontram-se nos arts. 539 a 549 do CPC, bem como nos arts. 334 a 345 do Código Civil brasileiro.

A hipótese mais comum, pelo menos na seara trabalhista, é a recusa ao recebimento de salários ou verbas rescisórias.

Com relação ao narrado, duas situações podem ocorrer, a saber:

- Empregado que recebe em dinheiro ou cheque, ou seja, não recebe o pagamento por meio de depósito bancário.
- Empregado que recebe seus salários e, por consequência, as verbas rescisórias por depósito bancário.

Na primeira situação, cada vez mais escassa, pelo menos para as empresas de médio e grande porte, na ação de consignação em pagamento será requerido prazo para o depósito da quantia que o autor (empregador) entende devida. O prazo para depósito é de cinco dias, havendo a extinção do processo sem resolução do mérito, caso aquele não seja realizado.

Na segunda situação, o pagamento já foi feito por meio de depósito bancário e o que se busca é a declaração de que aquela quantia quita integralmente as obrigações do empregador. Assim, bastará anexar o comprovante do pagamento já realizado, dispensando-se novo depósito.

Na audiência da ação de consignação em pagamento, poderá o réu (empregado):

- **Aceitar a quantia depositada,** hipótese em que a demanda será extinta com resolução do mérito.
- **Ser revel,** havendo presunção de veracidade e possibilidade de julgamento antecipado da lide (art. 355 do CPC).
- **Apresentar defesa,** alegando as matérias do art. 544 do CPC, por exemplo, a insuficiência do depósito, podendo haver a complementação do valor em dez dias, conforme preconiza o art. 545 do CPC.

Da mesma forma como foi dito em relação ao inquérito para apuração de falta grave, a ação de consignação em pagamento também possui natureza dúplice, o que, dentre outras consequências, impede a apresentação de reconvenção, por ausência de interesse processual na modalidade *necessidade*.

Caso a sentença seja de:

- **Procedência,** declarará quitada a obrigação do autor/empregador.
- **Improcedência,** condenará o autor ao pagamento da diferença devida, nos termos do art. 545, § 2º, do CPC.

3.2.3. Como identificar a peça/fundamentos mais comuns

A identificação acerca da necessidade de o candidato redigir a petição inicial da ação de consignação em pagamento passa pela análise do art. 335 do Código Civil brasileiro, a seguir transcrito, diante da sua importância:

> Art. 335. A consignação tem lugar:
>
> I – se o credor não puder, ou, sem justa causa, recusar receber o pagamento, ou dar quitação na devida forma;
>
> II – se o credor não for, nem mandar receber a coisa no lugar, tempo e condição devidos;
>
> III – se o credor for incapaz de receber, for desconhecido, declarado ausente, ou residir em lugar incerto ou de acesso perigoso ou difícil;
>
> IV – se ocorrer dúvida sobre quem deva legitimamente receber o objeto do pagamento;
>
> V – se pender litígio sobre o objeto do pagamento.

Assim, é comum a banca examinadora afirmar, por exemplo, que o empregado não quis receber as verbas rescisórias, por não consentir com a justa causa que lhe foi aplicada, não conseguindo o empregador, por consequência, a quitação devida. Trata-se da hipótese do inciso I do art. 335 do CC. Também pode ser afirmado que determinado empregado veio a falecer e duas ou mais mulheres vieram à empresa receber as verbas rescisórias, cada uma afirmando tratar-se de companheira do *de cujus*. Havendo dúvida a quem pagar, faz-se a consignação em pagamento, conforme o inciso IV do art. 335 do CC. Também pode ser narrada no problema a hipótese de acidente sofrido pelo empregado, que fica incapaz de receber por possuir sequelas do ocorrido, que o impedem de exprimir sua vontade, conforme preceitua o inciso III do mesmo artigo.

3.2.4. Competência

Por tratar-se de reclamação trabalhista, seguirá as normas do art. 651 da CLT, já estudadas no capítulo sobre petição inicial. A ação será ajuizada pelo empregador **no local da prestação dos serviços.** Além disso, trata-se de demanda de competência da Vara do Trabalho. Assim, em se tratando de trabalhador que exerce suas funções em São Paulo/SP, o endereçamento será feito da seguinte maneira:

Excelentíssimo Senhor Juiz da... Vara do Trabalho de São Paulo – Estado de São Paulo (ou Tribunal Regional do Trabalho da 2ª Região).

3.2.5. Estrutura da peça

O primeiro ponto a ser destacado é que a ação de consignação em pagamento, apesar de estar prevista no Código de Processo Civil, seguirá as normas já estudadas no capítulo sobre petição inicial, sendo ajuizada perante a Vara do Trabalho por meio de *petição inicial*. Assim, é válido retornar àquele capítulo para relembrar os principais aspectos da peça inicial da demanda.

A estrutura básica da petição inicial da ação em estudo segue os seguintes pontos:

1. **Competência:** endereçamento à Vara do Trabalho do local da prestação dos serviços.
2. **Qualificação da parte autora (Consignante – EMPRESA):** nome, informação acerca da natureza jurídica (direito privado ou público, se for empresa), CNPJ e endereço para recebimento de notificação. Informação de que a peça é subscrita por Advogado regularmente constituído, constando o endereço daquele, para o recebimento de notificações.
3. **Nome da ação que está sendo proposta e fundamento legal:** descrição de ajuizamento de AÇÃO DE CONSIGNAÇÃO EM PAGAMENTO, com base nos arts. 840 da CLT, 319 e 539 e seguintes do CPC.
4. **Qualificação da parte ré (Consignado – EMPREGADO):** nome, prenome, CTPS, CPF e RG, endereço completo.
5. **Fatos e fundamentos jurídicos do pedido:** descrição da causa de pedir, ou seja, os fatos que levam a empresa a consignar a quantia devida ao reclamante. Além disso, deve-se expor qual é a quantia devida, de forma pormenorizada. Geralmente, na prática trabalhista, há o abandono de emprego e o empregado não retorna para receber os valores que são devidos, levando a empresa a proceder ao ajuizamento de demanda de consignação. Apesar de teoricamente não haver necessidade de mencionar os fundamentos legais (artigos de lei, súmulas, OJs etc.), no Exame da Ordem **tal requisito é indispensável, pois o candidato deve mostrar ao examinador que conhece o direito do trabalho.**
6. **Pedidos/requerimentos:** dentre os pedidos que são formulados em todas as reclamações trabalhistas, têm-se:
   6.1. Notificação do consignado para comparecer à audiência e, querendo, apresentar defesa, sob pena de revelia e confissão sobre a matéria de fato.
   6.2. Produção de todos os meios de prova admitidos em direito, em especial, documental, testemunhal, pericial e depoimento pessoal das partes.
7. **Pedido específico:** a procedência dos pedidos, para consignar a quantia de R$... em conta a ser aberta com autorização deste Juízo, liberando-se, ao final, o consignante de suas obrigações (ou seja, outorgando quitação geral), tudo nos termos da fundamentação acima.

8. **Valor da causa:** dá-se à causa o valor de R$... (valor que está sendo consignado).
9. **Fechamento:** nestes termos, requer deferimento.
10. **Data, local e assinatura/OAB:** caso o problema traga tais dados, devem ser fielmente assinalados. Caso contrário, nenhum dado deve ser inventado, sob pena de identificação da prova, o que acarretará a atribuição da nota zero.

3.2.6. Questão de provas anteriores/Questão simulada

(X Exame de Ordem – FGV) Zenga Modas Ltda., CNPJ 1.1.0001/00, com sede na Rua Lopes Quintas, 10 – Maceió – AL, encontra-se na seguinte situação: Joana Firmino, brasileira, casada, costureira, residente na Rua Lopes Andrade, 20 – Maceió – AL – CEP 10.0001-00, foi contratada, em 12-9-2008, para exercer a função de costureira, na unidade de Maceió – AL, sendo dispensada sem justa causa em 11-10-2012, mediante aviso-prévio indenizado. Naquele dia Joana entregou a CTPS à empresa para efetuar as atualizações de férias, e tal documento ainda se encontra custodiado no setor de recursos humanos. Joana foi cientificada de que no dia 15-10-2012, às 10h, seria homologada a ruptura e pagas as verbas devidas no sindicato de classe de Joana. Contudo, na data e hora designadas, a empregada não compareceu, recebendo a empresa certidão nesse sentido emitida pelo sindicato. Procurado por Zenga Modas Ltda. em 17-10-2012, apresente a medida judicial adequada à defesa dos interesses empresariais, sem criar dados ou fatos não informados, ciente de que a empregada fruiu férias dos períodos 2008/2009 e 2009/2010 e de que, no armário dela, foi encontrado um telefone celular de sua propriedade, que se encontra guardado no almoxarifado da empresa. É desnecessária a indicação de valores. (Valor: 5,0)

GABARITO:

Elaboração de uma petição inicial de ação de consignação em pagamento, baseada nos arts. 890 a 900 do CPC (art. 539 a 549 do CPC/2015), com endereçamento ao Juiz do Trabalho de uma das Varas de Maceió e qualificação das partes, sendo a empresa a consignante e a ex-empregada, consignatária.

- AVISO-PRÉVIO PROPORCIONAL AO TEMPO DE SERVIÇO – o examinando deve identificar o direito e realizar a oferta do aviso-prévio de forma proporcional ao tempo de serviço na razão de 42 dias.
- SALDO SALARIAL – o examinando deve identificar o direito e realizar a oferta do saldo salarial de 11 dias do mês de outubro de 2012.
- 13º SALÁRIO PROPORCIONAL – o examinando deve identificar o direito e realizar a oferta do 13º salário proporcional de 11/12 avos.
- FÉRIAS EM DOBRO 2010/2011 – o examinando, identificando que as férias 2010/2011 não foram concedidas e, uma vez que o período concessivo já fluiu, deverá ofertá-las em dobro com acréscimo de 1/3.

- FÉRIAS SIMPLES 2011/2012 – o examinando, identificando que as férias 2011/2012 não foram concedidas, deverá ofertá-las de forma simples com acréscimo de 1/3.
- FÉRIAS PROPORCIONAIS – o examinando deve identificar o direito e realizar a oferta das férias proporcionais na razão de 2/12 avos com acréscimo de 1/3.
- FGTS – deverão ser oferecidas as guias para saque do FGTS ou TRCT, fazendo-se menção ao depósito da indenização de 40%.
- SEGURO-DESEMPREGO – deverão ser oferecidos os formulários para percepção do seguro desemprego. CTPS – uma vez que a CTPS permanece com a consignante, a devolução deverá ser requerida na ação consignatória.
- TELEFONE CELULAR – uma vez que é possível a consignação de coisa, o examinando deverá requerer a devolução do aparelho celular.

3.2.7. Modelo da peça

EXCELENTÍSSIMO SENHOR JUIZ DA... VARA DO TRABALHO DE MACEIÓ – ALAGOAS.

ZENGA MODAS LTDA., CNPJ 1.1.0001/00, com sede na Rua Lopes Quintas, 10 – Maceió – AL, por meio de seus Advogados infra firmados, com escritório na Rua..., onde recebem as notificações, vem perante Vossa Excelência ajuizar a presente

AÇÃO DE CONSIGNAÇÃO EM PAGAMENTO

Com base nos arts. 840 da CLT, 319 e 539 e seguintes do CPC/2015, em face de **JOANA FIRMINO**, brasileira, casada, costureira, residente na Rua Lopes Andrade, 20 – Maceió – AL – CEP 10.0001-00, pelos fatos e fundamentos que passa a expor:

1. Dos fatos e fundamentos jurídicos

A consignatária, ex-empregada da consignante, foi dispensada sem justa causa em 11-10-2012, mediante aviso-prévio indenizado, tendo entrega CTPS para atualizações de férias e registro da dispensa efetuada, sendo que o documento não foi retirado pela consignatário até o presente momento, estando custodiado no setor de recursos humanos da consignante.

Além disso, foi realizada pela consignante uma tentativa de homologação da rescisão perante o sindicato da consignatária no dia 15-10-2012 às 10h00, mas a ex-empregada não compareceu, não havendo qualquer outra saída a não ser o ajuizamento da presente ação de consignação em pagamento, para evitar os efeitos da mora, em especial a incidência da multa do art. 477, § 8º, da CLT.

Para tanto, ajuíza-se a presente ação em 17-10-2012, ou seja, dentro do prazo de dez dias de que dispõe a empregadora para efetuar o pagamento das verbas rescisórias na hipótese de aviso-prévio indenizado, tudo em conformidade com o § 6º do art. 477 da CLT.

A respeito das verbas rescisórias a serem consignadas, temos em destaque:

- Aviso-prévio proporcional ao tempo de serviço: nos termos da Lei n. 12.506/2011, que regulamentou o art. 7º, XXI, da CF/88, faz jus a consignatária ao recebimento do valor relativo a 42 dias de aviso-prévio, uma vez ter completado 4 anos de vínculo de emprego.
- Saldo de salários: uma vez ter sido rescindido o vínculo de emprego no dia 11-10-2012, faz jus a ex-empregado ao recebimento de 11 dias de saldo de salário do mês de outubro.
- 13º salário proporcional: diante da projeção do aviso-prévio de 42 dias, faz jus a ex-obreira ao recebimento de 11/12 de 13º proporcional referente ao ano de 2012.
- Férias: a obreira faz jus ao recebimento das férias em dobro do período 2010/2011, tendo em vista que o período concessivo finalizou em 11-9-2012 sem o gozo do descanso, acrescendo-se o 1/3 constitucional. Já o período 2011/2012 deve ser pago proporcionalmente, em 2/12 com acréscimo de 1/3, tendo em vista a projeção do aviso-prévio.

No tocante aos documentos que constam na presente ação de consignação, para que a consignatária possa exercer seus direitos, temos:

- FGTS: estão sendo juntadas aos autos as guias de saque do FGTS, bem como o Termo de Rescisão do Contrato de Trabalho, provando-se outrossim a realização do depósito da multa de 40% do FGTS.
- Seguro-desemprego: estão sendo juntadas aos autos as guias para requerimento do seguro-desemprego, tendo em vista a demissão sem justa causa.

Por fim, em relação ao telefone celular, requer-se a consignação do objeto, tendo em vista ter sido encontrado no armário da consignatária, estando sob os cuidados do setor de almoxarifado da empresa até o presente momento.

2. Dos pedidos

Ante o exposto, PEDE:

a) Seja autorizado o depósito da quantia de R$... devidas pelo consignante, conforme demonstrado acima, concedendo ao final a quitação almejada em relação às verbas rescisórias.

b) Sejam recebidos os documentos acostados à presente ação, para que a consignatária possa proceder ao saque do FGTS e recebimento do seguro-desemprego.

c) Seja consignado o telefone celular que foi esquecido pela consignatária nas dependências da empresa.

d) Condenação da ré no pagamento de honorários de sucumbência, observando-se os parâmetros estabelecidos no art. 791-A da CLT e seu § 2º.

Dos Requerimentos:

a) Deferimento dos benefícios da gratuidade de justiça.

b) Seja a reclamada notificada para comparecer à audiência e apresentar defesa, sob pena de revelia e confissão acerca da matéria fática.

c) A produção de todos os meios de prova em direito admitidos, em especial, documental, testemunhal, pericial e depoimento pessoal das partes.

d) Sejam julgados procedentes todos os pedidos deduzidos nesta inicial.

Dá-se à causa o valor de R$...

Termos em que requer deferimento.

Local... Data...

Advogado...

OAB n. ...

3.3. Inquérito para apuração de falta grave

3.3.1. Apresentação

Trata-se de demanda específica do direito do trabalho, com a particularidade de ser ajuizada para desconstituir o vínculo de emprego por justa causa, nas hipóteses em que o obreiro possua estabilidade provisória, como ocorre com o dirigente sindical (Súmula 379 do TST). Sabe-se que tais empregados, dentre outros, não podem ser demitidos sem justa causa no período estabilitário, mas a conduta classificada como justa causa (art. 482 da CLT) importa em rescisão do contrato. Contudo, a aplicação de tal penalidade se faz por intermédio do Poder Judiciário, por meio do ajuizamento da ação de inquérito para apuração de falta grave. Nessa ação, será provada a justa causa e, sendo reconhecida como tal, o Juiz do Trabalho desconstituirá o vínculo de emprego antes havido entre as partes.

As características e os requisitos são bem específicos dessa demanda, o que faz com que a identificação dela na prova de 2ª fase da OAB seja bastante simples.

3.3.2. Características e requisitos

Prevista no art. 853 da CLT, pode ser conceituada como uma *ação de natureza desconstitutiva do vínculo contratual do empregado estável, pelo reconhecimento da justa causa.*

Apesar de a ação visar ao despedimento do provisoriamente estável, nem todos os empregados que possuem estabilidade provisória serão destinatários da ação em estudo. A distinção é extremamente importante, pois o ajuizamento em face de empregado cuja demissão por justa causa não demanda o ajuizamento do inquérito faz com que este seja extinto sem resolução do mérito, por falta de condição da ação interesse processual. O quadro a seguir deve ser memorizado para tal fim:

Empregados destinatários do inquérito para apuração de falta grave	Empregados que podem ser despedidos por justa causa sem inquérito, apesar de possuírem estabilidade provisória
Dirigentes sindicais, representantes dos trabalhadores no conselho do FGTS, dirigentes de cooperativa de empregados e representantes no Conselho Nacional da Previdência Social.	Acidentado, gestante e membro da CIPA (Comissão Interna de Prevenção de Acidentes).

As informações acima levam em consideração a doutrina e a jurisprudência majoritárias, mas há grande divergência em relação aos **destinatários do inquérito**. Assim, para as provas da OAB, o mais comum é **ser exigido o inquérito para os estáveis decenais (art. 494 da CLT) e os dirigentes sindicais (Súmula 379 do TST).**

Um dos requisitos mais importantes do inquérito para apuração de falta grave é o ajuizamento da demanda no prazo de 30 dias a contar da suspensão do empregado, que pode ser com ou sem remuneração. Trata-se de prazo de decadência, conforme as Súmulas 62 do TST e 403 do STF. Se a suspensão ocorrer sem remuneração, tal situação perdurará até a sentença.

Por se tratar de demanda de natureza dúplice, a improcedência traz por consequências a reintegração (se ainda houver prazo de estabilidade) e o pagamento de salários e vantagens do período de afastamento.

Importante destacar que, no procedimento do inquérito, cada parte pode se utilizar de até seis testemunhas. Trata-se do procedimento com maior número de testemunhas no processo do trabalho.

3.3.3. Como identificar a peça

O problema que venha a ser elaborado pela banca examinadora, que tenha por resposta a elaboração de uma inicial do inquérito para apuração de falta grave, trará, obrigatoriamente, as seguintes informações:

- A existência de estabilidade provisória de um dos destinatários constantes no quadro descrito em tópico anterior.
- Alguma conduta que se encaixe no art. 482 da CLT, que trata das hipóteses de justa causa obreira.
- A suspensão do empregado em data que não supere o prazo de 30 dias.

Estando presentes tais informações, certamente será hipótese de redação da inicial do inquérito.

3.3.4. Competência

Por se tratar de reclamação trabalhista, seguirá as normas do art. 651 da CLT, já estudadas no capítulo específico sobre petição inicial. A ação será ajuizada pelo empregador **no local da prestação dos serviços.** Além disso, trata-se de demanda de competência da Vara do Trabalho. Assim, sendo trabalhador que exerce suas funções em São Paulo/SP, o endereçamento será feito da seguinte maneira:

> "Excelentíssimo Senhor Juiz da... Vara do Trabalho de São Paulo – Estado de São Paulo (ou Tribunal Regional do Trabalho da 2ª Região)".

3.3.5. Fundamentos mais comuns

Como já foi dito, a ação em estudo serve para demonstrar que os destinatários, por gozarem de estabilidade provisória, devem ter seus vínculos de emprego desconstituídos, ante a ocorrência de alguma hipótese de **justa causa**, sendo que as hipóteses estão previstas no art. 482 da CLT, abaixo transcrito, diante de sua importância para o tema:

> Art. 482. Constituem justa causa para rescisão do contrato de trabalho pelo empregador:
>
> a) ato de improbidade;
>
> b) incontinência de conduta ou mau procedimento;
>
> c) negociação habitual por conta própria ou alheia sem permissão do empregador, e quando constituir ato de concorrência à empresa para a qual trabalha o empregado, ou for prejudicial ao serviço;
>
> d) condenação criminal do empregado, passada em julgado, caso não tenha havido suspensão da execução da pena;
>
> e) desídia no desempenho das respectivas funções;
>
> f) embriaguez habitual ou em serviço;
>
> g) violação de segredo da empresa;
>
> h) ato de indisciplina ou de insubordinação;
>
> i) abandono de emprego;
>
> j) ato lesivo da honra ou da boa fama praticado no serviço contra qualquer pessoa, ou ofensas físicas, nas mesmas condições, salvo em caso de legítima defesa, própria ou de outrem;
>
> k) ato lesivo da honra ou da boa fama ou ofensas físicas praticadas contra o empregador e superiores hierárquicos, salvo em caso de legítima defesa, própria ou de outrem;
>
> l) prática constante de jogos de azar.
>
> m) perda da habilitação ou dos requisitos estabelecidos em lei para o exercício da profissão, em decorrência de conduta dolosa do empregado.
>
> Parágrafo único. Constitui igualmente justa causa para dispensa de empregado a prática, devidamente comprovada em inquérito administrativo, de atos atentatórios à segurança nacional.

Qualquer das hipóteses de justa causa pode ser fundamento do inquérito, pois a lei não traz qualquer distinção ou restrição.

3.3.6. Estrutura da peça

O primeiro ponto a ser destacado é que o inquérito para apuração de falta grave, por se tratar de *ação*, **será ajuizado perante a Vara do Trabalho por meio de** *petição inicial*. Assim, é válido retornar ao capítulo sobre petição inicial para relembrar os principais aspectos da peça inicial da demanda.

A estrutura básica da petição inicial da ação em estudo segue os seguintes pontos:

1. **Competência:** endereçamento à Vara do Trabalho do local da prestação dos serviços.
2. **Qualificação da parte autora (Requerente – EMPRESA):** nome, informação acerca da natureza jurídica (direito privado ou público, se for empresa), CNPJ e endereço para recebimento de notificação. Informação de que a peça é subscrita por Advogado regularmente constituído, constando o endereço daquele, para o recebimento de notificações.
3. **Nome da ação que está sendo proposta e fundamento legal:** descrição de ajuizamento de INQUÉRITO PARA APURAÇÃO DE FALTA GRAVE, com base nos arts. 840 e 853 da CLT e 319 do CPC.
4. **Qualificação da parte ré (Requerido – EMPREGADO ESTÁVEL):** nome, prenome, CTPS, CPF e RG, endereço completo.
5. **Fatos e fundamentos jurídicos do pedido:** descrição da causa de pedir, ou seja, afirmação de que o reclamado – empregado estável – incorreu em uma das hipóteses de justa causa do art. 482 da CLT e que, portanto, deve ser rescindido o pacto laboral. Apesar de teoricamente não haver necessidade de mencionar os fundamentos legais (artigos de lei, súmulas, OJs etc.), no Exame da Ordem **tal requisito é indispensável, pois o candidato deve mostrar ao examinador que conhece o direito do trabalho.**
6. **Pedidos/requerimentos:** dentre os pedidos que são formulados em todas as reclamações trabalhistas, inclusive no inquérito para apuração de falta grave, têm-se:
   6.1. Notificação do requerido para comparecer à audiência e, querendo, apresentar defesa, sob pena de revelia e confissão sobre a matéria de fato.
   6.2. Produção de todos os meios de prova admitidos em direito, em especial, documental, testemunhal, pericial e depoimento pessoal das partes.
7. **Pedidos específicos:** a procedência do pedido para o reconhecimento da justa causa em que incorreu o obreiro, culminando com a rescisão do contrato de trabalho, nos termos do art. 482 da CLT, com data retroativa à suspensão contratual, ocorrida em.../.../... .

8. **Valor da causa:** dá-se à causa o valor de R$... [...].
9. **Fechamento:** Nestes termos, requer deferimento.
10. **Data, local e assinatura/OAB:** caso o problema traga tais dados, devem ser fielmente assinalados. Caso contrário, nenhum dado deve ser inventado, sob pena de identificação da prova, o que acarretará a atribuição da nota zero.

3.3.7. Questão de provas anteriores/Questão simulada

(Questão adaptada pelos autores) João Cláudio Silva, brasileiro, solteiro, CTPS n. 55555, CPF n. 99999, residente na Rua Gama Rosa, 34, Bairro Porto, Salvador/BA, era professor de ensino superior da Faculdade Alpha Ltda., pessoa jurídica de direito privado, com sede na Rua Gameleira, 75, Bomfim, Salvador/BA, há mais de dez anos ininterruptos, sempre sendo considerado como um excelente professor, cumpridos de suas obrigações trabalhistas. Em 2015 João resolveu candidatar-se à eleição para Dirigente do Sindicato de sua categoria. Registrou sua candidatura, tendo sido a empresa informada corretamente acerca daquele registro, nos termos da Súmula n. 369 do TST. Três meses após a sua eleição como Dirigente do Sindicato dos Professores, João Claudio Silva começou a desenvolver um comportamento um pouco diferente, faltando sem justificativa, chegando atrasado diversas vezes, terminando a aula muito antes do término da aula, liberando turmas em dias normais de aula etc. A empresa fez uma consulta a você, Advogado Trabalhista sobre o que fazer para tentar corrigir a situação, sendo informado que a empresa deveria advertir por escrito o Professor pelo menos unas 2 a 3 vezes e, caso não houvesse correção da postura, aplicar umas 2 a 3 suspensões. Apesar das condutas punitivas da empresa, João Cláudio Silva continuou a falhar no desenvolvimento as atividades, sendo que a Direção da Faculdade chegou ao limite e quer demitir o empregado desidioso. Na qualidade de Advogado da empresa, ajuíze a ação necessária à dispensa do obreiro. Redija, dessa forma, a medida processual adequada.

3.3.8. Modelo da peça

EXCELENTÍSSIMO SENHOR JUIZ DA... VARA DO TRABALHO DE SALVADOR/BAHIA.

FACULDADE ALPHA LTDA., pessoa jurídica de direito privado, com sede na Rua Gameleira, 75, Bomfim, Salvador/BA, por meio de seus Advogados infrafirmados, com escritório na Rua..., onde recebem as notificações, vem perante Vossa Excelência ajuizar a presente

AÇÃO DE INQUÉRITO PARA APURAÇÃO DE FALTA GRAVE

Com base nos arts. 840 e 853 da CLT e 319 do CPC, em face de JOÃO CLÁUDIO SILVA, brasileiro, solteiro, CTPS n. 55555, CPF n. 99999, residente na Rua Gama Rosa, 34, Bairro Porto, Salvador/BA, pelos fatos e fundamentos que passa a expor:

1. Dos fatos e fundamentos jurídicos

A presente ação de inquérito para apuração de falta grave mostra-se necessária, pois o requerido possui estabilidade provisória, nos termos do art. 543 da CLT e da Súmula 369 do TST, sendo necessário o ajuizamento do inquérito nos moldes previstos na Súmula 379 do TST.

O requerido, apesar de professor de ensino superior da requerente há mais de dez anos, está incurso na alínea *d* do art. 482 da CLT que prevê a **desídia** como uma das hipóteses de justa causa obreira.

A desídia do obreiro é caracterizada pelas provas de que este vem deixando de cumprir sistematicamente as suas obrigações, ao faltar sem qualquer justificativa legal, ao incorrer em atrasos significativos, ao liberar as turmas em dias normais de aula, o que não se coaduna com as obrigações de um professor de ensino superior.

Sabe-se que a desídia é caracterizada pela conduta reiterada, o que é visto no caso em tela, na medida em que o requerido já foi advertido por escrito por diversas vezes e já sofreu suspensões disciplinares na tentativa da requerente de coibir as práticas desidiosas. Na medida em que as penalidades não produziram o resultado esperado, não resta outra alternativa à requerente a não ser a demissão do requerido por justa causa, nos termos do art. 482, *d*, da CLT.

Apesar de configurada a justa causa, diante da estabilidade provisória do obreiro, faz-se necessário o ajuizamento da presente ação, visando ao reconhecimento judicial da justa causa, nos termos da Súmula 379 do TST.

2. Dos pedidos

Ante o exposto, REQUER:

a) A procedência do pedido para o reconhecimento da justa causa em que incorreu o obreiro, culminando com a rescisão do contrato de trabalho, nos termos do art. 482, *d*, da CLT, por desídia.

b) Condenação em honorários de sucumbência, observando-se o art. 791-A da CLT e seu § 2º.

Dos Requerimentos:

a) Seja o requerido notificado para comparecer à audiência e apresentar defesa, sob pena de revelia e confissão acerca da matéria fática.

b) A produção de todos os meios de prova em direito admitidos, em especial, documental, testemunhal, pericial e depoimento pessoal das partes.

c) Sejam julgados procedentes todos os pedidos deduzidos nesta inicial.

Dá-se à causa o valor de R$...

Termos em que requer deferimento.

Local... Data...

Advogado...

OAB n. ...

3.4. Ação de cumprimento

3.4.1. Apresentação

A ação de cumprimento é tipicamente classificada como um dissídio individual, plúrimo ou não, em que o beneficiário (autor) pode ser representado pelo sindicato da categoria (legitimidade extraordinária) ou figurar propriamente como autor.

Tal ação encontra-se prevista no art. 872 da CLT, assim redigido:

> Celebrado o acordo, ou transitada em julgado a decisão, seguir-se-á o seu cumprimento, sob as penas estabelecidas neste Título. Parágrafo único – Quando os empregadores deixarem de satisfazer o pagamento de salários, na conformidade da decisão proferida, poderão os empregados ou seus sindicatos, independentes de outorga de poderes de seus associados, juntando certidão de tal decisão, apresentar reclamação à Junta ou Juízo competente, observado o processo previsto no Capítulo II deste Título, sendo vedado, porém, questionar sobre a matéria de fato e de direito já apreciada na decisão.

Saliente-se que a ação de cumprimento será cabível tanto quando as normas gerais e abstratas inadimplidas tiverem sido criadas por meio de autocomposição (acordo coletivo de trabalho/convenção coletiva de trabalho), bem como por meio de heterocomposição (arbitragem e jurisdição – dissídio coletivo).

Em relação à natureza jurídica da ação de cumprimento, trata-se de **ação de conhecimento, cuja sentença possui cunho condenatório**, visando tornar concretos os direitos abstratos concedidos por meio de sentença normativa, acordo coletivo ou convenção coletiva.

3.4.2. Características e requisitos

Em relação à legitimidade para a propositura da ação de cumprimento, destacam-se os seguintes pontos:

- A legitimidade *ad causam* é concorrente, isto é, tanto o sindicato quanto os empregados beneficiários podem ajuizar a demanda.

- Caso o sindicato da categoria ajuíze a demanda de cumprimento, estará aquele ente agindo com legitimidade extraordinária, ou seja, substituição processual, requerendo em nome próprio direito alheio.
- Sendo a ação ajuizada pelos próprios empregados beneficiários, estaremos diante de típica reclamação trabalhista, em que o titular do direito material vai a juízo defender interesse próprio.
- Conforme disposto na Súmula 286 do TST, possui o sindicato legitimidade para propor, em substituição processual, demanda de cumprimento de cláusula constante em acordo coletivo de trabalho e convenção coletiva de trabalho.
- O cancelamento da Súmula 359 do TST, em 2003, demonstra que as federações e confederações possuem legitimidade para a ação de cumprimento, caso não haja sindicato da categoria organizado.
- O réu da ação de cumprimento será sempre o empregador, já que naquela busca-se a concretização de direitos por meio da condenação do(s) réu(s).

3.4.3. Como identificar a peça

A identificação da peça será fácil ao candidato se ele levar em consideração o que foi dito na introdução ao tema, que pela sua importância será transcrito:

> Saliente-se que a ação de cumprimento será cabível tanto quando as normas gerais e abstratas inadimplidas tiverem sido criadas por meio de autocomposição (acordo coletivo de trabalho/convenção coletiva de trabalho), bem como por meio de heterocomposição (arbitragem e jurisdição – dissídio coletivo).

Assim, a banca examinadora, ao exigir do candidato a redação de uma ação de cumprimento, **deixará claro que houve a formulação de um acordo coletivo ou convenção coletiva de trabalho ou, ainda, uma sentença normativa** (decisão oriunda de um dissídio coletivo) cujas normas jurídicas não foram cumpridas. Assim, por exemplo, se em convenção coletiva dos professores fica estabelecido que as "janelas" (períodos entre aulas em que o professor fica sem aula) devem ser remuneradas e determinada faculdade não as paga, é hipótese clara de ajuizamento de ação de cumprimento. Nessa hipótese, será formulada uma petição inicial pelo candidato, nos moldes descritos em tópico abaixo. **Lembre-se de que, por se tratar de ação, terá início com uma petição inicial, que terá a base daquela descrita capítulo próprio desta obra.**

3.4.4. Competência

Dois são os critérios de competência que devem ser analisados: **funcional e territorial**. Em relação ao primeiro, deve-se concluir qual(is) o(s) órgão(aos) incumbido(s) do processamento e julgamento da ação de cumprimento. Em tópico próprio, verificou-se que o dissídio coletivo deve ser ajuizado perante o TRT ou

TST. **Já a ação de cumprimento será ajuizada perante a Vara do Trabalho**, não se permitindo o ajuizamento da demanda perante o TRT e TST. Contudo, se a ação de cumprimento for apresentada perante tais órgãos, por tratar-se de incompetência absoluta, conforme previsão contida no art. 64, § 1º, do CPC, haverá a remessa dos autos para a Vara do Trabalho.

No tocante à competência territorial, aplica-se **a regra constante no art. 651 da CLT**, que é a regra utilizada para o ajuizamento de dissídios individuais, nos seguintes termos: "A competência das Juntas de Conciliação e Julgamento é determinada pela localidade onde o empregado, reclamante ou reclamado, prestar serviços ao empregador, ainda que tenha sido contratado noutro local ou no estrangeiro".

Para fins de ajuizamento da ação de cumprimento, deve-se verificar o local em que são prestados os serviços, ajuizando-se a demanda neste juízo. Contudo, se o ajuizamento não obedecer às regras de competência territorial, ajuizando-se em local diverso daquele previsto no art. 651 da CLT, não poderá o Magistrado declinar da competência, conforme previsão contida na Súmula 33 do STJ, já que a incompetência territorial não pode ser declarada de ofício pelo juiz.

3.4.5. Procedimento

A ação de cumprimento seguirá o procedimento dos dissídios individuais, podendo a parte autora se valer dos **ritos ordinário, sumário e sumaríssimo**, a depender do valor da causa. Sabe-se que o rito sumário, que abrange as demandas até dois salários mínimos, não é utilizado por questões práticas, devendo-se analisar, por mostrar-se importante, a possibilidade de ajuizamento da ação em estudo no rito sumaríssimo, descrito no art. 852-A e seguintes da CLT, como aquele a ser utilizado quando a demanda contiver pedidos de valor que não exceda a 40 salários mínimos.

Estão relacionadas a seguir as principais exigências legais relativas à ação de cumprimento, bem como a justificativa para a sua necessidade.

- Deve ser juntada aos autos a certidão da decisão coletiva, contendo as cláusulas que foram julgadas, uma vez que o juiz não tem a obrigação de conhecer esta norma, conforme o art. 376 do CPC. Não há necessidade de juntar-se a certidão do trânsito em julgado, uma vez que a Súmula 246 do TST dispensa tal requisito.
- Conforme o art. 872, parágrafo único, da CLT, não há possibilidade de questionar-se sobre as matérias de fato e de direito que foram apreciadas na sentença normativa. Discute-se apenas se as normas gerais e abstratas criadas foram cumpridas, e não se estão certas ou erradas, isto é, se possuem equívoco de qualquer espécie.
- Conforme a Súmula 286 do TST, utiliza-se a ação de cumprimento também para os acordos e convenções coletivos.

Por se tratar de ação de rito ordinário, sumário ou sumaríssimo, o procedimento segue as seguintes normas:

- A notificação do réu far-se-á para comparecer à audiência, com antecedência mínima de cinco dias, de maneira que possa analisar a pretensão do suscitante para que seja possível a formulação de proposta de acordo.
- Na audiência, dois são os momentos obrigatórios de conciliação, a saber: após o pregão (antes da apresentação da defesa) e após as razões finais. A ausência das tentativas de conciliação gera nulidade do processo.
- Na defesa do réu, poderão ser apresentadas contestação, exceções e reconvenção.
- Em relação à instrução, não se deve exigir que seja pré-constituída, ou seja, documental, o que pode não ocorrer em algumas situações, em que é demandada prova pericial sobre documentos juntados ou mesmo prova testemunhal, quando for controversa a atividade realizada pelo obreiro, indispensável para se analisar a incidência das normas coletivas àquele. Assim, todos os meios de prova admitidos em direito podem ser produzidos no procedimento do dissídio coletivo.

3.4.6. Estrutura da peça

A ação de cumprimento, conforme já verificado acima, possui natureza jurídica de ação de conhecimento de cunho condenatório, de competência da Vara do Trabalho. Levando em consideração tais requisitos, segue a estrutura básica da peça:

1. **Competência:** endereçamento à Vara do Trabalho do local da prestação dos serviços.
2. **Qualificação da parte autora (requerente):** nome, prenome, CTPS, CPF e endereço do reclamante (se for pessoa física). Nome, pessoa jurídica de direito privado, com sede na Rua... (se for o Sindicato, por exemplo). Informação de que a peça é subscrita por Advogado regularmente constituído, constando o endereço daquele, para o recebimento de notificações.
3. **Nome da ação que está sendo proposta e fundamento legal:** descrição de ajuizamento de AÇÃO DE CUMPRIMENTO, nos termos dos arts. 840 e 872 da CLT e 319 do CPC.
4. **Qualificação da parte ré (requerido – empresa):** nome, informação acerca da natureza jurídica (direito privado ou público, se for empresa), CNPJ e endereço para recebimento de notificação.
5. **Fatos e fundamentos jurídicos do pedido:** descrição da fonte do direito do trabalho que criou a norma jurídica inadimplida – Acordo Coletivo de Trabalho (ACT), Convenção Coletiva de Trabalho (CCT) ou sentença normativa (dissídio coletivo), bem como o direito reivindicado – 100% de horas extras, adicional noturno de 50%, jornada reduzida etc. – e a violação ao direito. Dessa forma, estão descritos os fatos e fundamentos jurídicos do pedido.

6. **Pedidos/requerimentos:** são formulados os pedidos típicos de uma ação condenatória, a saber:
   6.1. Notificação do requerido para comparecer à audiência e apresentar defesa, sob pena de revelia e confissão em relação à matéria de fato.
   6.2. A produção de todos os meios de prova em direito admitidos, em especial, documental, testemunhal, pericial e depoimento pessoal.
   6.3. A condenação do requerido ao pagamento das horas extraordinárias realizadas pelo reclamante, com adicional de 100%, conforme CCT em vigor/pagamento das horas noturnas com adicional de 50%, conforme sentença normativa em vigor, proferida nos autos do dissídio coletivo n. ... .
   6.4. A condenação ao pagamento da multa do art. 467 da CLT, caso as verbas incontroversas não sejam pagas em audiência.
7. **Valor da causa:** dá-se à causa o valor de R$... [...].
8. **Fechamento:** Nestes termos, requer deferimento.
9. **Data, local e assinatura/OAB:** caso o problema traga tais dados, devem ser fielmente assinalados. Caso contrário, nenhum dado deve ser inventado, sob pena de identificação da prova, o que acarretará a atribuição da nota zero.

3.4.7. Questão de provas anteriores/Questão simulada

(Questão adaptada pelos autores) Firmada a Convenção Coletiva entre Sindicato dos Trabalhadores da Indústria Metalúrgica e o Sindicato das Empresas Metalúrgicas, a cláusula 13ª previa o pagamento de adicional por tempo de serviço nos seguintes termos: anuênio (1%), biênio (2%), quinquênio (5%) e decênio (10%), sendo cumulativos. João da Silva, brasileiro, casado, torneiro mecânico, residente na Rua Oriente, n. 12, Bairro Conquista, São Luis, CEP: 23.345-000, empregado na empresa Brasil Metal Mecânico Ltda. em São Luis/MA, com endereço na Rua Joassaba, 13, Trindade, São Luis/MA, CEP: 23.345-000, e que faz jus à aplicação da CCT referida, completou no dia 12-3-2015, cinco anos na empresa, devendo receber, portanto, 5% de reajuste, valor que não vem sendo pago desde então. Atualmente o salário de João da Silva é de R$ 2.200,00. Consultado, o setor de RH da empresa disse que a informação repassada pela Diretoria é de que não haverá pagamento dessa parcela. Pelo exposto, na qualidade de Advogado de João da Silva, ajuíze a ação adequada à preservação das normas insertas na CCT.

3.4.8. Modelo da peça

EXCELENTÍSSIMO SENHOR JUIZ DA... VARA DO TRABALHO DE SÃO LUÍS/MA.

João da Silva, brasileiro, casado, torneiro mecânico, residente na Rua Oriente, n. 12, Bairro Conquista, São Luís, CEP: 23.345-000, por meio de seus Advogados infra firmados, com escritório na Rua..., onde recebem as notificações, vem perante Vossa Excelência ajuizar a presente

AÇÃO DE CUMPRIMENTO

Nos termos dos arts. 872 da CLT e 319 do CPC, bem como da Súmula 286 do TST, em face de BRASIL METAL MECÂNICO LTDA., com endereço na Rua Joassaba, 13, Trindade, São Luís/MA, CEP: 23.345-000, pelos fatos e fundamentos que passa a expor:

1. Dos fatos e fundamentos jurídicos

O reclamante é empregado da reclamada, tendo sido admitido em 12-3-2010 na função de torneiro mecânico, com salário atual de R$ 2.200,00.

Conforme reza o art. 13 da Convenção Coletiva da Categoria em vigor, diversas são as gratificações de função que podem ser incorporadas aos salários dos empregados, sendo que o quinquênio completo pelo reclamante em 12-3-2015 gera ao mesmo o direito a um reajuste imediato de 5%.

Contudo, a reclamada vem negando vigência ao disposto na negociação coletiva firmado pelos sindicatos representativos da categoria, recusando-se a reajustar o salário atual de R$ 2.200,00, representando uma perda de R$ 110,00 por mês, além dos reflexos legais nas demais parcelas salariais.

Assim sendo, cabe a presente ação de cumprimento nos termos do art. 872 da CLT e Súmula n. 286 do TST, sendo que a última deixa claro que poderão ser objeto da presente ação as normas constantes em acordos coletivos e convenções coletivas de trabalho, como é o caso.

2. Dos pedidos

Ante o exposto, PEDE:

a) A condenação da reclamada ao pagamento da gratificação por tempo de serviço quinquênio, de 5% sobre o valor do salário do reclamante, desde o dia 12-3-2015, dia em que completou o tempo necessário à incorporação da parcela salarial, bem como os reflexos nas demais verbas trabalhistas pagas desde aquele momento, no valor de R$...

b) A condenação da reclamada ao pagamento da multa do art. 467 da CLT, caso as verbas incontroversas não sejam pagas na primeira audiência no valor de R$...

c) Condenação em honorários de sucumbência, observados os parâmetros do art. 791-A da CLT e seu § 2º.

Dos Requerimentos

a) Deferimento dos benefícios da gratuidade de justiça.

b) Seja a reclamada notificada para comparecer à audiência e apresentar defesa, sob pena de revelia e confissão acerca da matéria fática.

c) A produção de todos os meios de prova em direito admitidos, em especial, documental, testemunhal, pericial e depoimento pessoal das partes.

d) Sejam julgados procedentes todos os pedidos deduzidos nesta inicial.

Dá-se à causa o valor de R$... [...].

Termos em que requer deferimento.

Local... Data...

Advogado...

OAB n. ...

3.5. **Mandado de segurança**

3.5.1. Apresentação

O mandado de segurança, apesar de nunca ter sido cobrado em Exame de Ordem na era CESPE/UNB e FGV, pode perfeitamente ser objeto do Exame, uma vez que o edital prevê a petição inicial como uma das peças possíveis de serem cobradas. Por esse motivo, vale a pena analisar alguns aspectos dessa ação de caráter constitucional.

O *mandamus* encontra-se previsto no art. 5º, LXIX, da CF/88, cuja redação é a seguir transcrita: "conceder-se-á mandado de segurança para proteger direito líquido e certo, não amparado por *habeas corpus* ou *habeas data*, quando o responsável pela ilegalidade ou abuso de poder for autoridade pública ou agente de pessoa jurídica no exercício de atribuições do Poder Público". Além disso, a matéria está prevista na Lei n. 12.016/2009, regulamentadora do remédio constitucional.

Alguns requisitos e características devem ser analisados a partir de agora, de maneira resumida, fazendo-se menção às súmulas e orientações jurisprudenciais do TST, que devem ser lidas e relidas pelos candidatos, de forma que façam uma preparação completa para a 2ª fase do Exame de Ordem.

3.5.2. Características e requisitos

Dentre os requisitos e características que serão analisados nesse momento, destacam-se: condições da ação, direito líquido e certo, hipóteses mais comuns de impetração do remédio constitucional, prazo, petição inicial, despacho inicial e procedimento.

- Condições do mandado de segurança individual:
  - **Interesse processual** adequação: Súmula 414 do TST.
    - Caso haja deferimento de tutela provisória na sentença, não caberá o mandado de segurança, haja vista que caberá em face da sentença o recurso ordinário.
    - Caso a a tutela provisória seja analisada no curso da demanda, caberá impetração de mandado de segurança, caso aquela fira direito líquido e certo.
  - **Condições especiais do mandado de segurança individual: direito líquido e certo:** demonstração de todas as alegações por meio de prova pré-constituída, ou seja, prova documental. Não há possibilidade de juntada posterior dos documentos, conforme a Súmula 415 do TST.
  - **Prazo: 120 dias a contar da ciência (intimação do ato).**
    - A renovação do mandado de segurança dentro dos 120 dias é possível, caso o primeiro mandado de segurança seja extinto sem resolução do mérito.
  - **Petição inicial:**
    - duas vias com documentos, constando a autoridade coatora e eventual litisconsorte passivo necessário: Súmula 631 do STF.
    - Firmada por Advogado (Súmula 425 do TST), já que não se aplica ao mandado de segurança o *jus postulandi*, por tratar-se de procedimento especial.
    - Necessidade de indicação do preceito legal violado – ausência do *iura novit curia*, ou seja, nesse aspecto, o juiz não conhece o direito, devendo o impetrante demonstrar com exatidão o ferimento ao seu direito.
  - **Despacho inicial:**
    - Após despacho, impossível o ingresso de litisconsorte ativo, já que haveria ferimento ao princípio do juiz natural, pois a parte, ingressando posteriormente, escolheria o Juízo, porque teria a opção também de impetrar mandado de segurança próprio, autônomo.
    - Ausência de informações em dez dias: não há revelia, pois o ato impugnado pelo mandado de segurança é estatal, protegido pela presunção de que é legal e legítimo.
    - Sentença: duplo grau de jurisdição obrigatória, quando concedida a ordem.
    - Litisconsorte passivo necessário: aquele que é parte na demanda trabalhista e foi beneficiado pela decisão objeto do mandado de segurança. Deve ser inserido no polo passivo do *mandamus*, na qualidade de litisconsorte passivo necessário.

3.5.3. Como identificar a peça

A identificação do mandado de segurança, como peça a ser redigida na 2ª fase da OAB, não é difícil se tivermos em termos as principais hipóteses de cabimento do remédio constitucional, analisadas no item "fundamentos mais comuns". Partindo daquelas premissas, a banca examinadora fará a exposição de fatos que levam às seguintes conclusões:

- Houve autuação do Ministério do Trabalho e Emprego, sendo que a imposição de penalidade viola direito líquido e certo do impetrante, pois se mostra ilegal.
- Em procedimento administrativo, em especial em inquérito civil, o membro do Ministério Público do Trabalho violou direito líquido e certo do impetrante, por exemplo, por não permitir o acesso aos autos do processo administrativo, violando o contraditório e ampla defesa.
- Em processo judicial trabalhista, o Juiz do Trabalho, na condução dele, realizou ato ilegal, como a determinação de penhora em conta salário, violando direito líquido e certo do impetrante e, além disso, em confronto com a OJ n. 153 da SDI-2 do TST.
- Em recurso ou processo trabalhista de competência ordinária do TRT ou TST, o Desembargador ou Ministro Relator não permitiu que a parte se manifestasse em face de documento juntado pela outra parte, violando, também, o contraditório.

O que deve ser analisado pelo candidato é se houve **um ato ilegal, do qual não caiba recurso com efeito suspensivo (no processo do trabalho, os recursos não possuem tal efeito, em regra) e cuja ilegalidade pode ser demonstrada apenas por documentos,** isto é, sem necessidade de produção de prova pericial, testemunhal ou depoimento das partes.

3.5.4. Competência

O mandado de segurança pode ser impetrado nas **Varas do Trabalho, Tribunais Regionais do Trabalho e Tribunal Superior do Trabalho,** de acordo com as seguintes regras:

Órgão competente para o mandado de segurança	Ato ilegal objeto do mandado de segurança
Vara do Trabalho	Atos externos ao Poder Judiciário, tais como atos do Ministério do Trabalho e Emprego e Ministério Público do Trabalho.
Tribunal Regional do Trabalho	Ato de Juiz do Trabalho, Juiz de direito investido de competência trabalhista e ato de membro do próprio Tribunal, Desembargador do TRT.

Tribunal Superior do Trabalho	Ato do membro do próprio Tribunal, ou seja, Ministro do TST.

Assim, a peça deverá ser endereçada nos seguintes termos:

Vara do Trabalho	Excelentíssimo Doutor Juiz da... Vara do Trabalho de Vitória - Estado do Espírito Santo.
Tribunal Regional do Trabalho	Excelentíssimo Desembargador Presidente do Tribunal Regional do Trabalho do Estado do Espírito Santo.
Tribunal Superior do Trabalho	Excelentíssimo Ministro Presidente do Tribunal Superior do Trabalho.

Nos Tribunais Regionais do Trabalho e no Tribunal Superior do Trabalho, os mandados de segurança são endereçados ao Presidente, pois é atribuição dele a distribuição dos feitos.

3.5.5. Fundamentos mais comuns

Abaixo, seguem resumidamente as situações mais comuns de impetração do mandado de segurança na Justiça do Trabalho, bem como a fundamentação jurídica, que, em regra, está disposta em súmulas e orientações jurisprudenciais.

- Reintegração de obreiro estável: OJ n. 64 e 142 SBDI-2 do TST.
- Ação de cumprimento baseada em sentença normativa – Súmula 397 do TST.
- Parte incontroversa da execução: Súmula 416 do TST.
- Não homologação de acordo sem fundamentação: Súmula 418 do TST.
- Não aceitação de carta de fiança: OJ n. 59 SBDI-2 do TST.
- Penhora em parte da renda da empresa executada: OJ n. 93 SBDI-2 do TST.
- Depósito prévio de honorários periciais: OJ n. 98 SBDI-2 do TST.
- Penhora em conta salário: OJ n. 153 SBDI 2 do TST.

3.5.6. Pedido liminar

O art. 7º da Lei n. 12.016/2009, conhecida como "nova lei do mandado de segurança", prescreve em seu inciso III que o juiz, ao despachar a petição inicial, ordenará: "que se suspenda o ato que deu motivo ao pedido, quando houver fundamento relevante e do ato impugnado puder resultar a ineficácia da medida, caso seja finalmente deferida, sendo facultado exigir do impetrante caução, fiança ou depósito, com o objetivo de assegurar o ressarcimento à pessoa jurídica".

Prescreve, na hipótese, a possibilidade de o impetrante, diante da urgência e verossimilhança das suas alegações, buscar do Poder Judiciário um pronunciamento provisório e no início do procedimento, visando evitar o perecimento do direito.

O deferimento da tal ordem liminar depende do preenchimento de dois requisitos, a saber:

- ***Fumus boni iuris***: conhecido por "fumaça do bom direito", denominado pelo inciso III do art. 7º da Lei n. 12.016/2009 como *fundamento relevante*, que significa que as alegações do impetrante são verossímeis, ou seja, aparentemente, pelo menos em análise superficial, são verdadeiras, havendo grande chance de serem reconhecidas quando do julgamento do mérito da ação.
- ***Periculum in mora***: representa o perigo de perecimento do direito pela demora na prestação jurisdicional. Demonstra que a pretensão do autor deve ser garantida imediatamente por um provimento jurisdicional provisório e imediato, sob pena de tornar-se inútil com o decurso do tempo.

3.5.7. Estrutura da peça

A estrutura da petição inicial do mandado de segurança segue a regra geral da peça estudada no capítulo sobre petição inicial da obra.

1. **Competência:** endereçamento à Vara do Trabalho, ao Desembargador Presidente do Tribunal Regional ou ao Ministro Presidente do TST.
2. **Qualificação do impetrante:** nome, prenome, CTPS, CPF e endereço do reclamante; informação de que a peça é subscrita por Advogado regularmente constituído, constando o endereço daquele, para o recebimento de notificações.
3. **Nome da ação que está sendo proposta e fundamento legal:** descrição de que está sendo impetrado MANDADO DE SEGURANÇA, nos termos do art. 5º, LXIX, da CF/88 e Lei n. 12.016/2009.
4. **Qualificação da autoridade coatora:** nome, informação acerca da natureza jurídica e endereço para recebimento de notificação e **indicação do litisconsorte necessário,** com nome, prenome, CTPS, CPF e endereço.
5. **Fatos e fundamentos jurídicos do pedido:** descrição do ato ilegal realizado pela autoridade pública, afirmando que viola direito líquido e certo do impetrante. Demonstração dos documentos que comprovam a violação ao direito, bem como dos fundamentos legais, ou seja, os artigos de lei que confirmam o direito da parte. Se houver pedido liminar, demonstração do *fumus boni iuris* e do *periculum in mora*, que demonstram que há direito de proteção liminar do impetrante.
6. **Pedidos/requerimentos:** se houver pedido liminar, deverá ser o primeiro pedido a ser formulado, nos seguintes termos:

6.1. LIMINARMENTE, a concessão de ordem para sustar o ato ilegal que determinou a penhora de dinheiro em execução provisória, haja vista o impetrante ter ofertado outros bens à penhora, nos termos da Súmula 417 do TST.

6.2. A notificação da autoridade coatora e de seu representante judicial para no prazo legal apresentarem informações.

6.3. Notificação do litisconsorte passivo necessário, para que apresente, querendo, manifestação nos autos.

6.4. No mérito, a confirmação da liminar e a concessão em definitivo da segurança, anulando-se a penhora realizada sobre os bens do impetrante (dinheiro), por ferir o entendimento do TST, cristalizado na Súmula 417 do TST.

7. **Valor da causa:** dá-se à causa o valor de R$... [...].
8. **Fechamento:** Nestes termos, requer deferimento.
9. **Data, local e assinatura/OAB:** caso o problema traga tais dados, devem ser fielmente assinalados. Caso contrário, nenhum dado deve ser inventado, sob pena de identificação da prova, o que acarretará a atribuição da nota zero.

3.5.8. Questão de provas anteriores/Questão simulada

(Questão adaptada pelos autores) Joana da Silva, brasileira, casada, empresária, residente na Rua do Capim, 28, apto 1203, Bairro Alvorada, São Paulo/SP, CEP: 84.345.000, foi sócia da empresa Alpha Serviços Ltda., CNPJ n. 0000000, no período em que o Sr. Gilberto de Carvalho, brasileiro, solteiro, vendedor, CPF 9999, CTPS 8888, residente na Rua Rio Bonito, 35, Bairro Canal, São Paulo/SP, trabalhou para a mesma. Ajuizada demanda em face da pessoa jurídica, restaram infrutíferas as tentativas de efetivação a penhora em bens, razão pela qual o MM. Juiz do Trabalho da 20ª Vara do Trabalho de São Paulo/SP desconsiderou a personalidade jurídica, determinando a penhora nos bens dos sócios, dentre eles Joana da Silva. Inexistindo bens passíveis de penhora no patrimônio de Joana, o MM. Juiz determinou a penhora de 10% dos salários de Joana, até atingir-se a quantia de R$ 5.000,00, decorrentes da condenação ao pagamento de salários atrasados. Diante da decisão, redija a medida processual adequada à proteção dos direitos da sua cliente Joana.

3.5.9. Modelo da peça

EXCELENTÍSSIMO DESEMBARGADOR PRESIDENTE DO TRIBUNAL REGIONAL DO TRABALHO DE SÃO PAULO – TRT 2ª REGIÃO.

JOANA DA SILVA, brasileira, casada, empresária, residente na Rua do Capim, 28, apto 1203, Bairro Alvorada, São Paulo/SP, CEP: 84.345.000, por meio de seus Advogados infra firmados, com escritório na Rua..., onde recebem as notificações, vem perante Vossa Excelência impetrar o presente

MANDADO DE SEGURANÇA
COM PEDIDO LIMINAR

Nos termos do art. 5º, LXIX da CF/88 e Lei n. 12.016/2009, tendo em vista ato ilegal do **JUIZ DA 20ª VARA DO TRABALHO DE SÃO PAULO**, com endereço na Rua... e em face do litisconsorte necessário **GILBERTO DE CARVALHO**, brasileiro, solteiro, vendedor, CPF 9999, CTPS 8888, residente na Rua Rio Bonito, 35, Bairro Canal, São Paulo/SP, pelos fatos e fundamentos que passa a expor:

1. Do pedido liminar

Em primeiro lugar, vislumbra-se a presente do *fumus boni iuris* e do *periculum in mora* no presente caso, tendo em vista que houve determinação de penhora no salário da impetrante, em 10% da quantia recebida mensalmente, o que viola o art. 833, V e § 2º, do CPC, bem como a OJ n. 153 da SDI-2 do TST, tendo em vista que o salário da impetrante não é superior a 50 salários mínimos, o que o torna absolutamente impenhorável. Assim sendo, presentes tais requisitos, requer-se o deferimento de tutela provisória de urgência para sustar a penhora determinada pelo Juízo da 20ª Vara do Trabalho de São Paulo, determinando-se a liberação de quantia eventualmente já penhorada, bem como a sua liberação imediata.

2. Dos fatos e fundamentos jurídicos

O litisconsorte necessário **GILBERTO DE CARVALHO** ajuizou reclamação trabalhista tombada sob o n. ..., que tramitou perante a 20ª Vara do Trabalho de São Paulo/SP, tendo sido a empresa **ALPHA SERVIÇOS LTDA.** condenada ao pagamento da quantia de R$ 50.000,00 (cinquenta mil reais).

Iniciada a execução definitiva em desfavor da pessoa jurídica, restaram infrutíferas as tentativas de penhorar bens da executada, o que levou o Juiz do trabalho, após atendido o procedimento dos arts. 133 a 137 do CPC, a desconsiderar a personalidade jurídica e determinar a penhora dos bens dos sócios, dentre eles a impetrante.

Diante de inexistência de bens móveis ou imóveis da impetrante, que se encontra em situação financeira delicada diante da falência da pessoa jurídica, o MM. Juiz do Trabalho entendeu que a penhora de salário da impetrante seria uma forma viável de se concretizar a execução, expedindo-se mandando de penhora ao empregador daquela, para que procedesse à penhora mensal de 10% dos salários pagos à impetrante, que recebe a quantia mensal aproximada de R$ 4.000,00.

Tal ato mostra-se totalmente ilegal, haja vista que a jurisprudência do TST reconhece por meio da OJ n. 153 SBDI-2 do TST, que o salário é impenhorável, sendo que o Novo CPC (art. 833, IV e § 2º da Lei n. 13.105/2015) também impõe a impenhorabilidade absoluta como regra, sendo possível apenas para salários superiores a 50 mínimos, o que de longe não é a hipótese.

Ao agir dessa forma, o MM. Juiz do Trabalho violou direito líquido e certo do impetrante, fazendo que o presente mandado de segurança fosse o procedimento adequado para resguardar seus direitos, suspendendo-se a ordem de penhora de imediato e, ao final, declarando-a violadora do art. 833, IV, do CPC.

3. Dos pedidos

Ante o exposto, REQUER:

a) LIMINARMENTE, a suspensão da ordem de penhora determinada pela autoridade coatora, até julgamento do mérito do presente mandado de segurança.

b) Seja notificada a autoridade coatora para prestar informações no prazo de dez dias, bem como o litisconsorte passivo para manifestar-se no prazo legal.

c) A concessão em definitivo da segurança, confirmando-se a liminar, reconhecendo a ilegalidade do ato e tornando nula a decisão que determinou a penhora de salários da impetrante.

d) A intimação do Ministério Público do Trabalho para participar do feito, na qualidade de fiscal da lei.

Dá-se à causa o valor de R$... .

Termos em que requer deferimento.

Local... Data...

Advogado...

OAB n. ...

3.6. **Ação rescisória**

3.6.1. Apresentação

Apesar de complexa, a ação rescisória, para fins de Exame de Ordem, certamente não trará dificuldades ao candidato, caso tenha de ser redigida na 2ª fase de direito do trabalho, pois os seus requisitos são extremamente particulares, ou seja, conduzem apenas para o ajuizamento da ação em estudo. A memorização dos requisitos legais faz com que o aluno tenha plena certeza de que está redigindo a peça correta, pois a utilização da ação rescisória é muito restrita.

Todos os seus requisitos serão analisados, bem como as hipóteses de ajuizamento descritas no art. 966 do CPC.

3.6.2. Características e requisitos

Acerca das características e requisitos da ação rescisória, imprescindíveis para uma boa peça, com fundamentação pertinente, destacam-se:

- **Depósito prévio de 20% do valor da causa:** a admissão da ação rescisória, no âmbito da Justiça do Trabalho, está condicionada ao depósito da quantia de 20% do valor da causa, conforme o art. 836 da CLT. A sua ausência importa em prolatar de sentença sem análise do mérito. Segundo a Instrução Normativa n. 31/2007 do TST, a massa falida está isenta de tal pagamento. Conforme referido artigo da CLT, também não será obrigatório o pagamento se a parte for pobre nos termos da lei.
- **Desnecessidade de interposição de recursos:** outro ponto importante toca à desnecessidade de interposição de recursos antes do ajuizamento da rescisória. Pode a parte, mesmo que cabível o recurso, deixar de recorrer para, após o trânsito em julgado, ajuizar a rescisória. Esse é o comando contido na Súmula 514 do STF.
- **Cabimento de ação rescisória de ação rescisória:** a rescisória é cabível de rescisória conforme as instruções contidas na Súmula 400 do TST, ou seja, desde que o vício arguido na 2ª rescisória se refira ao procedimento ou julgamento da 1ª rescisória, e não relacionado à decisão que transitou em julgado e foi objeto da 1ª rescisória.

Requisitos para o ajuizamento:

- **Decisão de mérito:** somente a decisão (sentença ou acórdão) de mérito pode ser objeto de ação rescisória, uma vez que apenas essa faz coisa julgada material, pressuposto para a rescisória. Importante dizer que a sentença que homologa acordo somente pode ser desconstituída por ação rescisória, conforme a Súmula 259 do TST. Já a sentença normativa, nos termos da Súmula 397 do TST, não pode ser objeto do corte rescisório, por fazer apenas coisa julgada formal.
- **Trânsito em julgado:** o trânsito em julgado da decisão deve ser anterior ao ajuizamento da rescisória, o que, nos termos da jurisprudência do TST, nos diz que inexiste ação rescisória preventiva. Mesmo que o trânsito ocorra no curso da rescisória já ajuizada, essa será extinta sem resolução do mérito, por ausência de interesse processual. O trânsito em julgado se comprova, principalmente, pela juntada da certidão de trânsito, que se estiver ausente não acarretará o indeferimento da inicial sem antes permitir ao autor a emenda da inicial. Consultar, pela sua importância, a Súmula 299 do TST.

- **Prazo de dois anos a contar do trânsito:** a Súmula 100 do TST regulamenta a matéria. Importante observar que se trata de prazo de decadência e que, por isso, será reconhecido de ofício pelo Magistrado. Além disso, se houver recurso parcial, ou seja, de apenas um capítulo da decisão, os demais, se não forem acessórios àquele, transitarão em julgado, iniciando-se a contagem do prazo de dois anos.
- **Indicação de um dos vícios do art. 966 do CPC:** os pontos mais importantes residem no não cabimento de rescisória por violação a literal disposição de lei (inciso V do art. 966 do CPC), quando a matéria for controvertida, pois não se tem decisão errada, e sim a aplicação de uma das possíveis interpretações. Além disso, conforme a Súmula 408 do TST, não há necessidade de mencionar o inciso do art. 966 do CPC que embasa o ajuizamento da rescisória, ante o princípio *iura novit curia*, ou seja, o juiz conhece o direito. Exceção apenas quando a ação é ajuizada com base no inciso V, hipótese em que o autor deve referir-se expressamente ao dispositivo de lei que considera ter sido violado.
- **Competência: Legitimidade:** a legitimidade para o ajuizamento da ação rescisória está descrita no art. 967 do CPC, que afirma ser possível à parte, ao 3º prejudicado e ao Ministério Público. O referido artigo descreve apenas três situações em que o MP poderia utilizar a ação rescisória, mas são exemplificativas, conforme previsto na Súmula 407 do TST.
- ***Jus postulandi***: a previsão contida no art. 791 da CLT, de que as partes podem ajuizar e acompanhar as demandas pessoalmente, ou seja, sem Advogado, não se aplica, dentre outras situações previstas na Súmula 425 do TST, à ação rescisória. Tal demanda deve ser obrigatoriamente firmada por advogado, sob pena de indeferimento da inicial.
- **Suspensão da decisão rescindenda:** o simples ajuizamento da ação rescisória não suspende o cumprimento da decisão rescindenda, salvo se for deferida liminar nesse sentido, devendo a parte comprovar o *fumus boni iuris* e o *periculum in mora*. Não se trata, a suspensão, de efeito imediato. Tal regra está disposta no art. 969 do CPC e Súmula 405 do TST. O dispositivo legal e o entendimento sumulado do TST permitem, excepcionalmente, a concessão de tutela provisória para a suspensão da decisão rescindenda. Vejamos o entendimento do TST, alterado em 2016:

> Em face do que dispõe o art. 969 do CPC de 2015, é cabível o pedido de tutela provisória formulado na petição inicial de ação rescisória ou na fase recursal, visando suspender a execução da decisão rescindenda.

- **Ausência de revelia:** conforme entendimento cristalizado na Súmula 398 do TST, a ausência de contestação na rescisão não importa em presunção de veracidade dos fatos afirmados na inicial, principal efeito da revelia, uma vez que o ato atacado – decisão judicial – emana da autoridade estatal e, portanto, não pode ser presumido viciado, ainda mais após o trânsito em julgado.

3.6.3. Como identificar a peça

A identificação da peça é simples, pois parte da análise dos requisitos para o ajuizamento da ação, estudados anteriormente, quais sejam:

- decisão de mérito;
- trânsito em julgado;
- respeito ao prazo de dois anos a contar do trânsito em julgado da última decisão do processo;
- indicação de um dos vícios do art. 966 do CPC.

Caso o problema contido na Prova da OAB narre a presença desses quatro requisitos, será, certamente, hipótese de ajuizamento de rescisória, cabendo ao candidato a redação da peça prática conforme o modelo a ser descrito a seguir, lembrando que se trata de petição inicial, portanto, sujeita às regras impostas pelo art. 319 do CPC.

3.6.4. Competência

A competência para a ação rescisória é sempre de tribunal, não havendo qualquer hipótese de tal ação ser ajuizada perante a Vara do Trabalho. A competência pode ser assim resumida conforme quadro abaixo, destacando-se a seguinte regra: **todo tribunal possui competência para processar e julgar as ações rescisórias de seus próprios julgados.** Quando a parte interpuser recurso de acórdão do TRT e o apelo for inadmitido por decisão do TST, a rescisão será da competência do TRT, uma vez que a última decisão de mérito, que será objeto da rescisória, é o acórdão proferido pelo TRT. Todos os detalhes acerca da competência estão na Súmula 192 do TST.

Decisão objeto de rescisória	Órgão competente para a ação rescisória
Sentença com trânsito em julgado na Vara do Trabalho	Tribunal Regional do Trabalho a que se vincula a Vara do Trabalho
Acórdão proferido pelo TRT que transitou em julgado nesse mesmo órgão	Tribunal Regional do Trabalho que proferiu a decisão
Acórdão proferido pelo TST que transitou em julgado nesse mesmo órgão	Tribunal Superior do Trabalho
Acórdão do TRT impugnado por recurso inadmitido pelo TST	Tribunal Regional do Trabalho que proferiu a decisão

Assim, caso a demanda seja ajuizada perante o TRT, a petição inicial será dirigida ao seu Presidente, da seguinte forma:

> Excelentíssimo Senhor Desembargador Presidente do Tribunal Regional do Trabalho da 2ª Região – São Paulo.

Sendo da competência do TST, será dirigida ao Ministro Presidente, da seguinte maneira:

> Excelentíssimo Senhor Ministro Presidente do Tribunal Superior do Trabalho.

3.6.5. Fundamentos (hipóteses) para o ajuizamento

As hipóteses para o ajuizamento de ação rescisória estão dispostas no art. 966 do CPC, em *numerus clausus*, ou seja, em um rol taxativo, já que a rescisória é exceção à regra geral, pois excepciona a imutabilidade da coisa julgada. Todas as hipóteses estão analisadas abaixo, com todos os detalhes indispensáveis à preparação para o Exame de Ordem.

1. **Prevaricação, concussão ou corrupção do juiz:** não há necessidade de condenação anterior no juízo criminal ou apuração em qualquer esfera (judicial ou policial) acerca do ilícito, uma vez que a rescisória não depende, nessa hipótese específica, de decisão criminal.
2. **Juízo impedido ou absolutamente incompetente:** sendo o dispositivo explícito em relação ao impedimento, não cabe rescisão na hipótese de juiz suspeito que julga a demanda. A suspeição deixa de existir com o trânsito em julgado. Na hipótese, reconhecido o impedimento, a decisão será desconstituída, para novo julgamento por juiz imparcial. Na hipótese de incompetência absoluta, que pode ser material, funcional, pessoal e hierárquica, haverá novo julgamento, com o reconhecimento do vício, remetendo-se os autos ao juízo competente. Não cabe caso a incompetência seja relativa, pois isso deve ser alegado por exceção, no momento da defesa, conforme já estudado.
3. **Dolo ou coação da parte vencedora ou colusão e simulação das partes:** na hipótese, há dolo da parte vencedora em detrimento da vencida, sendo o dolo aqui interpretado como a conduta ardil, maliciosa, com a única finalidade de fraudar a expectativa do processo, que é decidir conforme a verdade real. Contudo, não constitui dolo o silenciar acerca de fatos, pois, em verdade, essa é uma técnica de defesa, conforme prevê a Súmula 403 do TST. Se o dolo é de uma parte em relação à outra, a colusão é o conluio fraudulento das partes, que, por exemplo, simulam atos processuais para esconder a verdade, como ocorre na hipótese descrita na OJ n. 94 da SDI-2 do TST.

4. **Ofensa à coisa julgada:** quando se ajuíza ação idêntica a outra já julgada, com trânsito em julgado, argui-se a preliminar de coisa julgada e, por consequência, a demanda é extinta sem resolução do mérito. Contudo, se o mérito for novamente julgado e vier a transitar em julgado, essa segunda coisa julgada deve ser desconstituída, por ferir a primeira. Logo, será ajuizada a rescisória. Porém, nos termos da OJ n. 101 SDI-II do TST, há necessidade de prequestionamento da matéria, ou seja, que a parte tenha requerido a extinção da segunda demanda quando essa tramitava.
5. **Violação manifesta de norma jurídica:** essa é a hipótese mais corrente de ajuizamento de ação rescisória, por ser genérica, por fazer menção à violação de dispositivo de lei. Na hipótese, o Magistrado age equivocadamente quando a lei determina que tenha a conduta "x" e ele toma para si a conduta "y". Exemplificando: prescreve o art. 437, § 2º, do CPC que o Magistrado deve intimar a parte contrária para manifestar-se acerca de documento juntado aos autos pela parte contrária no curso do processo. Ao não intimar, viola literal disposição de lei, cabendo na hipótese, após o trânsito em julgado e presentes os demais requisitos, o ajuizamento da rescisória. Atenção, pois não pode ser considerado um julgamento errado, passível do corte rescisório, a aplicação de lei de interpretação controvertida nos tribunais, pois nessa hipótese não há erro, e sim a adoção de interpretação que para o Magistrado é a mais correta e que para a parte pode não ser. Tal situação está prevista nas Súmulas 83 do TST e 343 do STF. Por fim, a Súmula 298 do TST exige o pronunciamento explícito acerca do fundamento da rescisória na decisão rescindenda. Assim, se alego violação ao art. 437, § 2º, do CPC, a decisão rescindenda deve ter se manifestado explicitamente acerca da matéria.
6. **Fundada em prova falsa:** a falsidade da prova pode ser material ou ideológica, sendo a assinatura falsa exemplo da primeira e a coação da segunda. A falsidade material decorre de vício formal, pois na hipótese o signatário do documento não afirmou o seu conteúdo. Na ideológica, o conteúdo foi escrito pelo signatário, mas não reflete o seu pensamento. Nas duas situações, cabe o ajuizamento de rescisória. Contudo, tal ação somente será julgada procedente caso o autor demonstre a importância da prova falsa para a conclusão a que chegou o Magistrado, isto é, que aquela prova foi indispensável para a decisão do juiz. Caso contrário, não há interesse em desconstituir a prova, retirá-la do processo para novamente decidir.
7. **Prova nova, após o trânsito em julgado, capaz de alterar a decisão: o CPC não fala apenas em documento novo, mas em prova nova.** Sobre o conceito de documento novo, a Súmula 402 do TST afirma que documento novo é aquele "cronologicamente velho", ou seja, que já existia quando da prolação da decisão rescindenda. O documento existia, poderia ter sido utilizado como meio de prova, mas, por motivo de força maior, não o

foi. Além disso, deve-se demonstrar que, pela análise do documento agora juntado aos autos, a decisão judicial será diversa.

8. **Fundada em erro de fato:** O conceito de erro de fato consta no § 1º do art. 966 do CPC e, em simples palavras, consiste em reconhecer existente um fato inexistente e inexistente um fato existente, na hipótese de inexistir qualquer discussão sobre a matéria. O fato de haver trabalho nos sábados pela manhã é absolutamente incontroverso, mas o juiz considera inexistir trabalho naquele dia. Cuida-se de situação de erro de fato. Se houve discussão sobre o fato e o juiz se convenceu acerca de uma em detrimento da outra, não há erro de fato, e sim convencimento do Magistrado.

3.6.6. Estrutura da peça

1. **Competência:** endereçamento ao Presidente do Tribunal Regional do Trabalho ou do Tribunal Superior do Trabalho, a depender da competência já analisada. Assim, *Excelentíssimo Desembargador Presidente do Tribunal Regional do Trabalho da 1ª Região* ou *Excelentíssimo Ministro Presidente do Tribunal Superior do Trabalho.*
2. **Qualificação da parte autora (EMPRESA ou EMPREGADO):** nome, informação acerca da natureza jurídica (direito privado ou público, CNPJ, se for empresa), CTPS, CPF e RG, se for pessoa física, endereço para recebimento de notificação. Informação de que a peça é subscrita por Advogado regularmente constituído, constando o endereço daquele, para o recebimento de notificações.
3. **Nome da ação que está sendo proposta e fundamento legal:** descrição de ajuizamento de AÇÃO RESCISÓRIA (pode conter ANTECIPAÇÃO DE TUTELA, se for o caso) com base nos arts. 836 da CLT e 966 do CPC.
4. **Qualificação da parte ré (EMPRESA ou EMPREGADO):** nome, informação acerca da natureza jurídica (direito privado ou público, CNPJ, se for empresa), CTPS, CPF e RG, se for pessoa física e endereço completo.
5. **Informação acerca do depósito prévio do art. 836 da CLT:** se for a hipótese, afirmar que foi realizado o depósito prévio de 20% do valor da causa, conforme o art. 836 da CLT, ou requerer a isenção de seu pagamento, por ser pessoa pobre nos termos do próprio dispositivo.
6. **Pedido de tutela provisória:** se houver risco de dano grave e de difícil reparação e os argumentos e provas demonstrarem que há plausibilidade daquele que foi narrado, requer-se a suspensão da execução, conforme o art. 969 do CPC e Súmula 405 do TST.
7. **Fatos e fundamentos jurídicos do pedido:** descrição da causa de pedir, ou seja, a hipótese de ajuizamento da ação rescisória contida no art. 966 do CPC, explicitando os motivos que o levam a encaixar o vício descrito no inciso daquele artigo do CPC. Apesar de teoricamente não haver necessidade de mencionar os fundamentos legais (artigos de lei, súmulas,

OJs etc.), na Prova da Ordem **tal requisito é indispensável, pois o candidato deve mostrar ao examinador que conhece o direito do trabalho.**

8. **Pedidos/requerimentos:** dentre os pedidos que são formulados na ação rescisória, tem-se:
   8.1. Notificação do réu para oferecer defesa, sob pena de revelia e confissão sobre a matéria de fato.
   8.2. Produção de todos os meios de prova admitidos em direito, em especial, documental, testemunhal, pericial e depoimento pessoal das partes.
   8.3. A condenação do réu ao pagamento de custas processuais e honorários advocatícios no importe de 20% sobre o valor da causa.
9. **Pedidos específicos:**
   9.1. Se houver pedido de tutela provisória, requer-se o deferimento do pedido, tendo em vista a presença do *fumus boni iuris* e do *periculum in mora*, suspendendo-se a execução até o julgamento de mérito da presente ação.
   9.2. (1) No mérito, a procedência dos pedidos formulados, desconstituindo-se a decisão rescindenda, tendo em vista a violação ao inciso... do art. 966 do CPC.
   9.3. (2) No mérito, a procedência dos pedidos formulados, desconstituindo-se a decisão rescindenda, tendo em vista a violação ao inciso... do art. 966 do CPC, julgando-se o litígio, por meio de Juiz absolutamente competente/imparcial (por exemplo).
10. **Valor da causa:** dá-se à causa o valor de R$... [...].
11. **Fechamento:** Nestes termos, requer deferimento.
12. **Data, local e assinatura/OAB:** caso o problema traga tais dados, devem ser fielmente assinalados. Caso contrário, nenhum dado deve ser inventado, sob pena de identificação da prova, o que acarretará a atribuição da nota zero.

3.6.7. Questão de provas anteriores/Questão simulada

(OAB São Paulo Exame n. 125/2006 – com adaptações do autor) Joaquim José Lírio, brasileiro, gerente de vendas, portador do CPF n. 3333, CTPS n. 4444, residente na Rua dos Cocais, 87, Centro, Rio de Janeiro/RJ, ex-empregado da empresa Cogumelo Azul Produtos Naturais Ltda., com sede na Rua República do Líbano, 800, Centro, Rio de Janeiro/RJ, CEP: 34.888-000, dispensado com justa causa em 13-4-2014, ajuizou reclamação trabalhista que foi distribuída para a 10ª Vara do Trabalho do Rio de Janeiro, postulando o pagamento, entre outros títulos, de férias vencidas. O pedido foi julgado totalmente improcedente, sob a alegação de que a gravidade da falta praticada – agressão física a superior hierárquico – prevista no art. 482 da CLT, afastaria a possibilidade de qualquer crédito ao empregado, mesmo sob a rubrica de férias vencidas, já que a dispensa naquela modalidade era considerada como a punição mais grave que o empregado poderia receber. Não houve recurso da sentença, que transitou em julgado em 20-5-2015. Você foi procurado após o trânsito em julgado para analisar o processo e verificar se há alguma medida processual a ser tomada na situação. Na qualidade de Advogado de Joaquim, ajuíze a ação cabível.

GABARITO:

A medida processual adequada corresponde à ação rescisória, fundada no art. 485, V, do CPC (art. 966, V, do CPC/2015), tendo em vista que a rejeição do pedido de pagamento de férias vencidas, em caso de dispensa com justa causa, viola o art. 146 da CLT.

3.6.8. Modelo da peça

EXCELENTÍSSIMO DESEMBARGADOR PRESIDENTE DO TRIBUNAL REGIONAL DO TRABALHO DO RIO DE JANEIRO.

JOAQUIM JOSÉ LÍRIO, brasileiro, gerente de vendas, portador do CPF n. 3333, CTPS n. 4444, residente na Rua dos Cocais, 87, Centro, Rio de Janeiro/RJ, por meio de seus Advogados infrafirmados, com escritório na Rua , onde recebem as notificações, vem perante Vossa Excelência ajuizar a presente

AÇÃO RESCISÓRIA

nos termos do art. 836 da CLT e art. 966, V, do CPC/2015, em face de **COGUMELO AZUL PRODUTOS NATURAIS LTDA.**, com sede na Rua República do Líbano, 800, Centro, Rio de Janeiro/RJ, CEP: 34.888-000, pelos fatos e fundamentos que passa a expor:

1. Da realização do depósito prévio de 20% do valor da causa

Deixa o autor de realizar o depósito prévio a que alude o art. 836 da CLT, tendo em vista a sua situação de miserabilidade jurídica, razão pela qual requer a concessão dos benefícios da justiça gratuita, conforme o art. 790, § 3º, da CLT, uma vez não possuir condições financeiras de arcar com os cursos do processo.

2. Dos fatos e fundamentos jurídicos

O autor foi empregado da empresa ré até 13-4-2014, quando foi demitido por justa causa, por agressão ao superior hierárquico, hipótese prevista expressamente no art. 482 da CLT. Ocorre que a ex-empregadora negou-se a pagar as férias vendidas a que faria direito o autor, mesmo demitido por justa causa, diante da previsão contida no art. 146 da CLT, que afirma ser direito adquirido o recebimento das férias vencidas.

Pasmen, a sentença proferida nos autos do processo que tramitou perante a 10ª Vara do Trabalho do Rio de Janeiro foi de improcedência, sob a alegação de que a conduta do ex-empregado, por ser extremamente grave e constituir hipótese de justa causa lhe retiraria o direito ao recebimento de qualquer verba rescisória, negando o pagamento das férias vencidas.

Ocorre que a sentença proferida naqueles autos, que transitou em julgado diante da não interposição de recursos, viola frontalmente o art. 146 da CLT, autorizando o ajuizamento da ação rescisória nos termos do art. 966, V, do CPC/2015, haja vista que houve fragrante violação daquela norma jurídica, ou nos termos do dispositivo do Novo CPC, **violação manifesta de norma jurídica**, na medida em que o art. 146 da CLT afirma *que*: "Na cessação do contrato de trabalho, qualquer que seja a sua causa, será devida ao empregado a remuneração simples ou em dobro, conforme o caso, correspondente ao período de férias cujo direito tenha adquirido".

Assim, independentemente de forma de rescisão do contrato de trabalho – até mesmo a justa causa – será devido o valor das férias adquiridas, demonstrando o total desacerto da sentença proferida pela 10ª Vara do Trabalho do Rio de Janeiro na demanda originariamente ajuizado pelo autor.

Em conclusão, deve ser desconstituída a sentença transitada em julgado, que conclui pela improcedência dos pedidos, para que seja reconhecido o direito do autor estampado no art. 146 da CLT, condenando-se a empresa ré ao pagamento das parcelas rescisórias reivindicadas na ação originária que tramitou perante a 10ª Vara do Trabalho.

3. Dos pedidos

Ante o exposto, REQUER:

a) Seja notificado o réu para apresentar defesa, no prazo a ser definido pelo Relator, conforme o art. 970 do CPC/2015.

b) No mérito, o reconhecimento de que a sentença transitada em julgada violou manifestamente o art. 146 da CLT, desconstituindo-se aquela e promovendo novo julgamento sobre os pedidos originalmente formulados pelo autor.

c) A intimação do Ministério Público do Trabalho para participar do feito, na qualidade de fiscal da lei.

d) A produção de todos os meios de prova em direito admitidos, em especial, documental, testemunhal, pericial e depoimento pessoal das partes.

e) O deferimento da justiça gratuita, nos termos do art. 790, § 3º, da CLT, por ser quadro de miserabilidade jurídica que o impede de realizar o depósito prévio previsto no art. 836 da CLT.

f) A condenação ao pagamento de honorários advocatícios de sucumbência, nos termos do art. 791-A da CLT, fixando-se o valor entre 5% e 15%.

Dá-se à causa o valor de R$... .

Termos em que requer deferimento.

Local... Data...

Advogado...

OAB n. ...

3.7. Contestação

3.7.1. Apresentação

As provas do Exame de Ordem, por diversas vezes, já exigiram dos candidatos a confecção de peça contestatória. Trata-se de peça de baixa complexidade, tendo em vista que os pedidos a serem formulados são em número bastante reduzido, se comparados com algumas petições iniciais de reclamações trabalhistas. **Costuma-se afirmar que redigir uma contestação é mais simples do que redigir uma petição inicial ou um recurso!**

A contestação não é a única peça de defesa, mas, sim, a principal, razão pela qual geralmente é pedida pelas bancas examinadoras. A defesa do réu (reclamado, na nomenclatura trabalhista) é considerada ato mais amplo, pois pode contemplar, além da peça em estudo, as exceções de suspeição e impedimento. No sistema implementado pelo CPC, a exceção de incompetência não existe mais como uma peça autônoma, mas como mais uma matéria a ser alegada como **preliminar de mérito na contestação, conforme atualmente previsto no art. 337 do Novo CPC (Lei n. 13.105/2015).**

Porém é importante observar que a Lei n. 13.467/2017 (Reforma Trabalhista) trouxe algumas inovações quanto à exceção de incompetência territorial, pois o art. 800 da CLT prevê que, uma vez apresentada exceção de incompetência territorial no prazo de cinco dias a contar da notificação, antes da audiência e em peça que sinalize a existência desta exceção, será suspenso o processo e não se realizará a audiência a que se refere o art. 843 (uma ou inicial) até que se decida a exceção. Outrossim, os autos serão imediatamente conclusos ao juiz, que intimará o reclamante e, se existentes, os litisconsortes, para manifestação no prazo comum de cinco dias, sendo que, se entender necessária a produção de prova oral, o juízo designará audiência, garantindo o direito de o excipiente e de suas testemunhas serem ouvidos, por carta precatória, no juízo que este houver indicado como competente. Ademais, decidida a exceção de incompetência territorial, o processo retomará seu curso, com a designação de audiência, a apresentação de defesa e a instrução processual perante o juízo competente.

A reconvenção deixou de ser uma peça autônoma, com formato de petição inicial, passando a ser realizada na própria contestação, como uma espécie de **pedido contraposto**, antigo conhecido na Lei dos Juizados Especiais (Lei n.

9.099/95). A reconvenção continua existindo, prevista no art. 343 do CPC, mas mudou de forma, **incorporando-se à contestação, sendo agora incluída como uma parte, um capítulo daquela peça.**

Percebam que a contestação ficou mais "recheada", com possibilidade de novas alegações, mas a maior complexidade não faz com que esta se tornasse difícil. O que foi dito acima de que se trata de uma das peças mais fácil está inteiramente mantido.

O tema **defesa do reclamando** é tratado na CLT, no art. 847, bem como nos arts. 335 e seguintes do CPC. Pelas regras celetistas, a defesa é apresentada em audiência, já que o reclamado é notificado para comparecer àquele ato, apresentando, caso não haja acordo, a peça contestatória ou, em caso de processo eletrônico, no formato e no tempo exigido pela lei de regência, mas sem prejuízo de oferta pela via oral.

Pelas regras dispostas no art. 847 da CLT, a defesa trabalhista é apresentada oralmente, no prazo de até 20 minutos. Contudo, tal afirmação somente pode ser aplicada para as provas objetivas, pois obviamente a defesa será apresentada por escrito, com todas as formalidades que iremos estudar adiante, na prova de prática trabalhista da OAB.

3.7.2. Características e requisitos

Dois são os princípios que caracterizam a apresentação da defesa trabalhista, a saber:

- **Eventualidade – art. 336 do CPC:** segundo tal princípio, o reclamado deve trazer em sua defesa todas as matérias processuais (preliminares) e meritórias, sob pena de preclusão, motivo pelo qual o candidato, ao ler o problema, deve desde logo identificar todas as possíveis teses de defesa que são aptas a desconstituir os pedidos formulados pelo reclamante, bem como identificar, desde logo, os dispositivos de lei e súmulas/OJs do TST aplicáveis à matéria, já que farão parte da defesa a ser redigida.
- **Impugnação especificada dos fatos – art. 341 do CPC:** a impugnação a ser realizada não pode ser genérica, devendo o réu apontar os fundamentos que servem para impugnar absolutamente todos os pedidos do reclamante. Ao ler o problema apresentado pela banca examinadora, o candidato deve identificar os pedidos formulados, bem como as teses, realizando uma comparação lógica entre afirmação e tese de defesa, a ponto de se chegar a uma conclusão, qual seja, a improcedência dos pedidos. Em tese, se algum pedido não for impugnado, haverá revelia e, por consequência, presunção relativa de veracidade. **Por isso, é que se mostra bastante recomendável a enumeração dos pedidos formulados pelo autor e encontrados no problema, para que nenhuma matéria seja esquecida.**

Ainda em relação às características e requisitos, há que se dizer que a contestação serve para impugnar dois tipos de vícios, que são aqueles relacionados ao processo (processuais, arguidas por meio de preliminares) e aqueles que dizem respeito aos fatos que ocorreram na relação de emprego (meritórios) e que foram levados à apreciação do Poder Judiciário por meio da petição inicial. Por isso é que a contestação pode ser dividida em duas partes: **preliminares de mérito e defesa de mérito.**

Caso o candidato verifique que há algum vício relacionado ao processo, ou seja, que algum requisito processual não foi atendido (preenchido), por exemplo, a notificação do réu não foi realizada corretamente, o reclamante já ajuizou ação idêntica anteriormente (litispendência ou coisa julgada) etc., estará diante de uma alegação a ser levada ao Poder Judiciário antes de se discutir o mérito, ou seja, antes de apresentar a defesa negando os fatos e pedidos formulados pelo autor, como a existência de vínculo de emprego, o trabalho em jornada extraordinária, dentre outros, deverá afirmar que a sua notificação não foi realizada conforme reza a legislação processual, por se tratar de matéria considerada como **preliminar de mérito (art. 337 do CPC).**

As preliminares, que serão estudadas em sua integralidade no item 3.7.5, denominado "preliminares de mérito", podem ser classificadas em **dilatórias e peremptórias,** sendo que as primeiras buscam dilatar (alongar) o procedimento e as outras, extinguir o procedimento, sem análise do mérito. Um exemplo serve para elucidar a questão:

- **Preliminar de nulidade de citação:** alega o reclamado que não foi notificado com pelo menos cinco dias de antecedência da audiência, conforme preconiza a CLT. Sendo reconhecido o vício, **o juízo não irá proferir uma sentença sem análise do mérito**. Será adiada a audiência, designando-se nova data, atentando-se para o prazo legal, de forma a garantir o direito de defesa do réu. Percebe-se que o processo não foi extinto, e sim que houve um alongamento da relação processual, já que a **preliminar de mérito é dilatória**.
- **Preliminar de litispendência:** alega o reclamado que o reclamante já moveu outra ação idêntica (mesmas partes, causa de pedir e pedido) e que a primeira demanda ainda está em curso, embora em grau recursal, razão pela qual a segunda deve ser extinta sem resolução do mérito. Percebe-se que o Juiz do Trabalho, ao reconhecer o vício processual, **deverá proferir sentença sem análise do mérito (art. 485, inciso V, do CPC)**, já que a preliminar de mérito é **peremptória.**

A verificação acerca da natureza de cada preliminar – se dilatória ou peremptória – não se mostra apenas de importância acadêmica, mas sim para que seja realizado o requerimento correto na contestação. Explicamo-nos: se arguo a litispendência como preliminar de mérito, nos pedidos haverá a menção à necessidade de não analisar o mérito, por se tratar de preliminar peremptória. Assim, tenho que saber a natureza para formular o pedido correto, de acordo com a consequência prevista caso haja o reconhecimento do vício.

Após analisar se cabe alguma preliminar de mérito do art. 337 do CPC, o candidato passa a verificar a defesa de mérito, ou seja, a segunda parte de sua defesa.

Atente ao fato de que nem sempre haverá preliminar de mérito a ser arguida, podendo o problema exigir apenas a formulação da defesa de mérito, que pode ser, teoricamente, **direta ou indireta. Veja que na maioria das vezes a banca não narra qualquer preliminar a ser reconhecida, mas tão somente traz elementos para uma defesa de mérito, em relação aos fatos e pedidos levados ao Poder Judiciário.**

Como dito, a defesa do mérito pode ser direta ou indireta. A primeira é caracterizada pelo fato de o **reclamado simplesmente negar o fato constitutivo do direito do reclamante**, afirmando, por exemplo, que aquele nunca prestou horas extraordinárias, que nunca trabalhou mediante subordinação e habitualidade, que não laborou após às 22 horas e que, portanto, não faz jus ao recebimento de adicional noturno, dentre outros. Veja que a defesa é baseada, simplesmente, na negativa dos fatos que foram afirmados. Em termos bem simples, é a negativa, a demonstração de que os fatos não ocorreram. Já na **defesa indireta de mérito,** o reclamado confirma os fatos afirmados (constitutivos), **mas opõe outros, que visam a desconstituir o direito do autor.** Os fatos constantes na defesa do réu, conforme o art. 818, incisos I e II, da CLT, podem ser extintivos, modificativos e impeditivos.

Em síntese,

- **Defesa direta:** negativa dos fatos afirmados pelo autor.
- **Defesa indireta:** afirmação da existência de fatos constitutivos, impeditivos e extintivos do direito do autor.

Nas provas de prática trabalhista da OAB, o candidato **deve buscar sempre o fundamento para a defesa indireta**, já que a defesa direta (simples negativa) mostra-se "vazia" para os fins a que se destina o Exame, que é saber se o aluno está apto a encontrar o fundamento para formular uma defesa técnica para o seu cliente. Assim, se o reclamante busca demonstrar a existência de estabilidade provisória decorrente de gravidez, o problema deixará transparecer para o candidato que houve uma falta grave da empregada, que levou o empregador a demiti-la por justa causa, o que é perfeitamente possível, mesmo sem o ajuizamento de inquérito para apuração de falta grave. Se o pedido é de condenação ao pagamento de horas extras, o problema deixará transparecer a existência de banco de horas. Em outro exemplo, se há pedido de pagamento de indenização pela retirada (não pagamento) do adicional noturno, o aluno deverá lembrar que a transferência do período noturno para o diurno, conforme a Súmula 265 do TST, acarreta a perda daquele adicional.

O que se quer mostrar é que o examinador sempre deixará uma brecha para que o candidato possa defender a reclamada, sendo que, na maioria absoluta das vezes, o fundamento será um fato extintivo, modificativo ou impeditivo, ou seja, que o levará a apresentar uma defesa indireta de mérito. No item 6, serão elencados os fundamentos mais comuns e que foram objeto das últimas provas da OAB.

3.7.3. Como identificar a peça

Identificar, em um Exame de Ordem, que a peça a ser formulada na prova de 2ª fase trabalhista é uma contestação não é nada difícil. Basta o candidato atentar para o fato de que foi **ajuizada uma reclamação trabalhista**, ou seja, **que foi apresentada uma petição inicial,** na qual o obreiro (reclamante) demonstra a violação de direitos por parte do empregador (reclamado). Pode ser uma ação em que o requerente seja o empregador, como uma ação de inquérito para apuração de falta grave ou uma ação de consignação em pagamento, **mas o usual é que a narrativa demonstre que você é advogado da empresa e que por isso deve defender os interesses do cliente frente à petição inicial que foi apresentada pelo empregado.** Se o problema não disser, claramente, que "João da Silva ajuizou ação trabalhista [...]" ou que foi ajuizada ação pela empresa, deixará claro que há a pretensão de João da Silva de receber horas extraordinárias, adicional de insalubridade, multa do art. 477 etc., sendo que você, na qualidade de Advogado(a) do reclamado/requerido deve tomar as providências cabíveis. A única providência cabível, *in casu*, é a apresentação de defesa (contestação), na qual poderá alegar vícios processuais (preliminares de mérito) ou a própria inexistência do direito (defesa de mérito).

Caso o problema afirme que o seu cliente foi notificado para comparecer à audiência diante do ajuizamento de reclamação trabalhista, saiba, desde logo, que a medida a ser tomada, para demonstrar que o reclamante não possui direito ao que pleiteia ou que a sua vinda ao Poder Judiciário fere alguma norma processual, é a contestação.

3.7.4. Competência

A contestação trabalhista será dirigida ao Juízo que realizou a notificação, ou seja, naquele em que se processa a demanda. Assim, se a 4ª Vara do Trabalho de Vitória/ES encaminhou a notificação à reclamada, a peça contestatória será endereçada àquela Vara. Trata-se de competência funcional, portanto absoluta. Nas provas da OAB, caso o problema afirme que a demanda está sendo processada perante a "Vara tal do Trabalho do local tal", para essa, necessariamente, será encaminhada a peça. Logo, o primeiro requisito será o encaminhamento ao "Excelentíssimo Senhor Juiz da Vara tal do Trabalho do local tal". Caso não haja tal informação, **NENHUM DADO DEVE SER INVENTADO**, sob pena de a banca examinadora entender que houve identificação da peça, o que culminará com a atribuição de nota ZERO. Assim, caso não seja informado o local ou o número da Vara do Trabalho, deverá constar tão somente: "Excelentíssimo Senhor Juiz do Trabalho da... Vara do Trabalho de...".

O gabarito apresentado pela FGV nas provas em que foi requerida a redação de contestação deixa claro que o requisito é facilmente identificado. Vejamos:

Enunciado da FGV – XI Exame de Ordem:

"Contratado pela empresa Clínica das Amendoeiras, em razão de uma reclamação trabalhista proposta em 12-12-2012 pela empregada Jussara Péclis (número 1146-63.2012.5.18.0002, 2ª Vara do Trabalho de Goiânia), o advogado analisa a petição inicial, que contém os seguintes dados e pedidos:"

Padrão de resposta da FGV – XI Exame de Ordem:

"Elaboração de uma peça com formato de contestação, com endereçamento à 2ª Vara de Goiânia, indicação das partes e número do processo".

3.7.5. Preliminares de mérito

Um estudo sistemático das preliminares de mérito deve ser feito à luz do art. 337 do CPC, de aplicação no processo do trabalho, tendo em vista que aquele artigo traz um rol dos possíveis vícios processuais que podem ser suscitados pelo reclamado.

A partir de agora, serão destacadas as principais preliminares do art. 337 do CPC, de aplicação mais comum no processo do trabalho e que podem, com maior grau de probabilidade, ser cobradas no Exame de Ordem, foco de nosso trabalho, destacando, ainda, a sua consequência.

Preliminar de mérito	Consequência processual
Inexistência ou nulidade de citação	A consequência do reconhecimento do vício é a realização de novo ato, ou seja, o reclamado será notificado novamente para comparecer à audiência, que será remarcada, com no mínimo cinco dias de antecedência.
Incompetência absoluta	Reconhecendo-se a incompetência absoluta da Justiça do Trabalho para a demanda proposta, o Juiz do Trabalho determinará a remessa dos autos para a Justiça competente, sem extinção do processo.
Incompetência relativa	Novidade do CPC, arguiu-se a incompetência relativa na contestação, requerendo a remessa dos autos para o juízo competente, conforme o art. 651 da CLT, que é o local da prestação dos serviços, onde deveria ter sido ajuizada a ação trabalhista. No entanto, atente para o fato de o art. 800 da CLT, inserido por lei posterior ao CPC, exigir uma peça à parte. Embora seja difícil ser exigida no exame da OAB, é bem

Incompetência relativa	fácil, pois bastará o examinando fazer o endereçamento, indicar o número do processo, qualificar o réu, dar a nomenclatura (Exceção de Incompetência Relativa), informar os fundamentos da petição e requerer que seja acolhida, com a consequente remessa para o foro competente.
Incorreção do valor da causa	Caso o valor da causa que tenha sido atribuído pelo reclamante na petição inicial, poderá o réu arguir o vício, requerendo ao juiz a sua correção. No processo do trabalho o juiz pode adequar o valor mesmo sem pedido do réu.
Inépcia da petição inicial	Caso a petição inicial não possua pedido, causa de pedir, ou o pedido seja juridicamente impossível, a ação trabalhista será arquivada, ou seja, extinta sem resolução do mérito, nos termos do art. 330 do CPC e da Súmula 263 do TST.
Perempção	No processo do trabalho, as hipóteses de perempção estão nos arts. 731 e 732 da CLT e ocorrem quando: 1) o reclamante não comparece em cinco dias para redução a termo da sua reclamação verbal; 2) o reclamante faltar duas vezes à audiência inaugural, sendo os processos arquivados. Nas duas hipóteses, a reclamante ficará seis meses sem poder ajuizar ação trabalhista.
Litispendência e coisa julgada	Havendo litispendência – duas ou mais ações idênticas em curso –, o processo será extinto sem resolução do mérito, consequência idêntica para a coisa julgada, que surge quando é ajuizada ação idêntica a outra julgada em definitivo, ou seja, com trânsito em julgado.
Conexão	Na conexão, as ações conexas são reunidas para o Juízo prevento (arts. 58 e 59 do CPC), não havendo extinção de qualquer uma delas. As demandas são reunidas para julgamento conjunto, evitando-se decisões contraditórias.
Incapacidade das partes, defeito de representação ou falta de autorização	Nessas hipóteses, o processo será suspenso para regularização do vício, conforme o art. 76 do CPC, não havendo extinção sem resolução do mérito de plano. Essa só ocorre se o vício não for regularizado no prazo determinado pelo juiz.

Convenção de arbitragem	O TST entende não caber arbitragem nas demandas individuais, razão pela qual não é exigida essa preliminar de mérito nas provas.
Ausência de legitimidade e interesse processual	A ausência das condições da ação – interesse processual e legitimidade – importa em extinção sem resolução do mérito ou, em termos trabalhistas, arquivamento do feito.
Indevida concessão do benefício da Justiça Gratuita	Caso não haja o preenchimento dos requisitos do art. 790, § 3º, da CLT e o benefício da Justiça Gratuita seja deferido, poderá o reclamado arguir a questão e requerer a cessação do benefício, que importará na necessidade de pagamento de custas processuais ao final de demanda, nos termos do art. 789, § 1º, da CLT.

Sobre as comissões de conciliação prévia, há que se destacar que foram inseridas em nosso sistema processual no ano de 2000, por meio da Lei n. 9.957, que acrescentou os arts. 625-A a H da CLT, buscando a redução do número de demandas ajuizadas perante a Justiça do Trabalho.

O legislador infraconstitucional, ao pensar no sistema da conciliação prévia, fê-lo incluindo a obrigação de o reclamante provocar a **Comissão de Conciliação** porventura existente no **sindicato de sua categoria** ou na **própria empresa**. Nos termos da CLT, a provocação da CCT seria **OBRIGATÓRIA,** sendo que o ajuizamento direto de reclamação trabalhista ensejaria a sua extinção sem resolução do mérito.

Contudo, como já averbamos anteriormente, o Supremo Tribunal Federal, no julgamento das ADIs 2.139 e 2.160, proferiu decisão liminar entendendo que a norma, em uma primeira análise, seria **inconstitucional**, por afrontar o **princípio da inafastabilidade do controle jurisdicional**, previsto no art. 5º, XV, da CF/88, que aduz que *a lei não excluirá da apreciação do Poder Judiciário lesão ou ameaça de lesão.*

Assim, **NÃO É MAIS OBRIGATÓRIA** a passagem pela referida Comissão, razão pela qual também não pode ser considerada obrigatória a preliminar de mérito em que se afirma que o processo deve ser extinto sem resolução do mérito, por não ter o reclamante provocado aquela esfera administrativa.

3.7.6. Fundamentos mais comuns

Neste ponto, serão dispostas em um quadro didático as principais alegações contidas nas reclamações trabalhistas, bem como as teses de defesa que podem ser demonstradas pelo candidato. Serão tomadas por base as últimas provas da OAB em que foi cobrada, como peça, a contestação.

Direito reivindicado na petição inicial	Tese de defesa que pode ser utilizada
Horas extraordinárias	Existência de banco de horas, empregado ocupante de função externa ou cargo de confiança.
Adicional de insalubridade/periculosidade	Reclassificação do agente nocivo, utilização de EPIs que neutralizam totalmente o agente nocivo. Exposição a tempo extremamente reduzido, fortuito (Súmulas 80, 248 e 364 do TST).
Estabilidade provisória do dirigente sindical	Ocupante de Conselho Fiscal do Sindicato (OJ n. 365 SDI-1), Delegado Sindical (OJ n. 369 SDI-1) ou registro realizado no aviso-prévio (Súmula 369, V, do TST).
Estabilidade provisória do cipeiro	Membro da CIPA indicado pelo empregador ou extinção do estabelecimento (Súmula 339, II, do TST).
Transferência de turno	*Jus variandi* do empregador. Poder de organização (Súmula 265 do TST)
Horas extras em decorrência de turno ininterrupto de revezamento	Negociação coletiva autorizando o TIR de 8 horas diárias (Súmula 423 do TST).
Redução salarial	Negociação coletiva autorizando a redução salarial (art. 7º da CF/88).
Salário *in natura*	Ausência de gratuidade e habitualidade. Utilidades nefastas à saúde, como cigarro e bebidas. Utilidade sem natureza salarial em decorrência de lei (art. 458 da CLT e Súmula 367 do TST).
Férias	Faltas injustificadas que reduziram o direito às férias. Rescisão por justa causa, que retira o direito às férias proporcionais (art. 130 da CLT e Súmula 73 do TST).
Ausência de intervalo intrajornada completo	Redução do Intervalo com autorização do Ministério do Trabalho e Emprego ou intervalo licitamente fracionado (art. 71, §§ 3º e 5º, da CLT). Intervalo reduzido licitamente do empregado doméstico (LC n. 150/2015).
Alteração da data de pagamento dos salários	Afirmação de que o TST entende ser válida a alteração da data de pagamento, quando não ultrapassado o 5º dia útil do mesmo subsequente, conforme a OJ n. 159 da SDI-1 do TST.

Pagamento de ticket-alimentação e vale-transporte	Alegação de que o empregado está afastado de suas funções, por exemplo, por mais de 15 dias, o que gera a concessão de benefício previdenciário, cessando as obrigações do empregador com o fornecimento do ticket e do vale transporte.

3.7.7. Prescrição: prejudicial de mérito

Uma preocupação constante é com a inserção do tema "prescrição" nas contestações trabalhistas. O maior erro a ser cometido quando se alega prescrição é dizer que se trata de "preliminar de mérito", alegando a matéria antes do tópico sobre o **mérito.** O examinando que venha a realizar tal conduta certamente estará perdendo pontos preciosos, pois a prescrição não é uma preliminar de mérito, mas sim, uma **prejudicial de mérito,** já que é uma defesa meritória, diretamente relacionada ao pedido formulado, mas que impedirá a condenação do reclamado, no todo (prescrição total) ou em parte (prescrição parcial), por não ter o autor buscado o Poder Judiciário no tempo oportuno. **Assim, podemos dizer que, em uma ordem lógica, a defesa seria apresentada na contestação:**

- preliminares de mérito;
- prejudicial de mérito;
- mérito.

Sabemos que no direito do trabalho são aplicáveis as prescrições **bienal e quinquenal**. A mais importante, quando da confecção da contestação trabalhista, é a quinquenal, que é contada a partir do ajuizamento da ação, conforme a Súmula 308 do TST. Tal situação foi verificada no **VIII Exame de Ordem FGV**, quando a banca exigiu no gabarito que o aluno fizesse a seguinte alegação:

> PRESCRIÇÃO PARCIAL – Na defesa dos interesses o examinando deve arguir prescrição parcial (quinquenal) em relação aos supostos direitos anteriores a 12-4-2007 (5 anos do ajuizamento da ação).

O primeiro ponto a constar nos comentários da banca foi a prescrição parcial, também denominada, como já dito, de quinquenal, que **não é contada a partir da extinção do vínculo de emprego, mas sim do ajuizamento da ação.** Contam-se cinco anos para trás, do ajuizamento da ação trabalhista.

3.7.8. Estrutura da peça

1. **Competência:** endereçamento à Vara do Trabalho que determinou a notificação do reclamado, por exemplo, Excelentíssimo Senhor Juiz da 4ª Vara do Trabalho de Vitória/ES.
2. **Indicação do número do processo:** Processo n. ... .

3. **Qualificação do reclamado:** nesse ponto, não é necessário dizer que se trata de fulano de tal, pessoa jurídica de direito privado, com endereço na rua tal, haja vista que nos autos já há essa informação. É comum informar o seguinte: **"FULANO DE TAL, devidamente qualificado nos autos"**.
4. **Indicação acerca do advogado e endereço:** da mesma forma que se faz na petição inicial, afirma-se que a peça contestatória é apresentada "**por meio de advogado devidamente constituído, conforme procuração em anexo, com endereço profissional na Rua...**".
5. **Indicação da peça que está sendo apresentada:** nesse ponto, é necessário afirmar que está sendo apresentada CONTESTAÇÃO "aos termos propostos na petição inicial, conforme o art. 847 da CLT c/c os arts. 335 e seguintes do CPC, nos termos seguintes/pelos fundamentos a seguir expostos: [...]".
6. **Fundamentação da contestação:** a depender da existência ou não de preliminar de mérito, a fundamentação do candidato será mais simples ou mais complexa. Havendo preliminar, essa deverá, por óbvio, ser narrada em primeiro lugar.
   6.1. **Preliminares de mérito:** deve-se, nesse ponto, arguir o vício processual, bem como a sua consequência, por exemplo, a litispendência e o pedido de extinção do processo sem resolução do mérito. É importante requerer tal providência nesse momento, mesmo que tal pedido venha a ser novamente formulado quando dos pedidos, parte final da contestação.
   6.2. **Prejudicial de mérito:** prescrição bienal e/ou quinquenal ou, ainda, a decadência no caso de inquéritos para apuração de falta grave, ação rescisória etc.
   6.3. **Defesa de mérito:** ultrapassada a tese preliminar e a prejudicial, deve o candidato utilizar os fatos que foram narrados na petição inicial, bem como da tese de defesa que já foi identificada, conforme quadro *supra* no item 3.7.6, para redigir a defesa em si, rechaçando os fundamentos da petição inicial para, ao final, demonstrar que as pretensões devem ser julgadas improcedentes.
   6.4. **Dos requerimentos:** considerando os mais comuns, temos:
      6.4.1. Quando houver preliminar de mérito, *o reconhecimento da preliminar de litispendência, com a extinção do feito sem resolução do mérito*, por exemplo.
      6.4.2. Em relação ao mérito, sejam julgados improcedentes os pedidos formulados na petição inicial, tendo em vista a ausência de direito do reclamante, conforme já exposto.
      6.4.3. Como requerimento final, tem-se, em especial:
         6.4.3.1. A produção de todos os meios de prova em direito admitidos, em especial, documental, testemunhal, pericial e depoimento pessoal das partes.

6.5. Quando for o caso, requerer também a compensação, retenção ou dedução, como já visto anteriormente.

7. **Fechamento:** Nestes termos, requer deferimento.

8. **Data, local e assinatura/OAB:** caso o problema traga tais dados, devem ser fielmente assinalados. Caso contrário, nenhum dado deve ser inventado, sob pena de identificação da prova, o que acarretará a atribuição da nota zero.

3.7.9. Reconvenção

Até o advento do CPC, a reconvenção, quando apresentada, recebia a forma de uma petição inicial, com todos os requisitos exigidos por lei, pois se tratava de uma defesa com natureza jurídica de ação, ou seja, é como se o reclamado apresentasse uma outra ação dentro daquela que havia sido ajuizada originalmente.

Isso fazia com que o examinando tivesse de escrever uma nova petição inicial com **endereçamento, qualificação, fatos e fundamentos, pedidos, valor da causa e fechamento,** tudo como já foi exaustivamente analisado.

Ocorre que tal formalidade não existe mais, não é mais necessária em virtude de o art. 343 do CPC afirmar que **a reconvenção será apresentada "dentro" da contestação, como uma parte dela, isto é, como um capítulo daquela peça de defesa.**

Assim como já ocorre desde a Lei n. 9.099/95, que trata dos Juizados Especiais Cíveis e Criminais e que instituiu o "pedido contraposto", que nada mais é do que uma "reconvenção na contestação", poderá o examinando abrir um **tópico escrito RECONVENÇÃO para dizer qual é a sua pretensão contra o autor da ação.**

Vejamos: João da Silva ajuizou ação trabalhista em face da empresa Alfa Beta LTDA, requerendo a condenação ao pagamento de horas extraordinárias, no importe de R$ 10.000,00. Ao ser notificada para comparecer a audiência e apresentar defesa, a empresa reclamada pensou em cobrar o prejuízo causado dolosamente pelo reclamante, quando da sua despedida da empresa. Há provas de que aquele quebrou uma máquina propositadamente, cujo conserto foi avaliado em R$ 20.000,00. Como proceder na hipótese. Teríamos uma contestação da seguinte forma:

EXCELENTÍSSIMO SENHOR DOUTOR JUIZ DA 99ª VARA DO TRABALHO DE BELÉM – TRIBUNAL REGIONAL DO TRABALHO DA 8ª REGIÃO – PA/AP.

Ref. Processo n. ...

BANCO DINHEIRO BOM S/A, devidamente qualificada nos autos, por meio de seus Advogados infrafirmados, com endereço profissional na Rua..., vem perante Vossa Excelência, apresentar

CONTESTAÇÃO

Nos termos do art. 847 da CLT c/c os arts. 335 e seguintes do CPC, aos termos propostos na petição inicial, conforme fundamentação a seguir:

SÍNTESE DA DEMANDA

...

DEFESA DE MÉRITO

...

DA RECONVENÇÃO

Nos termos do art. 343 do CPC, busca a empresa reclamada a condenação do reclamante ao pagamento da quantia de R$ 20.000,00, relacionada ao conserto do Equipamento D34KL, que foi danificado dolosamente por aquele, quando do recebimento da notificação de sua dispensa. Após exaltação e gritos de que "a empresa iria se arrepender de o ter demitido", o reclamante jogou a máquina referida no chão, quebrando-a por completo, causando dano material à reclamada.

A situação – dano decorrente de dolo – autoriza tanto o desconto salarial, que não foi possível em virtude do alto custo do conserto – R$ 20.000,00 – como a busca por indenização decorrente do dano sofrido.

Por todo o exposto, **REQUER**:

a) Sejam julgados improcedentes os pedidos formulados na petição inicial, uma vez terem sido impugnados todos aqueles e demonstrada a total ausência do direito da reclamante.

b) Seja julgado procedente o pedido formulado em reconvenção, condenando-se o reclamante ao pagamento de R$ 20.000,00 decorrentes do dano ocasionado dolosamente à reclamada.

c) A produção de todos os meios de prova em direito admitidas, em especial, documental, testemunhal, pericial e depoimento pessoal das partes.

Termos em que requer deferimento.

Local... Data...

Advogado...

OAB n. ...

3.7.10. Questões de provas anteriores/Questão simulada

1. **(XVII Exame de Ordem – FGV)** Você foi procurado pelo Banco Dinheiro Bom S/A, em razão de ação trabalhista n. XX, distribuída para a 99ª VT de Belém/PA, ajuizada pela ex-funcionária Paula, que foi gerente geral de agência de pequeno porte por 4 anos, período total em que trabalhou para o banco. Sua agência atendia apenas a clientes pessoa física. Paula era responsável por controlar o desempenho profissional e a jornada de trabalho dos funcionários da agência, além do desempenho comercial desta. Na ação, Paula aduziu que ganhava R$ 8.000,00 mensais, além da gratificação de função no percentual de 50% a mais que o cargo efetivo. Porém, seu salário era menor que o de João Petrônio, que percebia R$ 10.000,00, sendo gerente de agência de grande porte atendendo contas de pessoas físicas e jurídicas. Requer as diferenças salariais e reflexos. Paula afirma que trabalhava das 8h às 20h, de segunda a sexta-feira, com intervalo de 20 minutos. Requer horas extras e reflexos. Paula foi transferida de São Paulo para Belém, após um ano de serviço, tendo lá fixado residência com sua família. Por isso, ela requer o pagamento de adicional de transferência. Paula requer a devolução dos descontos relativos ao plano de saúde, que assinou no ato da admissão, tendo indicado dependentes. Requer, ainda, multa prevista no Art. 477 da CLT, pois foi notificada da dispensa em 2-3-2015, uma segunda-feira, e a empresa só pagou as verbas rescisórias e efetuou a homologação da dispensa em 12/03/2015, um dia após o prazo, segundo sua alegação. Redija a peça prático-profissional pertinente ao caso. (Valor: 5,00)

GABARITO:

Deverá ser apresentada uma Contestação em face de Paula, dirigida ao Juiz do Trabalho da 99ª VT, de Belém, com indicação do número do processo. Deverá ser contestado o pedido de horas extras, aduzindo que a autora exercia cargo de confiança, pois era autoridade máxima no local, com subordinados, respondendo pelo desempenho comercial da agência, sendo, inclusive, capaz de gerar prejuízos ao empregador. Deverá ser citado o art. 62, II, da CLT e a Súmula 287 do TST. Deverá ser rechaçado o pedido de equiparação salarial, pois, nos termos do art. 461, § 1º, da CLT, os trabalhos de Paula e de João Petrônio não tinham o mesmo valor, por terem produtividade distinta, nem eram idênticas as funções, já que um era gerente de pessoa física de agência de pequeno porte e o outro, de pessoa jurídica de agência de grande porte. Deverá ser contestado o pedido de adicional de transferência, pois essa foi definitiva. Citação do art. 469, § 3º, da CLT, ou OJ n. 113 do TST. Improcede a devolução de descontos, uma vez que foi expressa a autorização e sem vícios, tanto que houve indicação de beneficiários. Deve ser indicada a OJ n. 160, da SDI I do TST, ou a Súmula 342 do TST ou o art. 462 da CLT. Improcedência do pedido de multa do art. 477 da CLT, pois houve pagamento e homologação tempestivos, conforme a OJ n. 162, da SDI I do TST.

2. **(XI Exame de Ordem – FGV)** Contratado pela empresa Clínica das Amendoeiras, em razão de uma reclamação trabalhista proposta em 12-12-2012 pela empregada Jussara Péclis (número 1146-63.2012.5.18.0002, 2ª Vara do Trabalho de Goiânia), o advogado analisa a petição inicial, que contém os seguintes dados e pedidos: que a empregada foi admitida em 18-11-2000 e dispensada sem justa causa em 15-7-2011 mediante aviso-prévio trabalhado; que a homologação da ruptura aconteceu em 10-9-2011; que havia uma norma interna garantindo ao empregado com mais de dez anos de serviço o direito a receber um relógio folheado a ouro do empregador, o que não foi observado; que a ex-empregada cumpria jornada de 2ª a 6ª feira das 15h às 19h sem intervalo; que recebia participação nos lucros (PL) 1 vez a cada

semestre, mas ela não era integrada para fim algum. A autora postula o pagamento do aviso-prévio proporcional ao tempo de serviço, já que ele foi concedido por 30 dias; multa do art. 477 da CLT porque a homologação ocorreu a destempo; condenação em obrigação de fazer materializada na entrega de um relógio folheado a ouro; hora extra pela ausência de pausa alimentar; integração da PL nas verbas salariais, FGTS e aquelas devidas pela ruptura, com o pagamento das diferenças correlatas. A empresa entrega ao advogado cópia do recibo de depósito das verbas resilitórias na conta da trabalhadora ocorrido em 14-8-2011 e cópia dos regulamentos internos vigentes ao longo do tempo, em que existia previsão de concessão do relógio folheado a ouro, mas em fevereiro de 2000, foi substituído por um novo regulamento, que previu a entrega de uma foto do empregado com sua equipe. Analisando cuidadosamente a narrativa feita pela empresa e a documentação por ela fornecida, apresente a peça pertinente à defesa, em juízo, dos interesses dela, sem criar dados ou fatos não informados. (Valor: 5,0)

GABARITO:

Elaboração de uma peça com formato de contestação, com endereçamento à 2ª Vara de Goiânia, indicação das partes e número do processo.

- PRESCRIÇÃO PARCIAL – Na defesa dos interesses do cliente, o examinando deve arguir prescrição parcial (quinquenal) em relação aos supostos direitos anteriores a 12-12-2007 (cinco anos do ajuizamento da ação).
- AVISO-PRÉVIO PROPORCIONAL AO TEMPO DE SERVIÇO – o examinando deve identificar que o aviso-prévio proporcional não era devido porque a dispensa ocorreu antes da alteração legislativa, na forma da Lei n. 12.506, de 13 de outubro de 2011 ou Súmula 441 do TST.
- MULTA ART. 477, § 8º, da CLT – o examinando deve sustentar que as verbas resilitórias foram pagas no prazo legal, afastando o direito à multa do art. 477, § 8º, da CLT.
- ENTREGA DO RELÓGIO – o examinando deve identificar ser indevida obrigação de fazer porque a alteração da norma interna ocorreu antes da admissão da trabalhadora, que assim não tem o direito postulado, na forma da Súmula 51, I, do TST.
- INTERVALO INTRAJORNADA – o examinando deve identificar que, de acordo com a carga horária cumprida, não havia direito a qualquer intervalo (CLT, art. 71, § 1º).
- PARTICIPAÇÃO NOS LUCROS – o examinando deve identificar que a verba PL, por força de Lei, não reflete em qualquer outro direito, na forma da Lei n. 10.101/2000, art. 3º.

3.7.11. Modelo da peça

1. XVII Exame de Ordem – FGV

EXCELENTÍSSIMO SENHOR DOUTOR JUIZ DA 99ª VARA DO TRABALHO DE BELÉM – TRIBUNAL REGIONAL DO TRABALHO DA 8ª REGIÃO – PA/AP.

Ref. Processo n.

BANCO DINHEIRO BOM S/A, devidamente qualificada nos autos, por meio de seus Advogados infrafirmados, com endereço profissional na Rua..., vem perante Vossa Excelência, apresentar

CONTESTAÇÃO

Nos termos do art. 847 da CLT c/c os arts. 335 e seguintes do CPC, aos termos propostos na petição inicial, conforme fundamentação a seguir:

SÍNTESE DA DEMANDA

Afirma a reclamante ter direito ao recebimento de horas extras, por ultrapassar o limite imposto pela Constituição Federal de 1988, bem como equiparação salarial com o paradigma João Petrônio. Também requer a condenação da reclamada ao pagamento do adicional de transferência, assim como a devolução dos valores descontados pela adesão ao plano de saúde. Por fim, requer a condenação ao pagamento da multa do art. 477 da CLT, tendo em vista as verbas rescisórias não terem sido pagas dentro do prazo legal.

DEFESA DE MÉRITO

1. DAS HORAS EXTRAS: verifica-se claramente que o pedido de condenação ao pagamento de horas extras não deve prosperar, na medida em que a reclamante ocupava cargo de confiança, na qualidade de gerente geral da agência, o que significa dizer que era a autoridade máxima naquele local, possuía subordinados e tinha liberdade para atuar, o que faz com que tenhamos incidência do art. 62, II, da CLT e da Súmula 287 do TST, que afirmam não possuir o gerente geral, no caso a reclamante, jornada de trabalho limitada que lhe gere o direito ao recebimento das horas extraordinárias.

2. EQUIPARAÇÃO SALARIAL: o pedido de equiparação salarial também deve ser julgado procedente, já que ausentes os requisitos do art. 461 da CLT em relação ao paradigma apontado, Sr. João Petrônio. Vislumbra-se que o trabalho não era de igual valor, bem como não eram idênticas as funções. Dos autos extrai-se que Paula era gerente de uma pequena agência, ao passo que João Petrônio, paradigma apontado, era gerente de uma grande agência, atendendo pessoas físicas e jurídicas ao mesmo tempo, não encontrando similitude com que o consta no § 1º do art. 461 da CLT, que prevê a produtividade também como um fato para se analisar a identidade de funções.

3. ADICIONAL DE TRANSFERÊNCIA: indevido também o adicional de transferência, por ter sido definitiva a transferência da reclamanda, sendo devido o respectivo adicional apenas quando se trata de transferência provisória, nos termos do art. 469, § 3º, da CLT. Vislumbra-se que a reclamante fixou residência em São Paulo, inclusive com sua família, razão pela qual concluir-se acerca da definitividade da transferência.

4. DESCONTOS DO PLANO DE SAÚDE: Não houve qualquer vício ou coação no ato de desconto de valores devidos ao pagamento do plano de saúde, o que demonstra a sua licitude nos termos do art. 462 da CLT e, principalmente, da Súmula 342 do TST. Houve autorização prévia e por escrito da reclamante para adesão ao plano de saúde, sendo um benefício para a mesmo, que inclusive incluiu dependentes.

5. MULTA DO ART. 477 DA CLT: a empresa reclamada cumpriu a sua obrigação de pagar e homologar a rescisão contratual no prazo do § 6º do art. 477 da CLT, uma vez que notificou a reclamante da rescisão do contrato de trabalho em 2-3-2015 e cumpriu suas obrigações em 12-3-2015, ou seja, no prazo de 10 dias a contar da notificação, nos moldes do § 6º do art. 477 da CLT, sendo que na contagem do prazo há a exclusão do primeiro dia, que é o dia da notificação conforme prescreve a OJ n. 160 da SDI-1 do TST.

Por todo o exposto, **REQUER-SE**:

a) Sejam julgados improcedentes os pedidos formulados na petição inicial, uma vez terem sido impugnados todos aqueles e demonstrada a total ausência do direito da reclamante.

b) A produção de todos os meios de prova em direito admitidas, em especial, documental, testemunhal, pericial e depoimento pessoal das partes.

Termos em que requer deferimento.

Local... Data...

Advogado...

OAB n. ...

2. XI Exame de Ordem – FGV

EXCELENTÍSSIMO SENHOR DOUTOR JUIZ DA 2ª VARA DO TRABALHO DE GOIÂNIA – TRIBUNAL REGIONAL DO TRABALHO DO ESTADO DO GOIÁS.

Ref. Processo n. 1146-63.2012.5.18.0002

CLÍNICA DAS AMENDOEIRAS, devidamente qualificada nos autos, por meio de seus Advogados infrafirmados, com endereço profissional na Rua..., vem perante Vossa Excelência, apresentar

CONTESTAÇÃO

Nos termos do art. 847 da CLT c/c os arts. 335 e seguintes do CPC, aos termos propostos na petição inicial, conforme fundamentação a seguir:

SÍNTESE DA DEMANDA

Afirma a Reclamante ter direito ao recebimento das seguintes verbas: aviso-prévio proporcional ao tempo de serviço, pois lhe foi concedido aviso simples, de 30 dias; multa do art. 477 da CLT pois a homologação foi realizada fora do prazo daquele artigo de lei; condenação à entrega do relógio folheado a ouro a que teria direito por norma interna; horas extras pela ausência de pausa alimentar; integração dos valores pagos a título de participação nos lucros nas verbas rescisórias, fundiárias e salariais;

PREJUDICIAL DE MÉRITO – PRESCRIÇÃO QUINQUENAL

A leitura da petição inicial deixa evidente a existência de prescrição quinquenal, haja vista que a ação foi ajuizada em 12-12-2012 e existem verbas anteriores aos cinco anos, ou seja, anteriores a 12-12-2007. Nos termos do art. 7º, XXIX, da CF/88, as verbas anteriores as 12-12-2007 devem ser consideradas prescritas.

DO MÉRITO

1. AVISO-PRÉVIO PROPORCIONAL AO TEMPO DE SERVIÇO: não há que se falar em direito ao recebimento de aviso-prévio proporcional ao tempo de serviço, uma vez que a dispensa ocorreu antes da implementação por lei do direito, ocorrida em 13 de outubro de 2011, por meio da Lei n. 12.506/2011. Esse é o entendimento do TST por meio da Súmula 441. Assim, correta foi a concessão do aviso-prévio de 30 dias, já que de acordo com o art. 7º, XXI, da CF.

2. MULTA DO ART. 477 DA CLT: a multa do art. 477, § 8º, da CLT não é devida ao reclamante, pois, apesar de a homologação ter sido realizada após o prazo daquele dispositivo, o pagamento se deu corretamente, no 1º dia útil seguinte ao término do período do aviso-prévio trabalhado, o que afasta a incidência da multa, pois o dispositivo trata de pagamento, que foi realizado na data correta.

3. ENTREGA DO RELÓGIO FOLHEADO A OURO: a entrega do relógio folheada a ouro, previsto no regimento interno da empresa para os empregados que completassem dez anos de vínculo de emprego, não é devido à reclamante, uma vez que em fevereiro de 2000 houve alteração daquela norma interna, passando a prever a entrega de uma foto com a equipe, sendo que a admissão da reclamante ocorreu somente após a referida alteração, o que é possível nos termos da Súmula 51, I, do TST.

4. HORAS EXTRAS PELA AUSÊNCIA DE PAUSA ALIMENTAR: a leitura do art. 71, § 1º, da CLT deixa claro que nem todos os trabalhadores fazem jus à pausa alimentar, como era o caso da reclamante. A sua jornada de trabalho era de apenas 4 horas (15h00 às 19h00), o que lhe retira qualquer direito à pausa e, por consequência, do recebimento de horas extras.

5. PARTICIPAÇÃO NOS LUCROS: por fim, é indevido qualquer pagamento a título de diferenças salariais decorrentes da integração dos valores pagos de participação nos lucros à reclamante, já que o art. 3º da Lei n. 10.101/2000 deixa claro que os valores pagos de PL não possuem natureza salarial e, portanto, não possuem qualquer reflexo salarial, fundiário ou rescisório. Também o art. 7º, XI, da CF/88 deixa claro que os valores são desvinculados da remuneração, retirando qualquer direito aos reflexos em outras verbas.

Por todo o exposto, REQUER-SE:

a) Sejam julgados improcedentes os pedidos formulados na petição inicial, uma vez terem sido impugnados todos aqueles e demonstrada a total ausência do direito da reclamante.

b) A produção de todos os meios de prova em direito admitidos, em especial, documental, testemunhal, pericial e depoimento pessoal das partes.

Termos em que requer deferimento.

Local... Data...

Advogado...

OAB n. ...

3.7.12. Caso e modelo de exceção de incompetência

Considere o seguinte caso hipotético:

Valmir, que tem domicílio na cidade de Niterói/RJ, foi contratado pela empresa Floresta S/A em 16 de junho de 2015, com sede em Nova Iguaçu/RJ, para exercer a função de auxiliar de serviços gerais, recebendo como contraprestação a quantia de R$ 1.200,00, além de inúmeros benefícios.

Em julho de 2016, a empresa, tendo em vista previsão contratual expressa, determinou que Valmir fosse trabalhar na filial de Duque de Caxias/RJ para atender a uma demanda extraordinária naquela localidade, o que foi prontamente atendido, nela permanecendo até dezembro de 2016, quando retornou para Nova Iguaçu, onde ficou até ser dispensado em 16 de maio de 2017.

Embora tenha recebido suas verbas rescisórias no prazo legal, Valmir ajuizou uma ação trabalhista no local do seu domicílio, visando à condenação da reclamada no pagamento do adicional de transferência, que entende fazer jus, no período que trabalhou em Duque de Caxias/RJ.

O feito foi autuado e tramita perante a 7ª Vara do Trabalho de Niterói, sob o n. 0000001-00.2017.53.0007.

Como advogado da reclamada, atue da forma adequada, requerendo o que for de direito, sem considerar o mérito da demanda.

Vejamos a peça que deve ser redigida no caso em apreço, já que não se trata de contestação, nos termos do art. 800 da CLT.

EXCELENTÍSSIMO SENHOR DOUTOR JUIZ DA 7ª VARA DO TRABALHO DE NITERÓI – TRIBUNAL REGIONAL DO TRABALHO DO ESTADO DO RIO DE JANEIRO.

Ref. Processo n. 0000001-00.2017.53.0007

FLORESTA S/A, (QUALIFICAÇÃO COMPLETA), vem perante Vossa Excelência, por seu advogado que ao final subscreve, apresentar

EXCEÇÃO DE INCOMPETÊNCIA EM RAZÃO DO LUGAR

Nos termos dos arts. 651 e 800, ambos da CLT, conforme fundamentação a seguir:

Da incompetência territorial

O art. 651 da CLT, em seu *caput*, determina que as ações devem ser ajuizadas no local da prestação do serviço, mas o excepto, Sr. Valmir, de forma incorreta ajuizou a presente demanda no local de seu domicílio, sem que haja qualquer previsão legal para tanto, de modo que este juízo, notadamente, é incompetente para processar e julgar a presente demanda, vez que o local da prestação do serviço fora Nova Iguaçu.

Desta feita, com fundamento no art. 800 da CLT, o excipiente oferece, no prazo de cinco dias a contar da notificação, a presente exceção, que deve ser recebida com suspensão do processo, retirando-se de pauta o feito.

Protesta o excipiente para produção de provas, inclusive a testemunhal que, se for necessária, será ouvida por carta precatória.

Por todo o exposto, REQUER a V. Exa., que, após a manifestação do exceto, seja reconhecida a incompetência territorial acima apontada, remetendo-se os autos para Nova Iguaçu, a fim de que lá seja distribuída para seu regular processamento.

Termos em que requer deferimento.

Local... Data...

Advogado...

OAB n. ...

4. RECURSOS E PROCESSO DE EXECUÇÃO

4.1. Recurso ordinário

4.1.1. Apresentação

O recurso ordinário é **uma das peças mais importantes em se tratando de 2ª fase do Exame de Ordem em direito do trabalho.** Sabe-se que pelas estatísticas de provas anteriores, fora o único recurso exigido, o qual está previsto no art. 895 da CLT.

Conhecer o recurso ordinário em sua profundidade é indispensável para lograr êxito no Exame da OAB e isso significa estudar as suas hipóteses de cabimento, demais requisitos de admissibilidade e procedimento, pois todos esses requisitos são indispensáveis para a redação de um bom recurso ordinário.

Na redação de tal espécie recursal, o examinando deve demonstrar o preenchimento dos requisitos de admissibilidade, em especial, tempestividade, interesse recursal, legitimidade, cabimento e preparo (custas e/ou depósito recursal), o que é possível se fazer mediante pequenas expressões, ao longo do texto, tais como: *tempestividade, parte vencida, tendo em vista a sentença que rejeitou os pedidos do ora recorrente*, dentre outros.

Além disso, o candidato terá que se acostumar, quando da redação de um recurso, que este possui duas peças (e isso é um dos motivos que leva o recurso a ser uma peça mais trabalhosa), sendo a primeira peça denominada *petição de interposição (ou folha de rosto)* e a segunda *petição das razões.*

Todos os requisitos serão estudados com detalhes a partir desse momento, de maneira que o candidato tenha pleno conhecimento da matéria e logre êxito na Prova da OAB, conquistando a tão sonhada "Carteira Vermelha".

4.1.2. Requisitos de admissibilidade

4.1.2.1. Cabimento

Para fins de 2ª fase da OAB, prova de Direito do Trabalho, o pressuposto (ou requisito) de admissibilidade mais importante é o cabimento, pois por meio dele saberemos se é ou não hipótese de redigir um recurso ordinário. As dicas serão estudadas com mais detalhes no item "Como identificar a peça".

As hipóteses de cabimento do recurso ordinário podem ser assim divididas:

- Previstas no art. 895 da CLT:
    - Inciso I: **trata-se da hipótese de cabimento geralmente cobrada nas Provas da OAB,** por ser a mais comum. Segundo o inciso I do art. 895 da CLT, caberá recurso ordinário **de sentença,** seja definitiva (aquela que resolver o mérito) com procedência total ou parcial, seja terminativa (que não resolve o mérito). Sendo proferida uma sentença em 1ª instância (Vara do Trabalho), caberá recurso ordinário, pouco importante se a demanda tramitou pelo rito sumaríssimo (até 40 salários mínimos), ordinário ou especial, com inquérito para apuração de falta grave, ação de cumprimento, mandado de segurança etc. Nessa hipótese, é interposto perante a Vara do Trabalho e julgado pelo TRT. **EM SÍNTESE, CABE RECURSO ORDINÁRIO, NESSE CASO, DE SENTENÇA.**
    - Inciso II: apesar de não ser comum a sua cobrança em Exames de Ordem, **merece atenção redobrada**, pois por não ser usual, em provas, tende a ser esquecido. Segundo disposição legal, **cabe recurso ordinário do acórdão do TRT que julga as demandas de competência originária daquele tribunal,** ou seja, naquelas ações que são ajuizadas diretamente perante o Tribunal Regional do Tra-

balho, tais como ações rescisórias, dissídios coletivos, mandados de segurança etc. **EM SÍNTESE, CABE RECURSO ORDINÁRIO, NESSE CASO, DE ACÓRDÃO.**

- Obs.: Cuidado com as regras de competência, pois:
- Os dissídios coletivos podem ser ajuizados perante o TRT e TST, sendo que apenas na primeira hipótese será interposto recurso ordinário do acórdão proferido.
- Os mandados de segurança podem ser impetrados perante a Vara do Trabalho, TRT e TST. Na Vara do Trabalho, da sentença caberá recurso ordinário com fulcro no art. 895, I, da CLT. No TRT, também caberá recurso ordinário, mas com base no art. 895, II, da CLT. **No TST, não caberá recurso ordinário.**
- As ações cautelares seguem as mesmas regras do mandado de segurança, acima dispostas.
- A ação rescisória pode ser ajuizada perante o TRT e TST, sendo que apenas na primeira hipótese será interposto recurso ordinário do acórdão proferido. **Não há competência de Vara do Trabalho (1ª instância) para julgar ação rescisória.**

- Em face de decisões interlocutórias que reconhecem a incompetência da Justiça do Trabalho: **Trata-se de exceção à regra da irrecorribilidade imediata das interlocutórias,** previsto no art. 893, § 1º, da CLT. Apesar de estarmos diante de decisão interlocutória, será passível o recurso de imediato, *in casu*, o recurso ordinário. O entendimento que se deve ter é esse: apesar de ser uma decisão interlocutória, ao reconhecer a incompetência absoluta da Justiça do Trabalho, o juiz determina a remessa dos autos para "outra justiça", sendo, portanto, **final** para a Justiça do Trabalho.
- Hipóteses da Súmula 214 do TST: a alínea *c* da súmula em comento trata de importante e fácil hipótese de interposição do recurso ordinário. A súmula trata do julgamento de arguição de incompetência territorial, já estudada, em que se remetem os autos para Vara do Trabalho pertencente (vinculada) a Tribunal Regional do Trabalho diverso. Para esclarecer, têm-se os seguintes exemplos (considere que o TRT 17ª Região possui competência em todo o Estado do Espírito Santo):
  - Ação trabalhista ajuizada em Vitória/ES, com arguição de incompetência relativa (declinatória do foro) e acolhimento pelo juiz, com determinação de remessa para Aracruz/ES. Nessa hipótese, **não cabe qualquer recurso**, pois as duas Varas (Vitória e Aracruz) estão vinculadas ao mesmo TRT.
  - Ação trabalhista ajuizada em Vitória/ES, com arguição de incompetência relativa (declinatória do foro) e acolhimento pelo juiz, com determinação de remessa para o Rio de Janeiro/RJ. Nessa hipótese, **CABE RECURSO ORDINÁRIO**, pois as Varas (Vitória e Rio de Janeiro) **estão vinculadas a Tribunais Regionais do Trabalho diferentes.**

- **Obs.:** Nessa última hipótese, a decisão que determina a remessa dos autos para o Rio de Janeiro/RJ **não é sentença**, e sim decisão interlocutória (de natureza terminativa de jurisdição), mas o TST reconhece o cabimento de recurso e, na hipótese, **cabe o recurso ordinário para o TRT da 17ª Região, já que a Vara do Trabalho de Vitória está a ele subordinado.**

Ao redigir um recurso ordinário, é praxe fazer menção aos dispositivos que disciplinam o cabimento, afirmando, por exemplo: "vem perante Vossa Excelência, com base no art. 895, I, da CLT, interpor recurso ordinário em face da r. sentença, que julgou improcedentes os pedidos formulados [...]".

4.1.2.2. Interesse recursal e legitimidade

O interesse recursal manifesta-se pela indicação de que a decisão foi desfavorável, total ou parcialmente, ao recorrente, sendo essa a razão de seu inconformismo, relatado no recurso que se interpõe. O recurso é interposto por alguém vencido, ou seja, prejudicado, que geralmente é o autor (no caso de improcedência ou procedência parcial) ou réu (no caso de procedência total ou parcial).

Aproveitando o ensejo, é importante destacar que a utilização de termos técnicos é extremamente importante para o candidato, pois demonstra ao examinador o conhecimento das normas de direito processual. Assim, **não se deve afirmar que a ação foi julgada procedente ou, pior ainda, que a causa foi julgada "assim ou assado"**, já que o que é julgado pelo Magistrado é o pedido ou são os pedidos formulados na petição inicial. Ação é direito abstrato, portanto, não é tal direito julgado. Assim sendo, ao se afirmar que houve a procedência, parcial procedência ou improcedência, lembre-se dos **PEDIDOS.**

Voltando aos pressupostos de admissibilidade, o art. 996 do CPC destaca que *a parte vencida, o terceiro prejudicado e o Ministério Público, como parte ou fiscal da ordem jurídica*, podem interpor recursos. O dispositivo, ao tratar da legitimidade, ou seja, de **quem pode recorrer**, também tratou do interesse processual, pois afirmou que **a parte é vencida, o terceiro é prejudicado e o Ministério Público verificou que houve violação da ordem jurídica.**

Os termos *vencido* e *prejudicado* demonstram que houve **sucumbência** daqueles, caracterizando a necessidade de recorrer para buscar uma situação jurídica melhor no processo.

Em Exames de OAB, geralmente quem recorre são as partes (reclamante e reclamado), sendo que o candidato redige o recurso ordinário na qualidade de advogado de um deles e, via de regra, pelo reclamado (réu na reclamação trabalhista).

4.1.2.3. Tempestividade

O recurso ordinário será interposto no prazo de oito dias da intimação da decisão recorrida (art. 895 da CLT). Na petição de interposição é rotineiro afirmar que o apelo é tempestivo. Apenas isso!

4.1.2.4. Preparo

O preparo do recurso trabalhista é um pouco diferente dos recursos interpostos com base no CPC, pois na seara trabalhista aquele não engloba apenas as custas processuais, ante a previsão da existência do **depósito recursal. Logo, preparo *pode* significar custas + depósito**, cujo valor máximo é definido por ato da Presidência do TST, que anualmente atualiza seu valor.

Dissemos que ***pode*** significar custas + depósito, pois o preparo possui as seguintes variantes:

- consistirá em **custas + depósito** se o recorrente for a empresa ou tomadora de serviços;
- consistirá **apenas em custas** se o recorrente for o empregado ou trabalhador;
- pode haver a **isenção das custas** se o recorrente for o empregado e tiver sido deferida a justiça gratuita, conforme o art. 790, § 3º, da CLT, hipótese em que o recurso será interposto de modo **gratuito.**
- **se o recorrente for entidade sem fins lucrativos, empregador doméstico, microempreendedor individual, microempresas e empresas de pequeno porte, o depósito recursal deverá ser reduzido à metade.**
- **se o recorrente for beneficiário da justiça gratuita, entidades filantrópicas ou empresa em recuperação judicial ficará isento.**

Tais informações devem constar na petição de interposição, hipótese em que o candidato deverá afirmar que:

- foi realizado o pagamento das custas e depósito recursal, **conforme comprovantes** em anexo, se o recorrente for empresa;
- foi realizado **apenas o pagamento das custas, haja vista que o reclamante é isento de depósito recursal.**
- não foi realizado o pagamento das custas ou depósito recursal, pois houve o deferimento do benefício da justiça gratuita, conforme o § 4º do art. 790 da CLT.
    - **Obs.:** tecnicamente *assistência judiciária gratuita* e *justiça gratuita* são institutos diversos, pois o primeiro está ligado à representação do obreiro pelo Sindicato da categoria, e o segundo trata da isenção de custas processuais, mesmo a parte representada por Advogado particular.

4.1.3. Procedimento

Os aspectos que devem ser destacados acerca do procedimento do recurso ordinário são apenas aqueles que interessam ao candidato quanto da redação do apelo. O principal requisito relacionado ao procedimento, que deve ser externado no recurso ordinário é a competência. Por serem **duas peças, uma de interposição e a outra das razões,** o cuidado deve ser redobrado. As seguintes regras devem ser seguidas:

- **Petição de interposição:** no procedimento do recurso ordinário, o apelo é apresentado perante o *juízo a quo*, que é aquele que proferiu a decisão recorrida, impugnada, podendo ser:
  - **Vara do Trabalho,** se o recorrente estiver impugnando uma sentença ou decisão interlocutória recorrível de imediato. Nessa hipótese, o endereçamento da peça será feita ao *Excelentíssimo Senhor Juiz da... Vara do Trabalho de...*, lembrando que devem ser utilizados os dados constantes do problema ou deixados os espaços em branco caso inexistem referidos dados, **sob pena de identificação da peça**. Dados como *vara, número do processo, local* **não devem ser inventados. JAMAIS INVENTE DADOS NÃO INFORMADOS PELA BANCA!**
  - **Desembargador Relator do TRT**, se o recorrente estiver impugnando um acórdão, na hipótese de interposição do art. 895, II, da CLT. O recurso ordinário, que nessa hipótese será julgado pelo TST, é interposto perante o TRT, endereçado ao relator da demanda na qual foi proferida decisão impugnada.
- **Petição das razões:** a petição das razões é endereço ao *juízo ad quem*, que pode ser o TRT ou TST, órgãos que analisarão os fundamentos do recorrente, julgando provido ou improvido o recurso, reformando/anulando ou mantendo, respectivamente, a decisão recorrida. É costume na petição das razões afirmar: Egrégio Tribunal (TRT); Colendo Tribunal (TST); Nobres Julgadores (ambos); Eminentes Desembargadores (TRT) etc.

4.1.4. Como identificar a peça

A identificação da peça, numa prova de 2ª fase da OAB, é relativamente simples, caso o candidato se lembre de todas as hipóteses de cabimento que foram estudadas. O problema fará menção a:

- **Decisão interlocutória proferida:** decisão interlocutória "terminativa do feito", ou seja, que reconhece a incompetência da Justiça do Trabalho.
- **Sentença proferida:** hipótese mais comum, podendo ser com ou sem resolução do mérito.
- **Acórdão proferido:** na hipótese de ação de competência originária do TRT (dissídio coletivo, mandado de segurança, ação rescisória etc.).

Assim, se o problema disser que foi proferida uma daquelas decisões e que você, na qualidade de Advogado da parte prejudicada, deve agir, **certamente a redação de um recurso ordinário será a resposta correta.**

Os problemas constantes da Prova da OAB, em que se exige a redação de um recurso ordinário, geralmente **são os maiores, pois o examinador, além de afirmar que foi ajuizada ação trabalhista com os pedidos A, B e C, dirá que a defesa contemplou os fundamentos X, Y e Z e que o Magistrado julgou "desse ou daquele modo".** Contudo, não se assuste com o tamanho, pois a redação de recurso ordinário não é difícil, como veremos nos tópicos abaixo.

4.1.5. Espécies de vícios atacados por meio do recurso e pedido específico

Duas são as espécies de vícios que uma decisão judicial pode conter e que ensejam a interposição de recurso: *error in procedendo* e *erros in judicando*. Distinguir e, principalmente, identificar tais vícios é de grande importância para o candidato, pois o pedido a ser feito no recurso – reforma ou anulação – depende do vício que foi arguido anteriormente. A relação que se deve fazer é a seguinte:

Vício	Pedido
Error in procedendo	**Anulação** dos atos posteriores ao vício
Error in judicando	**Reforma** da decisão impugnada

O que significa dizer que houve *error in procedendo?* Significa que algum ato processual não foi realizado conforme preveem as normas legais. **Houve, portanto, um equívoco no procedimento,** como ocorre quando a citação é nula, quando uma das partes não é intimada, quando a sentença não possui, por exemplo, o relatório (exceto procedimento sumaríssimo), quando a testemunha não é ouvida embora a prova fosse necessária e a sentença prejudica a parte exatamente em razão de não ter produzido a prova, dentre outros. Neste caso, fazem-se tais arguições por meio de um tópico denominado preliminar de nulidade, como por exemplo, cerceamento do direito de defesa etc.

O que significa dizer que houve *error in judicando?* O *error in judicando* é o erro do magistrado ao decidir. Pelo conjunto probatório deveria julgar procedente, mas julgou improcedente. Entendeu que a testemunha afirmou a existência do vínculo de emprego e assim concluiu, que o vínculo não existiu. **Trata-se de equívoco no momento de julgar. Os atos processuais foram realizados corretamente, mas no momento de aplicar a norma jurídica, ao dizer se o autor tinha ou não razão no que pedia, errou o Juiz. Ocorre ainda quando o juiz julga, por exemplo, fora ou além do que fora pedido.**

Observação: É bom lembrar que este recurso também é dotado de efeito apenas devolutivo, de modo que se for necessário buscar o efeito suspensivo, deve ser feito um requerimento expresso dirigido ao tribunal, ao relator ou ao presidente ou ao vice-presidente do tribunal recorrido, por aplicação subsidiária do art. 1.029, § 5º, do CPC, conforme Súmula 414, item I, segunda parte.

4.1.6. Fundamentos mais comuns

No quadro abaixo são listados alguns fundamentos que podem servir de base para o recurso ordinário a ser redigido pelo candidato, levando-se em consideração as estatísticas das provas anteriores.

Pedido formulado na petição inicial	Decisão judicial	Fundamento do recurso
Dano moral	Procedência em razão de revista em bolsas do empregado	Art. 5º, X, da CF/88 e art. 186 do CC, vez que este tipo de revista não viola direitos da personalidade.

Periculosidade	Procedência em razão de praticar atividades perigosas sem prova pericial.	Art. 195, § 2º, da CLT, aduzindo que a prova pericial é imprescindível.
Reconhecimento do vínculo de emprego	Improcedência, pois o reclamante trabalhava em casa.	O art. 6º da CLT não distingue entre trabalho realizado em casa ou na empresa.
Reintegração do membro do conselho fiscal do sindicato	Procedência, por reconhecer que o dirigente sindical possui estabilidade	OJ n. 365 da SDI-1 do TST. O membro do conselho fiscal não possui estabilidade.
Condenação ao pagamento de horas extraordinárias	Improcedência, pois havia compensação tácita.	Nos termos da Súmula 85 do TST, o sistema de compensação, mesmo que semanal, deve ser ajustado por escrito.
Condenação ao pagamento de horas extraordinárias	Improcedência, ante a existência de banco de horas ajustado entre empregado e empregador.	Art. 59, § 1º, da CLT e Súmula 85, V, do TST, que prevê que o banco de horas somente é lícito se for decorrente de negociação coletiva.
Equiparação salarial	Procedência, uma vez que o autor passou a exercer cargo que estava desocupado.	Súmula 159, II, vez que o ocupar de cargo vago não gera direito ao mesmo salário do anterior.
Equiparação salarial	Improcedência, já que reclamante e paradigma trabalham com diferença superior a dois anos na mesma empresa.	A diferença de dois anos deve ser na função e não na empresa, que deve ser não superior a quatro anos.
Condenação ao pagamento das verbas rescisórias	Procedência, condenando-se ao pagamento de aviso-prévio, 13º proporcional, férias proporcionais + 1/3 e multa do FGTS.	A rescisão do contrato foi por justa causa, perdendo o direito às verbas, conforme a Súmula 73 do TST.

4.1.7. Estrutura da peça

Conforme já salientado anteriormente, **duas são as peças a serem desenvolvidas**, a saber: **petição de interposição** e **petição das razões**, conforme quadros abaixo:

- PETIÇÃO DE INTERPOSIÇÃO:

1. Competência: endereçamento à Vara do Trabalho que proferiu a decisão impugnada. *Excelentíssimo Senhor Juiz da 3ª Vara do Trabalho de Vitória – Estado do Espírito Santo.*

2. Número do processo: menção ao número do processo.

3. Qualificação da parte recorrente: não há necessidade de qualificar novamente, pois já consta na petição inicial ou contestação. **Basta o nome e a informação "já devidamente qualificado nos autos".**

4. Nome do recurso que está sendo interposto e fundamento legal: afirmação de que está **interpondo** o RECURSO ORDINÁRIO, com fulcro no art. 895, I (por exemplo), da CLT.

5. Qualificação da parte recorrida: não há necessidade de qualificar novamente, pois já consta na petição inicial ou contestação. **Basta o nome e a informação "também qualificado nos autos".**

6. Informações acerca da admissibilidade, em especial o preparo: "Estão presentes todos os pressupostos de admissibilidade, intrínsecos e extrínsecos, em especial o preparo, como comprova com as guias de pagamento das custas e depósito recursal". Atenção, pois pode não haver preparo, caso em que o candidato terá que informar o motivo do não pagamento das despesas.

7. Requerimentos: "Requer a intimação do recorrido para, querendo, apresentar contrarrazões e, após regular processamento, sejam os autos remetidos à instância *ad quem* para julgamento do mérito do recurso".

8. Fechamento: Nestes termos, requer deferimento.

9. Data, local e assinatura/OAB: caso o problema traga tais dados, devem ser fielmente assinaladas. Caso contrário, nenhum dado deve ser inventado, sob pena de identificação da prova, o que acarretará a atribuição da nota zero.

- PETIÇÃO DAS RAZÕES:

1. Indicação do processo, partes e origem: número do processo, nome do recorrente, nome do recorrido e origem do processo (3ª Vara do Trabalho de São Paulo/SP).

2. Menção aos julgadores: Egrégio Tribunal, Eminentes Julgadores (por exemplo).

3. Fundamentos do recurso: indicação do equívoco da decisão que, conforme já exposto, pode ser um *error in procedendo* ou um *error in judicando*. Deve-se explicitar como foi a decisão e como deveria ser, comparando a norma jurídica de forma a deixar claro que a decisão está errada e, por isso, deve ser reformada/anulada.

4. Requerimentos: Seja o recurso ADMITIDO e PROVIDO para reformar/anular a decisão recorrida, tendo em vista o *error in judicando/procedendo* demonstrado na fundamentação.

5. Fechamento: Nestes termos, requer deferimento.

6. Data, local e assinatura/OAB: caso o problema traga tais dados, devem ser fielmente assinaladas. Caso contrário, nenhum dado deve ser inventado, sob pena de identificação da prova, o que acarretará a atribuição da nota zero.

Obs.: Abaixo seguem dois casos de provas anteriores, os quais serão por nós utilizados para elaboração dos modelos de peças inerentes ao Recurso Ordinário.

4.1.7.1. Questões de provas anteriores/Questão simulada

1. **(XIX Exame Unificado FGV)** Você foi contratado(a) como advogado(a) pela sociedade empresária Sandália Feliz Ltda., que lhe exibe cópia de sentença prolatada pelo juízo da 50ª Vara do Trabalho de Vitória/ES (processo 123, movido por Valentino Garrido, brasileiro, solteiro, auxiliar de estoque) e publicada no dia anterior, na qual o juiz reconheceu que, após o pagamento das verbas resilitórias, houve acordo e outro pagamento de R$ 2.000,00 perante uma Comissão de Conciliação Prévia (CCP) criada na empresa, sem ressalva, mas rejeitou a preliminar suscitada pela ré, compreendendo que a realização do acordo na CCP geraria como efeito único a dedução do valor pago ao trabalhador. Sobre o pedido de duas horas extras diárias, o juiz as deferiu porque foi confessada a sobrejornada pelo preposto, determinando, ainda, a sua integração nas demais verbas (13º salário, férias, FGTS e repouso semanal remunerado), e, em relação ao repouso semanal majorado pelas horas extras deferidas, sua integração no 13º salário e nas férias. O juiz deferiu outros 15 minutos de horas extras pela violação a artigo da CLT, que garante esse intervalo antes do início de sobrejornada. O juiz deferiu indenização por dano estético de R$ 5.000,00 porque o trabalhador caiu de uma alta escada existente no estoque e, com o violento impacto sofrido na queda, teve a perda funcional de um dos rins, conforme Comunicação de Acidente do Trabalho (CAT) emitida. O magistrado determinou que os juros observassem a Taxa Selic, conforme requerido na prefacial. Diante do que foi exposto, elabore a medida judicial adequada para a defesa dos interesses da sociedade empresária. As custas foram fixadas em R$ 200,00 sobre o valor arbitrado à condenação de R$ 10.000,00.

2. **(XVI Exame Unificado FGV)** A sociedade empresária Pedreira TNT Ltda. foi condenada em 1º grau na reclamação trabalhista movida pelo ex-empregado Gilson Cardoso de Lima (Processo 009000-77.2014.5.12.0080), oriundo da 80ª Vara do Trabalho de Florianópolis. Na sentença, depois de reconhecido que o reclamante trabalhou na pedreira por 6 meses, o juiz deferiu adicional de periculosidade na razão de 50% sobre o salário básico, pois a perícia realizada nos autos detectou a existência de risco à vida (contato permanente com explosivos); determinou o depósito do FGTS no período de 2 meses em que o empregado esteve afastado por auxílio-doença previdenciário (código B-31); deferiu a multa do art. 477, § 8º, da CLT, porque o pagamento das verbas devidas pela extinção do contrato foi feito na sede da empresa, não tendo sido homologado no sindicato de classe ou autoridade do Ministério do Trabalho e Emprego; deferiu dano moral, determinando que juros e correção monetária fossem computados desde a data do ajuizamento da ação, e deferiu, com base no art. 1.216 do Código Civil, indenização pelo frutos de má-fé percebidos pela sociedade empresária porque ela permaneceu com dinheiro que pertencia ao trabalhador.

Diante do que foi exposto, elabore a medida judicial adequada para a defesa dos interesses da sociedade empresária.

As custas foram fixadas em R$ 200,00 sobre o valor arbitrado à condenação de R$ 10.000,00.

4.1.8. Modelo da peça

EXCELENTÍSSIMO SENHOR DOUTOR JUIZ DA 5ª VARA DO TRABALHO DE VITÓRIA – TRIBUNAL REGIONAL DO TRABALHO DO ESTADO DO ESPÍRITO SANTO.

Ref. Processo n. ...

EMPRESA ALPHA SERVIÇOS LTDA., já devidamente qualificada nos autos do processo em epígrafe, por meio de seu Advogado infrafirmado, vem perante Vossa Excelência, tempestivamente, interpor o presente RECURSO ORDINÁRIO, nos termos do art. 895, I, da CLT, tendo em vista o inconformismo com a r. sentença que julgou procedentes os pedidos formulados na ação trabalhista ajuizada por JOAQUIM NABUCO.

Requer o conhecimento do presente, vez que estão presentes todos os pressupostos de admissibilidade intrínsecos e extrínsecos, inclusive o preparo, com o pagamento das custas e do depósito recursal.

Observação: No caso de recurso interposto pelo empregado, se for procedência parcial não precisa pagar custas para recorrer. Porém, se foi improcedência, é bom deixar a informação que o recorrente deixa de realizar o depósito recursal, tendo em vista que fora deferida a justiça gratuita, conforme o art. 790, § 3º, da CLT.

Após a intimação do recorrido, seja o recurso admitido e remetido para julgamento perante o Tribunal Regional do Trabalho do Espírito Santo.

Termos em que, requer deferimento.

Local... Data...

Advogado...

OAB n. ...

...

EGRÉGIO TRIBUNAL REGIONAL DO TRABALHO DO ESPÍRITO SANTO

RAZÕES DO RECURSO ORDINÁRIO

RECORRENTE: EMPRESA ALPHA SERVIÇOS LTDA.
RECORRIDO: JOAQUIM NABUCO
PROCESSO N. ...

VARA DE ORIGEM: 5ª VARA DO TRABALHO DE VITÓRIA/ES

Egrégio Tribunal,
Eminentes Desembargadores,

Merece reparo a r. sentença proferida nos autos do processo em epígrafe, haja vista a ocorrência de *error in procedendo*, relacionado ao cerceamento do direito de defesa ocasionado pelo indeferimento da prova testemunhal requerida pela recorrente. Porém, caso esta sapiente Turma supere a preliminar, no mérito a r. sentença merece reforma, por *error in judicando*, senão vejamos:

PRELIMINARMENTE

Da nulidade por cerceamento do direito de defesa

Conforme se vislumbra, trata-se de ação trabalhista que tramita pelo rito sumaríssimo, sendo que o art. 852-H, § 3º, da CLT prescreve que as testemunhas somente serão intimadas quando houver a prova de seu convite.

A leitura do dispositivo demonstra que o Magistrado somente pode indeferir a produção da prova testemunhal se não houver prova de que a parte que pretende a prova não convidou as testemunhas a comparecerem.

Não é a hipótese dos autos, mas o MM. Juiz do Trabalho, na audiência de instrução e julgamento, apesar da prova do convite feita por AR, indeferiu a oitiva de todas as testemunhas da recorrente, o que caracteriza o cerceamento do direito da defesa.

Trata-se de típico *error in procedendo*, que ocasiona a necessidade de anulação da decisão recorrida, por violar diretamente o art. 852-H, § 3º, da CLT, nos termos da fundamentação *supra*.

Observação: Pelo princípio da eventualidade, também aplicável em sede recursal, é importante adentrar no mérito, pois se a preliminar for rejeitada, o próximo passo é analisar as impugnações aos fundamentos da sentença.

DO MÉRITO RECURSAL

Da prescrição quinquenal

Deve ser pronunciada por esta instância a prescrição quinquenal, nos termos da Súmula 308, I, do TST e do art. 7º, XXIX, da CF/88 ou art. 11, I, da CLT, vez que o juízo *a quo* aduziu que em razão do recorrido ter ajuizado sua ação no prazo de dois anos após a extinção do contrato, não havia prescrição a ser pronunciada. Assim, requer o pronunciamento da prescrição quinquenal para declarar prescritos os créditos anteriores aos cincos anos do ajuizamento da ação.

Das diferenças salariais

Deve ser reformada a sentença neste particular, para julgar improcedente o pedido de diferenças salariais, haja vista que, como comprovado pela prova documental, a recorrente tem quadro de carreira, o que é óbice à equiparação salarial, nos termos do art. 461, § 2º, da CLT. Assim, deve ser reformada a r. sentença para julgar improcedente o pedido.

Do dano moral

Deve ser reformada a r. sentença para julgar improcedente o pedido de dano moral, pois (apresentar as devidas teses de reforma). Ademais, as condições da dispensa não ofenderam qualquer direito da personalidade do trabalhador, de modo que a recorrente não violou o art. 5º, incisos II ou X, da CF/88, bem como os arts. 186, 187 e 927, *caput*, todos do CC.

Por todo o exposto, REQUER:

a) Seja o presente recurso admitido e provido para a anular a sentença recorrida, ou, sucessivamente, no mérito, para pronunciar a prescrição e, ainda, julgar improcedentes os pedidos formulados pelo recorrido na inicial, haja vista a ocorrência de *error in procedendo* e *error in judicando.*

Nestes termos, requer deferimento.

Local... Data...

Advogado...

OAB n. ...

4.1.8.1. Modelo de peça (questão do XIX Exame Unificado)

EXCELENTÍSSIMO SENHOR DOUTOR JUIZ DA 50ª VARA DO TRABALHO DE VITÓRIA – TRIBUNAL REGIONAL DO TRABALHO DO ESTADO DO ESPÍRITO SANTO.

Ref. Processo n. 123

SANDÁLIA FELIZ LTDA., já devidamente qualificada nos autos do processo em epígrafe, por meio de seu Advogado infrafirmado, vem perante Vossa Excelência, tempestivamente, interpor o presente RECURSO ORDINÁRIO, nos termos do art. 895, I, da CLT, tendo em vista o inconformismo com a r. sentença que julgou procedentes os pedidos formulados na ação trabalhista ajuizada por Valentino Garrido, também já qualificado.

Requer o conhecimento do presente, vez que estão presentes todos os pressupostos de admissibilidade intrínsecos e extrínsecos, inclusive o preparo, juntando o comprovante do pagamento do depósito recursal e das custas, estas no valor de R$ 200,00, conforme fixado em sentença.

Após a intimação do recorrido para, querendo, apresentar contrarrazões, seja o recurso admitido e remetido para julgamento perante o Tribunal Regional do Trabalho do Espírito Santo.

Termos em que, requer deferimento.

Local... Data...

Advogado...

OAB n. ...

...

EGRÉGIO TRIBUNAL REGIONAL DO TRABALHO DO ESPÍRITO SANTO

RAZÕES DO RECURSO ORDINÁRIO

RECORRENTE: SANDÁLIA FELIZ LTDA.
RECORRIDO: VALENTINO GARRIDO
PROCESSO N. 123
VARA DE ORIGEM: 50ª VARA DO TRABALHO DE VITÓRIA/ES

Egrégio Tribunal,
Eminentes Desembargadores,

Merece reparo a r. sentença proferida nos autos do processo em epígrafe, haja vista a ocorrrência de *error in procedendo* e *error in judicando*, senão vejamos:

PRELIMINARMENTE
Da quitação (falta de interesse de agir)

Reitera a recorrente o requerimento de extinção do feito sem resolução de mérito por ausência de interesse de agir do recorrido, pois como se verifica dos autos, após a demissão do recorrido, foram pagas as verbas resilitórias e acordo junto a CCP criada na empresa, com pagamento de mais R$ 2.000,00, onde ambas as partes assinaram o termo, que não contém qualquer ressalva, de modo que deve ser considerada a quitação total, nos termos do art. 625-E, parágrafo único, da CLT. Assim, requer a extinção do feito.

DO MÉRITO RECURSAL
Do repouso semanal

O juízo *a quo* deferiu as horas extras, porque foi confessada a sobrejornada pelo preposto, determinando, ainda, a sua integração nas demais verbas (13º salário, férias, FGTS e repouso semanal remunerado), e, em relação ao repouso semanal majorado pelas horas extras deferidas, sua integração no 13º salário e nas férias. No entanto, deve ser reformada a sentença, pois a integração do repouso majorado pelas horas extras nas férias e no 13º salário significa *bis in idem*, gerando enriquecimento sem causa, o que é vedado pelo TST na OJ n. 394 da SDI-1. Assim, requer a reforma.

Dos 15 minutos de intervalo antes da jornada suplementar

Deve ser reformada a sentença neste particular, para julgar improcedente o pedido de 15 minutos de horas extras pela não concessão do intervalo antes do início da jornada suplementar, haja vista que o art. 384 da CLT só se aplica às mulheres e, o recorrido, como se percebe, é do sexo masculino, não podendo ser beneficiado por este intervalo. Assim, requer a reforma para julgar improcedente o referido pedido.

Atenção: Com a entrada em vigor da Lei n. 13.467/2017 (Reforma Trabalhista), o art. 384 da CLT está revogado, de modo que não deve mais ser objeto de provas da FGV.

Do dano estético

Embora a queda do autor tenha lhe gerado perda funcional de um dos rins, é indevida a indenização por dano estético, vez a perda funcional de um órgão não gera alteração morfológica, na harmonia física do trabalhador. Assim sendo, ausentes os requisitos da responsabilidade civil presentes no art. 186 e no art. 927, ambos do CC. Assim, requer a reforma para julgar improcedente o pedido.

Dos juros

O magistrado *a quo* determinou que os juros observassem a Taxa Selic, conforme requerido na inicial. Porém não se aplica a taxa Selic porque há lei própria regulando a matéria, conforme o § 7º do art. 879 da CLT. Assim, pela reforma.

Por todo o exposto, REQUER:

a) Seja o presente recurso admitido para, no mérito, dar provimento ao mesmo, acolhendo a preliminar suscitada e, caso seja ultrapassada, a reforma da r. sentença *a quo*, para julgar improcedentes os pedidos formulados pelo recorrido, tendo em vista a ocorrência de *error error in judicando.*

Nestes termos, requer deferimento.

Local... Data...

Advogado...

OAB n. ...

4.1.8.2. Modelo de peça (questão do XVI Exame Unificado)

EXCELENTÍSSIMO SENHOR DOUTOR JUIZ DA 80ª VARA DO TRABALHO DE FLORIANÓPOLIS – TRIBUNAL REGIONAL DO TRABALHO DO ESTADO DE SANTA CATARINA.

Ref. Processo n. 009000-77.2014.5.12.0080

PEDREIRA TNT LTDA., já devidamente qualificado nos autos do processo em epígrafe, por meio de seu Advogado infrafirmado, vem perante Vossa Excelência, tempestivamente, interpor o presente RECURSO ORDINÁRIO, nos termos do art. 895, I, da CLT, tendo em vista o inconformismo com a r. sentença que julgou procedentes os pedidos formulados na reclamação trabalhista ajuizada por Gilson Cardoso de Lima, também já qualificado.

Requer o conhecimento do presente, vez que estão presentes todos os pressupostos de admissibilidade intrínsecos e extrínsecos, inclusive o preparo, juntando o comprovante do pagamento do depósito recursal e das custas, estas no valor de R$ 200,00, conforme fixado em sentença.

Após a intimação do recorrido para, querendo, apresentar contrarrazões, seja o recurso admitido e remetido para julgamento perante o Tribunal Regional do Trabalho de Santa Catarina.

Termos em que, requer deferimento.

Local... Data...

Advogado...

OAB n. ...

...

EGRÉGIO TRIBUNAL REGIONAL DO TRABALHO DE SANTA CATARINA

RAZÕES DO RECURSO ORDINÁRIO

RECORRENTE: PEDREIRA TNT LTDA.
RECORRIDO: GILSON CARDOSO DE LIMA
PROCESSO N. 009000-77.2014.5.12.0080
VARA DE ORIGEM: 80ª VARA DO TRABALHO DE FLORIANÓPOLIS/SC

Egrégio Tribunal,
Eminentes Desembargadores,

Merece reparo a r. sentença proferida nos autos do processo em epígrafe, haja vista a ocorrência de *error in judicando*, senão vejamos:

DO MÉRITO RECURSAL
Do adicional de periculosidade

Deve ser reformada a sentença neste particular, para fixar o adicional de periculosidade nos termos do § 1º do art. 1.963, ou seja, em 30% sobre o salário base, e não 50% como fora fixado. Assim, requer a reforma para reduzir o percentual do adicional de periculosidade.

Do FGTS

Não merece prosperar a r. sentença no particular, pois o auxílio-doença comum não gera obrigação para o empregador depositar o FGTS, mas apenas se fosse auxílio-doença acidentário, conforme o art. 15, § 5º, da Lei n. 8.036/90. Assim, requer a reforma para julgar improcedente o referido pedido.

Da multa do art. 477 da CLT

Deve ser reformada a r. sentença, haja vista que a multa é indevida, pois o contrato vigorou por menos de 12 meses, sendo, então, desnecessária a homologação, conforme o art. 477, § 1º, da CLT e o art. 4º, I, IN n. 15 da Secretaria de Relações do MTE. Assim, requer a reforma para julgar improcedente o referido pedido.

Atenção: Com a entrada em vigor da Lei n. 13.467/2017 (Reforma Trabalhista), o § 1º do art. 477, que exigia homologação sindical, está revogado.

Do dano moral

Merece reforma a r. sentença no que tange à fixação da correção monetária, uma vez que a correção monetária deverá ser computada a partir da condenação, não do ajuizamento da ação, conforme as Súmulas 439 do TST e 362 do STJ. Assim, pela reforma para fixar a correção da condenação.

Dos frutos de má-fé

Não merece prosperar a r. sentença no particular, haja vista que a o art. 1.216 do CCB, é inaplicável ao Direito do Trabalho, conforme Súmula 445 do TST. Assim, requer a reforma para julgar improcedente o referido pedido.

Por todo o exposto, REQUER:

a) Seja o presente recurso admitido para, no mérito, dar provimento ao mesmo, reformando a r. sentença *a quo*, na forma da fundamentação *supra*, tendo em vista a ocorrência de *error error in judicando.*

Nestes termos, requer deferimento.

Local... Data...

Advogado...

OAB n. ...

4.2. Recurso de embargos de declaração

4.2.1. Apresentação

Na prática trabalhista, o recurso de embargos de declaração é extremamente utilizado. Contudo, nos Exames de Ordem, não é usualmente exigido, mas como o propósito da obra é abranger todas as peças que, em tese, podem ser cobradas e preparar o candidato para todas as "surpresas" da prova, será analisado o recurso, garantindo a melhor preparação possível.

O recurso possui algumas características diferentes dos demais, que serão exploradas no tópico abaixo, mas, num primeiro momento, vale a pena afirmar que se trata de um recurso de fundamentação vinculada, pois somente pode versar sobre alguns tipos de vícios. Diferentemente do recurso ordinário, já estudado, que serve para demonstrar **qualquer** ***error in judicando*** **e** ***error in procedendo***, os embargos de declaração servem apenas para demonstrar a ocorrência de vícios desde logo descritos pelo legislador, a saber: omissão, obscuridade, contradição e manifesto equívoco no exame dos pressupostos extrínsecos de admissibilidade dos recursos, como se extrai do art. 897-A da CLT, que serão oportunamente analisados.

O recurso também tem importante função no prequestionamento, pressuposto de admissibilidade dos recursos extraordinários (recurso de revista, embargos para o TST e extraordinário para o STF).

Parte-se agora para a análise dos seus requisitos e características mais importantes.

4.2.2. Características e requisitos

De maneira a facilitar o entendimento, a matéria será apresentada em tópicos.

- **Fundamentação vinculada/cabimento:** conforme já afirmado acima, a utilização dos embargos de declaração depende da ocorrência de determinados vícios, que já são descritos pelo legislador quando da criação da norma (art. 897-A da CLT e art. 1.022 do CPC). Os vícios que podem ser atacados são: **omissão, obscuridade e contradição.** Nos termos do art. 897-A da CLT, também pode ser alegada o **manifesto equívoco na análise dos pressupostos extrínsecos de admissibilidade.**
- **Interposição múltipla:** diferentemente dos demais recursos, que possuem sua utilização calcada no princípio da unirrecorribilidade, os embargos de declaração podem ser utilizados sucessivamente, sem limite, ou seja, da decisão dos embargos de declaração podem ser opostos novos embargos e assim sucessivamente. Destarte, graficamente: ED de ED de ED, ...
- **Prazo diferenciado:** a Lei n. 5.584/70 uniformizou os prazos recursais em oito dias. Contudo, uma das exceções à regra é o recurso em estu-

do, que possui prazo de interposição de cinco dias. **Além disso, em regra, não há contrarrazões**, só havendo resposta ao recurso na existência de efeitos infringentes (Súmula 278 do TST), a ser analisado em tópico a frente.

- **Interrupção do prazo recursal:** note, ainda, que **a regra** é no sentido de que a oposição dos embargos de declaração interrompe o prazo para interposição de outros recursos, nos termos do § 3º do art. 897-A da CLT. Porém o efeito interruptivo não ocorrerá quando for intempestivo, houver irregularidade na representação da parte ou ausente sua assinatura, além daquela acima aduzida. Assim, uma das peculiaridades do recurso de embargos de declaração cinge-se à possibilidade de haver a interrupção do prazo para outros recursos (efeito interruptivo). Exemplificando, se de uma sentença foi interposto ED, ainda que já tenham transcorridos quatro dias do prazo para interposição do recurso ordinário, o prazo voltará a contar do zero. Desta forma, quando a parte for intimada do julgamento do ED, o prazo do recurso ordinário será contado integralmente, ou seja, terá a parte oito dias para interpor o novo recurso. **Contudo, a interrupção do prazo somente ocorre se o ED for admitido (conhecido), ou seja, de os pressupostos de admissibilidade estiverem presentes.**
- **Aplicação de multa por utilização protelatória:** a interrupção do prazo para o próximo recurso, estudado no tópico anterior, pode acarretar a utilização protelatório do mesmo, ou seja, a interposição fora das hipóteses legais apenas para "ganhar prazo". Tal utilização fere os princípios da celeridade e economia processuais, havendo previsão de multa a ser aplicada ao recorrente de má-fé. Contida no § 2º do art. 1.026 do CPC, quando manifestamente protelatórios, o juiz ou tribunal, em decisão fundamentada, condenará o embargante a pagar ao embargado multa não excedente a 2% sobre o valor atualizado da causa. Em caso de reiteração de embargos protelatórios, aplicar-se-á o § 3º do art. 1.026 do CPC.
- **Possibilidade de efeitos infringentes:** os embargos de declaração foram idealizados pelo legislador com o propósito de tão somente esclarecer dúvidas (obscuridades) contidas na decisão ou sanar omissões e contradições, não possuindo, portanto, o intuito de alterar a decisão. Contudo, a prática mostrou que em algumas situações, em especial, quando há omissão, a correção do vício acarretaria a alteração do julgado, passando-se de uma procedência para improcedência, por exemplo. Um breve exemplo serve para esclarecer: ao julgar determinada demanda trabalhista, o Magistrado condenou o reclamado ao pagamento de verbas rescisórias no valor de R$ 10.000,00. Porém foi omissão ao não analisar o fundamento da defesa, que arguiu a "prescrição". Com a oposição dos embargos de declaração alegando a referida omissão, o Julgador deu provimento ao recurso, reconheceu a

prescrição e, por consequência, julgou improcedentes os pedidos. **Percebe-se que a sentença antes de procedência passou a improcedência. Trata-se do efeito modificativo (infringente) dos embargos de declaração.** Sempre que os ED puderem acarretar a modificação do julgado, é necessário que o recorrido **seja intimado para apresentação de resposta, em cinco dias, sob pena de nulidade da decisão.** É a única hipótese de contrarrazões nos embargos de declaração, que agora tem previsão expressa no § 2º do art. 897-A, CLT, nos seguintes termos: "Eventual efeito modificativo dos embargos de declaração somente poderá ocorrer em virtude da correção de vício na decisão embargada e desde que ouvida a parte contrária, no prazo de 5 (cinco) dias".

- **Evita ocorrência de preclusão quanto à matéria:** importa destacar que a Súmula 184 do TST averba que ocorrerá preclusão se não forem opostos embargos de declaração para suprir omissão apontada em recurso de revista ou de embargos.
- **Utilização para fins de prequestionamento:** o prequestionamento, previsto expressamente na CLT no art. 896, § 1º-A, inciso I, é um pressuposto de admissibilidade dos recursos classificados como extraordinários, que no direito processual do trabalho são: recurso de revista, recurso de embargos ao TST e recurso extraordinário para o STF. Tais recursos somente podem ser utilizados quando: 1) não houver qualquer outro recurso a ser interposto; 2) quando a decisão recorrida tiver analisado a matéria, ou seja, decidido acerca da matéria jurídica objeto do recurso. Assim sendo, **matéria prequestionada significa matéria efetivamente decidida ou, em algumas hipóteses, fictamente decidida.** Os embargos de declaração, à luz da Súmula 297 do TST, possuem importante função prequestionadora, pois é por meio desse recurso que a parte demonstrará ao Poder Judiciário a omissão quando a análise de fundamentos carreados aos autos pelas partes, fazendo com que o Poder Judiciário a analise e, por consequência, reste prequestionada. Nessa hipótese, à luz da Súmula 98 do STJ, o recurso não pode ser considerado protelatório e, por isso, a parte recorrente não pode sofrer aplicação de multa.

4.2.3. Como identificar a peça

A identificação da peça mostra-se simples. O candidato deve visualizar no problema narrado pela banca examinadora que na sentença ou acórdão proferido houve, por parte do Poder Judiciário, alguma omissão, obscuridade ou contradição, bem como manifesto equívoco na análise dos pressupostos de admissibilidade recursal.

Ao exigir do candidato a formulação de recurso de embargos de declaração, o problema mencionará que houve, por exemplo:

- **Omissão:** algum fundamento do autor ou réu não foi analisado ou mesmo algum pedido. A título de exemplo, formulou-se na petição inicial o pedido de condenação ao pagamento de honorários advocatícios de sucumbência e o juiz não o julgou.
- **Contradição:** há contradição entre a fundamentação e o dispositivo da decisão, quando, por exemplo, o magistrado na fundamentação afirma que não houve prova acerca das horas extraordinárias alegadas e, no dispositivo, condena ao pagamento daquelas.
- **Obscuridade:** a obscuridade que, salienta-se, é o vício mais difícil de ocorrer de todos. Dar-se-á quando o Magistrado não consegue explicar claramente o seu entendimento. Ora diz que o ônus da prova é do reclamante, mais à frente afirma ser do reclamado etc.
- **Manifesto equívoco na análise dos pressupostos de admissibilidade:** tal hipótese é restrita ao processo do trabalho, já que prevista no art. 897-A da CLT. Pode ocorrer de o recurso ser inadmitido por intempestividade, mesmo tendo sido interposto no prazo legal, por não ter sido levado em consideração um feriado nacional no último dia, que faz com que o *dies ad quem* fosse prorrogado para o dia útil seguinte.

Caso o problema não deixe claro algum desses vícios, não se trata de hipótese de o candidato redigir um recurso de embargos de declaração. Provavelmente, a banca mencionou algum *error in judicando* ou *error in procedendo,* o que gera o cabimento do recurso ordinário, já estudado.

Outrossim, percebe-se que em diversos casos abordados nas provas anteriores, a banca deixa evidenciado o não cabimento dos embargos de declaração, ou que não tem omissão, contradição ou obscuridade a ser sanada.

4.2.4. Competência

A competência para os embargos de declaração é um pouco diferente do recurso ordinário, considerando o seu julgamento. No recurso ordinário, estudou-se que o *juízo a quo* recebe o recurso e o remete ao *juízo ad quem*, que o julga. Assim, exemplificativamente, a 1ª Vara do Trabalho de Belo Horizonte recebe o recurso ordinário, o admite e remete ao TRT da 3ª Região (MG) para julgamento.

Nos embargos de declaração, o mesmo juízo *a quo* recebe, admite e julga o recurso. Não há remessa para órgão superior (*ad quem*). Assim, conforme quadro abaixo, tem-se:

Juízo que proferiu a decisão	Juízo competente para o julgamento dos ED
1ª Vara do Trabalho de São Paulo/SP	Excelentíssimo Senhor Juiz da 1ª Vara do Trabalho de São Paulo – Estado de São Paulo.
Tribunal Regional do Trabalho do AL	Excelentíssimo Desembargador Relator... – Tribunal Regional do Trabalho do Estado de Alagoas.

Tribunal Superior do Trabalho	Excelentíssimo Ministro Relator... - Tribunal Superior do Trabalho.

4.2.5. Estrutura da peça

Diferentemente do recurso ordinário, **que possui duas peças – interposição e razões –**, os embargos de declaração possuem tão somente uma peça. A diferença decorre da ausência de dois juízos *a quo* e *ad quem*. Como o recebimento e o julgamento são feitos pelo mesmo juízo, não há justificativa para duas peças.

1. **Competência:** Endereçamento à Vara do Trabalho, Desembargador Relator ou Ministro Relator que proferiu a decisão impugnada.
2. **Número do processo:** menção ao número do processo.
3. **Qualificação da parte autora (Reclamante):** não há necessidade de qualificar a parte novamente, pois os dados já constam do processo. Basta afirmar o nome e que a parte já está qualificada nos autos, como por exemplo: "BRUNO DA SILVA, já devidamente qualificado nos autos, (...)"
4. **Nome do recurso que está sendo oposto e fundamento legal:** importante mencionar com destaque (caixa alta) o recurso que está sendo oposto e o fundamento legal. No caso, "vem perante Vossa Excelência opor EMBARGOS DE DECLARAÇÃO, com fulcro nos arts. 897-A da CLT e 1.022 do CPC".
5. **Qualificação da parte ré (Reclamado):** basta afirmar que a parte contrária é JOÃO DA SILVA, ou seja, o nome sem qualificação, pois já está qualificado nos autos.
6. **Fundamento do recurso:** Descrição do vício que está sendo apontado, ou seja, omissão, obscuridade, contradição e/ou equívoco manifesto na análise dos pressupostos extrínsecos de admissibilidade. É extremamente importante deixar claro para a banca examinadora que você está alegando OMISSÃO, OBSCURIDADE etc.
7. **Requerimentos:** nos embargos de declaração, o pedido é para que o recurso seja conhecido e provido para sanar a omissão, contradição, obscuridade e/ou o equívoco manifesto nos pressupostos extrínsecos de admissibilidade, conforme demonstrado.
8. **Fechamento:** Nestes termos, requer deferimento.
9. **Data, local e assinatura/OAB:** caso o problema traga tais dados, devem ser fielmente assinalados. Caso contrário, nenhum dado deve ser inventado, sob pena de identificação da prova, o que acarretará a atribuição da nota zero.

4.2.6. Questão de provas anteriores/Questão simulada

Joaquim Barbosa ajuizou demanda trabalhista em face de seu ex-empregador, pleiteando o pagamento da quantia de R$ 3.000,00 à título de comissões não pagas. Em defesa, a empresa alegou a necessidade de dedução da quantia de R$ 500,00, valor já pago pelas comissões devidas ao empregado. Na fundamentação da sentença, o MM. Juiz entendeu serem devidos apenas uma parte das comissões, em valor de R$ 2.000,00, autorizando a dedução da quantia integral. No dispositivo, julgou parcialmente procedente a demanda, condenando a empresa ao pagamento de R$ 1.000,00, bem como em custas no importe de R$ 20,00. Na qualidade de Advogado de Joaquim Barbosa, redija a peça processual adequada à correção do vício contido na sentença proferida.

4.2.7. Modelo da peça

EXCELENTÍSSIMO SENHOR DOUTOR JUIZ DA 2ª VARA DO TRABALHO DE SALVADOR – TRIBUNAL REGIONAL DO TRABALHO DA BAHIA.

Ref. Processo n. ...

JOSÉ DA SILVA XAVIER, já devidamente qualificado nos autos em epígrafe, vem perante Vossa Excelência, tempestivamente, por seu advogado que esta subscreve, nos termos dos arts. 897-A da CLT e 1.022 do CPC, opor EMBARGOS DE DECLARAÇÃO tendo em vista a ocorrência de contradição na r. sentença proferida nos autos da ação trabalhista movida em desfavor de EMPRESA ALPHA LTDA., nos seguintes termos:

1. A r. sentença julgou procedentes os pedidos formulados pelo reclamante/embargante, condenando a embargada ao pagamento de R$ 1.000,00. Ademais, autorizou a dedução integral das quantias pagas.

2. Contudo, há contradição entre a fundamentação e o dispositivo, haja vista que pela fundamentação o valor da condenação, já deduzidos os valores pagos seria, R$ 1.500,00, mas o dispositivo condenou a reclamada nos seguintes termos: "[...] condenando a empresa ao pagamento de R$ 1.000,00, bem como em custas no importe de R$ 20,00".

3. A ocorrência de contradição gera o cabimento dos embargos de declaração, conforme autoriza os arts. 897-A da CLT e 1.022 do CPC.

Por todo o exposto, REQUER:

Seja o presente recurso conhecido e provido para sanar a contradição apontada, manifestando-se o Juízo prolator da sentença expressamente acerca do valor correta da condenação.

Termos em que, requer deferimento.

Local... Data...

Advogado...

OAB n. ...

4.3. Recurso de revista

4.3.1. Apresentação

Pode-se afirmar que o recurso de revista é o mais técnico e completo do direito processual do trabalho, tanto que exige a subscrição por advogado, conforme a Súmula 425 do TST, não se aplicando, na hipótese, o *jus postulandi*.

Trata-se de recurso de natureza extraordinária, assim como o recurso especial julgado pelo STJ e o extraordinário, julgado pelo STF, tendo fundamentação vinculada e efeito devolutivo restrito às questões jurídicas. Por se tratar de recurso dessa natureza, não pode ser utilizado:

- Antes de serem interpostos todos os outros recursos, ou seja, havendo algum outro recurso a ser utilizado, não é hora ainda de manejar o recurso de revista, pois as "portas do TST" só se abrem ao recurso de revista quando não for possível a interposição de outra espécie recursal.
- Enquanto não for demonstrado o prequestionamento, ou seja, enquanto todas as matérias que foram o seu objeto não estiverem devidamente decididas pelo órgão inferior. O TST só analisará se os honorários advocatícios de sucumbência são devidos se o TRT se pronunciar acerca da matéria. **Matéria decidida é matéria prequestionada.**

4.3.2. Características e requisitos

Ser classificado como extraordinário significa dizer que não se presta à rediscussão de fatos e provas, como ocorre no recurso ordinário, e sim apenas ao direito, isto é, à análise sobre violação à norma jurídica. A restrição é imposta pela Súmula 126 do TST, o que significa dizer que o âmbito de proteção é o direito objetivo.

A segunda informação a ser destacada é a finalidade do recurso. A espécie recursal possui por finalidade essencial corrigir decisão do TRT, ocorrida em julgamento de recurso ordinário em dissídios individuais, quando esta violar lei federal, CF/88, súmula vinculante, súmulas ou OJ's do TST, bem como uniformizar a jurisprudência entre os Tribunais Regionais do Trabalho. **A divergência apta a ensejar o cabimento de recurso de revista é aquela que ocorre entre Tribunais Regionais do Trabalho e não aquela evidenciada dentro do mesmo TRT.**

4.3.2.1. Cabimento

Passa-se agora à análise do cabimento recursal, previsto no art. 896 da CLT, indispensável à realização de qualquer prova de direito processual do trabalho, por mostrar-se complexo, a saber:

1ª Hipótese – o RR será interposto de acórdão proferido no julgamento de RO em dissídios individuais: a interposição de recurso de revista depende da prévia interposição de recurso ordinário em face de sentença proferida em dissídio individual. Destaque para a importante regra do direito processual do trabalho: apesar de alguns procedimentos serem considerados individuais, tais como um mandado de segurança impetrado em face de decisão interlocutória, ou uma ação rescisória, não são passiveis de impugnação por recurso de revista, por serem de competência originária do TRT. O dissídio individual passível de ser impugnado por RR deve iniciar-se na Vara do Trabalho, passando pelo TRT pela interposição de RO para, ao final, chegar ao TST por meio de RR. **Os dissídios coletivos, por iniciarem-se no TRT ou TST, não são passíveis de impugnação por recurso de revista. No caso de dissídio coletivo que inicia no TRT, a sentença normativa será objeto de recurso ordinário. Quando a demanda iniciar no TST, poderá ser impugnada por embargos infringentes (art. 894, I, da CLT) ou recurso extraordinário.**

Uma situação bastante peculiar encontra-se prevista na OJ n. 334 da SBDI-1 do TST, relacionada à remessa necessária. Segundo o entendimento do TST, não cabe recurso de revista quando os autos sobem ao TRT por meio de remessa necessária, isto é, quando não há interposição de recurso voluntário pela Fazenda Pública. Segundo o TST, se a Fazenda Pública não interpor RO e a situação foi mantida pelo TRT, não haveria interesse recursal daquele ente para o RR, salvo se houver piora na situação jurídica da Fazenda, o que ocorreria se o recurso da parte contrária fosse provido para elevar a condenação imposta ao ente público. Se não houve interposição de recurso pela parte contrária, não pode haver majoração da condenação, pois na remessa necessária a condenação é mantida ou os pedidos são julgados improcedentes, isentando a Fazenda Pública da condenação anteriormente exposta, uma vez que o instituto é considerado uma prerrogativa dos entes públicos e a Súmula 45 do STJ proíbe qualquer majoração da condenação em sede de remessa necessária.

Acerca dessa hipótese (acórdão do TRT em Recurso Ordinário), três são os fundamentos que podem ser expostos pelo recorrente, conforme alíneas do art. 896 da CLT, a saber:

- Alínea *a* – **Divergência na interpretação de lei federal entre Tribunais Regionais do Trabalho:** nessa primeira alínea, fica clara a função do TST de tribunal uniformizador da jurisprudência trabalhista, haja vista que será cabível o recurso de revista quando a mesma norma de lei federal for interpretada de maneira diversa por mais de um TRT. Assim, se a determinada norma sobre jornada extraordinária for aceita por um TRT e rejeitada por outro, poderá o prejudicado com a decisão interpor o recurso em estudo para que o TST interprete a divergência e indique a solução a ser dada ao caso concreto. Alguns pontos merecem destaque acerca da questão:

  1. Somente é possível a interposição de recurso de revista nessa hipótese quando houver julgado divergente de outro Tribunal Regional do Trabalho, sendo inviável a utilização do apelo para demonstrar divergência do mesmo TRT. Assim, a divergência dentro do mesmo tribunal não cabe ao TST dirimir, e sim ao próprio tribunal.

2. O recurso de revista será inadmitido caso interposto na alínea em exame, caso a divergência não abranja todos os fundamentos da decisão, uma vez que o TST, ao "comparar" os julgados, deve verificar que as decisões proferidas pelos Tribunais Regionais do Trabalho são totalmente incompatíveis. Se algum fundamento utilizado por um TRT não foi objeto de análise do outro tribunal, não há como comparar os acórdãos.

3. A divergência deve ser demonstrada conforme as regras impostas pelo § 8º do art. 896 da CLT e na Súmula n. 337 do TST, não bastando a simples juntada do acórdão paradigma. Assim, em suma, o recorrente deve juntar aos autos o acórdão paradigma ou citar a fonte, que pode ser da internet, além de transcrever nas razões do recurso, demonstrando o conflito de teses, de forma a admitir o apelo diante da divergência.

Importa registrar, ainda com fulcro na alínea *a*, que também ensejam a interposição do recurso de revista decisões proferidas pelos TRT's, em sede de recurso ordinário, contrárias às súmulas do TST ou às súmulas vinculantes do STF.

A Súmula 23 do TST aduz que "não se conhece de recurso de revista ou de embargos, se a decisão recorrida resolver determinado item do pedido por diversos fundamentos e a jurisprudência transcrita não abranger a todos".

Note-se ainda que é inadmissível o recurso de revista fundado apenas em divergência jurisprudencial, se a parte não comprovar que a lei estadual, norma coletiva ou o regulamento da empresa extrapolam o âmbito do TRT prolator da decisão.

Embora não esteja explícito na alínea em comento, também cabe recurso de revista para o TST quando a decisão do TRT, em recurso ordinário, violar uma orientação jurisprudencial do TST, por ilação do art. 896, § 1º-A, II, da CLT, haja vista que é ônus da parte, sob pena de não conhecimento do recurso de revista, "indicar, de forma explícita e fundamentada, contrariedade a dispositivo de lei, súmula ou **orientação jurisprudencial** do Tribunal Superior do Trabalho, que conflite com a decisão regional".

- Alínea *b* – **Divergência na interpretação de lei estadual, acordo coletivo ou convenção coletiva, regulamento de empresa ou sentença normativa de aplicação em área superior à abrangência de um Tribunal Regional do Trabalho:** apesar de não ser uma hipótese comum, deve ser lembrada. Pode ocorrer que uma mesma norma, apesar de não ser oriunda de lei federal, seja analisada por mais de um Tribunal Regional do Trabalho, como pode ocorrer com as espécies descritas acima. Imaginemos que uma convenção coletiva venha a atingir trabalhadores nos estados do Espírito Santo e Rio de Janeiro, sendo analisada pelos Tribunais Regionais do Trabalho daqueles estados. Pode ocorrer que alguma cláusula seja analisada de maneira diversa pelos tribunais, cabendo nessa hipótese a interposição de recurso de revista. A demonstração da divergência também deve se dar conforme o § 8º do art. 896 da CLT e a Súmula 337 do TST.

- Alínea *c* – **Decisão do TRT que afronta lei federal ou norma da CF/88:** o primeiro destaque necessário está relacionado ao conceito de *dispositivo de lei*, de forma a verificarmos a extensão do cabimento do recurso em estudo. Será lei federal apenas legislação ordinária? Doutrina majoritária assegura a interpretação ampliativa do termo, abarcando além de lei ordinária e complementar, também o decreto-lei, decreto, medida provisória e outros. Sobre esse assunto, destaque para as seguintes informações:

Sabe-se que impera no processo do trabalho a máxima *iura novit curia*, ou seja, que o juiz conhece o direito, o que representa dizer não haver necessidade de fazer menção a dispositivos de lei. Ocorre que no recurso de revista, por se tratar de apelo extraordinário, o TST exige a indicação do preceito legal como requisito de admissibilidade, **conforme descreve a Súmula 221 daquele tribunal. Observe ainda a redação do art. 896, II, § 1º-A, da CLT.**

2ª Hipótese – prevista no § 2º do art. 896 da CLT, está relacionado ao julgamento pelo TRT de agravo de petição, recurso previsto no art. 897, *a*, da CLT para impugnação das decisões proferidas em execução trabalhista. Assim, das decisões proferidas em execução de sentença, assim como nos processos atinentes àquele processo (embargos à execução, embargos de terceiro etc.), será interposto o recurso de agravo de petição, no prazo de oito dias, a ser julgado pelo TRT. Do acórdão do Tribunal Regional que julgar o aludido recurso, caberá recurso de revista, conforme previsão do art. 896, § 2º, da CLT. Ocorre que o cabimento do RR nessa hipótese é mais restrita se comparada com a 1ª hipótese estudada, já que a fundamentação estará vinculada unicamente à demonstração de violação direta e literal a norma da CF/88. Sobre o tema, importante destacar a **Súmula 266 do TST, que reafirma a hipótese de cabimento descrita na CLT, a saber:** "A admissibilidade do recurso de revista interposto de acórdão proferido em agravo de petição, na liquidação de sentença ou em processo incidente na execução, inclusive os embargos de terceiro, depende de demonstração inequívoca de violência direta à Constituição Federal".

É de bom grado destacar que o **cabimento do recurso de revista na execução fora ampliado,** como se extrai do art. 896, § 10, da CLT, que assim dispõe: "Cabe recurso de revista por violação de lei federal, por divergência jurisprudencial e por ofensa à Constituição Federal nas execuções fiscais e nas controvérsias da fase de execução que envolvam a Certidão Negativa de Débitos Trabalhistas (CNDT), criada pela Lei n. 12.440, de 7 de julho de 2011".

4.3.2.2. Prequestionamento

Ao se interpor o recurso de revista, o recorrente deve estar atento ao prequestionamento, que significa dizer que a matéria a ser discutida no recurso foi julgada pelo Tribunal Regional do Trabalho, ou seja, que aquele tribunal decidiu sobre a questão que será analisada pelo TST no recurso de revista. A necessidade da matéria estar decidida (prequestionada) encontra-se no art. 896, § 1º-A, I, da CLT, nos seguintes termos: "indicar o trecho da decisão recorrida que consubstancia o prequestionamento da controvérsia objeto do recurso de revista" e na Súmula 297 do TST, que será analisada inciso por inciso a partir de agora:

- **Inciso I:** a primeira informação contida na súmula em destaque é sobre a espécie de prequestionamento que é exigido pelo TST, a saber, o explícito. Isso não quer dizer que o Tribunal tenha de fazer referência ao dispositivo supostamente violado, como se extrai da OJ n. 118 da SDI-1 do TST: "Havendo tese explícita sobre a matéria, na decisão recorrida, desnecessário contenha nela referência expressa do dispositivo legal para ter-se como prequestionado este".
- **Inciso II:** o inciso II narra a necessidade de o recorrente opor embargos de declaração caso a matéria não tenha sido analisada pelo TRT, sob pena de preclusão, haja vista a não realização do prequestionamento.
- **Inciso III:** por fim, o inciso III trata do prequestionamento ficto, que é aquele que surge quando a parte opõe os embargos de declaração e, mesmo com o pedido de análise de determinada matéria, o tribunal continua omisso. A omissão daquele órgão não deve prejudicar a parte, já que essa "fez a sua parte", que era opor os embargos de declaração, conforme dispõe a Súmula 184 do TST. O nome sugere o que realmente ocorre: a matéria não está decidida, prequestionada, mas por ficção jurídica afirma que o prequestionamento está realizado.

Percebe-se facilmente que o TST somente analisará os fundamentos do recorrente se eles tiverem sido decididos pelo tribunal *a quo*. Mas será que há necessidade de prequestionamento até para as matérias de ordem pública, que podem ser conhecidas de ofício pelo julgador? A OJ n. 62 da SBDI-1 do TST responde **positivamente. O prequestionamento também é necessário nessas hipóteses. Pouco importa se o vício se constitui ou não em norma de ordem pública, deverá o tribunal manifestar-se sobre o mesmo para que o TST possa analisá-lo.**

Situação peculiar, que dispensa a realização do prequestionamento, é aquela descrita na OJ n. 119 da SBDI-1 do TST, que narra a violação a dispositivo de lei na própria decisão recorrida. Nessa hipótese, inviável a realização do prequestionamento, já que o tribunal não estará julgando uma violação à lei perpetrada pela instância inferior, e sim nascida em seu próprio julgado.

Dispõe a Súmula 459 do TST: "O conhecimento do recurso de revista, quanto à preliminar de nulidade por negativa de prestação jurisdicional, supõe a indicação de violação do art. 832 da CLT, do art. 489 do CPC de 2015 (art. 458 do CPC de 1973) ou do art. 93, IX, da CF/1988".

Outrossim, dispõe o inciso IV do § 1º-A do art. 896 da CLT que sob pena de não conhecimento, é ônus da parte recorrente transcrever na peça recursal,

no caso de suscitar preliminar de nulidade de julgado por negativa de prestação jurisdicional, o trecho dos embargos declaratórios em que foi pedido o pronunciamento do tribunal sobre questão veiculada no recurso ordinário e o trecho da decisão regional que rejeitou os embargos quanto ao pedido, para cotejo e verificação, de plano, da ocorrência da omissão.

Ademais, prevê a OJ n. 257 da SDI-I do TST que "a invocação expressa no recurso de revista dos preceitos legais ou constitucionais tidos como violados não significa exigir da parte a utilização das expressões 'contrariar', 'ferir', 'violar' etc.".

4.3.2.3. Da transcendência

De acordo com o art. 896-A da CLT, o TST examinará, previamente, se a causa oferece transcendência no que toca aos reflexos gerais de natureza social, política, jurídica e econômica, ou seja, deve o TST, única e exclusivamente, verificar se a questão de fundo é relevante, importante para a sociedade como um todo, e não apenas para aquele que está recorrendo.

São indicadores de transcendência, entre outros: I – econômica, o elevado valor da causa; II – política, o desrespeito da instância recorrida à jurisprudência sumulada do Tribunal Superior do Trabalho ou do Supremo Tribunal Federal; III – social, a postulação, por reclamante-recorrente, de direito social constitucionalmente assegurado; IV – jurídica, a existência de questão nova em torno da interpretação da legislação trabalhista.

Poderá o relator, monocraticamente, denegar seguimento ao recurso de revista que não demonstrar transcendência, cabendo agravo desta decisão para o colegiado. Porém, em relação ao recurso que o relator considerou não ter transcendência, o recorrente poderá realizar sustentação oral sobre a questão da transcendência, durante cinco minutos em sessão.

Se for mantido o voto do relator quanto à não transcendência do recurso, será lavrado acórdão com fundamentação sucinta, que constituirá decisão irrecorrível no âmbito do tribunal.

Note que é irrecorrível a decisão monocrática do relator que, em agravo de instrumento em recurso de revista, considerar ausente a transcendência da matéria.

Por fim, o juízo de admissibilidade do recurso de revista exercido pela Presidência dos Tribunais Regionais do Trabalho limita-se à análise dos pressupostos intrínsecos e extrínsecos do apelo, não abrangendo o critério da transcendência das questões nele veiculadas.

4.3.2.4. Rito sumaríssimo

Como já era de se esperar, o legislador restringiu o cabimento do recurso de revista nos processos que tramitam perante o rito sumaríssimo, de forma a imprimir maior celeridade àqueles. Nessas demandas, o recurso somente será cabível nas hipóteses do art. 896, § 9º, da CLT, assim redigido: "Nas causas sujeitas ao procedimento sumaríssimo, somente será admitido recurso de revista por contrariedade a súmula de jurisprudência uniforme do Tribunal Superior do Trabalho ou a súmula vinculante do Supremo Tribunal Federal e por violação direta da Constituição Federal".

Em suma, não é possível discutir-se divergência jurisprudencial, seja em virtude de lei federal, seja em virtude de qualquer outra norma. Claro que o recurso pode ser interposto no processo de conhecimento e de execução, conforme já estudado acima. Contudo, nessas hipóteses, a fundamentação do recorrente deverá mencionar apenas a existência de contrariedade das súmulas do TST, súmula vinculante do STF e norma da CF/88, desde que a violação a última seja direta.

Dúvida que surgiu na doutrina e jurisprudência diz respeito à interpretação que deveria ser dada ao termo *súmula* constante do art. 896, § 9º, da CLT, se ampliativa ou restritiva, de forma a abarcar as *orientações jurisprudenciais*, na primeira hipótese. O TST, por meio da Súmula 442, demonstrou que a interpretação deve ser restritiva, **não alcançando as orientações jurisprudenciais**, ou seja, não cabe recurso de revista no procedimento sumaríssimo por contrariedade à orientação jurisprudencial.

4.3.2.5. Efeitos

Dois aspectos sobre os efeitos do recurso de revista devem ser levados em consideração neste estudo:

- **Efeito suspensivo:** primeira informação que deve ser lembrada consta no art. 899 da CLT, que afirma que os recursos trabalhistas serão recebidos apenas no efeito devolutivo, podendo-se iniciar a execução provisória. Essa regra é aplicada ao recurso de revista, com mais razão em comparação ao recurso ordinário, pois se a sentença foi confirmada pelo TRT e desse acórdão foi interposto recurso de revista, tem-se uma maior certeza de que a decisão está correta, autorizando-se a execução provisória. Assim, caso o recorrente queira evitar a produção de efeitos pelo acórdão recorrido, deve valer-se da tutela cautelar, conforme disposição contida na Súmula 414 do TST, também aplicável ao recurso ordinário. Somente dessa forma o recorrente obstará a produção de efeitos, devendo-se, nessa hipótese, diante da urgência, requerer liminar na cautelar, demonstrando a presença do *fumus boni iuris* e do *periculum in mora.*
- **Efeito translativo:** também denominados por alguns como *efeito devolutivo em profundidade,* o efeito translativo permite ao tribunal conhecer das matérias de ordem pública mesmo sem pedido do recorrente. Exemplificando, mesmo que o recorrente não alegue em seu recurso ordinário a existência de incompetência absoluta, poderá o TRT reconhecê-la, anulando a sentença e remetendo os autos para o juízo competente. Ocorre que tal regra **não se aplica ao recurso de revista**, por

tratar-se de recurso extraordinário, que depende da apreciação da matéria pelo órgão *a quo* para manifestar-se sobre esta (prequestionamento), como já afirmado acima.

4.3.3. Como identificar a peça

A identificação da peça, em uma prova de 2ª fase da OAB em direito do trabalho, mostra-se fácil se tivermos em mente as hipóteses de cabimento antes estudadas, pois o problema certamente afirmará que houve um julgamento "x", com um fundamento "y" e com base nessas informações o candidato terá de concluir se é ou não hipótese de recurso de revista. Para facilitar, o quadro abaixo relembrará as hipóteses de cabimento de forma sucinta, para que o candidato possa lembrar de todas:

Hipótese de cabimento	Peculiaridades/Detalhes importantes
O RR será interposto de acórdão proferido no julgamento de RO em dissídios individuais.	A interposição de recurso de revista depende da prévia interposição de recurso ordinário em face de sentença (ou decisão terminativa do feito) proferida em dissídio individual. Os dissídios coletivos, por iniciarem-se no TRT ou TST, não são passíveis de impugnação por recurso de revista. No caso de dissídio coletivo que inicia no TRT, a sentença normativa será objeto de recurso ordinário. Quando a demanda iniciar no TST, poderá ser impugnada por embargos infringentes ou recurso extraordinário.
Alínea *a* do art. 896 da CLT.	Quando as decisões dos TRT's, em recurso ordinário, derem ao mesmo dispositivo de lei federal interpretação diversa da que lhe houver dado outro Tribunal Regional do Trabalho, no seu Pleno ou Turma, ou a Seção de Dissídios Individuais do Tribunal Superior do Trabalho, ou contrariarem súmula de jurisprudência uniforme dessa Corte ou súmula vinculante do Supremo Tribunal Federal.
Alínea *b* do art. 896 da CLT.	Quando as decisões dos TRT's, em recurso ordinário, derem ao mesmo dispositivo de lei estadual, convenção coletiva de trabalho, acordo coletivo, sentença normativa ou regulamento empresarial de observância obrigatória em área territorial que exceda a jurisdição do Tribunal Regional prolator da decisão recorrida, interpretação divergente, na forma da alínea *a*.
Alínea *c* do art. 896 da CLT.	Quando as decisões dos TRT's, em grau de recurso ordinário, forem proferidas com violação literal de disposição de lei federal ou afronta direta e literal à Constituição Federal.

Art. 896, § 2º da CLT.	Das decisões proferidas pelos Tribunais Regionais do Trabalho ou por suas Turmas, em execução de sentença, inclusive em processo incidente de embargos de terceiro, não caberá recurso de revista, **salvo na hipótese de ofensa direta e literal de norma da Constituição Federal**.
Art. 896, § 10, da CLT.	Cabe recurso de revista por violação a lei federal, por divergência jurisprudencial e por ofensa à Constituição Federal nas execuções fiscais e nas controvérsias da fase de execução que envolvam a Certidão Negativa de Débitos Trabalhistas (CNDT).
Art. 896, § 9º, da CLT.	Nas causas sujeitas ao **procedimento sumaríssimo**, somente será admitido recurso de revista por contrariedade à súmula de jurisprudência uniforme do Tribunal Superior do Trabalho ou à súmula vinculante do Supremo Tribunal Federal e por violação direta da Constituição Federal. **JAMAIS CABE EM CASO DE OJ!**

4.3.4. Competência e procedimento

O recurso de revista será interposto perante a Presidência do TRT, que é o órgão incumbido de realizar o primeiro juízo de admissibilidade. Se positivo aquele juízo, será o recorrido intimado para apresentar contrarrazões, subindo os autos ao TST. Se positivo, porém, parcial, o recurso seguirá o mesmo destino, não havendo possibilidade de interposição de recurso, consoante a Súmula 285 do TST. Se negativo, caberá agravo de instrumento para o TST, de forma a "destrancar" o recurso denegado. Se a decisão contiver alguma omissão, obscuridade, contradição ou contiver algum equívoco manifesto na análise dos pressupostos de admissibilidade, que recurso utilizar? À primeira vista, parece ser cabível o recurso de embargos de declaração, já estudado e com previsão expressa no art. 897-A da CLT para a hipótese versada. Ainda sobre o juízo de admissibilidade, se o feito foi inadmitido pelo Ministro Relator do TST, caberá agravo no prazo de oito dias, a ser processado e julgado conforme o regimento interno daquele tribunal.

Salienta-se que o recurso de revista somente será admitido se houver fundamentação jurídica, ou seja, indicação do erro em que incorreu o TRT ao proferir o acórdão, haja vista a disposição contida na Súmula 422 do TST, observando-se ainda o disposto no art. 896, § 1º-A e seus incisos da CLT.

Ademais, quando o recurso tempestivo contiver defeito formal que não se repute grave, o TST poderá desconsiderar o vício ou mandar saná-lo, julgando o mérito.

Cabe lembrar que o recurso de revista somente será admitido se realizado o depósito recursal, conforme o art. 899 da CLT, sob pena de deserção, salvo se o juízo já estiver integralmente garantido ou nas hipóteses em que a ordem jurídica isenta. A parte recorrente deve atentar para o valor do depósito recursal, inclusive naquelas em que a parte requer a redução pela metade, já que podem surgir as seguintes situações:

- O valor integral da condenação já ter sido depositado em sede de recurso ordinário, hipótese em que não haverá necessidade de depositar qualquer outra quantia.
- Apesar de a condenação ter sido depositada anteriormente, o TRT pode aumentar a condenação, hipótese em que será necessária a realização de novo depósito.
- Dependendo do valor da condenação, esta não será depositada integralmente, haja vista que o recurso de revista possui, como todos os demais, um valor máximo a ser depositado.

4.3.5. Estrutura da peça

Conforme já salientado anteriormente, **duas são as peças a serem desenvolvidas**, a saber: **petição de interposição** e **petição das razões**, conforme quadros abaixo:

4.3.5.1. Petição de interposição

1. **Competência:** endereçamento ao Presidente do Tribunal Regional do Trabalho que julgou o recurso ordinário, cujo acórdão é objeto do recurso de revista, uma vez que cabe àquele órgão realizar a análise acerca da admissibilidade do apelo.
2. **Número do processo:** menção ao número do processo.
3. **Qualificação da parte recorrente:** não há necessidade de qualificar novamente, pois já consta na petição inicial ou contestação. **Basta o nome e a informação "já devidamente qualificado nos autos".**
4. **Nome do recurso que está sendo interposto e fundamento legal:** afirmação de que está **interpondo** o RECURSO DE REVISTA, com fulcro no art. 896, alínea..., da CLT.
5. **Qualificação da parte recorrida:** não há necessidade de qualificar novamente, pois já consta na petição inicial ou contestação. **Basta o nome e a informação "também já devidamente qualificado nos autos".**
6. **Informação sobre a admissibilidade, inclusive o preparo:** estão presentes todos os requisitos de admissibilidade...., inclusive o preparo (deve-se explicar se o preparo foi realizado ou não e o motivo).
7. **Requerimentos:** seja o recorrido intimado para contrarrazões e, após, o seu regular processamento, com a remessa dos autos à instância *ad quem* para julgamento do mérito do recurso.
8. **Fechamento:** Nestes termos, requer deferimento.

9. **Data, local e assinatura/OAB:** caso o problema traga tais dados, devem ser fielmente assinalados. Caso contrário, nenhum dado deve ser inventado, sob pena de identificação da prova, o que acarretará a atribuição da nota zero.

4.3.5.2. Petição das razões

1. **Indicação do processo, partes e origem:** número do processo, nome do recorrente, nome do recorrido e origem do processo (*Tribunal Regional do Trabalho de São Paulo, 2ª Região*).
2. **Menção aos julgadores:** Colendo Tribunal Superior do Trabalho. Eminentes Ministros (por exemplo).
3. **Fundamentos do recurso:**

3.1. Cabimento do recurso: demonstrar em que hipótese de cabimento do art. 896 da CLT está sendo interposto o recurso de revista.

3.2. Da admissibilidade

3.2.1. Prequestionamento: afirmar e demonstrar que houve prequestionamento da matéria pelo acórdão recorrido, ou seja, que a matéria foi efetivamente decidida pelo juízo *a quo* (*TRT*), conforme art. 896, § 1º-A, inciso I, da CLT e Súmula 297 do TST.

3.2.2. Informar que a causa oferece transcendência na forma do art. 896-A da CLT.

3.3. Mérito do recurso: deve-se explicitar, de forma analítica, como foi a decisão e como deveria ser, comparando a norma jurídica de forma a deixar claro que a decisão está errada e, por isso, deve ser reformada/anulada, tudo de acordo com os incisos II e III do § 1º-A do art. 896 da CLT.

4. **Requerimentos:** Seja o recurso conhecido e, no mérito, provido para reformar/anular acórdão recorrido, nos termos da fundamentação *supra*.
5. **Fechamento:** Nestes termos, requer deferimento.
6. **Data, local e assinatura/OAB:** caso o problema traga tais dados, devem ser fielmente assinalados. Caso contrário, nenhum dado deve ser inventado, sob pena de identificação da prova, o que acarretará a atribuição da nota zero.

4.3.6. Questão de provas anteriores/Questão simulada

(Cespe/UNB Exame n. 137 São Paulo) Após ter sido aprovado em concurso público, Marcos foi contratado por uma companhia de saneamento básico, sociedade de economia mista, para exercer o cargo de auxiliar técnico. Quando iniciou suas atividades na empresa, Marcos passou a exercer as atribuições de cargo hierarquicamente superior ao daquele para o qual fora contratado. Frente a tal situação, ele ingressou com ação na justiça do trabalho, pleiteando o pagamento do salário correspondente ao cargo exercido bem como o seu reenquadramento na função que passou a desempenhar. O juiz julgou integralmente procedentes os pedidos formulados pelo reclamante. A reclamada recorreu ao TRT, tendo sido o recurso improvido e mantida a decisão em seus exatos termos. Novamente a empregadora recorreu, dessa vez ao TST, para ver reformado o acórdão regional, tendo a primeira turma negado provimento, oportunidade em que enfrentou todos os argumentos contidos na peça recursal.

4.3.7. Modelo da peça

EXCELENTÍSSIMO SENHOR DESEMBARGADOR PRESIDENTE DO TRIBUNAL REGIONAL DO TRABALHO DO ESTADO DE SERGIPE

Ref. Processo n. ...

INFOR SERVIÇOS DE INFORMÁTICA LTDA., já devidamente qualificada nos autos do processo em epígrafe, em que contende com SAULO RAMOS, por meio de seu Advogado infrafirmado, vem perante Vossa Excelência interpor o presente RECURSO DE REVISTA, nos termos do art. 896, c, da CLT, tendo em vista que o acórdão proferido pela 2ª Turma deste Tribunal, que julgou o recurso ordinário interposto pelo ora recorrente, mostra-se manifestamente contrária à lei federal.

Insta ressaltar que estão presentes todos os pressupostos de admissibilidade intrínsecos e extrínsecos, inclusive o preparo, juntando o comprovante do depósito recursal. As custas já foram recolhidas quando da interposição do recurso ordinário.

Após a intimação do recorrido para contrarrazões, seja o feito admitido e remetido para julgamento perante o Tribunal Superior do Trabalho.

Termos em que, requer deferimento.

Local... Data...

Advogado...

OAB n. ...

...

RAZÕES DO RECURSO DE REVISTA

RECORRENTE: INFOR SERVIÇOS DE INFORMÁTICA LTDA.
RECORRIDO: SAULO RAMOS
PROCESSO N. ...
ORIGEM: 2ª TURMA DO TRIBUNAL REGIONAL DO TRABALHO DE SERGIPE.

Colendo Tribunal,
Eminentes Ministros,

Merece reforma o v. acórdão proferido pela 2ª Turma do Tribunal Regional do Trabalho da 20ª Região, tendo em vista que este viola o art. 244 da CLT, bem como o entendimento cristalizado na Súmula 428 do TST, como será visto.

DA ADMISSIBILIDADE

Estão presentes todos os pressupostos de admissibilidade intrínsecos, extrínsecos e os específicos, inclusive o preparo.

Do prequestionamento

Cumpre destacar que a matéria em questão foi objeto de prequestionamento, nos termos do art. 896, § 1º-A, I, da CLT e da Súmula 297 do TST, como será visto.

Da transcendência

A presente causa oferece transcendência com relação aos reflexos gerais de natureza econômica, política e jurídica, na forma do art. 896-A, § 1º, da CLT, uma vez que a causa é de elevado valor, houve desrespeito da instância recorrida à jurisprudência sumulada deste C. TST e existe questão nova em torno da interpretação da legislação trabalhista.

DAS RAZÕES DA REFORMA

Considerando o disposto nos incisos II e III do § 1º-A do art. 896 da CLT, a recorrente passa a expor de forma explícita e fundamentada as razões de reforma, impugnando os fundamentos jurídicos da decisão recorrida:

O acórdão recorrido negou a pretensão do recorrente, em reformar a sentença originária, mantendo a condenação no pagamento de horas de sobreaviso em razão de o recorrido ficar com aparelho celular fornecido pelo empregador, mesmo não estando o recorrente em sistema de plantão com a utilização do referido aparelho.

O acórdão do TRT prequestionou a matéria, ao afirmar expressamente que: "o recorrente faz jus ao recebimento de horas sobreaviso pela utilização de celular, mesmo que não estivesse em sistema de plantão".

Este viola o entendimento do TST exposto no inciso II da Súmula 428, que dispõe ser sobreaviso o tempo que o empregado permanece em plantão com o celular. O acórdão do TRT também viola o art. 244 da CLT, pois este dispõe que "considera-se de sobreaviso o empregado efetivo, que permanecer em sua própria casa, aguardando a qualquer momento o chamado para o serviço".

Por ter havido violação à lei federal e entendimento sumulado do TST, mostra-se cabível o recurso em tela, que deve ser admitido e provido para reformar o acórdão recorrido.

Por todo o exposto, REQUER:

Seja o presente recurso admitido e provido para reformar a decisão recorrida, haja vista a ocorrência de *error in judicando*, excluindo-se da condenação o pagamento das horas sobreaviso.

Termos em que, requer deferimento.

Local... Data...

Advogado...

OAB n. ...

4.4. Recurso de agravo de petição

4.4.1. Apresentação

Trata-se de mais um importantíssimo recurso da prática trabalhista, de simples feitura, mas que não sendo objeto das provas da OAB. Só que, mais uma vez, afirma-se que o intuito da obra é proporcionar a mais completa preparação para a 2ª fase em direito do trabalho, razão pela qual o recurso será inteiramente analisado, em seus pormenores.

Quando se fala em "agravo de petição" no processo do trabalho, é intuitivo lembrar do processo de execução trabalhista, haja vista que tal recurso somente é utilizado nessa fase processual, ou seja, um típico recurso a ser utilizado no processo de execuçao. Previsto no art. 897, *a*, da CLT, cabe tão somente das decisões do Juiz do Trabalho nas execuções, mesmo que seja pela Previdência Social quando da homologação de acordo entabulado entre exequente e executado, no que tange às contribuições sociais que entender devidas.

4.4.2. Características e requisitos

Como já dito, o recurso de agravo de petição é utilizado nas execuções trabalhistas, para impugnar as decisões proferidas nessa espécie de processo. A Súmula 266 do TST reconhece o cabimento também no procedimento de liquidação de sentença. Também cabe quando a **exceção de pré-executividade é julgada procedente, extinguindo a execução. Na improcedência da exceção de pré-executividade, não cabe o referido recurso, já que a execução prosseguirá, de modo que estaremos diante de uma decisão interlocutória.**

O prazo de interposição e contrarrazões segue a regra geral da Lei n. 5.584/70, ou seja, a parte recorrente possui oito dias para interpor e recorrido o mesmo prazo para contrarrazoar.

Um dos pontos mais importantes acerca do recurso e que é constantemente exigido em provas de direito processual do trabalho relaciona-se à admissibilidade do apelo. A espécie recursal possui um pressuposto de admissibilidade específico, descrito no § 1º do art. 897 da CLT, que é a **delimitação da matéria e valores impugnados**, o que significa dizer que a fundamentação não pode ser genérica, e sim apontar exatamente em qual capítulo da decisão encontra-se o erro do juízo, bem como o valor que entende correto na hipótese de alegar-se excesso na execução. O recurso genérico não será admitido.

Ao se delimitar a matéria e os valores objeto da discordância, o mesmo dispositivo legal permite a execução em relação à matéria e valores incontroversos, sendo que tal execução se processará de maneira definitiva, mesmo que por meio da carta de sentença. Aliás, a Súmula 416 do TST afirma inexistir ferimento a direito líquido e certo quando se prossegue na execução em relação à matéria incontroversa. Na verdade, se inexiste controvérsia, há direito líquido e certo do exequente em satisfazer seu crédito.

Sobre o preparo do recurso, destaque para a Súmula 128 do TST, especificamente em seu inciso II, que afirma: "Garantido o juízo, na fase executória, a exigência de depósito para recorrer de qualquer decisão viola os incisos II e LV do art. 5º da CF/1988. Havendo, porém, elevação do valor do débito, exige-se a complementação da garantia do juízo". Segundo o entendimento do TST, a exigência de depósito quando o juízo já está garantido, ou seja, quando já há depósito garantindo o valor integral da condenação, viola ao mesmo tempo os princípios da legalidade, contraditório e ampla defesa. No agravo de petição, geralmente não há depósito, uma vez que o juízo já está garantido por penhora, já que a hipótese mais comum de interposição do recurso se dá em face da sentença que julga os embargos à execução, sendo que a garantia do juízo é um pressuposto para o oferecimento daquela espécie de defesa do executado.

Ademais, não há previsão legal para pagamento de custas de forma antecipada, ou seja, quando da interposição do agravo de petição, cabendo pagamento de custas ao final pelo executado, na forma do art. 789-A da CLT. Caso o AP não seja admitido por esta razão, caberá à interposição de agravo de instrumento para destrancar o recurso denegado.

4.4.3. Como identificar a peça

A identificação da peça mostra-se fácil, pois a utilização do apelo, como já falado, é bastante restrita. Nos moldes do art. 897, *a*, da CLT, somente cabe das decisões em execução trabalhista. Basta analisar o conceito de "decisões" para identificar com 100% de certeza a determinação da banca examinadora para que o candidato redija aquele recurso.

No curso do processo de execução, o magistrado pode proferir diversas decisões, tais como sentenças terminativas, definitivas, bem como inúmeras interlocutórias. A CLT utiliza a expressão "decisões", cabendo-nos interpretar o termo. Não nos parece correta a interpretação ampliativa, de forma a incluir no conceito de decisões todas as interlocutórias, sendo correto concluir que "decisões" engloba:

- sentenças terminativas, isto é, aquelas que extinguem o processo sem resolução do mérito;
- sentenças definitivas, que são aquelas que extinguem o feito com apreciação do mérito;
- decisões interlocutórias terminativas do feito, que são as que encerram no processo no juízo trabalhista, como aquela que reconhece a incompetência absoluta da Justiça do Trabalho;
- aquelas que julgam procedentes exceções (objeções) de pré-executividade extinguindo a execução.

As demais decisões interlocutórias não são passíveis de impugnação pela via do agravo de petição, haja vista a regra geral da *irrecorribilidade imediata das decisões interlocutórias,* presente no art. 893, § 1º, da CLT, não se aplicando a regra apenas ao processo de conhecimento, e sim, também à execução trabalhista.

4.4.4. Competência

A regra acerca da competência para o recurso de agravo de petição é a mesma do recurso ordinário, pois há procedimento tanto no *juízo a quo* como no juízo *ad quem,* ou seja, aquele juízo que proferiu a decisão recebe o recurso e o admite e o órgão de hierarquia superior julga o mérito. Isso reflete no endereçamento das peças que serão redigidas por você candidato, devendo-se seguir as regras abaixo descritas:

Petição	Juízo	Redação
Interposição	*A quo (Vara do Trabalho)*	Excelentíssimo Senhor Juiz da 15ª Vara do Trabalho de Campinas – Estado de São Paulo.
Razões	*Ad quem (Tribunal Regional do Trabalho)*	Egrégio Tribunal, Eminentes Desembargadores.

Conforme pode ser verificado, a competência para o recurso de agravo de petição é idêntica ao recurso ordinário interposto com base no inciso I do art. 895 da CLT, qual seja: **o agravo de petição é interposto de decisão proferida pela Vara do Trabalho, sendo interposto perante aquele órgão, mas remetido para julgamento no Tribunal Regional do Trabalho (instância superior).**

4.4.5. Fundamentos mais comuns

Abaixo estão relacionadas algumas situações comuns de interposição de agravo de petição, que são hipóteses que podem estar dispostas no problema a ser apresentado pela banca examinadora na prova da 2ª fase da OAB, bem como os fundamentos do recurso.

Decisão proferida no processo de execução	Fundamento para o recurso de agravo de petição
Decisão em embargos à execução.	A decisão que julga os embargos à execução é a típica decisão passível de agravo de petição. Cabe também contra sentenças que não conhecem os embargos à execução sob o fundamento de que não há garantia do juízo.
Extinção do processo por meio de exceção de pré-executividade.	Se a execução for extinta cabe agravo de petição. Se a exceção de pré-executividade for indeferida, não cabe o recurso.

4.4.6. Estrutura da peça

Conforme já salientado anteriormente, **duas são as peças a serem desenvolvidas**, a saber: **petição de interposição** e **petição das razões**, conforme quadros abaixo:

4.4.6.1. Petição de interposição

1. **Competência:** endereçamento à Vara do Trabalho que proferiu a decisão impugnada. *Excelentíssimo Senhor Juiz da 3ª Vara do Trabalho de Vitória – Estado do Espírito Santo.*
2. **Número do processo:** menção ao número do processo.
3. **Qualificação da parte recorrente:** não há necessidade de qualificar novamente, pois já consta na petição inicial ou contestação. **Basta o nome e a informação "já devidamente qualificado nos autos"**.
4. **Nome do recurso que está sendo manejado e fundamento legal:** afirmação de que está **interpondo** o AGRAVO DE PETIÇÃO, com fulcro no art. 897, *a*, da CLT.
5. **Qualificação da parte recorrida:** não há necessidade de qualificar novamente, pois já consta na petição inicial ou contestação. **Basta o nome e a informação "já devidamente qualificado nos autos"**.
6. **Informação acerca do preparo:** deve-se explicar se o preparo foi realizado ou não é o caso de efetuar.
7. Informar a delimitação da matéria e os valores impugnados, demonstrando o que é controvertido e incontroverso, se for o caso, para fins do § 1º, do art. 897 da CLT.
8. **Requerimentos:** conhecimento do recurso, vez que estão preenchidos os pressupostos de admissibilidade e, intimação do agravado para contrar-

razões e, após, sejam os autos remetidos à instância *ad quem* para julgamento do mérito do recurso.

9. **Fechamento:** nestes termos, requer deferimento.
10. **Data, local e assinatura/OAB:** caso o problema traga tais dados, devem ser fielmente assinaladas. Caso contrário, nenhum dado deve ser inventado, sob pena de identificação da prova, o que acarretará a atribuição da nota zero.

4.4.6.2. Petição das razões

1. **Indicação do processo, partes e origem:** número do processo, nome do recorrente, nome do recorrido e origem do processo (3ª Vara do Trabalho de Vitória/ES).
2. **Menção aos julgadores:** Egrégio Tribunal, Eminentes Julgadores (por exemplo).
3. **Fundamentos do recurso:** indicação do equívoco da decisão. Deve-se explicitar como foi a decisão e como deveria ser, comparando a norma jurídica de forma a deixar claro que a decisão está errada e, por isso, deve ser reformada, considerando as matérias e valores que estão sendo objeto de impugnação (art. 897, § 1º, da CLT), quando for o caso.
4. **Requerimentos:** seja o recurso CONHECIDO e PROVIDO para reformar a decisão recorrida, tendo em vista o que fora demonstrado na fundamentação.
5. **Fechamento:** nestes termos, requer deferimento.
6. **Data, local e assinatura/OAB:** caso o problema traga tais dados, devem ser fielmente assinaladas. Caso contrário, nenhum dado deve ser inventado, sob pena de identificação da prova, o que acarretará a atribuição da nota zero.

4.4.7. Questão de provas anteriores/Questão simulada

Após sentença com trânsito em julgado, na reclamação trabalhista movida por SAMPAIO CORREA, que condenou a empresa Alpha Serviços Ltda. ao pagamento de R$ 12.000,00 (doze mil reais), o MM. Juiz da 3ª Vara do Trabalho de Vitória/ES, determinou a expedição de mandado de penhora e avaliação, que foi devidamente cumprido, penhorando-se um veículo de valor aproximado de R$ 30.000,00. Após a efetivação da penhora, a executada apresentou embargos à execução, sustentando, nos termos do art. 11-A da CLT, a ocorrência de prescrição intercorrente, aduzindo que o exequente, intimado, não apresentou meios para o prosseguimento da execução, viabilizando a hasta pública do bem penhorado. Após regular processamento, o MM. Juiz julgou procedente os embargos à execução, reconhecendo a alegada prescrição e, por consequência, extinguiu a execução. O reclamante/exequente busca a reforma da decisão proferida nos embargos. Na qualidade de Advogado, redija a peça processual adequada.

4.4.8. Modelo da peça

EXCELENTÍSSIMO SENHOR DOUTOR JUIZ DA 3ª VARA DO TRABALHO DE VITÓRIA – TRIBUNAL REGIONAL DO TRABALHO DO ESTADO DO ESPÍRITO SANTO.

Ref. Processo n. ...

SAMPAIO CORREA, já devidamente qualificado nos autos do processo em epígrafe, vem perante Vossa Excelência, tempestivamente, por seu advogado subscritor, interpor o presente RECURSO DE AGRAVO DE PETIÇÃO nos termos do art. 897, *a*, da CLT, tendo em vista o inconformismo com a decisão proferida nos autos do processo de execução na demanda trabalhista que move em face de Alpha Serviços Ltda.

Por estarem presentes todos os pressupostos de admissibilidade intrínsecos e extrínsecos do presente recurso, requer que, após a intimação do recorrido para contrarrazões, seja o ora apelo admitido e remetido para julgamento perante o Tribunal Regional do Trabalho do Espírito Santo.

Termos em que, requer deferimento.

Local... Data...

Advogado...

OAB n. ...

...

EGRÉGIO TRIBUNAL REGIONAL DO TRABALHO DO ESPÍRITO SANTO

RAZÕES DO AGRAVO DE PETIÇÃO

RECORRENTE: SAMPAIO CORREA
RECORRIDO: EMPRESA ALPHA SERVIÇOS LTDA.
PROCESSO N. ...
VARA DE ORIGEM: 3ª VARA DO TRABALHO DE VITÓRIA/ES

Egrégio Tribunal,
Eminentes Desembargadores,

Merece reparo a decisão de fls..., proferida nos autos do processo de execução movida pelo agravante em benefício da agravada, haja vista ter o juízo *a quo* pronunciado a prescrição intercorrente.

Com efeito, embora a CLT admita no art. 11-A que o magistrado possa pronunciar de ofício a prescrição intercorrente, não é o caso de sua incidência neste processo, pois o exequente fora intimado para indicar meios ao prosseguimento da execução e assim o fez, informando, inclusive, onde poderia ser encontrado o bem penhorado, bem como a forma pela qual a hasta pública poderia ser feita, apesar de esta função ser do Estado--juiz. Porém, este juízo não observou a petição de prosseguimento e acolheu a tese dos embargos, de forma equivocada, haja vista que não houve inércia no prazo de dois anos após a intimação.

Por todo o exposto, deve o TRT afastar o pronunciamento da prescrição intercorrente aduzida pela instância inferior.

Assim sendo, REQUER:

Seja o presente recurso admitido e provido para a reformar a decisão recorrida, determinando-se o prosseguimento da execução, na forma prevista em lei, afastando a prescrição acolhida pelo juízo *a quo*.

Termos em que, requer deferimento.

Local... Data...

Advogado...

OAB n. ...

4.5. Recurso de agravo de instrumento

4.5.1. Apresentação

Diferentemente do direito processual civil, em que o agravo de instrumento serve para impugnar as decisões interlocutórias, dentre as quais aquelas que inadmitem outros recursos, como prevê o art. 1.015 do CPC, no processo do trabalho, a utilização do agravo de instrumento mostra-se um pouco mais restrita, haja vista que as decisões interlocutórias, como regra, são irrecorríveis de imediato, vez que no direito processual do trabalho um dos princípios mais importantes é da *irrecorribilidade imediata das decisões interlocutórias*, cujas exceções, em sua maioria, estão descritas na Súmula 214 do TST.

Logo, no processo do trabalho, apenas utilizamos o agravo de instrumento quando outro recurso é inadmitido e não cabe, por exemplo, agravo regimental ou embargos de declaração.

Pelo exposto, se o recorrente interpõe recurso ordinário e este é inadmitido pelo juízo *a quo*, caberá a interposição de agravo de instrumento. Sendo o mesmo recurso ordinário inadmitido pelo órgão *ad quem*, por meio de decisão monocrática do relator, **não caberá agravo de instrumento, pois há previsão para o agravo**

interno. Se a inadmissão do mesmo recurso ordinário se der pelo colegiado, **caberá recurso de revista ao TST.**

Em suma, **somente cabe agravo de instrumento quando outro recurso for INADMITIDO pelo juízo *a quo*.**

Observe que não cabe agravo de instrumento das decisões que denegarem seguimento ao recurso de embargos no TST, pois o recurso adequado é o agravo regimental, haja vista que o agravo de instrumento é um recurso próprio, isto é, deve necessariamente ser julgado por órgão *ad quem*, na forma do art. 235 do Regimento Interno do TST e § 4º do art. 894 da CLT.

4.5.2. Características e requisitos

O recurso está previsto no art. 897, *b*, da CLT, sendo utilizado para "destrancar" outros recursos, isto é, para impugnar decisão de inadmissão de outros recursos, quando proferida pelo juízo *a quo*. Explica-se: ao se interpor, por exemplo, um recurso ordinário, este será submetido à análise, num primeiro momento, acerca da presença dos pressupostos de admissibilidade recursal (tempestividade, preparo, legitimidade, regularidade na representação etc.), sendo que aquele pode ser positivo ou negativo, caso estejam presentes todos os requisitos ou esteja ausente algum, respectivamente.

Sendo positivo o juízo de admissibilidade, não caberá qualquer recurso, mesmo pela parte contrária, já que os autos subirão ao juízo *ad quem*, após a intimação do recorrido para contrarrazões, visando à realização de novo juízo de admissibilidade e, se positivo novamente, proceder-se ao julgamento do mérito.

Sendo negativo o juízo de admissibilidade, isto é, declarando o juízo inferior a ausência de qualquer daqueles requisitos, restará "trancado" naquela instância o recurso, cabendo a rediscussão daquela decisão por meio do recurso de agravo de instrumento, de modo que é correto afirmar que o mérito do recurso de agravo de instrumento são os pressupostos de admissibilidade do recurso "trancado".

Impende transcrever a OJ n. 282 da SDI-1 do TST: "No julgamento de Agravo de Instrumento, ao afastar o óbice apontado pelo TRT para o processamento do recurso de revista, pode o juízo 'ad quem' prosseguir no exame dos demais pressupostos extrínsecos e intrínsecos do recurso de revista, mesmo que não apreciados pelo TRT".

O recurso de agravo de instrumento será formado com uma série de documentos, que estão relacionados no art. 897, § 5º, da CLT, que permitirão o julgamento do próprio agravo de instrumento, bem como, na mesma ocasião, do recurso denegado, demonstrando que a formalidade imposta na formação do recurso possui finalidade a celeridade processual, haja vista a desnecessidade de remessa dos autos originais do recurso inadmitido. Conforme o parágrafo referido acima, são indispensáveis os seguintes documentos em cópias, sob pena de não conhecimento do agravo de instrumento:

- decisão agravada, para possibilitar a verificação de eventual equívoco do juízo *a quo*;

- certidão de intimação, para aferir-se a tempestividade do agravo de instrumento;
- procurações de agravante a agravado, para verificar a regularidade de representação;
- petição inicial, contestação e decisão originária, para possibilitar o julgamento imediato do recurso denegado;
- comprovante do depósito recursal do recurso denegado, haja vista tratar-se de importante pressuposto de admissibilidade, bem como comprovação do recolhimento das custas;
- comprovante do depósito recursal do agravo de instrumento, consoante § 7º do art. 899 da CLT, que é de 50% do recurso que se pretende destrancar, **salvo** se o juízo já estiver garantido ou nas hipóteses previstas no § 8º do mesmo artigo acima citado.
- facultativamente, com outras peças que o recorrente entender úteis e necessárias ao deslinde da controvérsia, sendo comum a juntada de cópia integral do processo, de forma a possibilitar o ampla acesso do Tribunal ao mérito da demanda.

O mais recente aspecto relacionado ao agravo de instrumento é a necessidade de realização de depósito recursal, que inexistia antes da entrada em vigor da Lei n. 12.275/2010, que previu o depósito de 50% da quantia depositada para o recurso que se busca destrancar. Exemplificativamente, podemos encontrar as seguintes situações, considerando-se para fins didáticos a informação de que o depósito recursal máximo para o recurso ordinário é de R$ 8.000,00:

Valor da condenação	Valor depositado no RO	Valor a ser depositado no AI
R$ 5.000,00	R$ 5.000,00	Nada*
R$8.000,00	R$ 8.000,00	Nada*
R$ 10.000,00	R$ 8.000,00	R$ 2.000,00**
R$ 15.000,00	R$ 8.000,00	R$ 4.000,00***
R$ 50.000,00	R$ 8.000,00	R$ 4.000,00***
R$ 300.000,00	R$ 8.000,00	R$ 4.000,00***

* Nas duas primeiras hipóteses, não há necessidade de depositar qualquer quantia a título de depósito recursal no agravo de instrumento, haja vista que a execução já está totalmente garantida com o depósito realizado em sede de recurso ordinário.

** Na terceira situação, será depositado apenas R$ 2.000,00, que não representa 50% do valor depositado no recurso ordinário, uma vez que, somando-se os dois valores, chega-se ao total da execução, não sendo lícito exigir do recorrente o depósito de quantia superior à executada.

*** Nas demais situações, o recorrente realizará o depósito de R$ 4.000,00 independentemente do valor da condenação, uma vez que as quantias depositadas no recurso ordinário e no agravo de instrumento são inferiores ao total da execução. Importante lembrar que existem dois limites, a saber: 1) valor máximo de cada recurso; 2) valor da condenação.

Porém, quando o agravo de instrumento tem a finalidade de destrancar recurso de revista que se insurge contra decisão que contraria a jurisprudência uniforme do Tribunal Superior do Trabalho, consubstanciada nas suas súmulas ou em orientação jurisprudencial, não haverá obrigatoriedade de se efetuar o depósito recursal, consoante § 8º do art. 899 da CLT.

É preciso afirmar que a formação do agravo incumbe as partes, razão pela qual é válido o traslado de peças realizado pelo agravado, como preconiza a OJ n. 283 da SDI-1 do TST.

Por seu turno, caso o agravante não tenha procuração nos autos, poderá juntar a cópia da ata onde consta sua presença, pois irá demonstrar que está constituído via mandato tácito. No entanto, caso tenha procuração e mera juntada da ata não supre aquela nos moldes da OJ n. 286 da SDI-1do TST.

4.5.3. Como identificar a peça

Talvez a identificação da necessidade de interposição de agravo de instrumento seja a mais fácil, dentre todos os recursos trabalhistas, pois depende exclusivamente da informação de que **outro recurso interposto foi inadmitido**, qualquer que seja o motivo (ausência de preparo, intempestividade, ilegitimidade etc.).

Caso o problema narre que outro recurso trabalhista foi inadmitido pelo juízo *a quo*, caberá agravo de instrumento. O cuidado que temos que ter, ao analisar o problema apresentado pela banca examinadora, é perceber se a inadmissão se deu, efetivamente, no juízo *a quo*, pois caso contrário, não caberá agravo de instrumento, sendo, muito provável, a necessidade de utilização do agravo interno ou outro recurso, como o de revista.

4.5.4. Competência

Sobre o procedimento, importante aspecto relaciona-se à competência para o recebimento do recurso, já que totalmente diferente do processo civil, com o qual não pode ser confundido. Sabe-se que na esfera civil o agravo de instrumento será interposto diretamente no órgão *ad quem*, isto é, aquele que detém competência para o julgamento do mérito recursal. Assim, caso interposta essa espécie recursal em face de decisão interlocutória proferida por juízo de primeiro grau (Vara Cível, por exemplo), o recurso será interposto diretamente no Tribunal de Justiça, que é o órgão *ad quem*. **Isso não ocorre no processo do trabalho, haja vista que o agravo de instrumento é interposto perante o juízo *a quo*, ou seja, aquele que proferiu a decisão, ou seja, aquele que inadmitiu o recurso, cuja decisão está sendo impugnada em sede de agravo de instrumento.**

Ao receber o agravo de instrumento, poderá o juiz exercer a retratação, isto é, revogar a decisão anteriormente proferida, caso entenda que o agravante está com a razão. Tal possibilidade decorre do denominado efeito regressivo do recurso em estudo. Havendo retratação, será o recorrido intimado para apresentar contrarrazões ao recurso originalmente inadmitido, subindo os autos para julgamento.

Caso não haja retratação, será o recorrido intimado para apresentar contrarrazões, mas com uma especificidade: o § 6º do art. 897 da CLT afirma que serão apresentadas duas contrarrazões no prazo de oito dias, a saber: ao agravo de instrumento e ao recurso inadmitido, de forma que o tribunal *ad quem*, ao dar provimento ao agravo de instrumento, já possa desde já julgar o mérito do recurso inadmitido, tratando-se claramente de medida de celeridade processual.

O agravo de instrumento será julgado conforme dispuserem as normas procedimentais do regimento interno do tribunal competente.

4.5.5. Fundamentos mais comuns

O fundamento está sempre ligado ao equívoco do Magistrado na análise dos pressupostos de admissibilidade. O juízo *a quo* afirmou que o recurso é intempestivo, quando, na verdade, foi manejado dentro do prazo legal. Da mesma forma, afirmou, por exemplo, que o depósito recursal não foi realizado, quando era hipótese de dispensa, razão pela qual mais uma vez errou o Magistrado. Apenas para ajudar, passa-se a explicação rápida sobre cada um dos pressupostos recursais.

Pressuposto recursal	Explicação resumida
Cabimento	Recorribilidade + adequação, ou seja, se o ato judicial é recorrível e se foi utilizado o recurso adequado (daí dizer-se, recurso cabível).
Tempestividade	Verificação se o recurso foi interposto dentro do prazo recursal.
Legitimidade	Verificação se o recorrente pode recorrer.
Interesse recursal	Análise se houve sucumbência, ou seja, se da decisão judicial decorre prejuízo e, portanto, o recurso será útil.
Preparo	Verificação se foram pagas as custas processuais e o depósito recursal, quando esse é necessário.
Regularidade de representação	O recurso deve ser interposto pelo advogado com procuração, expressa ou tácita ou nas hipóteses em que não há necessidade de Advogado (*jus postulandi – Súmula 425 do TST*).

4.5.6. Estrutura da peça

Conforme já salientado anteriormente, **duas são as peças a serem desenvolvidas**, a saber: **petição de interposição** e **petição das razões**, conforme se vê a seguir:

4.5.6.1. Petição de interposição

1. **Competência:** endereçado ao juízo *a quo*. Cuidado, pois no processo civil a interposição é diretamente feita ao órgão *ad quem*. Se o recurso foi inad-

mitido pela 2ª Vara do Trabalho de Belo Horizonte/MG, o agravo de instrumento será direcionado àquele órgão.

2. **Número do processo:** menção ao número do processo.
3. **Qualificação da parte recorrente:** não há necessidade de qualificar novamente, pois já consta na petição inicial ou contestação. **Basta o nome e a informação "já devidamente qualificado nos autos".**
4. **Nome do recurso que está sendo interposto e fundamento legal:** afirmação de que está **interpondo** o AGRAVO DE INSTRUMENTO, com fulcro no art. 897, *b*, da CLT.
5. **Qualificação da parte recorrida:** não há necessidade de qualificar novamente, pois já consta na petição inicial ou contestação. **Basta o nome e a informação "já devidamente qualificado nos autos".**
6. **Informação acerca do preparo e formação do instrumento:** deve-se explicar se o preparo foi realizado ou não e o motivo. Indicação que cumpre o § 5º do art. 897 da CLT.
7. **Requerimentos:** após regular processamento, sejam os autos remetidos à instância *ad quem* para julgamento do mérito do recurso.
8. **Fechamento:** nestes termos, requer deferimento.
9. **Data, local e assinatura/OAB:** caso o problema traga tais dados, devem ser fielmente assinaladas. Caso contrário, nenhum dado deve ser inventado, sob pena de identificação da prova, o que acarretará a atribuição da nota zero.

4.5.6.2. Petição das razões

1. **Indicação do processo, partes e origem:** número do processo, nome do recorrente, nome do recorrido e origem do processo (2ª Vara do Trabalho de Belo Horizonte/MG).
2. **Menção aos julgadores:** Egrégio Tribunal, Eminentes Julgadores (por exemplo).
3. **Fundamentos do recurso:** indicação do equívoco da decisão, qual seja, a presença do requisito de admissibilidade tido por ausente pelo Magistrado que inadmitiu o recurso. Por exemplo, deve-se demonstrar que o recurso é tempestivo, ao contrário do que afirmou o juízo *a quo*. Se este entendeu que a parte é ilegítima, deve-se demonstrar que o recorrente, por estar contido no art. 996 do CPC, é legítimo a recorrer.
4. **Requerimentos:** em não havendo reconsideração, seja o recurso ADMITIDO e PROVIDO para reformar a decisão recorrida, reconhecendo-se a presença dos pressupostos de admissibilidade e, por consequência, admitindo o recurso antes denegado.
5. **Fechamento:** nestes termos, requer deferimento.
6. **Data, local e assinatura/OAB:** caso o problema traga tais dados, devem ser fielmente assinaladas. Caso contrário, nenhum dado deve ser inventa-

do, sob pena de identificação da prova, o que acarretará a atribuição da nota zero.

4.5.7. Questão de provas anteriores/Questão simulada

(Cespe/UNB 135º Exame de Ordem São Paulo) Pedro ingressou com reclamação trabalhista contra o Estado de São Paulo para ver reconhecido o vínculo de emprego entre ambos, ainda que não tenha havido prévia aprovação em concurso público. A ação foi julgada improcedente pelo juiz do trabalho. Foi interposto recurso ordinário contra a sentença, repetindo-se os argumentos trazidos na petição inicial, e, sucessivamente, solicitando-se a condenação do reclamado ao pagamento das verbas decorrentes do contrato de trabalho havido entre as partes (aviso-prévio, 13º salário proporcional, férias em dobro e simples acrescidas de um terço, depósitos do FGTS e indenização de 40% sobre o saldo do FGTS). O Tribunal Regional do Trabalho (TRT) deu provimento ao recurso, por entender caracterizada a existência de relação de emprego, na forma dos arts. 2º e 3º da CLT, mesmo diante da previsão do art. 37, II e § 2º, da CF/88, pois o serviço foi prestado de forma pessoal, onerosa e com subordinação, cabendo ao ente público arcar com as verbas decorrentes do contrato de trabalho. Ao reformar a sentença, o TRT reconheceu a existência do contrato nulo, mas entendeu ser ele capaz de gerar efeitos jurídicos, pelo que determinou o retorno dos autos à vara de origem para exame dos demais pedidos da inicial. Dessa decisão interpôs o Estado recurso de revista, cujo seguimento foi negado, sob o argumento de que as decisões interlocutórias são irrecorríveis (art. 893, § 1º, da CLT e Súmula 214/TST).

4.5.8. Modelo da peça

EXCELENTÍSSIMO SENHOR DOUTOR JUIZ DA 5ª VARA DO TRABALHO DE VITÓRIA – TRIBUNAL REGIONAL DO TRABALHO DO ESTADO DO ESPÍRITO SANTO.

Ref. Processo n. ...

JOAQUIM BARBOSA, já devidamente qualificado nos autos do processo em epígrafe, por meio de seu Advogado infrafirmado, vem perante Vossa Excelência interpor o presente RECURSO DE AGRAVO DE INSTRUMENTO, nos termos do art. 897, *b*, da CLT, tendo em vista o inconformismo com a r. decisão que inadmitiu o recurso ordinário interpor pelo recorrente, sob a afirmação de intempestividade.

Comprova por meio das guias em anexo o recolhimento do depósito recursal do art. 897, § 5º, I, e art. 899, § 7º, da CLT, referente a 50% do depósito realizado quando da interposição do recurso inadmitido.

Ademais, junta aos autos os documentos constantes no art. 897, § 5º, da CLT, para a formação do instrumento.

Após a intimação do recorrido, seja o recurso admitido e remetido para julgamento perante o Tribunal Regional do Trabalho do Espírito Santo.

Termos em que, requer deferimento.

Local... Data...

Advogado...

OAB n. ...

...

RAZÕES DO AGRAVO DE INSTRUMENTO

RECORRENTE: JOAQUIM BARBOSA
RECORRIDO: EMPRESA ALPHA SERVIÇOS LTDA.
PROCESSO N. ...
VARA DE ORIGEM: 5ª VARA DO TRABALHO DE VITÓRIA/ES

Egrégio Tribunal,
Eminentes Desembargadores,

Merece reparo a decisão que inadmitiu o recurso ordinário interposto pelo ora recorrente, uma vez que preenchidos todos os pressupostos de admissibilidade recursal.

Depreende-se da leitura da decisão recorrida que o MM. Juiz de piso entendeu por intempestivo o recurso ordinário, ao afirmar que este fora interposto após o octídio legal.

Contudo, dos autos constam que a intimação da sentença ocorreu em 16-5-2015, iniciando-se a contagem do prazo em 17-5-2015 (segunda-feira). O último dia do prazo seria 24-5-2015 (terça-feira), mas nesse dia, conforme ato da Presidência do TRT/ES em anexo, foi determinado o fechamento do fórum trabalhista de Vitória, prorrogando-se desta forma o último dia para 25-5-2015 (quarta-feira), data da interposição.

Assim sendo, tendo em vista a prorrogação do prazo recursal e a interposição no prazo adequado, deve a decisão ser reformada para admitir o recurso ordinário, por tempestivo.

Por todo o exposto, REQUER:

a) A reconsideração da decisão recorrida, admitindo-se o feito para regular processamento.

b) Em não havendo reconsideração, seja o presente recurso admitido e provido para reformar a decisão recorrida, admitindo-se o recurso antes considerado intempestivo.

Termos em que, requer deferimento.

Local... Data...

Advogado...

OAB n. ...

4.6. Recurso de agravo interno

4.6.1. Apresentação

O agravo interno está previsto nos arts. 1.021 do CPC e 896, § 12, da CLT, sendo interposto das decisões do relator, conforme dispositivos acima referidos, vez que o relator proferirá uma **decisão monocrática,** passível de interposição do recurso em destaque, de competência do colegiado que seria naturalmente competente para a análise do mérito do recurso anterior (julgado monocraticamente).

4.6.2. Características e requisitos

Apesar de ser, na prática, cada vez mais comum o julgamento monocrático nos tribunais, este continua a ser, teoricamente, exceção, uma vez que a regra de julgamento nos tribunais é a decisão colegiada. O art. 239 do RITST prevê o cabimento do recurso de agravo interno, no prazo de oito dias, nas seguintes hipóteses:

> Art. 239. Caberá agravo ao órgão colegiado competente para o julgamento do respectivo recurso, no prazo de oito dias, a contar da publicação no órgão oficial:
>
> I – da decisão do Relator, tomada com base no § 5º do art. 896 da CLT;
>
> II – da decisão do Relator, dando ou negando provimento ou negando seguimento a recurso, nos termos do art. 557 e § 1º-A do CPC (atualmente art. 1.021 do CPC).

Acerca do procedimento, será interposto perante o relator, que poderá reconsiderar a decisão. Caso não a reconsidere, levará o recurso para julgamento pelo colegiado. Possui efeito apenas devolutivo, podendo, conforme mencionado, possuir efeito regressivo.

Já se afirmou que o julgamento dos recursos tende a ser realizado monocraticamente pelos tribunais, por celeridade processual, quando a questão já estiver pacificada perante os tribunais superiores ou quando a matéria estiver ligada aos pressupostos de admissibilidade, sendo que o agravo interno pode ser utilizado apenas para protelar o feito, assim como ocorre em demasia com os embargos de declaração já estudados. Em relação ao último recurso, verificou-se a existência de previsão legal contida no art. 1.026, § 2º, do CPC acerca da aplicação de multa, ocorrendo o mesmo em relação ao agravo interno, conforme descrito no art. 1.021, § 4º, do CPC.

A aplicação da multa não é automática, devendo o colegiado fundamentar aquela, expondo os motivos que o levam a entender que o recurso possui finalidade protelatória, exigindo-se unanimidade.

4.6.3. Como identificar a peça

A identificação da peça, em uma prova da OAB 2ª fase, passa pela análise, novamente, das hipóteses de cabimento. O problema fará a exposição de uma

decisão monocrática, ou seja, **proferida em um Tribunal, pelo relator, conforme dispositivos acima apresentados**, que em resumo contemplam as seguintes hipóteses, nas quais o relator, ao analisar outro recurso, irá:

- inadmiti-lo por ausência de pressupostos recursais, tais como preparo, tempestividade, regularidade formal, dentre outros;
- negar provimento ao apelo, quando a decisão recorrida estiver fundada em súmula ou jurisprudência dominante dos tribunais superiores;
- dar provimento ao recurso quando a decisão recorrida estiver em confronto com súmula ou jurisprudência dominante dos tribunais superiores.

Se o problema disser que foi proferida uma **decisão monocrática**, será hipótese de interposição de agravo interno, para resguardar os direitos da parte, que teve seu recurso inadmitido, desprovido ou sofreu prejuízo com o provimento do recurso da parte contrária.

4.6.4. Competência

Assim como já foi analisado nos outros recursos, com exceção dos embargos de declaração, o agravo interno **será interposto perante o órgão *a quo* e julgado pelo *ad quem*.** Importante destacar que o juízo *a quo*, na hipótese, o **relator do recurso julgado monocraticamente**, ao receber o agravo interno, poderá **reconsiderar a decisão, haja vista a existência de efeito regressivo no recurso em estudo.** Não havendo reconsideração da decisão, os autos são remetidos ao juízo *ad quem*, que é o colegiado, originalmente competente para o recurso julgado monocraticamente. Vamos a um exemplo: diante de uma sentença que condenou a empresa Betha Construções Ltda., foi por esse interposto recurso ordinário, admitido pelo juízo *a quo* e remetido ao Tribunal Regional do Trabalho. Distribuído a um Desembargador Relator, este entendeu que o apelo era intempestivo e, monocraticamente, o inadmitiu. Diante dessa decisão novamente desfavorável, **proferida apenas pelo Relator, poderá a Betha Construções Ltda. interpor o recurso de agravo interno.**

No quadro abaixo, estão resumidas as três hipóteses acima aventadas, com exemplos de simples entendimento.

Decisão proferida	Exemplo	Explicação
Inadmissão do recurso	João da Silva, reclamante, teve seus pedidos julgados improcedentes e interpôs recurso ordinário, inadmitido pelo relator por ausência do depósito recursal.	Cabe a interposição de agravo interno por João da Silva, pois o depósito recursal não é exigido do empregado reclamante, apenas da empresa.

Improvimento do recurso	João da Silva ajuizou ação trabalhista requerendo o pagamento de horas de sobreaviso pela utilização de aparelho celular. A sentença foi de improcedência. Interposto recurso ordinário, foi julgado improvido monocraticamente pelo relator.	O relator não precisa encaminhar o recurso para julgamento pelo colegiado, já que a pretensão de João da Silva contraria Súmula do TST (n. 429), que afirma não serem sobreaviso as horas em que o empregado aguarda ordens pelo celular. Contudo, como a decisão monocrática pode estar errada, cabe a interposição de agravo interno, para que o colegiado analise se a decisão do relator está correta ou não.
Provimento do recurso	João da Silva ajuizou ação trabalhista buscando o pagamento de horas extraordinárias. A sentença de improcedência considerou que havia banco de horas pactuado entre empregado e empregador. João da Silva interpôs recurso ordinário, que foi monocraticamente provido pelo relator, já que a sentença está nitidamente errada, uma vez para o banco de horas é imprescindível autorização em negociação coletiva.	O provimento monocrático deu-se em decorrência da sentença estar nitidamente errada, não havendo necessidade, nesse caso, de pronunciamento do colegiado, já que se guarda àquele órgão as decisões de processos mais complexos. Contudo, há a previsão de interposição de agravo interno para discussão do tema, já que o relator pode estar equivocado.

4.6.5. Estrutura da peça

Conforme já salientado anteriormente, **duas são as peças a serem desenvolvidas,** a saber: **petição de interposição e petição das razões,** conforme se vê a seguir:

4.6.5.1. Petição de interposição

1. **Competência:** endereçado ao juízo *a quo,* ou seja, ao Desembargador ou Ministro Relator do recurso julgado monocraticamente.
2. **Número do processo:** menção ao número do processo.
3. **Qualificação da parte recorrente:** não há necessidade de qualificar novamente, pois já consta na petição inicial ou contestação. **Basta o nome e a informação "já devidamente qualificado nos autos".**

4. **Nome do recurso que está sendo interposto e fundamento legal:** afirmação de que está interpondo o AGRAVO INTERNO com fulcro no art. 1.021 do CPC ou 896, § 12, da CLT.
5. **Qualificação da parte recorrida:** não há necessidade de qualificar novamente, pois já consta na petição inicial ou contestação. **Basta o nome e a informação "já devidamente qualificado nos autos"**.
6. **Informação acerca do preparo:** deve-se explicar se o preparo foi realizado ou não, se for o caso.
7. **Requerimentos:** após regular processamento, **caso não haja reconsideração pelo relator**, sejam os autos remetidos ao Colegiado para julgamento do mérito do recurso.
8. **Fechamento:** Nestes termos, requer deferimento.
9. **Data, local e assinatura/OAB:** caso o problema traga tais dados, devem ser fielmente assinaladas. Caso contrário, nenhum dado deve ser inventado, sob pena de identificação da prova, o que acarretará a atribuição da nota zero.

4.6.5.2. Petição das razões

1. **Indicação do processo, partes e origem:** número do processo, nome do recorrente, nome do recorrido e origem do processo (recurso ordinário da relatoria do Desembargador José da Silva).
2. **Menção aos Julgadores:** Egrégio Tribunal, Eminentes Julgadores (por exemplo).
3. **Fundamentos do recurso:** indicação do equívoco em que incorreu o relator ao julgar monocraticamente. Caso o feito tenha sido inadmitido, deve-se demonstrar a presença do requisito de admissibilidade que o relator afirmou estar ausente. Caso tenha sido provido o recurso, deve-se demonstrar o motivo pela qual deveria ter sido improvido. Se foi improvido, o motivo pela qual deveria ser provido. Em todas as hipóteses, a fundamentação demonstra o erro do Relator ao colegiado.
4. **Requerimentos:** Caso não haja reconsideração, seja o recurso ADMITIDO e PROVIDO para reformar a decisão monocrática, admitindo-se o recurso denegado/dando provimento ao recurso/negando provimento ao recurso.
5. **Fechamento:** Nestes termos, requer deferimento.
6. **Data, local e assinatura/OAB:** caso o problema traga tais dados, devem ser fielmente assinaladas. Caso contrário, nenhum dado deve ser inventado, sob pena de identificação da prova, o que acarretará a atribuição da nota zero.

4.6.6. Questão de provas anteriores/Questão simulada

Joaquim José da Silva Xavier, durante os vários anos em que laborou para a empresa Alpha Serviços Ltda., sempre trabalhou em média 3 a 4 horas extraordinárias por dia. Todavia, não as recebeu integralmente. A empresa alegava que o art. 59 da CLT previa o máximo de 2 horas extras por dia, razão pela qual só remunerava as horas extras que não excedessem de 2 horas diárias. Em decorrência desse fato, entendendo não ter direito ao pagamento de todas as horas extras efetivamente trabalhadas, o MM. Juiz do Trabalho julgou improcedentes os pedidos. Inconformado com a decisão, Joaquim José interpôs recurso ordinário, com fulcro no art. 895, I, da CLT, sustentando que o art. 59 da CLT não permite o trabalho além de 2 horas extras diárias, mas não impede o pagamento de todas as efetivamente trabalhadas, já que a sua força de trabalho foi usufruída pela empresa, gerando o enriquecimento daquela. Admitido o recurso em primeiro grau, foi remetido ao Tribunal Regional do Trabalho da 1ª Região, sendo distribuído ao Desembargador Relator que, entendendo que a matéria está pacificada nos Tribunais Superiores, proferiu decisão monocrática negando provimento ao recurso ordinário. Na qualidade de advogado do reclamante, redija a peça processual adequada visando à reforma da decisão monocrática.

4.6.7. Modelo da peça

EXCELENTÍSSIMO DESEMBARGADOR RELATOR MARCELO HUGO – TRIBUNAL REGIONAL DO TRABALHO DO RIO DE JANEIRO.

Ref. Processo n. ...

JOAQUIM JOSÉ DA SILVA XAVIER, devidamente qualificado nos autos do processo em epígrafe, por meio de seu Advogado infrafirmado, vem perante Vossa Excelência interpor o presente RECURSO DE AGRAVO INTERNO, nos termos do art. 1.021 do CPC, tendo em vista o inconformismo com a r. decisão monocrática que negou provimento ao recurso ordinário do recorrente, sob a afirmação de que está em confronto com a jurisprudência dos Tribunais Superiores.

Deixa de realizar o preparo recursal por estar sob a égide do benefício da justiça gratuita, anteriormente deferido nos termos do art. 790, § 3º, da CLT.

Em não havendo reconsideração por Vossa Excelência, seja após regular processamento remetido para julgamento perante o órgão colegiado do Tribunal Regional do Trabalho do Rio de Janeiro.

Termos em que, requer deferimento.

Local... Data...

Advogado...

OAB n. ...

...

RAZÕES DO AGRAVO INTERNO

RECORRENTE: JOAQUIM JOSÉ DA SILVA XAVIER
RECORRIDO: EMPRESA ALPHA SERVIÇOS LTDA.
PROCESSO N. ...
VARA DE ORIGEM: ... VARA DO TRABALHO DE...

Egrégio Tribunal,
Eminentes Desembargadores,

Deve ser reformada a decisão monocrática proferida pelo Relator do recurso ordinário interposto pelo ora recorrente, tendo em vista que fora negado provimento ao mesmo sob a afirmação de que as alegações contrariam o entendimento cristalizado na jurisprudência pacificada do TST.

Vislumbra-se do recurso ordinário que a discussão travada nos autos refere-se ao reconhecimento da incidência da Súmula 376 do C. TST.

Apesar do entendimento sumulado do TST, o Excelentíssimo Desembargador Relator do recurso ordinário lhe negou provimento monocraticamente, novamente seguindo tão somente o entendimento do Supremo Tribunal Federal.

Ora, o que a Súmula 376 do TST assevera é exatamente o contrário do que se está aplicando desde a primeira instância, pois como se nota, embora o recorrente fizesse mais de duas horas por dia, não as recebia, de modo que a Súmula 376 dispõe que a limitação legal do art. 59 da CLT não exime o empregador de pagar o que exceder aquelas duas.

Desta feita, deve ser reformada a decisão para dar provimento ao recurso, a fim de que a decisão deste colegiado atenda o proclamado na Súmula 376 do C. TST.

Por todo o exposto, REQUER:

a) A reconsideração da decisão recorrida para que seja dado provimento monocrático ao recurso, ante o fato da sentença contrariar o entendimento do TST, cristalizado na Súmula 376.

b) Caso não haja a reconsideração, requer seja o feito admitido, processado de forma a que seja julgado por uma das turmas do Tribunal Regional do Trabalho do Rio de Janeiro e, ao final, provido para determinar o julgamento do recurso ordinário.

Termos em que, requer deferimento.

Local... Data...

Advogado...

OAB n. ...

4.7. Embargos à execução

4.7.1. Apresentação

A defesa do executado, apesar de mais restrita em relação ao processo de conhecimento, haja vista que nem todas as matérias arguíveis na defesa apresentada em audiência podem ser renovadas em execução, consiste basicamente na apresentação dos embargos à execução (embargos do devedor ou do executado) e a exceção de pré-executividade, sendo o primeiro objeto de análise a partir de agora.

4.7.2. Características e requisitos

Tratando-se de execução, a primeira informação relevante sobre os embargos à execução toca à sua natureza jurídica, que é incidente da fase executiva, com a mesma natureza que ostenta a execução no processo civil, ou seja, que surge no curso no processo de execução, **devendo-se assegurar o contraditório, efetivado pela possibilidade de apresentação de impugnação do exequente, seguindo-se a produção de provas, se necessário, culminando com o proferimento de sentença, que pode ser objeto de recurso.**

Os embargos do executado são, pois, uma defesa incidental em que o executado é autor e o exequente é o réu, que visa anular ou reduzir a execução ou tirar do título sua eficácia executória, por demonstrar, por exemplo, que o título não é certo, líquido ou exigível, ou que a coisa julgada foi formada sem o contraditório, bem como a lei que embasou a condenação foi declarada inconstitucional pelo STF.

No tocante aos requisitos para a utilização dos embargos à execução, destaque para a necessidade de **garantia do juízo**, ou seja, depósito da quantia reclamada (deve-se deduzir eventuais valores nos autos de depósito recursal) apresentação de bens a penhora ou penhora incidente sobre os bens do executado, no valor integral do débito, **ressalvando-se apenas as hipóteses elencadas no § 6º do art. 884 da CLT, incluído pela Lei n. 13.467/2017, nas quais se dispensa a garantia do juízo.** A penhora em bens ou o oferecimento daqueles em valor inferior ao débito (garantia parcial, portanto), impede a apresentação da defesa pelo executado. A matéria encontra-se prevista no art. 884 da CLT, que assim prescreve: "Garantida a execução ou penhorados os bens, terá o executado 5 (cinco) dias para apresentar embargos, cabendo igual prazo ao exequente para impugnação".

Sempre tomar cuidado com a necessidade de garantia integral do juízo, ou seja, somente se o valor do débito a ser discutido estiver totalmente depositado ou garantido por penhora, é que os embargos serão recebidos. Caso contrário, a petição será rejeitada.

Em se tratando de executado particular, conforme já dito, o prazo para apresentação dos embargos é de cinco dias. Para a Fazenda Pública, a norma é diferente. A Medida Provisória n. 2.180-35, incluiu o art. 1º-B na Lei n. 9.494/97, dispondo que o prazo do art. 884 da CLT seria de 30 dias para os componentes da Fazenda

Pública, o que gerou uma série de inquietações e dúvidas, em decorrência da inserção da norma por medida provisória, que está intimamente ligada à urgência.

Atualmente tramita no Supremo Tribunal Federal a ADC 11, na qual se determinou liminarmente a suspensão dos processos nos quais a discussão gira em torno de tal questão. Contudo, sinalizou-se a constitucionalidade da norma, havendo decisões em ações cautelares, que determinam o recebimento e processamento no prazo de 30 dias, favorecendo a celeridade processual, já que os feitos não restaram suspensos até o julgamento de mérito da ação declaratória de constitucionalidade.

Ainda sobre o procedimento, estando presentes os requisitos legais, os embargos serão admitidos, intimando-se o exequente/embargado para, querendo, apresentar sua impugnação. Note que a CLT não determina expressamente que **os embargos à execução, no processo do trabalho, serão recebidos no efeito suspensivo, o que significa dizer que a execução não ficará suspensa até o julgamento daquela defesa do executado. No entanto, entendemos aplicável o art. 525, § 6º, do CPC, onde o juiz, no caso concreto, desde que presentes os requisitos ali previstos, poderá atribuir efeito suspensivo.**

Acerca da possibilidade de produção de provas em sede de embargos de execução, o art. 884, § 2º, da CLT prevê a possibilidade de realização de provas. Não havendo qualquer prova a ser produzida em audiência, os autos irão conclusos para decisão, no prazo de cinco dias.

Por fim, a petição dos embargos pode ser rejeitada liminarmente nas hipóteses do art. 918 do CPC, aplicado subsidiariamente, sendo tal decisão passível de agravo de petição, nos termos do art. 897, *a*, da CLT, haja vista tratar-se de decisão em execução de sentença, amoldando-se inteiramente na hipótese de cabimento daquele recurso.

4.7.3. Como identificar a peça

A identificação da peça torna-se fácil em decorrência do requisito de admissibilidade que é imposto pela lei, qual seja, **a garantia do juízo,** isto é, a realização de penhora de bens do executado ou a nomeação de bens pelo próprio. Havendo indicação no problema apresentado pela banca examinadora de uma das duas condutas – penhora de bens ou nomeação de bens – **garantia do juízo –** será a hipótese de embargos à execução caso haja algum vício detectado no processo e que impõe prejuízo ao embargante, como aqueles a serem analisados em tópico *infra*, prescritos no § 1º do art. 884 da CLT e art. 525, § 1º, do CPC.

4.7.4. Competência

Os embargos à execução são julgados pelo juízo que processa a execução, ou seja, a Vara do Trabalho que determinou a realização dos atos processuais no processo de execução. Assim, requerida a execução da sentença proferida pela 2ª Vara do Trabalho de Curitiba/PR, a competência é daquele mesma Vara (competência funcional, portanto, absoluta), devendo o juiz daquela Vara do Trabalho determinar a expedição de mandado de citação, penhora e avaliação. Havendo a penhora ou a nomeação de bens, os embargos à execução eventualmente oferecidos serão por aquele mesmo órgão jurisdicional julgados. Logo, o endereçamento será ao *Excelentíssimo Senhor Doutor Juiz da 2ª Vara do Trabalho de Curitiba/PR.*

4.7.5. Fundamentos mais comuns

Diversos são os argumentos que podem ser invocados no bojo dos embargos à execução, nos termos do art. 884, § 1º, da CLT e art. 525, § 1º, do CPC. Segundo dispõe o preceito celetista acima referenciado, o executado poderá alegar nos embargos à execução apenas o cumprimento da decisão, a quitação ou a prescrição da dívida, desde que ocorridos posteriormente à sentença.

O cumprimento, quitação ou prescrição do direito material, anteriores à sentença devem ser arguidos em defesa a ser apresentada em audiência, nos termos do art. 847 da CLT.

Apesar do § 1º do art. 884 da CLT mencionar poucas matérias passíveis de impugnação nessa fase processual, outras podem ser arguidas, por utilização subsidiária (art. 889 da CLT) do art. 525, § 1º, do CPC que elenca os seguintes vícios: *falta ou nulidade de citação se, na fase de conhecimento, o processo correu à revelia; inexigibilidade do título ou inexigibilidade da obrigação; penhora incorreta ou avaliação errônea; ilegitimidade de parte; excesso de execução ou cumulação indevida de execuções; qualquer causa modificativa ou extintiva da obrigação, como pagamento, novação, compensação, transação ou prescrição, desde que supervenientes à sentença.* O dispositivo do CPC pode ser aplicado subsidiariamente ao processo do trabalho, já que o preceito celelista, por ser antigo, não mais se adéqua à realidade.

É sempre importante destacar que a compensação e a retenção não podem ser objeto dos embargos à execução, uma vez que tais matérias somente podem ser levadas ao Poder Judiciário por meio da contestação, sob pena de preclusão, conforme nos informa o art. 767 da CLT.

4.7.6. Estrutura da peça

A petição dos embargos à execução é bem simples, razão pela qual você não precisa de muitas formalidades. Assim, a estrutura seguirá o seguinte modelo:

1. **Competência:** endereçamento à Vara do Trabalho na qual tramita a execução trabalhista e que, portanto, determinou a expedição de mandado de citação, penhora e avaliação.
2. **Número do processo:** menção ao número do processo.
3. **Qualificação da parte autora (reclamante):** não há necessidade de qualificação das partes, bastando dizer "já devidamente qualificado nos autos". Informação de que a peça é subscrita por Advogado regulamente

constituído, constando o endereço daquele (se for o caso de estar entrando agora na relação processual), para o recebimento de notificações.

4. **Nome da medida judicial que está sendo apresentada e fundamento legal:** descrição da apresentação de EMBARGOS À EXECUÇÃO, nos termos dos arts. 884 da CLT e 525 do CPC.
5. **Qualificação da parte ré (reclamado):** basta dizer "já devidamente qualificada nos autos".
6. **Inicialmente deve ser informado que o juízo está garantido, já que é pressuposto para o processamento dos embargos.**
7. **Fatos e fundamentos jurídicos do pedido:** descrição da causa de pedir, ou seja, afirmação acerca de um ou mais vícios contidos no art. 884, § 1º, da CLT e art. 525, § 1º, do CPC, com a demonstração pormenorizada do equívoco realizado pelo Magistrado e que importa em nulidade do processo de execução ou, pelo menos, de um ou alguns dos seus atos. Apesar de teoricamente não haver necessidade de mencionar os fundamentos jurídicos (artigos de lei, súmulas, OJs etc.), na Prova da Ordem tal requisito é indispensável, pois o candidato deve mostrar ao examinador que conhece o direito do trabalho.
8. **Pedidos e requerimentos:** dentre as solicitações que devem ser formuladas na petição dos embargos à execução, tem-se:
   - 8.1. Notificação do reclamado para comparecer à audiência e, querendo, apresentar defesa, sob pena de revelia e confissão sobre a matéria de fato.
   - 8.2. Produção de todos os meios de prova admitidos em direito, em especial, documental, testemunha, pericial e depoimento pessoal das partes.
   - 8.3. Seja reconhecida (por exemplo) a nulidade do título executivo judicial, tendo em vista ser ilíquida, tornando nulo os atos processuais realizados até o momento.
9. **Fechamento:** nestes termos, requer deferimento.
10. **Data, local e assinatura/OAB:** caso o problema traga tais dados, devem ser fielmente assinaladas. Caso contrário, nenhum dado deve ser inventado, sob pena de identificaçao da prova, o que acarretará a atribuição da nota zero.

4.7.7. Questão de provas anteriores/Questão simulada

José da Silva ajuizou ação trabalhista tombada sob o n. 0034300-65.2011.5.17.0004, em trâmite perante a 4ª Vara do Trabalho de Vitória/ES, tendo conseguido sentença de procedência em face de Manoel Andrade, seu ex-empregador pessoa física, que atualmente trabalha como taxista. Após a interposição de todos os recursos, muitos dos quais meramente protelatórios, a sentença transita em julgado, com o valor de R$ 20.000,00. Iniciada a execução *ex officio* pelo

Juiz do Trabalho, foi realizada a penhora sobre um automóvel do executado, que o mesmo utiliza como taxi. Ao saber da constrição em seu carro, Manoel Andrade lhe contratou como Advogado para resguardar os seus interesses. Nessa qualidade, redija a peça processual adequada, levando-se em consideração que o bem penhorado possui valor de R$ 30.000,00.

4.7.8. Modelo da peça

EXCELENTÍSSIMO SENHOR JUIZ DA 12ª VARA DO TRABALHO DE CAMPINAS- TRIBUNAL REGIONAL DO TRABALHO DA 15ª REGIÃO.

Ref. Processo n. ...

EMPRESA ALPHA SERVIÇOS LTDA., pessoa jurídica de direito privado, inscrita no CNPJ sob o n. ..., com sede na Rua...,por meio de seu Advogado infrafirmado, com escritório na Rua... (somente quando for necessário), onde recebe as notificações, vem perante Vossa Excelência oferecer os presentes

EMBARGOS À EXECUÇÃO

Nos termos dos arts. 884 da CLT e 525, § 1º, do CPC, em razão da execução movida por ENRICO TULIO, pelos fatos e fundamentos que passa a expor:

1. Dos fatos e fundamentos jurídicos

Em primeiro lugar, afirma-se que o juízo encontra-se garantido integralmente, haja vista a penhora efetivada em bem do embargante, avaliado pelo Oficial de Justiça em R$ 30.000,00 (trinta mil reais), valor superior àquele constante do mandado de citação, penhora e avaliação.

Em demanda que tramitou sob o rito sumaríssimo, o embargante foi condenado ao pagamento do valor líquido de R$ 13.560,00 (treze mil, quinhentos e sessenta reais), acrescidos de juros e correção monetária. Salienta-se que o pedido de condenação do embargante ao pagamento de danos morais, no valor de R$ 10.000,00 (dez mil reais), foi julgado improcedente, conforme r. sentença nos autos.

Contudo, ao ser citado para pagar a quantia devida em 48 horas, surpreendeu-se ao verificar que no valor a ser pago estava incluído a *quantum* relacionado ao dano moral, violando a coisa julgada formada, ocasionando excesso de execução nos termos do art. 525, § 1º, V, do CPC.

Uma vez transitada em julgado a decisão, não há mais qualquer possibilidade de alteração, ainda mais no curso do processo de execução (art. 879, § 1º, da CLT), sendo que qualquer alteração que venha a aumentar o valor do débito constituiu um dos vícios que ensejam o ajuizamento da ação de embargos à execução, que conforme já afirmado, recebe o nome de *excesso de execução.*

Deve tal excesso de execução ser reconhecido no julgamento da presente defesa do executado, de forma a restringir o valor a ser executado àquelas parcelas que foram reconhecidas por sentença proferida nos autos do processo n. ..., sob pena de violação à coisa julgada.

2. Do pedido

Seja reconhecido o excesso de execução e, por consequência, julgada insubsistente a execução promovida, além dos valores reconhecidos por sentença transitada em julgado.

3. Dos requerimentos

a) Seja o exequente notificado para, querendo, apresentar impugnação no prazo de cinco dias.

b) Produção de todos os meios de prova admitidos.

c) A procedência do pedido formulado na presente.

Termos em que, requer deferimento.

Local... Data...

Advogado...

OAB n. ...

4.8. Exceção de pré-executividade

4.8.1. Apresentação

No tópico anterior afirmou-se que os embargos à execução somente são recebidos quando há a completa garantia do juízo. Fixou-se que a penhora parcial ou o oferecimento de bens que não atinjam o valor integral da condenação não permite a apresentação daquela defesa.

Ocorre que em algumas situações seria injusto impor a restrição patrimonial ao devedor para alegar a existência de vícios de ordem pública, ou seja, que podem ser reconhecidos de ofício pelo Magistrado. Caso o executado não possua patrimônio, não poderá alegar, por exemplo, a ausência de alguma das condições da ação ou de pressupostos processuais, o que, sem sombra de dúvidas, cria uma situação absurdamente injusta.

De forma a corrigir tal disparidade, doutrina e jurisprudência processual civil, com destaque para Pontes de Miranda, começaram a permitir que determinadas matérias – de ordem pública, cognoscíveis de ofício – pudessem ser arguidas não por embargos à execução, e sim por petição simples, sem necessidade de garantia do juízo, que passaram a denominar *exceção de pré-executividade*, mais tarde também chamada *objeção de pré-executividade*, em decorrência da natureza jurídica pública dos vícios que podem nela ser invocados. **A exceção de pré-executividade não possui previsão em lei, tratando-se de construção meramente doutrinária e jurisprudencial, mas bem aceita nos domínios do processo do trabalho.**

4.8.2. Características e requisitos

A vantagem prática na apresentação da espécie de defesa em estudo é a desnecessidade de garantia do juízo, ou seja, o executado pode demonstrar a inexigibilidade do título sem nomear bens à penhora ou sofrer penhora em seus bens.

As situações mais comuns de utilização da exceção de pré-executividade na Justiça do Trabalho contemplam as alegações de:

- ausência de citação no processo de conhecimento;
- incompetência da Justiça do Trabalho;
- litispendência, coisa julgada, perempção e outros vícios previstos no art. 337 do CPC e que, regra geral, geram a extinção do feito sem apreciação do mérito;
- prescrição intercorrente, nos termos do art. 11-A da CLT;
- excesso de execução, novação, transação e quitação.

Verifica-se que as alegações geralmente levadas ao Poder Judiciário por meio da exceção de pré-executividade são de fácil análise e conclusão, não havendo necessidade de produção de prova testemunhal ou pericial. Trata-se de situações que, mesmo podendo ser de fatos, são analisadas à luz de documentos juntados aos autos.

Um dos pontos mais importantes sobre essa espécie de defesa é a impossibilidade de produção de provas, salvo a documental, que será anexada à petição da exceção. Assim sendo, **só se admite a prova pré-constituída, que é a documental, assim como ocorre no mandado de segurança, a ser estudado em tópico apropriado.** Considerando-se a desnecessidade de garantia do juízo para a apresentação da defesa em estudo, a Fazenda Pública, quando executada, não pode apresentar exceção de pré-executividade, por ausência de interesse processual, uma vez que os embargos à execução independem de garantia do juízo para aqueles entes.

Importante que se diga que a utilização da exceção de pré-executividade pelo executado não o impede de apresentar posteriormente os embargos à execução, não havendo preclusão. Assim, caso a exceção seja rejeitada, poderá o executado garantir o juízo e manejar os embargos, com ampla instrução probatória.

Por fim, cabe a análise da decisão que julga a exceção, bem como a recorribilidade do ato.

Sendo rejeitada a exceção, será proferida uma decisão interlocutória, que nos termos do art. 893, § 1º, da CLT, mostra-se irrecorrível, já que tal situação não está contemplada nas exceções da Súmula 214 do TST.

Sendo acolhida a exceção, a decisão que extinguir parcial ou totalmente a execução será impugnada por agravo de petição, haja vista que o processo será extinto, mesmo que parcial.

4.8.3. Como identificar a peça

A exceção de pré-executividade nunca foi cobrada em Exames de Ordem na 2ª fase em direito do trabalho, pois o seu cabimento é bem casuístico, o que dificulta, em muito, a identificação de sua utilização. As situações abaixo arroladas são normalmente objeto de alegação em exceção, mas isso não significa dizer que sempre que tais situações forem verificadas no processo trabalhista, será hipótese de exceção, já que se deve analisar, principalmente, se o juízo está garantido, quando então será o caso de oferecer embargos à execução, bem à desnecessidade de outras provas, que não a documental juntada na própria petição da exceção. As situações de utilização mais comuns são aquelas descritas acima, como:

- ausência de citação no processo de conhecimento;
- incompetência da Justiça do Trabalho;
- litispendência, coisa julgada, perempção etc.

Nessas situações, havendo prova pré-constituída acerca dos fundamentos, pode ser manejada a espécie de defesa excepcional, sem necessidade de garantia do juízo.

4.8.4. Competência

Assim como ocorre com os embargos à execução, a exceção de pré-executividade será apresentada e julgada pelo órgão que realiza os atos executórios, ou seja, aquele que determinou a expedição de mandado de citação, penhora e avaliação. Logo, o endereçamento será ao *Excelentíssimo Senhor Doutor Juiz da 1ª Vara do Trabalho de Goiânia/GO.*

4.8.5. Estrutura da peça

Como já foi afirmado, a exceção de pré-executividade, apesar de estar cada dia mais arraigada no processo do trabalho, não possui previsão legal, razão pela qual não podemos falar em requisitos legais. Assim sendo, a estrutura da peça que será a seguir exposta representa a peça que é usualmente realizada na seara trabalhista.

1. **Competência:** endereçamento à Vara do Trabalho na qual tramita a execução trabalhista e que, portanto, determinou a expedição de mandado de pagamento e penhora de bens.

2. **Número do processo:** menção ao número do processo.
3. **Qualificação da parte que oferece a exceção (executado):** não há necessidade de qualificação completa, bastando o NOME e a informação de que a parte "já devidamente qualificada nos autos".
4. **Nome da peça que está sendo manejada:** descrição da apresentação de EXCEÇÃO DE PRÉ-EXECUTIVIDADE nos autos da execução que move o reclamado.
5. **Qualificação da parte contrária (exequente):** não há necessidade de qualificação completa, bastando o NOME e a informação de que a parte "está devidamente qualificada nos autos".
6. **Fatos e fundamentos jurídicos do pedido:** exposição dos fundamentos que permitem a apreciação judicial por meio da presente peça, ou seja, sem a garantia do juízo, em exceção à regra da apresentação dos embargos à execução, demonstrando ainda a desnecessidade de produção de provas, já que todos os fatos e fundamentos podem ser comprovados pelos documentos juntados aos autos, ou seja, pela prova pré-constituída.
7. **Requerimentos:** os requerimentos, geralmente, estão ligados à intimação da parte contrária para manifestação, caso queira e procedência da exceção de pré-executividade, reconhecendo-se, por exemplo, a existência de nulidade de citação e, por consequência, tornando nulos os atos executórios.
8. **Fechamento:** nestes termos, requer deferimento.
9. **Data, local e assinatura/OAB:** caso o problema traga tais dados, devem ser fielmente assinaladas. Caso contrário, nenhum dado deve ser inventado, sob pena de identificação da prova, o que acarretará a atribuição da nota zero.

4.8.6. Questão de provas anteriores/Questão simulada

Em reclamação trabalhista, Júlio alegou ter trabalhado para a empresa Alpha Serviços Ltda. no período de 2003 a 2006, na qualidade de pintor. Em sentença, o Magistrado reconheceu o vínculo empregatício requerido e, por consequência, condenou a reclamada ao pagamento de R$ 100.000,00. Iniciada a execução, vislumbrou-se após diversas tentativas de constrição patrimonial, que a empresa executada não possui qualquer bem passível de penhora, razão pela qual o exequente requereu e desconsideração da personalidade jurídica, de forma a atingir o patrimônio dos sócios. Deferido o pedido pelo Juiz do Trabalho, voltaram os atos executórios em face de João, José e Joaquim, com expedição de mandados de citação aos três. Ao receber o seu mandado de citação, José estranhou o fato, já que havia se retirado da sociedade no ano de 2000, ou seja, três anos antes do início do vínculo de emprego, entendendo, dessa forma, ser ilegítimo para a execução. Buscando evitar a constrição patrimonial e com vistas à sua exclusão do processo, procurou você para, na qualidade de Advogado, redigir a peça processual cabível, levando-se em consideração a existência de garantia do juízo.

4.8.7. Modelo da peça

EXCELENTÍSSIMO SENHOR JUIZ DA 12ª VARA DO TRABALHO DE CAMPINAS- TRIBUNAL REGIONAL DO TRABALHO DA 15ª REGIÃO.

Ref. Processo n. ...

EMPRESA ALPHA SERVIÇOS LTDA., devidamente qualificada nos autos em epígrafe, por meio de seus Advogados infrafirmados, com escritório na Rua..., onde recebem as notificações (apenas se não houver advogado constituído), vem perante Vossa Excelência apresentar a presente

EXCEÇÃO DE PRÉ-EXECUTIVIDADE

Nos autos da execução de contribuições previdenciárias movida pela UNIÃO, devidamente qualificada, pelos fatos e fundamentos a seguir expostos:

1. Dos fatos e fundamentos jurídicos

Em primeiro lugar, mostra-se cabível a exceção de pré-executividade ante a ausência da condição da ação *interesse processual* na presente execução, ou seja, há norma de ordem pública - condição da ação - cuja ausência deve ser reconhecida pelo MM. Juiz do Trabalho que conduz a presente execução.

Ademais, a alegação de ausência de condição da ação não carece de produção de qualquer prova, sendo a análise possível apenas com base nos documentos juntados aos autos nesse momento.

A União requereu a execução das contribuições previdenciárias decorrentes da condenação da reclamada por meio da sentença proferida nos autos da reclamação trabalhista n. ... Segundo a União Federal, seriam devidos R$ 5.400,00 (cinco mil e quatrocentos reais) a título de contribuições previdenciárias, uma vez que na sentença houve a condenação ao pagamento de verbas de natureza salarial.

Contudo, comprova a peticionária que tal valor já foi objeto de parcelamento perante a Secretaria da Receita Federal do Brasil, sendo que o parcelamento está sendo regulamente pago conforme faz prova a documentação em anexo.

Assim sendo, tendo sido parcelado o valor, não há porque se executar judicialmente tais valores, pois tal fato constituiria *bis in idem.*

Desta forma, deve ser a presente exceção de pré-executividade admitida, mesmo sem garantia do juízo, pela ausência de interesse processual na execução por parte da União, suspendendo-se o curso da presente ação até o término do parcelamento firmado entre a peticionante e União Federal, exequente da quantia.

2. Dos requerimentos

Ante o exposto, REQUER:

a) Seja a presente defesa admitida, mesmo sem garantia do juízo, haja vista a ausência de condição da ação interesse processual, bem como a desnecessidade de produção de provas, suspendendo-se o curso da execução até que a peticionaria ultime o pagamento do parcelamento.

b) Após a comprovação do pagamento da última parcela do aludido parcelamento, que seja extinta a presente execução.

Termos em que, requer deferimento.

Local... Data...

Advogado...

OAB n. ...

4.9. Embargos de terceiro

4.9.1. Apresentação

Não raras vezes, a constrição judicial (penhora) resta por incidir sobre bens que não pertencem ao executado, ou seja, sobre bens de terceiros estranhos à relação processual, quando o certo é que a penhora seja sobre o patrimônio do devedor.

Sendo assim, a lei processual civil prevê, para aqueles que não participam do processo, mas sofrem com os atos de execução sob seu patrimônio, a ação em apreço.

4.9.2. Características e requisitos

Para que o terceiro possa desconstituir atos de constrição que não tem relação com o processo, a ordem jurídica prevê uma ação autônoma (incidental ao processo de conhecimento ou de execução), que tem por azo tutelar a posse ou a propriedade que estão sendo turbadas ou esbulhadas por inadequação de ato processual, ação prevista no CPC a partir do art. 674, sendo um verdadeiro procedimento de jurisdição contenciosa.

A CLT não trata da ação em estudo, de modo que devemos aplicar, subsidiariamente, o art. 674 e seguintes do CPC, em razão do disposto nos arts. 769 e 889 da CLT.

Dispõe o § 2º do art. 674 do CPC que são legitimados para ajuizar os embargos, pois considerados terceiros: 1) o cônjuge ou companheiro, quando defende a posse de bens próprios ou de sua meação, ressalvado o disposto no art. 843 (Súmula 134 do STJ); 2) o adquirente de bens cuja constrição decorreu de decisão que declara a ineficácia da alienação realizada em fraude à execução; 3) quem sofre constrição judicial de seus bens por força de desconsideração da personalidade jurídica, de cujo incidente não fez parte; 4) o credor com garantia real para obstar expropriação judicial do objeto de direito real de garantia, caso não tenha sido intimado, nos termos legais dos atos expropriatórios.

É um remédio jurídico que pode ser manejado não apenas na forma repressiva, mas também de modo preventivo.

Considerando o disposto no art. 675 do CPC, pode-se afirmar que no processo do trabalho os embargos de terceiro podem ser ajuizados a qualquer tempo na fase de conhecimento, desde que não transitada em julgado a sentença de mérito e, na execução, até cinco dias após a ocorrência da expropriação, mas antes da assinatura da carta.

Nos termos da OJ n. 54 da SDI-2 do TST, quando "ajuizados embargos de terceiro (art. 674 do CPC de 2015 – art. 1.046 do CPC de 1973) para pleitear a desconstituição de penhora, é incabível a interposição de mandado de segurança com a mesma finalidade".

4.9.3. Petição inicial e procedimento

O embargante deve elaborar petição escrita dirigida ao juiz do feito que determinou a apreensão dos bens (*Excelentíssimo Senhor Doutor Juiz da 6ª Vara do Trabalho de Fortaleza*), observando-se os requisitos do art. 319 do CPC (lembre-se de que é uma ação autônoma), devendo o embargante fazer prova sumária de sua posse ou domínio e da qualidade de terceiro, oferecendo, ainda, documentos e rol de testemunhas.

Os embargos de terceiro serão distribuídos por dependência e tramitarão em autos apartados perante o juízo que ordenou a constrição patrimonial, conforme o art. 676 do CPC. **Não há efeito suspensivo, o qual pode ser obtido mediante tutela cautelar, mediante requerimento do interessado**.

Caso o juiz entenda que a posse e a qualidade de terceiro estão suficiente e devidamente comprovadas na peça inicial, poderá determinar a suspensão das medidas constritivas sobre os bens litigiosos objeto dos embargos, bem como a manutenção ou a reintegração provisória da posse, se o embargante a houver requerido (art. 678 do CPC).

Com o recebimento dos embargos, o juiz determinará a intimação do embargado para contestar no prazo de 15 dias, sob pena de revelia, nos moldes do art. 679 do CPC).

Acolhido o pedido inicial, o ato de constrição judicial indevida será cancelado, com o reconhecimento do domínio, da manutenção da posse ou da reintegração definitiva do bem ou do direito ao embargante (art. 681 do CPC).

Da decisão que julgar os embargos de terceiro, caberá **recurso ordinário** se na fase de conhecimento, não havendo necessidade de depósito recursal, vez que não haverá condenação em pecúnia, mas será imprescindível pagar custas, ou **agravo de petição**, se ajuizados na fase de execução.

4.9.4. Identificação da peça

A identificação da peça torna-se fácil em decorrência da figura do terceiro que sofreu afetação patrimonial mesmo não sendo parte na relação processual.

Havendo indicação no problema apresentado pela banca examinadora de que uma pessoa (já vimos o conceito de terceiro) que não faz parte da relação processual teve ou está na iminência, de ter um bem seu penhorado, se faz mister a apresentação dos embargos de terceiros.

Hipoteticamente: suponha que Arnaldo Sussekind, sócio da empresa Trabalho e Trabalho Ltda., é casado com Helena Sussekind pelo regime da comunhão parcial de bens desde 6-2-1990. Na execução movida por Hans Kelsen, tentou-se excutir o patrimônio da empresa, sem êxito. Foi requerida a desconsideração da personalidade jurídica, a qual fora deferida pelo juiz com a inclusão de Arnaldo Sussekind no polo passivo da execução (parte no processo de execução, portanto), que determinou a expedição de mandado de citação, penhora e avaliação dirigido contra Arnaldo Sussekind, tendo seu veículo penhorado, o qual foi adquirido em 16-6-2010. Sendo você procurado por Helena Sussekind, qual medida adotaria? Notadamente embargos de terceiro, com fundamento no art. 674, § 2º, I, do CPC.

4.9.5. Estrutura da peça

Como os embargos de terceiro possuem natureza jurídica de ação, ou seja, instaurar-se-á um processo de conhecimento, a estrutura dos embargos de terceiro é bem simples e deve seguir a formalidade prevista no art. 319 do CPC, ou seja, deve ser elaborada conforme estudado no capítulo 1 da presente obra, observando-se algumas peculiaridades. Assim, a estrutura seguirá o seguinte modelo:

1. **Competência:** endereçamento à Vara do Trabalho na qual tramita o processo em que se quer ajuizar os embargos.
2. **Número do processo:** menção ao número do processo e entre parênteses (distribuição por dependência).
3. **Qualificação da parte embargante:** nome, prenome, identidade, CPF e endereço; informação de que a peça é subscrita por advogado regulamente constituído, constando o endereço daquele, para o recebimento de notificações. Há necessidade de todos esses dados, por se tratar de ação de conhecimento e, portanto, petição inicial formal.
4. **Nome da ação que está sendo proposta e fundamento legal:** descrição da apresentação de EMBARGOS DE TERCEIROS, nos termos do arts. 769 e 889 da CLT e 674 e seguintes do CPC.
5. **Qualificação da parte embargada:** nome, informação acerca da natureza jurídica (direito privado ou público, se for empresa), CNPJ e endereço para recebimento de notificação.
6. **Fatos e fundamentos jurídicos do pedido:** descrição da causa de pedir, ou seja, afirmação de que sofreu ou está na iminência de sofrer ato de

constrição patrimonial; que não faz parte da demanda; que é considerado terceiro, apontando algum dos incisos do § 2º do art. 674 do CPC; demonstração pormenorizada do equívoco realizado pelo Magistrado e que importa em nulidade da execução e que a desconstituição da penhora é medida que se impõe. Apesar de teoricamente não haver necessidade de mencionar os fundamentos jurídicos (artigos de lei, súmulas, OJs etc.), na Prova da Ordem **tal requisito é indispensável, pois o candidato deve mostrar ao examinador que conhece o direito do trabalho**.

7. **Pedidos:** seja reconhecida a qualidade de terceiro do embargante, a fim de que seja determinada a desconstituição da penhora erroneamente realizada, com a liberação do bem penhorado.
8. **Requerimentos:** são os mesmos, basicamente, apresentados em uma petição inicial qualquer:
   8.1. Recebimento do presente com sua autuação em apartado.
   8.2. Protesta por todos os meios de provas admitidos.
   8.3. Notificação-citatória do embargado para, querendo, contestar os presentes embargos, sob as penas da lei.
   8.4. Que seja julgado procedente o pedido, com a condenação do embargado nas despesas processuais.
9. **Valor da causa:** Dá-se à causa o valor de R$... [...].
10. **Fechamento:** Nestes termos, requer deferimento.
11. **Data, local e assinatura/OAB:** caso o problema traga tais dados, devem ser fielmente assinaladas. Caso contrário, nenhum dado deve ser inventado, sob pena de identificação da prova, o que acarretará a atribuição da nota zero.

4.9.6. Questão de provas anteriores/Questão simulada

(XIII Exame Unificado. FGV) Rômulo Delgado Silva, brasileiro, viúvo, empresário, portador da identidade 113, CPF 114, residente e domiciliado na Avenida Brás Montes, casa 72 - Boa Vista - Roraima - CEP 222, em entrevista com seu advogado, declara que foi sócio da pessoa jurídica Delgado Jornais e Revistas Ltda., tendo se retirado há 2 anos e 8 meses da empresa; que foi surpreendido com a visita de um Oficial de Justiça em sua residência, que da primeira vez o citou para pagamento de uma dívida trabalhista de R$ 150.000,00, oriunda da 50ª Vara do Trabalho de Roraima, no Processo 0011250-27.2013.5.11.0050 e, em seguida, 48 horas depois, retornou e penhorou o imóvel em que reside, avaliando-o, pelo valor de mercado, em R$ 180.000,00; que tem apenas esse imóvel, no qual reside com sua filha, já que viúvo; que o Oficial de Justiça informou que há uma execução movida pela ex-empregada Sônia Cristina de Almeida contra a empresa que, por não ter adimplido a dívida, gerou o direcionamento da execução contra os sócios; que foi ao Fórum e fotocopiou todo o processo, agora entregue ao advogado; que nas contas homologadas, sem que a parte contrária tivesse vista, foi verificado que a correção monetária foi calculada considerando o mês da prestação dos serviços, ainda que a sentença fosse omissa a respeito; que, ao retornar para penhorar o imóvel, o oficial informou que a dívida havia aumentado em 10%, porque o juiz aplicou a multa do art. 475-J do CPC.

Diante do que foi exposto, elabore a medida judicial adequada para a defesa dos interesses do entrevistado, sem criar dados ou fatos não informados.

Obs.: A questão acima foi objeto de muita divergência na época de aplicação do XIII Exame da OAB e a banca admitiu como gabarito os embargos de terceiro e os embargos à execução. Faremos a peça como embargos de terceiro, em razão da riqueza das informações e considerando, hodiernamente, o disposto no CPC, ou seja, com as devidas adaptações.

4.9.7. Modelo da peça

EXCELENTÍSSIMO SENHOR JUIZ DA 50ª VARA DO TRABALHO DE BOA VISTA/ RORAIMA.

Ref. Processo n. 0011250-27.2013.5.11.0050 (distribuição por dependência)

RÔMULO DELGADO SILVA, brasileiro, viúvo, empresário, portador da cédula de identidade 113, inscrito no CPF 114, residente e domiciliado na Avenida Brás Montes, casa 72 - Boa Vista - Roraima, CEP 222, por meio de seu Advogado infrafirmado, com escritório na Rua..., onde receberá as notificações, vem perante Vossa Excelência, no prazo legal, ajuizar o presente

EMBARGOS DE TERCEIRO

Nos termos do art. 674 e seguintes do CPC, aplicados de forma subsidiária, tendo em vista o disposto nos arts. 769 e 889 da CLT, em face de **SÔNIA CRISTINA DE ALMEIDA**, (qualificação completa e endereço), pelos fatos e fundamentos que passa a expor:

1. DO CABIMENTO DOS EMBARGOS DE TERCEIRO

Como facilmente se verifica, o embargante tem legitimidade e interesse para ajuizar o presente, haja vista que não faz parte da relação processual e teve seu único bem (apartamento) penhorado, pelo valor de R$ 180.000,00, conforme auto de penhora e avaliação. Assim, nos termos do art. 674, *caput*, do CPC, o presente deve ser admitido e distribuído por dependência.

2. DOS FATOS E FUNDAMENTOS JURÍDICOS

Da não responsabilização de ex-sócio

Como se verifica com os documentos juntados, o embargante não pode ter a execução direcionada contra si, vez que é notadamente ilegítimo para responder pela presente execução, haja vista que se retirou da sociedade há mais de dois anos, consoante prevê o art. 1.003, parágrafo único c/c o art. 1.032, do Código Civil, pelo que deve ser declarada a sua não responsabilização com a liberação do bem penhorado.

Da impenhorabilidade do bem de família

É notório que o bem do embargante é de família, por ser o único do executado, onde reside com sua filha, já que viúvo, não sendo passível de penhora, nos termos do art. 1º da Lei n. 8.009/90. Desta forma, deve ser desconstituída a penhora.

Da correção monetária incorreta

Percebe-se pelas contas homologadas que há excesso de execução e, como é a primeira vez que o embargante está tendo oportunidade de falar nos autos, requer a incidência da Súmula 381 do TST, para que a correção seja feita considerando o mês subsequente ao inadimplemento.

Da não aplicação da multa do art. 475-J do CPC/73 (art. 523 do CPC)

É imperioso destacar que a jurisprudência do TST, reiteradamente, consigna que a multa do art. 475-J do CPC/73 (art. 523 do CPC) é indevida no Processo do Trabalho, pois a CLT possui regra própria, de modo que não cabe interpretação ampliativa, haja vista o disposto no art. 880 da CLT. Assim, pede a exclusão da multa.

3. DOS PEDIDOS

Pelo exposto, pede:

a) Que seja reconhecida a qualidade de terceiro, bem como a não responsabilização do embargante, na forma da fundamentação *supra*;

b) Que seja determinada a desconstituição da penhora incidente sobre o bem de família;

c) Que seja determinada realização de novos cálculos, tendo em vista a aplicação incorreta da correção monetária;

d) Que seja excluída a multa do art. 475-J do CPC/73 (art. 523 do CPC).

4. DOS REQUERIMENTOS

a) Recebimento do presente com sua autuação em apartado.

b) Protesta por todos os meios de provas admitidos.

c) Notificação-citatória do embargado para, querendo, contestar os presentes embargos, sob as penas da lei.

d) Que sejam julgados procedentes os pedidos, com a condenação do embargado nas despesas processuais.

Dá-se à causa o valor de R$ 180.000,00 (cento e oitenta mil reais).

Termos em que, requer deferimento.

Boa Vista, data...

Advogado...

OAB n. ...

Parte III – Questões discursivas

I. DIREITO DO TRABALHO

I.1. Princípios do Direito do Trabalho

1. (III Exame – 2010.03) Determinada empresa, visando estimular o comparecimento pontual de seus empregados, estipulou em norma interna que o empregado que chegasse até 10 minutos antes do horário ganharia R$ 3,00 no dia, e o que chegasse até 15 minutos atrasado teria de pagar R$ 1,00 no dia. Tanto a adição quanto o desconto seriam feitos no contracheque mensal e não excluiriam a adição de hora extra pela chegada antecipada nem o desconto pelos atrasos, como já era feito. Com base no relatado acima, responda aos itens a seguir, empregando os argumentos jurídicos apropriados e a fundamentação legal pertinente ao caso.

A) É válida a norma interna em questão, em ambos os aspectos? (Valor: 0,5)

B) De que poder o empregador se valeu para criá-la? (Valor: 0,5)

GABARITO:

A) Não. No tocante ao desconto, ela é inválida porque excede o poder do empregador, além de caracterizar *bis in idem*. O desconto cuja imposição se pretende, por ser unilateral, viola o art. 462 da CLT.

B) Do poder diretivo ou de comando ou empregatício ou regulamentar ou *jus variandi*.

I.2. Empregado

2. (X Exame de Ordem) Jéssica é gerente de uma sapataria e é responsável por oito funcionários da filial, orientando as atividades e fiscalizando as tarefas por eles realizadas, tomando todas as medidas necessárias para o bom andamento dos serviços, inclusive punindo-os, quando necessário. Jéssica cumpre jornada de 2ª a 6ª feira das 10:00 h às 20:00 h com intervalo de uma hora para refeição e aos sábados das 10:00 às 17:00 h com pausa alimentar de uma hora e meia. No seu contracheque existem, na coluna de crédito, os títulos "salário" – R$ 3.000,00 – e "gratificação de função" – R$ 1.000,00. Com base na hipótese acima, responda aos itens a seguir.

A) Quais são os elementos necessários para que um empregado seja considerado ocupante de cargo de confiança? (Valor: 0,65)

B) Analise e justifique se é possível à empregada em questão reivindicar o pagamento de horas extras. (Valor: 0,60)

GABARITO:

A) O exercício da função de confiança, de acordo com a lei e a doutrina, exige a conjugação do elemento subjetivo (poder de mando, controle, direção, gestão) e do objetivo (padrão salarial diferenciado ou gratificação de função, se houver, de no mínimo 40% do salário do cargo efetivo), conforme o art. 62, II, da CLT.

B) Jéssica fará jus às horas extras porque, como a gratificação recebida é inferior a 40% do salário, juridicamente não exerce cargo de confiança, tendo assim limite de jornada OU falta o elemento objetivo, conforme o art. 62, parágrafo único, da CLT.

I.3. Empregador

3. **(V Exame de Ordem)** José da Silva foi contratado pela empresa Boa Vista Ltda., que integra grupo econômico com a empresa Boa Esperança Ltda., para exercer a função de vendedor empregado. Durante a mesma jornada de trabalho, ele vendia os produtos comercializados pela Boa Vista Ltda. e pela Boa Esperança Ltda., com a supervisão dos gerentes de ambas as empresas. Diante dessa situação hipotética, e considerando que a sua CTPS somente foi anotada pela empresa Boa Vista Ltda., responda, de forma fundamentada, às indagações abaixo à luz da jurisprudência do Tribunal Superior do Trabalho:

A) Qual é a natureza da responsabilidade solidária das empresas que integram grupo econômico para efeitos da relação de emprego: é ativa e/ou passiva? (Valor: 0,60)

B) É correto afirmar que José da Silva mantinha vínculos de emprego distintos com as empresas Boa Vista Ltda. e Boa Esperança Ltda.? (Valor: 0,65)

GABARITO:

A) De acordo com a norma prevista no art. 2º, § 2º, da CLT, sempre que uma ou mais empresas, tendo, embora, cada uma delas, personalidade jurídica própria, estiverem sob a direção, controle ou administração de outra, constituindo grupo industrial, comercial ou de qualquer outra atividade econômica, serão, para os efeitos da relação de emprego, solidariamente responsáveis a empresa principal e cada uma das subordinadas. Desta forma, a solidariedade das empresas que integram grupo econômico é ativa e passiva (solidariedade dual): ambas podem exigir de José a prestação de serviços, porque integram um grupo econômico empregador (empregador único) e são responsáveis solidárias pela satisfação dos créditos trabalhistas de José.

B) As empresa integrantes de grupo econômico consistem em "empregador único". Deste modo, a prestação de serviços a mais de uma empresa do mesmo grupo econômico, durante a mesma jornada de trabalho, não caracteriza a coexistência de mais de um contrato de trabalho, salvo ajuste em contrário, nos moldes da interpretação jurisprudencial pacífica contida na Súmula n. 129 do TST.

4. **(VII Exame de Ordem)** Felipe Homem de Sorte foi contratado pela empresa Piratininga Comércio de Metais Ltda., para exercer a função de auxiliar administrativo. Após um ano de serviços prestados, sem que tivesse praticado qualquer ato desabonador de sua conduta, recusou-se a cumprir ordem manifestamente legal de seu superior hierárquico, por discordar de juízo de mérito daquele, em relação à tomada de uma decisão administrativa. De pronto foi verbalmente admoestado, alertado para que o ato não se repetisse e sobre a gravidade do ilícito contratual cometido. No mesmo dia, ao final do expediente, foi chamado à sala de Diretor da empresa, que lhe comunicou a decisão de lhe impor suspensão contratual por 20 dias, em virtude da falta cometida.

Em face da situação acima, responda, de forma fundamentada, aos seguintes itens:

A) São válidas as punições aplicadas pelo empregador? (Valor: 0,60)

B) Se a ordem original fosse ilegal, o que poderia o empregado fazer? (Valor: 0,65)

GABARITO:

A) A primeira punição é válida ante o descumprimento injustificado de ordem legal; a segunda punição é inválida, pois incabível dupla punição pela mesma falta (*non bis in idem*).

B) O empregado pode recusar-se ao cumprimento de ordem ilegal, valendo-se do direito de resistência (*jus resistentiae*) ou poderá, diante da situação, postular a resolução culposa do contrato (rescisão indireta), com base no art. 483, *a*, da CLT, pela imposição de cumprimento de ordem contrária à lei ou poderá pleitear a declaração de nulidade das punições. Em qualquer um dos casos, com as reparações patrimoniais e morais cabíveis.

5. **(IV Exame de Ordem)** Um Estado da Federação realizou concurso público para notário. Nelson, aprovado em segundo lugar no certame, recebeu a delegação de um cartório extrajudicial. Lá chegando, verificou que a parte administrativa estava extremamente desorganizada, o que explicava as sucessivas reclamações contra aquela serventia na Corregedoria. Em razão disso, Nelson explicou ao tabelião anterior que não tinha interesse em aproveitar as pessoas que lá atuavam, pois lá iria alocar empregados da sua confiança. Informado disso, o tabelião anterior dispensou todos os empregados. Alguns dias depois, no mesmo local e com novos empregados, Nelson iniciou seus serviços como notário. Um dos ex-empregados dispensados pelo tabelião anterior ajuizou reclamação trabalhista contra Nelson, postulando diversos direitos lesados ao longo do contrato, trazendo como argumento jurídico a ocorrência de sucessão.

Com base no caso acima, responda aos itens a seguir, empregando os argumentos jurídicos apropriados e a fundamentação legal pertinente ao caso.

A) Quais são os requisitos para a ocorrência de sucessão na esfera trabalhista? (Valor: 0,65)

B) No caso em tela, Nelson é sucessor? (Valor: 0,6)

GABARITO:

O aluno deverá afirmar que a sucessão exige a transferência de uma unidade econômico-jurídica e manutenção de exploração da mesma atividade econômica e/ou a continuidade da prestação de serviço pelos empregados; que o TST vem entendendo que no caso de delegação de serviço, a exemplo dos cartórios extrajudiciais, não ocorre sucessão, mormente quando não houve prestação de serviços para o novo notário. Nesta hipótese, tem-se que a delegação foi retomada pelo Estado e entregue a uma nova pessoa, aprovada em concurso público.

I.4. Terceirização

6. **(IV Exame de Ordem)** João da Silva ajuizou reclamação trabalhista em face da Cooperativa Multifuncional Ltda. e do Posto de Gasolina Boa Viagem Ltda. Na petição inicial, afirmou que foi obrigado a se filiar à cooperativa para prestar serviços como frentista no segundo reclamado, de forma pessoal e subordinada. Alegou, ainda, que jamais compareceu à sede da primeira ré, nem foi convocado para qualquer assembleia. Por fim, aduziu que foi dispensado sem justa causa, quando do término do contrato de prestação de serviços celebrado entre os reclamados. Postulou a declaração do vínculo de emprego com a sociedade cooperativa e a sua condenação no pagamento de verbas decorrentes da execução e da ruptura do pacto laboral, além do reconhecimento da responsabilidade subsidiária do segundo réu, na condição de tomador dos serviços prestados, nos termos da Súmula 331, item IV, do TST. Na contestação, a primeira ré suscitou preliminar de impossibilidade jurídica do pedido, uma vez que o art. 442, parágrafo único, da CLT prevê a inexistência do vínculo de emprego entre a cooperativa e seus associados. No mérito, sustentou a validade da relação cooperativista entre as partes, refutando a configuração dos requisitos inerentes à relação empregatícia. O segundo reclamado, na peça de defesa, afirmou que o reclamante lhe prestou serviços na condição de cooperado e que não pode ser condenado no pagamento de verbas trabalhistas se não foi empregador. Na instrução processual, restou demonstrada pela prova testemunhal produzida nos autos a intermediação ilícita de mão de obra, funcionando a cooperativa como mera fornecedora de trabalhadores ao posto de gasolina.

Com base na situação hipotética, responda aos itens a seguir, empregando os argumentos jurídicos apropriados e a fundamentação legal pertinente ao caso.

A) É cabível a preliminar de impossibilidade jurídica do pedido? (Valor: 0,45)

B) Cabe o pedido de declaração de vínculo de emprego com a primeira ré e o de condenação subsidiária do segundo reclamado? (Valor: 0,8)

GABARITO:

A) Não é cabível a preliminar de impossibilidade jurídica do pedido. A vedação contida no art. 442, parágrafo único, da CLT não se aplica diante da utilização fraudulenta de sociedade cooperativa como intermediadora de mão de obra em favor do posto de gasolina (tomador dos serviços), sendo este último o real empregador. Incidência do art. 9º da CLT.

B) Não cabe o pedido de vínculo de emprego com a cooperativa (primeira reclamada), porque o posto de gasolina (segundo reclamado) é o real empregador, em razão da intermediação ilícita praticada pelos demandados. Também não cabe o pedido de reconhecimento da responsabilidade subsidiária do posto de gasolina, já que a sua responsabilidade é direta, na condição de verdadeiro empregador. Incidência da Súmula 331, item I, do TST ou dos arts. 2º, 3º ou 9º da CLT.

I.5. Salário e remuneração

7. **(XIX Exame de Ordem)** Antônio é um dos 20 vendedores da loja de calçados Ribeirinha. Em seu contracheque, há desconto mensal de 1,5% do salário para a festa de confraternização que ocorre todo final de ano na empresa, além de subtração semestral por "pé faltante" – valor dos pares de sapatos dos quais, no inventário semestral realizado na loja, somente um dos calçados é localizado, ficando, então, descartada a utilidade comercial pela ausência do outro "pé", sem a comprovação de culpa do empregado. Gilberto assinou na admissão autorização de desconto de "pé faltante". Após ser dispensado, ajuizou reclamação pedindo a devolução de ambos os descontos. A empresa pugna pela validade do desconto para a festa, pois alega que Gilberto sempre participou dela, e, em relação ao "pé faltante", porque assinou documento autorizando o desconto. Na audiência, o autor confirmou a presença na festa da empresa em todos os anos e afirmou que havia comida e bebida fartas. Não se produziram outras provas.

Diante da situação retratada e do entendimento consolidado do TST, responda aos itens a seguir.

A) O desconto para a festa de confraternização é válido? (Valor: 0,65)

B) O desconto a título de "pé faltante" é válido? (Valor: 0,60)

GABARITO:

A) O desconto para a confraternização é inválido, na medida em que não foi autorizado pelo trabalhador, violando a Súmula 342 do TST e o art. 462 da CLT, que tratam do tema.

B) O desconto a título de "pé faltante" é inválido, na medida em que, apesar de autorizado por escrito, exigiria a prova de culpa do empregado, como previsto no art. 462, § 1º, da CLT, o que não ocorreu.

8. **(III Exame – 2010.03)** Determinada loja de um *shopping center* concede mensalmente a todos os seus empregados um vale-compras no valor de R$ 200,00 (duzentos reais), por força de norma regulamentar, para que eles possam utilizá-lo em qualquer estabelecimento do shopping. Além disso, fornece ajuda-alimentação, sendo participante de Programa de Alimentação do Trabalhador – PAT, aprovado pelo Ministério do Trabalho e Emprego. O sindicato representante da categoria profissional de seus empregados vem reivindicando que os valores de ambos os benefícios sejam considerados no cálculo das verbas contratuais dos trabalhadores. Com base na situação hipotética, na condição de advogado consultado pela empresa, responda aos itens a seguir, empregando os argumentos jurídicos apropriados e a fundamentação legal pertinente ao caso.

A) Os valores correspondentes ao vale-compras devem integrar a base de cálculo das verbas contratuais dos empregados? Quais seriam os efeitos inerentes à revogação da norma regulamentar instituidora dessa vantagem nos contratos de trabalho vigentes e futuros? (Valor: 0,7)

B) Os valores correspondentes à ajuda-alimentação integram os salários dos empregados? (Valor: 0,3)

GABARITO:

A) 1ª parte:

A ordem jurídica trabalhista autoriza o pagamento de parte do salário em bens ou serviços (utilidades), instituindo o chamado "salário-utilidade" ou "salário *in natura*", de acordo com o art. 458, *caput*, da CLT. Contudo, nem todos os bens e serviços fornecidos pelo empregador ao empregado no decorrer do contrato de trabalho possuem natureza salarial (salário-utilidade), sendo necessária a presença de alguns requisitos essenciais. O primeiro desses requisitos é a habitualidade do fornecimento, que corresponde à ideia de repetição uniforme em certo período de tempo. O fornecimento esporádico de determinada utilidade não configura salário *in natura*. Este fornecimento habitual de bens e serviços pode restar expressamente pactuado entre as partes ("por força do contrato") ou decorrer de prática usual do empregador ("do costume"). O segundo requisito é o caráter contraprestativo do fornecimento, que corresponde à ideia de retribuição pelo trabalho executado. A utilidade deve ser fornecida pelo trabalho, e não para o trabalho, quando neste último caso se vincula à própria viabilização ou aperfeiçoamento do serviço. O terceiro requisito é a onerosidade unilateral da oferta da utilidade, que corresponde à ideia de que o fornecimento desta não pode contar com a participação econômica do empregado. Somente terá caráter salarial a utilidade ofertada sob exclusivo ônus econômico do empregador. Na primeira parte do item A da questão em foco, o examinando deve responder afirmativamente, esclarecendo que o vale-compras fornecido habitualmente pelo empregador, com intuito contraprestativo, configura salário *in natura*, nos termos do art. 458, *caput*, da CLT. Logo, por possuir natureza salarial, os respectivos valores devem integrar a base de cálculo das verbas contratuais dos empregados.

A) 2ª parte:

O princípio da condição mais benéfica assegura a prevalência das condições mais vantajosas ao empregado ajustadas no contrato de trabalho, inclusive as que tenham previsão em regulamento de empresa. Isso porque as normas regulamentares possuem natureza de cláusula obrigacional, aderindo aos respectivos pactos laborais. Assim, devem prevalecer as condições mais benéficas ao empregado, ainda que sobrevenha norma jurídica imperativa que prescreva menor nível de proteção, desde que com esta não sejam incompatíveis. Desse princípio decorre a impossibilidade de alteração contratual prejudicial ao empregado, ainda que bilateral, conforme o art. 468, *caput*, da CLT. Logo, na segunda parte do item A da questão em análise, o examinando deve responder que a supressão da concessão da utilidade somente deve alcançar os empregados admitidos após a revogação da norma regulamentar, sob pena de configurar alteração contratual lesiva aos trabalhadores beneficiados, em ofensa ao art. 468 da CLT. Nesse sentido, o entendimento contido na Súmula n. 51, item I, do TST.

B) O art. 458, *caput*, da CLT estabelece que, além do pagamento em dinheiro, compreende-se no salário, para todos os efeitos legais, a alimentação, habitação, vestuário ou outras prestações *in natura* que a empresa, por força do contrato ou do costume, fornecer habitualmente ao empregado. Ocorre que o § 2º do art. 457 da CLT, alterado pela reforma trabalhista, destaca que o vale alimentação não possui natureza salarial. Da mesma forma, o art. 3º da Lei n. 6.321/76 dispõe que não se inclui no salário de contribuição a parcela paga *in natura*, pela empresa, nos programas de alimentação aprovados pelo Ministério do Trabalho e Emprego (PAT). Diante desse preceito legal, restou pacificado entendimento no sentido de que a ajuda-alimentação fornecida por empresa participante do programa de alimentação ao trabalhador, instituído pela Lei n. 6.321/76, não tem caráter salarial. Portanto, não integra o salário para nenhum efeito legal (OJ n. 133 da SDI-1 do C. TST). Desse modo, no item B da questão em foco, o examinando deve responder negativamente, já que a ajuda-alimentação fornecida por empresa participante do Programa de Alimentação do Trabalhador – PAT, instituído pela Lei n. 6.321/76, não tem caráter salarial, em conformidade com o entendimento contido na OJ n. 133 da SDI-1 do TST.

9. **(IV Exame de Ordem)** Em 15-4-2008, João Carlos de Almeida foi contratado pela Engelétrica S.A. para trabalhar na construção das barragens da Hidrelétrica de Belo Monte. Entretanto, em virtude da grande distância entre o local de trabalho e a cidade mais próxima, o empregador lhe forneceu habitação durante toda a vigência do contrato. Dispensado sem justa causa em 13-8-2010, João Carlos ajuizou ação trabalhista visando à inclusão da ajuda-habitação na sua remuneração e o pagamento dos reflexos daí decorrentes, uma vez que a moradia constituiu salário *in natura*, compondo a contraprestação ajustada pelas partes.

Com base na situação concreta, responda aos itens a seguir, empregando os argumentos jurídicos apropriados e a fundamentação legal pertinente ao caso.

A) Qual é o critério apto a definir a natureza jurídica da prestação entregue ao empregado pelo empregador? (Valor: 0,5)

B) Nesta hipótese em especial, a habitação fornecida pela Engelétrica S.A. deve ou não integrar a remuneração de João Carlos de Almeida? Por quê? (Valor: 0,75)

GABARITO:

A) Mencionar expressamente o art. 458, *caput*, da CLT, bem como o seu § 2º, I, que exclui determinadas prestações do âmbito salarial, como critérios normativos adequados à resolução do problema. Referir-se à distinção entre o caráter retributivo ou contraprestativo da prestação ("pelo" trabalho) e a natureza indenizatória ou instrumental da prestação ("para" o trabalho), a fim de atribuir natureza salarial apenas ao primeiro grupo.

B) Observar que, neste caso concreto, a grande distância entre o local de trabalho e a cidade mais próxima tornou imprescindível o fornecimento da habitação, sob pena de inviabilizar a realização do trabalho. Afirmar que a habitação fornecida a João Carlos pela Engelétrica não possui natureza salarial, uma vez que possui natureza instrumental ("para" o trabalho), isto é, visa à melhor efetivação do serviço contratado, fazendo referência à Súmula 367, I, do TST.

10. **(VIII Exame de Ordem)** Francisco é empregado numa empresa de máquinas e trabalha externamente. Em termos salariais, Francisco é comissionista puro, recebendo 20% sobre as vendas por ele realizadas mensalmente. Em determinado mês Francisco efetuou uma venda de R$ 50.000,00 em 10 parcelas mensais, daí porque o empregador lhe disse que pagará a comissão de acordo com o vencimento das parcelas. A partir do caso apresentado, responda aos itens a seguir.

A) Se uma das parcelas não for paga pelo comprador, como deve proceder o empregador de Francisco em relação ao pagamento da comissão correspondente? Justifique. (Valor: 0,65)

B) Se as parcelas estivessem sendo pagas normalmente e Francisco fosse dispensado seis meses após a realização da venda, como fica a situação da comissão vincenda? (Valor: 0,60)

GABARITO:

A) O empregador deve realizar o pagamento da comissão, pois não pode transferir para o empregado o risco do negócio, já que possui meios jurídicos hábeis para a cobrança da dívida em face do devedor inadimplente.

B) Nesse caso, a empresa continuará pagando a comissão a cada mês, pois a ruptura do contrato não exclui o direito do empregado nem obriga o empregador a antecipar o pagamento, na forma da CLT, art. 466, § 2º, "A cessação das relações de trabalho não prejudica a percepção das comissões e percentagens devidas na forma estabelecida por este artigo".

11. **(IX Exame de Ordem)** Sebastião é empregado no Restaurante Galeto Delicioso Ltda., exercendo a função de garçom, com salário mensal de R$ 1.000,00 (um mil reais), que é equivalente ao piso salarial da categoria profissional previsto em convenção coletiva de trabalho. Apesar de o restaurante não incluir as gorjetas nas notas de serviço, estas são oferecidas espontaneamente pelos clientes. Diante desta situação hipotética, responda, de forma fundamentada, às indagações a seguir.

A) Qual é a natureza jurídica da gorjeta? Justifique. (Valor: 0,65)

B) Analise a pretensão de Sebastião, feita ao empregador, de ter o valor das gorjetas integrado na base de cálculo do FGTS. (Valor: 0,60)

GABARITO:

A) Nos termos do art. 457, *caput*, da CLT, a gorjeta é uma paga feita por terceiros, razão pela qual tem natureza remuneratória.

B) A pretensão procede. O valor das gorjetas integrará a base de cálculo dos depósitos do FGTS. Conforme dispõe o art. 15, *caput*, da Lei n. 8.036/90, os empregadores ficam obrigados a depositar até o dia 7 de cada mês, em conta bancária vinculada, a importância correspondente a 8% da remuneração paga ou devida, no mês anterior, a cada trabalhador. Logo, a base de incidência do FGTS é a remuneração do empregado, que inclui as gorjetas recebidas (art. 457, *caput*, da CLT, e Súmulas 63 e 354 do TST).

12. **(X Exame de Ordem)** Pedro trabalhou numa empresa de 10-2-2011 a 20-5-2013, quando foi dispensado sem justa causa e recebeu as verbas devidas. Após, ajuizou ação pleiteando a participação nos lucros (PL) de 2013, prevista em acordo coletivo, requerendo que o cálculo fosse proporcional ao tempo trabalhado. Defendendo-se, a empresa advoga que a parcela é indevida porque uma das condições para o recebimento da PL, prevista no acordo coletivo, é que o empregado esteja com o contrato em vigor no mês de dezembro de 2013, o que não ocorre no caso. Diante dessa situação, responda:

A) Pedro tem direito à participação proporcional nos lucros de 2013? Justifique sua resposta. (Valor: 0,65)

B) Analise se a participação nos lucros está sujeita a alguma incidência tributária. Justifique sua resposta. (Valor: 0,60)

GABARITO:

A) Ele terá direito, pois a exigência do acordo coletivo não é aceita pela jurisprudência, conforme a OJ n. 390 do TST.

B) Está sujeita à contribuição fiscal ou recolhe imposto de renda, conforme Lei n. 10.101/2000, art. 3º, § 5º, ou Regulamento do Imposto de Renda.

13. **(XIII Exame de Ordem)** Jocimar é auxiliar de laboratório, ganha R$ 2.300,00 mensais e ajuizou reclamação trabalhista contra a empresa Recuperação Fármacos Ltda., sua empregadora, requerendo o pagamento dos adicionais de insalubridade e periculosidade. Designada perícia pelo juiz, foi constatado pelo *expert* que no local de trabalho o frio era excessivo, sem a entrega de equipamento de proteção individual adequado, além de perigoso, pois Jocimar trabalhava ao lado de um tanque da empresa onde havia grande quantidade de combustível armazenado. Contudo, a empresa impugnou expressamente o laudo pericial, afirmando que o perito designado era um engenheiro de segurança do Trabalho, e não um médico do trabalho, como deveria ser.

Diante do caso, responda:

A) Analise, de acordo com a CLT, a possibilidade de condenação da empresa nos dois adicionais desejados, justificando. (Valor: 0,65)

B) Caso Jocimar postulasse o adicional de insalubridade, alegando que o ruído era excessivo, analise se seria possível o deferimento do adicional se a perícia constatou que o único elemento insalubre presente no local era o frio. Justifique. (Valor: 0,60)

GABARITO:

A) Impossível o deferimento de ambos os adicionais cumulativamente, na forma da CLT, art. 193, § 2º, ou NR 15, item 15.3 do Ministério do Trabalho. O empregado poderá optar pelo adicional de insalubridade ou periculosidade que porventura lhe seja devido.

B) Seria possível, pois o juiz não fica adstrito ao agente agressor indicado pela parte, na forma da Súmula 293 do TST.

14. **(XVI Exame de Ordem)** Jorge é frentista do posto de gasolina Trevo Ltda. Na admissão, foi informado e assinou contrato de emprego no qual consta cláusula em que autoriza descontos quando gerar prejuízos financeiros ao empregador, decorrentes de ato culposo seu. Em norma interna do posto, de conhecimento de todos os empregados, consta que pagamentos em cheque só seriam aceitos após ser anotada a placa do veículo, além de identidade, endereço e telefone do condutor. Em determinado dia, o cunhado de Jorge, após abastecer o veículo com este, pagou em cheque. Tratando-se do cunhado, Jorge nada anotou no cheque. Dias depois foi constatado que o cheque era de terceiro, estando sustado em decorrência de furto. A sociedade empresária descontou seu prejuízo do salário de Jorge. Sobre o caso apresentado, responda aos itens a seguir.

A) Analise a validade do desconto efetuado pela empresa. (Valor: 0,65)

B) Caso Jorge tivesse agido em conluio com o cunhado, obtendo benefício próprio, e por conta disso a empresa quisesse dispensá-lo por justa causa, em que hipótese deveria tipificar a conduta do empregado? (Valor: 0,60) Responda justificadamente, empregando os argumentos jurídicos apropriados e a fundamentação legal pertinente ao caso.

GABARITO:

A) A empresa poderá descontar o valor, na forma do art. 462, § 1º, da CLT, pois o ato foi culposo e estava acertado em contrato.

B) Nesse caso, a conduta de Jorge pode ser tipificada como ato de improbidade, nos termos do art. 482, *a*, da CLT.

15. **(XVII Exame de Ordem)** Rodolfo é gerente em um supermercado e recebe salário de R$ 5.000,00 mensais, mas precisou se afastar do emprego por 90 dias em razão de doença. Nesse período de afastamento, o subgerente Vitor, que ganha R$ 4.000,00 por mês, assumiu a função interinamente. Infelizmente a doença de Rodolfo evoluiu e ele veio a falecer 91 dias após o afastamento. Uma semana após o trágico evento, o supermercado contratou José como o novo gerente, acertando salário de R$ 4.800,00 mensais. Diante da situação apresentada e do entendimento consolidado do TST, responda de forma fundamentada aos itens a seguir.

A) Analise se Vitor tem direito a receber o mesmo salário que Rodolfo no período em que assumiu a função interinamente. (Valor: 0,65)

B) Caso José viesse a ajuizar reclamação trabalhista postulando a diferença salarial entre aquilo que ele recebe de salário e o valor pago ao finado Rodolfo, sob alegação de discriminação, que tese você, contratado pelo Supermercado, advogaria? (Valor: 0,60)

GABARITO:

A) Vitor tem direito a receber o mesmo salário que Rodolfo porque, na hipótese, a substituição não é eventual, razão pela qual é assegurado o pagamento do mesmo salário que o substituído, na forma da Súmula 159, I, do TST.

B) A tese a ser advogada é a de que se trata de cargo vago que, assim, não dá direito do novo empregado de receber o mesmo salário que o antecessor, na forma da Súmula 159, II, do TST.

I.6. Jornada de trabalho

16. **(2016.2. Exame Unificado. FGV)** Jéssica é empregada em um salão de cabeleireiro localizado na capital do Estado em que reside e cumpre jornada de 2ª feira a sábado, das 8h00min às 19h00min, com pausa alimentar de uma hora. Não existe previsão em Lei, acordo coletivo ou convenção coletiva de jornada diferenciada para a sua categoria. Diante da hipótese apresentada, responda aos itens a seguir.

A) Analise se a trabalhadora, em eventual reclamação trabalhista, teria sucesso em pedido de horas extras pela inobservância do intervalo interjornada.

B) Caso você fosse contratado como advogado de Jéssica, analise se seria possível formular, além do pedido de horas extras pelo excesso de jornada, algum pleito de sobrejornada por outro fundamento jurídico e legal, identificando-o em caso positivo.

GABARITO:

A) No caso apresentado, o pedido de horas extras pelo intervalo interjornada supostamente desrespeitado seria julgado improcedente, já que o período de 11 horas entre duas jornadas de trabalho, previsto no art. 66 da CLT, foi respeitado.

B) Não haveria outro pedido a ser formulado, uma vez que o art. 384 da CLT, que tratava do intervalo de 15 minutos antes do início da jornada extraordinária, foi revogado pela reforma trabalhista – Lei n. 13.467/2017.

17. **(IV Exame de Ordem)** José de Souza ajuizou reclamação trabalhista em face da empresa Alfa Vigilância Ltda., postulando o pagamento dos valores correspondentes aos intervalos intrajornada não gozados, acrescidos de 50%, com fundamento no art. 71, § 4º, da CLT, bem como das diferenças decorrentes da integração dessas quantias nas verbas contratuais e resilitórias. Na peça de defesa, a reclamada alegou que a supressão dos intervalos para repouso e alimentação foi autorizada em acordo coletivo firmado com o sindicato representante da categoria profissional do reclamante, colacionando cópia do referido instrumento normativo cuja vigência alcançava todo o período contratual do autor. Aduziu, ainda, que a parcela prevista no art. 71, § 4º, da CLT possui natureza indenizatória, sendo descabidas as repercussões postuladas na inicial.

Com base na situação hipotética, responda aos itens a seguir, empregando os argumentos jurídicos apropriados e a fundamentação legal pertinente ao caso.

A) Procede o pedido de pagamento dos valores correspondentes aos intervalos intrajornada não gozados pelo reclamante? (Valor: 0,65)

B) A parcela prevista no art. 71, § 4º, da CLT deve integrar ou não a base de cálculo das verbas contratuais e resilitórias do empregado que não tenha gozado dos intervalos intrajornada? (Valor: 0,6)

GABARITO:

A) Não procede, uma vez que a partir da reforma trabalhista – Lei n. 13.467/2017 – passou a ser lícita a redução do intervalo intrajornada por norma coletiva, conforme art. 611-A, inciso III, da CLT, mantendo-se o mínimo de 30 minutos. Assim, não mais se aplica a Súmula 437, inciso II, do TST, que impedia tal negociação, por considerar norma de ordem pública.

B) A parcela prevista no art. 71, § 4º, da CLT não mais possui natureza salarial, pois a reforma trabalhista impôs a natureza indenizatória da parcela, que não refletirá em qualquer outra verba trabalhista.

18. **(XII Exame de Ordem)** Determinado empresário pretende contratar Gustavo para prestar serviços em dois turnos que se alternam, compreendendo horário diurno e noturno de trabalho. Considerando que a atividade da empresa não se desenvolve continuamente e que não há norma coletiva disciplinando a relação de trabalho, responda, de forma fundamentada, às indagações a seguir.

A) Qual deve ser o limite diário de duração do trabalho de Gustavo? (Valor:0,65)

B) Na hipótese, como será tratado o período de trabalho que estiver compreendido entre às 22 horas de um dia e às 05 horas do dia seguinte? (Valor:0,60)

GABARITO:

A) O limite diário de duração do trabalho deste empregado deve ser de 6 horas, nos termos do art. 7º, XIV, da Constituição da República, por se tratar de empregado que irá trabalhar em turnos ininterruptos de revezamento. De acordo com o posicionamento contido na OJ n. 360 da SDI-1 do TST, faz jus à jornada especial prevista no art. 7º, XIV, da CF/1988 o trabalhador que exerce suas atividades em sistema de alternância de turnos, ainda que em dois turnos de trabalho, que compreendam, no todo ou em parte, o horário diurno e o noturno, pois submetido à alternância de horário prejudicial à saúde, sendo irrelevante que a atividade da empresa se desenvolva de forma ininterrupta.

B) O empregado terá direito à redução da hora noturna, posto não haver qualquer incompatibilidade entre as disposições contidas no art. 73, § 1º, da CLT e no art. 7º, XIV, do Texto Constitucional. A redução da hora noturna deve ser observada nos turnos ininterruptos de revezamento. Neste sentido, inclusive, a OJ n. 395 do TST: "O trabalho em regime de turnos ininterruptos de revezamento não retira o direito à hora noturna reduzida, não havendo incompatibilidade entre as disposições contidas nos art. 73, § 1º, da CLT e no art. 7º, XIV, da Constituição Federal" e Súmula 213 STF.

19. **(XVII Exame de Ordem)** Uma empregada trabalha em uma empresa cumprindo a seguinte jornada de trabalho: nos 10 primeiros dias do mês, de segunda-feira a sábado, de 08:00 às 16:00h; nos 10 dias seguintes, de segunda-feira a sábado, de 16:00 às 24:00h; nos últimos 10 dias do mês, de segunda-feira a sábado, de 24:00 às 8:00h – e assim sucessivamente em cada mês –, sempre com intervalo de 1 hora para refeição. Não existe acordo coletivo nem convenção coletiva regrando a matéria para sua categoria profissional. Com base no caso apresentado, responda aos itens a seguir.

A) Analise se há sobrejornada, justificando em qualquer hipótese. (Valor: 0,65)

B) Informe sobre que horário a empregada receberá adicional noturno na jornada cumprida de segunda-feira a sábado, das 16:00 às 24:00h. (Valor: 0,60)

GABARITO:

A) Na hipótese, há turno ininterrupto de revezamento, cuja jornada deveria ser de 6 horas diárias. Como a empregada cumpriu 8 horas diárias, terá direito às horas extras, conforme o art. 7º, XIV, da CF/88.

B) Tratando-se de horário misto, haverá direito ao adicional noturno sobre a jornada compreendida entre 22:00 e 00:00h, conforme o art. 73, § 4º, da CLT.

I.7. Bancário, jornada de trabalho e alteração do contrato de trabalho

20. **(VI Exame de Ordem)** João da Silva exercia o cargo de caixa executivo no Banco Estrela S.A., trabalhando 8 (oito) horas diárias, com intervalo para repouso e alimentação de 1 (uma) hora, de segunda-feira a sexta-feira, e recebia gratificação de função de 1/3 (um terço) do salário do seu posto efetivo. Posteriormente, foi designado para a função de confiança de gerente do departamento de pessoal, recebendo gratificação de 50% do salário do cargo efetivo. Nesse período, a sua jornada era das 10h às 21h, de segunda-feira a sexta-feira, com 1 (uma) hora de intervalo intrajornada. Diante dessa situação hipotética, e considerando que João da Silva, após 12 (doze) anos de exercício na função de gerente, foi revertido, sem justo motivo, para o seu cargo efetivo, com a supressão de sua gratificação de função, responda, de forma fundamentada, às seguintes indagações:

A) Na função de caixa executivo, João ocupava cargo de confiança bancário? Ele prestava horas extraordinárias no exercício dessa função? (Valor: 0,5)

B) Na função de gerente do departamento de pessoal, João prestava horas extraordinárias? (Valor: 0,4)

C) Foi válida a reversão de João para o seu cargo efetivo? A gratificação de função poderia ter sido suprimida? (Valor: 0,35)

GABARITO:

A) João da Silva não ocupava cargo de confiança bancária, posto que não exercia função de direção, gerência, fiscalização, chefia ou equivalentes, muito menos outras funções de confiança previstas no art. 224, § 2º, da CLT, apesar de receber gratificação de função de 1/3 do salário do seu posto efetivo. Conforme o posicionamento contido na Súmula n. 102, item VI, do C. TST, o caixa bancário, ainda que caixa executivo, não exerce cargo de confiança. Se perceber gratificação igual ou superior a um terço do salário do posto efetivo, ela remunera apenas a maior responsabilidade do cargo e não as duas horas extraordinárias além da sexta. Logo, João trabalhava duas horas extras diárias (sétima e oitava horas), porque lhe seria aplicável a jornada de trabalho reduzida de 6 horas prevista no art. 224, *caput*, da CLT.

B) João da Silva, no exercício da função de gerente de departamento de pessoal, prestava duas horas extras diárias (nona e décima horas), pois exercia cargo de confiança bancário, nos termos do art. 224, § 2º, da CLT. E, de acordo com o entendimento consubstanciado na Súmula 102, item IV, do C. TST, o bancário sujeito à regra do art. 224, § 2º, da CLT cumpre jornada de trabalho de oito horas, sendo extraordinárias as trabalhadas além da oitava. O gerente de departamento de pessoal, ainda que receba gratificação de função igual ou superior a 40% do salário efetivo não está incluído no regramento do art. 62, II, da CLT.

C) A reversão de empregado ocupante de função de confiança para o cargo efetivo resta autorizada pela norma do parágrafo único do art. 468 da CLT, estando assim contida no poder empregatício (*jus variandi*). A gratificação de função poderia ter sido suprimida, já que a § 2º do art. 468 da CLT, incluído pela reforma trabalhista, prevê expressamente que aquela parcela não será incorporada, mesmo após 10, 20 ou 30 anos.

I.8. Repouso semanal remunerado

21. **(VIII Exame de Ordem)** Uma determinada empresa aplica a seguinte jornada de trabalho: os empregados trabalham durante sete dias das 8:00 às 17:00 h com intervalo de uma hora para refeição e folgam no 8º dia – e assim sucessivamente. Além disso, recebem um bônus de dois dias fruitivos por mês, nos quais podem faltar quando desejarem, sem qualquer desconto no salário, desde que avisem previamente à chefia. A partir da situação apresentada, responda aos seguintes itens.

A) Qual é o efeito do repouso semanal remunerado no contrato de trabalho e onde se encontra o normativo de regência desse direito? (Valor: 0,65)

B) Analise, segundo a legislação em vigor, a política de repouso remunerado adotada pela empresa.(Valor: 0,60)

GABARITO:

A) O repouso semanal remunerado é causa de interrupção do contrato de trabalho e está previsto na CF/88 (art. 7º, XV), no art. 67 da CLT e na Lei n. 605/49.

B) A política empresarial está equivocada, pois o repouso semanal deve ser aproveitado durante a semana, no período de sete dias – e não após –, na forma da OJ n. 410 da SDI-1 do TST – "REPOUSO SEMANAL REMUNERADO. CONCESSÃO APÓS O SÉTIMO DIA CONSECUTIVO DE TRABALHO. ART. 7º, XV, DA CONSTITUIÇÃO FEDERAL. VIOLAÇÃO. Viola o art. 7º, XV, da CF, a concessão de repouso semanal remunerado após o sétimo dia consecutivo de trabalho, importando no seu pagamento em dobro".

I.9. Férias

22. **(VI Exame de Ordem)** Carlos Machado foi admitido pela Construtora Y S.A. em 18-2-2005. Depois de desenvolver regularmente suas atividades por mais de um ano, Carlos requereu a concessão de férias, ao que foi atendido. Iniciado o período de descanso anual em 18-4-2006, o empregado não recebeu o seu pagamento, devido a um equívoco administrativo do empregador. Depois de algumas ligações para o departamento pessoal, Carlos conseguiu resolver o problema, recebendo o pagamento das férias no dia 10-5-2006. De volta ao trabalho em 19-5-2006, o empregado foi ao departamento pessoal da empresa requerer uma reparação pelo ocorrido. Contudo, além de não ter sido atendido, Carlos foi dispensado sem justa causa. Dias depois do despedimento, Carlos ajuizou ação trabalhista, pleiteando o pagamento dobrado das férias usufruídas, como também indenização por dano moral em face da dispensa arbitrária efetuada pelo empregador. Em defesa, a Construtora Y S.A. alegou que houve um mero atraso no pagamento das férias por erro administrativo, mas que o pagamento foi feito, inexistindo amparo legal para o pedido de novo pagamento em dobro. Outrossim, a empregadora afirmou que despediu Carlos sem justa causa, por meio do exercício regular do seu direito potestativo, não havendo falar em indenização por dano moral.

Em face da situação concreta, responda aos itens a seguir, empregando os argumentos jurídicos apropriados e a fundamentação legal pertinente ao caso.

A) Carlos faz jus ao pagamento dobrado das férias? Por quê? (Valor: 0,65)

B) Carlos terá direito a receber indenização por dano moral? (Valor: 0,6)

GABARITO:

A) Considerando a dúplice finalidade das férias (descanso anual para reposição de energias, com remuneração recebida antecipadamente para propiciar-lhe o efetivo gozo do direito), identifique o direito à dobra do pagamento por ter restado frustrada uma das referidas finalidades, eis que o pagamento foi efetuado somente em 10-5-2006, em que pese o descanso ter sido iniciado em 18-4-2006. Nos termos do art. 145 da CLT, o pagamento das férias deveria ter sido efetuado até dois dias antes do início da fruição do direito, ou seja, até 16-4-2006. E, de acordo com a OJ n. 386 da SBDI-I do TST, em situações como esta, onde há o descumprimento do art. 145 da CLT, deve-se usar analogicamente o art. 137 da CLT, a fim de se determinar o pagamento em dobro das férias.

B) O exercício do direito de despedir tem limites e que a ofensa a esses limites caracteriza abuso do poder empregatício. Ora, se o trabalhador, além de não ser atendido na tentativa de reclamar quanto ao atraso no pagamento das férias, ainda vem a ser despedido por sua atitude, fica caracterizada a despedida retaliativa, pela ofensa à dignidade da pessoa do trabalhador, a ensejar a incidência de indenização por dano moral, nos termos dos arts. 1º, III, e 170 da CF, 186 e 927 do Código Civil c/c o art. 8º, parágrafo único, da CLT.

23. **(XVIII Exame de Ordem)** Bruno é casado com Amanda, e ambos são empregados da empresa Pequenas Reformas Ltda., como engenheiros – os únicos que a empresa possui para gerenciar as 12 obras de reforma em andamento, sendo que o cronograma de metade delas está em atraso. O casal possui um filho, Rogério, estudante, de 16 anos. Bruno e Amanda foram admitidos na mesma data (10-1-2013), e comunicados por escrito, em 1º de março de 2014, que terão as férias do período 2013/2014 concedidas nos meses de maio (para Bruno) e junho (para Amanda). Cientificados, ambos procuram, no mesmo dia, o setor de Recursos Humanos da empresa alegando que, pela Lei, têm direito ao aproveitamento das férias em conjunto e que desejam transformar 1/3 das férias em dinheiro. O gerente do setor diz que, se saírem juntos, as obras ficarão prejudicadas. Diante do caso apresentado, responda aos itens a seguir.

A) Analise se, no caso concreto, é direito de Bruno e Amanda aproveitar as férias em conjunto, uma vez que têm filho estudante menor de 18 anos. Justifique. (Valor: 0,65)

B) Analise, no caso apresentado, se haveria um direito potestativo do casal em impor ao empregador a transformação de 1/3 das férias em dinheiro. Justifique. (Valor: 0,60)

GABARITO:

A) Não há esse direito, pois a obrigatoriedade de coincidência das férias no trabalho com as férias escolares aplica-se apenas ao menor de 18 anos que seja estudante e empregado da empresa, na forma do art. 136, § 2º, da CLT ou Não há direito potestativo porque o aproveitamento das férias em conjunto traria transtorno ao serviço, na forma do art. 136, § 1º, da CLT.

B) Não há como impor a conversão das férias em pecúnia porque o requerimento não foi feito no prazo previsto em lei – 15 dias antes do término do período aquisitivo, conforme o art. 143, § 1º, da CLT.

I.10. Suspensão e interrupção do contrato

24. (IX Exame de Ordem) Numa determinada escola uma professora irá casar-se no dia 10 e uma auxiliar de Secretaria, no dia 15 do mesmo mês. A direção comunicou que concederá nove dias de licença para a professora e três dias de licença para a auxiliar de Secretaria. Ciente disso, a auxiliar foi à direção reclamar contra o tratamento discriminatório, alegando violação ao princípio da isonomia. Diante disso, responda justificadamente.

A) Analise se a direção do colégio agiu corretamente na concessão de prazos diferenciados de licença. (Valor: 0,65)

B) Qual é o efeito jurídico da licença gala no contrato de trabalho e como ficará a questão do salário neste período? (Valor: 0,60)

GABARITO:

A) A direção agiu corretamente, pois o prazo de licença dos professores é especial, de nove dias, sobrepondo-se a quantidade normal que é de três dias, na forma do art. 320, § 3º, da CLT.

B) O efeito será a interrupção do contrato de trabalho, de modo que os salários serão pagos pelo empregador.

25. (XI Exame de Ordem) João, empregado da empresa Beta, sentiu-se mal durante o exercício da sua atividade e procurou o departamento médico do empregador, que lhe concedeu 15 dias de afastamento do trabalho para o devido tratamento. Após o decurso do prazo, João retornou ao seu mister mas, dez dias depois, voltou a sentir o mesmo problema de saúde, tendo sido encaminhado ao INSS, onde obteve benefício de auxílio doença comum. Diante da situação, responda, justificadamente, aos itens a seguir.

A) A quem competirá o pagamento do salário em relação aos primeiros 15 dias de afastamento? (Valor: 0,65)

B) Caso o INSS concedesse de plano a João, dada a gravidade da situação, a aposentadoria por invalidez comum, que efeito jurídico o benefício previdenciário teria sobre o contrato de trabalho? (Valor: 0,60)

GABARITO:

A) Durante os primeiros 15 dias de afastamento por motivo de doença competirá à empregadora o pagamento do salário, na forma do art. 60, § 3º, da Lei n. 8.213/91 ou art. 476 da CLT ou Decreto n. 3.048/99, art. 75.

B) O contrato ficará suspenso até que haja a recuperação, na forma do art. 475 da CLT.

26. **(XVIII Exame de Ordem)** Robson foi contratado para trabalhar na sociedade empresária BCD Ltda. em janeiro de 2005, cumprindo jornada de segunda-feira a sábado, das 7:00h às 18:00h, com pausa alimentar de 30 minutos. Em julho de 2007, Robson foi aposentado por invalidez; em dezembro de 2014, ele ajuizou reclamação trabalhista postulando o pagamento de horas extras de 2005 a 2007. Em defesa, a ré arguiu prescrição parcial, enquanto o autor, que teve vista da defesa, alegou que a prescrição estaria suspensa em razão da concessão do benefício previdenciário. Considerando a situação retratada, e de acordo com a Lei e a jurisprudência consolidada do TST, responda aos itens a seguir.

A) Qual das teses prevalecerá em relação à questão da prescrição? Justifique. (Valor: 0,65)

B) Indique a consequência jurídica da aposentadoria por invalidez no contrato de trabalho do autor. Justifique. (Valor: 0,60)

GABARITO:

A) A tese da empresa deve prevalecer, pois a suspensão do contrato de trabalho não importa em suspensão do prazo prescricional, na forma da OJ n. 375 do TST.

B) A aposentadoria por invalidez é causa de suspensão do contrato de trabalho, na forma do art. 475 da CLT.

I.11. Acidente de trabalho e FGTS

27. **(2016.2. Exame Unificado. FGV)** Um determinado empregado sofreu um acidente fora do local de trabalho, recebeu auxílio doença comum (B-31), e permaneceu afastado da empresa por 6 meses. Três meses após o seu retorno, o empregado foi dispensado e, em razão disso, ajuizou reclamação trabalhista com pedido de reintegração, afirmando que a sua garantia no emprego foi violada. De acordo com os dados apresentados e com a legislação em vigor, responda aos itens a seguir.

A) Informe que tese você, contratado como advogado da empresa, sustentaria contrariamente ao pedido de reintegração.

B) Caso o empregado tivesse alguma deficiência por conta do acidente sofrido, analise se ele poderia usar o FGTS para compra de uma prótese que permitisse maior acessibilidade.

GABARITO:

A) Como advogado da empresa, sustentaria que não houve acidente de trabalho, de modo que não há a garantia acidentária prevista no art. 118 da Lei n. 8.213/91, posto que o benefício recebido foi o de auxílio doença comum.

B) Acerca do levantamento do FGTS, seria possível o saque, vez que há previsão legal expressa, conforme art. 20, inciso XVIII, da Lei n. 8.036/90.

28. **(XIV Exame de Ordem)** Carlos Sá Pereira é empregado da empresa Vinhos Especiais Ltda., exercendo a função de degustador. Para tanto, deve provar pequena quantidade de vinho de cada lote, o que gera, ao final de cada semana, a ingestão de 6 litros de vinho. Em razão disso, tornou-se dependente de álcool e passou a beber mesmo fora do serviço, o que levou ao seu afastamento do emprego e seu encaminhamento ao INSS. Foi constatado pela perícia que havia o nexo técnico epidemiológico, e o benefício correspondente foi deferido pelo INSS. Diante do caso, responda aos itens a seguir.

A) Analise se a empresa, durante o período de afastamento de Carlos Sá Pereira pelo INSS, deverá recolher o FGTS. Justifique. (Valor: 0,65)

B) O período de afastamento de Carlos Sá Pereira será considerado na contagem do seu tempo de serviço? Justifique. (Valor: 0,60)

GABARITO:

A) Sim, pois o evento equipara-se a acidente do trabalho, sendo então obrigatório o recolhimento do FGTS, na forma do art. 15, § 5º, da Lei n. 8.036/90 ou art. 28, III, do Decreto n. 99.684/90.

B) Sim, o período será computado como tempo de serviço, na forma do art. 4º, parágrafo único, da CLT.

I.12. Estabilidade provisória

29. **(II Exame – 2010.02)** Um membro do conselho fiscal de sindicato representante de determinada categoria profissional ajuizou reclamação trabalhista com pedido de antecipação dos efeitos da tutela, postulando a sua reintegração no emprego, em razão de ter sido imotivadamente dispensado. O reclamante fundamentou sua pretensão na estabilidade provisória assegurada ao dirigente sindical, prevista nos arts. 543, § 3º, da CLT e 8º, inciso VIII, da Constituição da República de 1988, desde o registro de sua candidatura até um ano após o término de seu mandato. O juiz concedeu, em sede liminar, a tutela antecipada requerida pelo autor, determinando a sua imediata reintegração, fundamentando sua decisão no fato de que os membros do conselho fiscal, assim como os integrantes da diretoria, exercem a administração do sindicato, nos termos do art. 522, *caput*, da CLT, sendo eleitos pela assembleia geral. Com base em fundamentos jurídicos determinantes da situação problema acima alinhada, responda às indagações a seguir.

A) O juiz agiu com acerto ao determinar a reintegração imediata do reclamante?

B) Que medida judicial seria adotada pelo reclamado contra esta decisão antecipatória?

GABARITO:

No caso, trata-se de conselheiro fiscal, cuja discussão se pauta no exercício ou não da direção e representação do sindicato. Com fundamento no art. 522, § 2º, da CLT, as atividades do conselheiro fiscal limitam-se à fiscalização da gestão financeira do sindicato, não atuando na representação ou defesa da categoria. Exatamente interpretando tal dispositivo, o entendimento consubstanciado na OJ n. 365 da SBDI I, do TST, é no sentido de não reconhecer direito à estabilidade ao conselheiro fiscal. No que tange à segunda indagação, quanto à decisão que antecipou os efeitos da tutela de mérito, trata-se de incidente interlocutório e que, nos termos do art. 893, § 1º, da CLT e da Súmula 214 do TST, é irrecorrível de imediato, pelo que não é atacável por via de recurso ordinário, muito menos por agravo de instrumento, que se limita ao destrancamento de recurso. Assim, por se tratar de decisão interlocutória, sem recurso específico, a resposta correta é o mandado de segurança, nos termos da Sumula n. 414, II, do Colendo TST, unificadora da jurisprudência trabalhista, não sendo considerada a resposta sem fundamentação. A OJ n. 63, da SBDI-II, do TST, não serve de fundamento, por se referir à ação cautelar. Ressalta-se que a respectiva resposta não se encontra única e exclusivamente com espeque em súmula e jurisprudência dos tribunais superiores, mas tão somente em interpretação dos dispositivos citados no corpo da chave de resposta.

30. **(XIV Exame de Ordem)** Joana é servidora pública municipal do Município de Tribobó do Oeste, o qual não possui regime jurídico próprio. Foi contratada na condição de celetista, tendo prestado concurso público em 2004. Em 2014, imotivadamente foi dispensada. Já Paula é empregada da empresa Banco Futuro S/A, que a contratou após processo seletivo composto por prova de conhecimento na área de atuação e teste psicotécnico, tudo ocorrido também no ano de 2004, e dispensada imotivadamente na mesma época que Joana. Diante disso, responda:

A) Joana faz jus a algum tipo de estabilidade? Fundamente. (Valor: 0,65)

B) Paula faz jus a algum tipo de estabilidade? Fundamente. (Valor: 0,60)

GABARITO:

A) Joana é detentora da estabilidade prevista no art. 41 da CF, nos termos da Súmula 390, I, do TST, pois é funcionária pública municipal da administração direta.

B) Paula não faz jus à estabilidade, já que é empregada celetista comum, podendo ser dispensada imotivadamente dado o poder diretivo do empregador e ato discricionário deste.

I.13. Término do vínculo de emprego

31. **(III Exame – 2010.03)** Marcos José, administrador, foi contratado pela empresa Mão de Obra em 5-3-2001. Em 12-12-2003, foi dispensado por justa causa, sob a alegação de ter praticado ato de improbidade. Naquela ocasião, Marcos foi acusado pelo seu empregador de ter furtado um notebook da empresa, pois o levou para casa no dia 10-3-2003 e, apesar de sucessivos pedidos de devolução, até aquele momento não o havia feito. Ocorre que, além de dispensar o empregado por justa causa, no mesmo dia o empregador foi à delegacia e efetuou um boletim de ocorrência. Três meses depois, em 12-3-2004, foi aberto inquérito policial, cujo resultado foi encaminhado ao Ministério Público estadual. Em 15-5-2004, o promotor de justiça apresentou denúncia em face de Marcos, requerendo a sua condenação. O processo criminal se desenvolveu ao longo de quase cinco anos, tendo sido proferida a sentença judicial definitiva em 12-4-2009, absolvendo Marcos José da acusação por falta de provas. Em vista dessa decisão, Marcos resolveu ajuizar ação trabalhista em face do seu antigo empregador, o que foi feito em 14-2-2010. Na petição inicial, Marcos requereu a reversão da sua dispensa para sem justa causa, bem como o pagamento de aviso-prévio, férias proporcionais e indenização de 40% sobre o FGTS.

Com base na situação concreta, responda aos itens a seguir, empregando os argumentos jurídicos apropriados e a fundamentação legal pertinente ao caso.

A) As pretensões formuladas por Marcos estão prescritas? (Valor: 0,5)

B) O resultado do processo criminal vinculará juridicamente o resultado do processo do trabalho? (Valor: 0,5)

GABARITO:

A) Deveria mencionar os prazos prescricionais trabalhistas, previstos no art. 7º, XXIX, da CF/88 ou art. 11, I, da CLT, e observar que entre a data da dispensa e a do ajuizamento da ação passaram-se mais de seis anos; e, em seguida, acrescentar que o ajuizamento da demanda criminal não era causa de interrupção ou suspensão do decurso do prazo prescricional.

B) Deveria afirmar que não há vinculação jurídica entre o processo do trabalho e o processo criminal, uma vez que se trata de jurisdições independentes. Ademais, como o intuito era o de avaliar a ideia e não a literalidade da resposta, aceitou-se a colocação de noções semelhantes, tais como "competências distintas", "liberdade de convicção do juiz" ou "instituições independentes".

32. **(XI Exame de Ordem)** Numa reclamação trabalhista, o autor formulou pedido de verbas resilitórias e horas extras. Na 1ª audiência, ocorrida 40 dias após o desligamento, a empresa reconheceu que não pagou as verbas devidas pela saída, e requereu o seu adiamento, face à ausência de suas testemunhas, o que foi deferido. Na 2ª audiência, agora com a presença das testemunhas, ofereceu, no início da sessão, o pagamento das verbas resilitórias incontroversas adicionadas da multa do art. 477, § 8º, da CLT. Diante dessa situação, responda:

A) Comente se a empresa, nesta situação, fica sujeita a algum pagamento adicional em relação às verbas da ruptura. Justifique sua resposta. (Valor: 0,65)

B) Analise, na mesma situação, caso o empregador do autor fosse um Município, se haveria algum pagamento adicional. Justifique sua resposta. (Valor: 0,60)

GABARITO:

A) Não tendo quitados os direitos devidos na 1ª audiência, ficará sujeita ao pagamento de 50% das verbas resilitórias, conforme o art. 467, *caput*, da CLT.

B) Caso o empregador fosse um município, o art. 467 da CLT seria inaplicável, conforme parágrafo único do citado diploma.

33. **(XIII Exame de Ordem)** Aproveitando a oportunidade conferida por seu empregador, Renan aderiu ao Programa de Demissão Voluntária ofertado pela empresa e recebeu 10 salários adicionais de indenização (um salário por cada ano trabalhado), além das verbas típicas da dispensa sem justa causa. No mesmo período, Renan dispensou sua empregada doméstica. Diante da situação, responda aos itens a seguir.

A) Haverá recolhimento de FGTS sobre a indenização de 10 salários adicionais? Justifique em qualquer hipótese. (Valor: 0,65)

B) Analise se, em eventual reclamação trabalhista movida pela empregada doméstica de Renan, poderia haver penhora da conta do FGTS do empregador para que os valores lá depositados sirvam para pagamento da doméstica na fase executória. Justifique. (Valor: 0,60)

GABARITO:

A) Não haverá recolhimento de FGTS haja vista a natureza indenizatória da verba (ou natureza não salarial), não se constituindo em fato gerador do FGTS, conforme o art. 15, § 6º, da Lei n. 8.036/90, repetido no art. 9º, X, da Instrução Normativa n. 99/2012 do MTE.

B) Não será possível, pois as contas do FGTS são absolutamente impenhoráveis, na forma do art. 2º, § 2º, da Lei n. 8.036/90, repetido no art. 17 Decreto n. 99.684/90.

I.14. Greve

34. **(V Exame de Ordem)** Em certo estabelecimento, em função de ordem do empregador, gerentes iniciam o dia de trabalho convocando, um a um, vários empregados até uma determinada sala. Cada empregado, ao sair da referida sala, relata aos demais trabalhadores a mesma situação, isto é, os gerentes informam ao empregado que deve assinar vários recibos salariais em branco, e quem se recusar vai ser sumariamente dispensado, sem que a empresa pague verbas rescisórias e sem que seja formalizada a dispensa por ato do empregador. Após cerca de quarenta empregados passarem por tal situação e os outros 200 trabalhadores demonstrarem muito temor, pois seriam os próximos, o empregado Zé, que não exerce cargo no sindicato da categoria nem é sindicalizado, convoca os colegas para que parem de trabalhar e se retirem do estabelecimento, de forma a iniciar um protesto na rua, o que se realiza com sucesso, já que os gerentes cessam a prática acima descrita. Com base no caso exposto, responda aos itens a seguir, empregando os argumentos jurídicos apropriados e a fundamentação legal pertinente ao caso.

A) Tendo em vista a Constituição Federal e a legislação ordinária e também os princípios do Direito do Trabalho, é possível qualificar tal movimento paredista dos trabalhadores como uma greve? (Valor: 0,65)

B) Tendo em vista os princípios gerais de direito, é possível considerar legítimo o ato do empregado Zé e a adesão dos demais empregados? (Valor: 0,60)

GABARITO:

A) **Opção A:** Em que pese a suspensão coletiva para efeito de protesto sobre os ilegais e abusivos procedimentos adotados pelo empregador, o movimento de paralisação não pode ser considerado como greve, cujo exercício está condicionado à decisão pela categoria em assembleia geral destinada à definição das reivindicações e deliberação sobre a paralisação coletiva da prestação de serviços (art. 4º da Lei n. 7.783/89), necessitando-se, para evitar-se abusividade, notificação, com 48 horas de antecedência, da paralisação (art. 3º, parágrafo único), além da observância dos demais requisitos previstos em lei (§§ 1º e 2º do art. 4º).

Opção B: Em que pese a inobservância dos requisitos formais previstos no art. 4º da Lei n. 7.783/89, trata-se de greve, reivindicatória da cessação da abusividade patronal descrita na questão, caracterizada pela suspensão coletiva, temporária e pacífica, da prestação pessoal de serviços e fundada no art. 9º da CF e no princípio da dignidade da pessoa humana (art. 170, da CF).

B) Sob o ângulo do direito de autodefesa ou resistência contra os abusos do poder diretivo, o ato do empregado e de seus colegas é legítimo e tem fundamento nos princípios da proteção e dignidade da pessoa humana, além dos princípios da boa-fé, razoabilidade e proporcionalidade.

I.15. Prescrição

35. **(XV Exame de Ordem)** Raquel Infante nasceu em 5 de maio de 1995 e foi admitida na empresa Asa Branca Refinaria S/A em 13 de maio de 2011, lá permanecendo por 4 meses, sendo dispensada em 13 de setembro de 2011. Em razão de direitos a que entende fazer jus e que não foram pagos, Raquel ajuizou reclamação trabalhista em 20 de dezembro de 2013. Em contestação, a empresa suscitou prescrição total (extintiva), pois a ação teria sido ajuizada mais de 2 anos após o rompimento do contrato. A respeito do caso apresentado, responda, fundamentadamente, aos itens a seguir.

A) Analise se ocorreu prescrição total (extintiva) na hipótese, justificando. (Valor: 0,65)

B) Analise se Raquel poderia ser designada para trabalhar em jornada noturna, justificando. (Valor: 0,60)

GABARITO:

A) Não ocorreu prescrição total (extintiva), porque isso só teve início quando a empregada completou 18 anos (art. 440 da CLT), ou seja, a partir de 5 de maio de 2013. Assim, a ação poderia ser apresentada com garantia de análise até 5 de maio de 2015.

B) Não poderia, pois a lei veda o trabalho noturno para menores de 18 anos, segundo o art. 7º, XXXIII, da CF/88, ou o art. 404 da CLT, ou, ainda, o art. 67, I, do ECA.

I.16. Direito coletivo do trabalho

36. **(XV Exame de Ordem)** O sindicato dos empregados nas usinas de açúcar de Linhares (ES) entabulou convenção coletiva contemplando diversos direitos para os trabalhadores, dentre os quais a entrega de uma cesta básica mensal. Porém, logo após, iniciou-se divergência sobre a quantidade e a qualidade dos produtos que deveriam integrar a referida cesta básica, tendo o sindicato dos empregados decidido ajuizar ação na Justiça do Trabalho. Diante desse quadro, responda aos itens a seguir.

A) De acordo com a lei, é necessário, ou não, comum acordo para que seja instaurado dissídio coletivo de natureza jurídica? (Valor: 0,85)

B) De acordo com a lei, qual é o prazo máximo de vigência de uma sentença normativa? Apresente fundamento legal que justifique sua resposta. (Valor: 0,40)

GABARITO:

A) É desnecessário o comum acordo, pois a CF/88 o exige apenas nos dissídios coletivos de natureza econômica, conforme o art. 114, § 2º.

B) O prazo máximo é de quatro anos, conforme o art. 868, parágrafo único, da CLT.

II. DIREITO PROCESSUAL DO TRABALHO

II.1. Competência

II.1.1. Ação possessória. Greve

37. **(2010.3. Exame de Ordem)** O Banco Ômega S.A. ajuizou ação de interdito proibitório em face do Sindicato dos Bancários de determinado Município, nos termos do art. 932 do CPC, postulando a expedição de mandado proibitório, para obrigar o réu a suspender ou a não mais praticar, durante a realização de movimento paredista, atos destinados a molestar a posse mansa e pacífica do autor sobre os imóveis de sua propriedade, com a retirada de pessoas, veículos, cavaletes, correntes, cadeados, faixas e objetos que impeçam a entrada de qualquer empregado ao local de trabalho, abstendo-se, também, de realizar piquetes com utilização de aparelhos de som, sob pena de aplicação de multa diária no valor de R$ 10.000,00 (dez mil reais), por agência. Em contestação, o sindicato-réu sustentou que a realização de piquetes decorre do legítimo exercício do direito de greve assegurado pelo art. 9º da Constituição da República e que o fechamento das agências bancárias visa garantir a adesão de todos os empregados ao movimento grevista.

Com base na situação hipotética, responda aos itens a seguir, empregando os argumentos jurídicos apropriados e a fundamentação legal pertinente ao caso.

A) Qual será a Justiça competente para julgar essa ação de interdito proibitório?

B) Durante a greve, é lícita a realização de piquetes pelo sindicato com utilização de carros de som?

C) Procede a pretensão veiculada na ação no sentido de que o réu se abstenha de impedir o acesso dos empregados às agências bancárias?

GABARITO:

A) O interdito proibitório, que consiste em modalidade de ação possessória, foi ajuizado em razão do movimento grevista deflagrado por categoria profissional do setor privado. Assim, com fundamento no art. 114, I, da CF/88 e na Súmula Vinculante 23 do STF, a competência para julgar tal demanda é da Justiça do Trabalho.

B) A realização de piquetes com utilização de carros de som é permitida pela ordem jurídica, como meio pacífico tendente a persuadir ou aliciar os trabalhadores para aderirem ao movimento, de modo que o examinando deve responder afirmativamente, alegando que o art. 6º, I, da Lei n. 7.783/89 assegura aos grevistas o emprego de meios pacíficos tendentes a persuadir ou aliciar os trabalhadores a aderirem à greve.

C) Procede a pretensão, fundamentando no sentido de que as manifestações e atos de persuasão utilizados pelos grevistas não podem impedir o acesso ao trabalho nem causar ameaça ou dano à propriedade ou à pessoa, nos termos do art. 6º, § 3º, da Lei n. 7.783/89.

II.1.2. Competência. Decisão interlocutória. Recurso ordinário

38. **(XVIII Exame de Ordem)** Plínio foi empregado da sociedade empresária Marca Alimentos S/A. Ele prestou serviços nos estados do Rio de Janeiro, São Paulo e Minas Gerais, residindo hoje neste último. Ao ser dispensado, ajuizou reclamação trabalhista em face da sociedade empresária, a qual foi distribuída a 99ª Vara do Trabalho de Belo Horizonte/MG. Na audiência, a sociedade empresária apresentou exceção de incompetência, alegando que a ação deveria ter sido ajuizada em São Paulo, local da contratação e sede da ré.

Diante disso, responda aos itens a seguir.

A) Observadas as regras de competência territorial, onde Plínio deveria ajuizar a ação?

B) No caso de acolhida a exceção pelo juiz, como advogado de Plínio, que medida você adotaria?

GABARITO:

A) No caso, Plínio poderá ajuizar a ação em qualquer dos três estados da federação, nos termos do art. 651, *caput*, da CLT.

B) Como advogado de Plínio, interporia recurso ordinário, pois o processo será remetido para TRT diverso, conforme a Súmula 214, c, do TST.

II.2. Reclamação trabalhista

II.2.1. Reclamação plúrima. Horas extras

39. **(2016.2. Exame Unificado. FGV)** Rafael trabalha há 5 anos na empresa Come Come Gêneros Alimentícios S/A no Município de Niterói/RJ, como auxiliar administrativo. Entretanto, sem qualquer razão aparente, seu empregador decidiu transferi-lo para Taubaté/SP, onde se localiza uma das filiais da empresa. Apesar das ponderações de Rafael ao empregador, esse se manteve irredutível. Diante disso responda aos itens a seguir.

A) Analise se é possível a transferência de Rafael sob o aspecto da legalidade. Fundamente.

B) Considerando o risco iminente da transferência, na qualidade de advogado de Rafael, qual a medida a ser adotada por você? Fundamente.

GABARITO:

A) No caso em tela, com fundamento no art. 469 da CLT, afirma-se que a transferência é ilícita, pois não houve concordância do empregado, não foi demonstrada real necessidade de serviço, nem extinção de estabelecimento.

B) Como advogado, ajuizaria uma reclamação trabalhista com pedido de tutela de urgência (antecipada, ou pedido liminar), a fim de suspender a transferência até a decisão do processo, conforme autoriza o art. 659, inciso IX, da CLT.

40. **(XIX. Exame de Ordem)** Gustavo é gerente geral de uma agência bancária e Paula é chefe de tesouraria na mesma agência. Gustavo chefia todos os gerentes da agência e Paula comanda uma equipe de oito pessoas que lhe dá apoio nas atividades diárias. Ambos recebem gratificação de função correspondente a 100% do salário auferido, cumprem jornada de 2ª a 6ª feira das 9h00min às 20h00min e, genuinamente, exercem funções de relevância na agência bancária. Ao serem dispensados, ambos ajuízam reclamação plúrima, postulando o pagamento de horas extras. Em defesa, o banco se insurge em preliminar contra o litisconsórcio ativo e, no mérito, nega o direito às horas extras. Na instrução, os autores conduzem três testemunhas que comprovam a jornada dita na inicial, e o banco não conduz testemunhas nem junta controle de ponto. Diante da situação retratada, considerando a CLT e o entendimento consolidado do TST, responda aos itens a seguir.

A) Analise os requisitos para a reclamação plúrima e se ela poderia acontecer no caso apresentado.

B) Analise se Gustavo, diante do panorama processual, pode receber horas extras, justificando em qualquer hipótese.

GABARITO:

A) Os requisitos para a reclamação plúrima estão previstos no art. 842 da CLT, quais sejam: mesmo empregador e identidade de matérias. Estando presentes os requisitos no caso apresentado, o litisconsórcio é viável.

B) Gustavo não tem direito às horas extras por ser gerente geral e, assim, estar enquadrado na hipótese do art. 62, II, da CLT, conforme a Súmula 287 do TST.

II.2.2. Reclamação trabalhista. Perempção

41. **(V Exame de Ordem)** Reginaldo ingressou com ação contra seu ex-empregador, e, por não comparecer, o feito foi arquivado. Trinta dias após, ajuizou nova ação com os mesmos pedidos, mas dela desistiu porque não mais nutria confiança em seu advogado, o que foi homologado pelo magistrado. Contratou um novo profissional e, 60 dias depois, demandou novamente, mas, por não ter cumprido exigência determinada pelo juiz para emendar a petição inicial, o feito foi extinto sem resolução do mérito.

Com base no relatado, responda aos itens a seguir, empregando os argumentos jurídicos apropriados e a fundamentação legal pertinente ao caso.

A) Para propor uma nova ação, Reginaldo deverá aguardar algum período? Em caso afirmativo, qual seria?

B) Quais são as hipóteses que ensejam a perempção no Processo do Trabalho?

GABARITO:

A) Reginaldo não deve aguardar nenhum prazo, uma vez que não houve dois arquivamentos seguidos, conforme os arts. 732 e 844, ambos da CLT.

B) As hipóteses que ensejam a perempção no processo do trabalho estão previstas nos arts. 731 e 732 da CLT, isto é, quando o reclamante, após apresentar reclamação verbal, não comparece em cinco dias na secretaria da Vara para reduzir a termo sua reclamação, salvo se houver motivo justificado ou, ainda, quando o reclamante der causa a dois arquivamentos seguidos por ausência em audiência inicial ou una, nos moldes do art. 844 da CLT.

II.2.3. Reclamação trabalhista. Pedido. Insalubridade

42. **(XIII Exame de Ordem)** Jocimar é auxiliar de laboratório, ganha R$ 2.300,00 mensais e ajuizou reclamação trabalhista contra a empresa Recuperação Fármacos Ltda., sua empregadora, requerendo o pagamento dos adicionais de insalubridade e periculosidade. Designada perícia pelo juiz, foi constatado pelo expert que no local de trabalho o frio era excessivo, sem a entrega de equipamento de proteção individual adequado, além de perigoso, pois Jocimar trabalhava ao lado de um tanque da empresa onde havia grande quantidade de combustível armazenado. Contudo, a empresa impugnou expressamente o laudo pericial, afirmando que o perito designado era um engenheiro de segurança do Trabalho, e não um médico do trabalho, como deveria ser. Diante do caso, responda:

A) Analise, de acordo com a CLT, a possibilidade de condenação da empresa nos dois adicionais desejados, justificando.

B) Caso Jocimar postulasse o adicional de insalubridade, alegando que o ruído era excessivo, analise se seria possível o deferimento do adicional se a perícia constatou que o único elemento insalubre presente no local era o frio. Justifique.

GABARITO:

A) Impossível o deferimento de ambos os adicionais cumulativamente, na forma da CLT, art. 193, § 2º. O empregado poderá optar pelo adicional de insalubridade ou periculosidade que porventura lhe seja devido.

B) Seria possível, pois o juiz não fica adstrito ao agente agressor indicado pela parte, na forma da Súmula 293 do TST.

II.3. Audiência

II.3.1. Revelia. Confissão. Consequências jurídicas

43. (2010.2. Exame de Ordem) Em ação trabalhista, a parte reclamante postulou a condenação da empresa reclamada no pagamento de horas extraordinárias e sua projeção nas parcelas contratuais e resilitórias especificadas na inicial. Ao pregão da Vara trabalhista respondeu o empregado-reclamante, assistido do seu advogado. Pela empresa, compareceu o advogado, munido de procuração e defesa escrita, que explicou ao juiz que o preposto do empregador-reclamado estaria retido no trânsito, conforme telefonema recebido. Na referida defesa, recebida pelo Juiz, a empresa alega que o reclamante não trabalhou no horário apontado na inicial e argui a prescrição da ação, por ter a resilição contratual ocorrido mais de dois anos depois do ajuizamento da reclamação trabalhista, o que restou confirmado após a exibição da CTPS e esclarecimentos prestados pelo reclamante.

Em face dessa situação hipotética, responda, de forma fundamentada, às indagações a seguir.

A) Que requerimento o advogado do reclamante deverá fazer diante da situação descrita? Estabeleça ainda as razões do requerimento.

B) Com base em fundamentos jurídicos pertinentes à seara trabalhista, o pedido deverá ser julgado procedente ou improcedente?

GABARITO:

A) O advogado do reclamante deve requerer a decretação da revelia, com confissão do reclamado quanto à matéria fática, haja vista que, ao contrário da Justiça Comum, na Justiça do Trabalho a revelia não decorre da falta de defesa e sim da ausência do réu ou seu representante legal, sendo que a presença do advogado, por si só, não supera a ausência do preposto, acarretando aplicação da revelia, consoante o art. 844 da CLT e a Súmula 122 do TST.

B) Com efeito, embora a revelia importe, nos termos do art. 844 da CLT, em confissão quanto à matéria de fato, e a prescrição é matéria de direito, o contrato somente teve fim dois anos após o ajuizamento, conforme constatado em audiência, pelo que não há prescrição bienal a ser pronunciada (art. 7º, XXIX, da CF/88 ou art. 11 da CLT), importando a procedência do pedido de horas extras e integrações. No entanto, como o reclamante postulou, com contrato ainda em curso, integração das horas extras também em parcelas decorrentes de uma terminação contratual que não havia se operado à época do ajuizamento da reclamação trabalhista, essa parte do pedido não pode ser acolhida – e sequer conhecida –, de modo que neste caso deve ser julgado improcedente. Assim, o juiz deve julgar procedente em parte os pedidos, conforme o art. 128 c/c o 460 do CPC/73 (art. 141 c/c o art. 492 do CPC/2015).

II.3.2. Revelia. Preposto

44. (XVI Exame de Ordem) Cleonice ajuíza ação contra a sua ex-empregadora – Limpíssimo Conservação e Limpeza Microempresa – e contra a sociedade empresária tomadora dos serviços – Sardinhas Lisboeta S.A. Postula as verbas resilitórias não quitadas, desejando a responsabilidade subsidiária da segunda ré, na forma da Súmula 331 do TST. Na audiência inicial, ambas as sociedades empresárias se fazem representar por estagiários de administração e são assistidas por advogados, que portam defesa e procuração. Em razão desse fato, o advogado de Cleonice requereu a revelia de ambas as litisconsortes

Diante da situação e da jurisprudência consolidada, responda aos itens a seguir.

A) Analise se a ex-empregadora deve ter a revelia decretada.

B) Analise se a tomadora dos serviços deve ter a revelia decretada.

GABARITO:

A) Não cabe revelia da ex-empregadora, pois o preposto não mais precisa ser empregado, conforme art. 843, § 3º, da CLT, alterado pela reforma trabalhista.

B) A tomadora dos serviços também não deve ter sua revelia decretada, uma vez que não mais se exige que o preposto seja empregado, nos moldes do art. 843, § 3º, da CLT, podendo ser qualquer pessoa com conhecimento dos fatos.

II.4. Respostas do réu

II.4.1. Contestação. Preliminar. Terceirização ilícita

45. **(IV Exame de Ordem)** João da Silva ajuizou reclamação trabalhista em face da Cooperativa Multifuncional Ltda. e do Posto de Gasolina Boa Viagem Ltda. Na petição inicial, afirmou que foi obrigado a se filiar à cooperativa para prestar serviços como frentista no segundo reclamado, de forma pessoal e subordinada. Alegou, ainda, que jamais compareceu à sede da primeira ré, nem foi convocado para qualquer assembleia. Por fim, aduziu que foi dispensado sem justa causa, quando do término do contrato de prestação de serviços celebrado entre os reclamados. Postulou a declaração do vínculo de emprego com a sociedade cooperativa e a sua condenação no pagamento de verbas decorrentes da execução e da ruptura do pacto laboral, além do reconhecimento da responsabilidade subsidiária do segundo réu, na condição de tomador dos serviços prestados, nos termos da Súmula 331, item IV, do TST. Na contestação, a primeira ré suscitou preliminar de impossibilidade jurídica do pedido, uma vez que o art. 442, parágrafo único, da CLT prevê a inexistência do vínculo de emprego entre a cooperativa e seus associados. No mérito, sustentou a validade da relação cooperativista entre as partes, refutando a configuração dos requisitos inerentes à relação empregatícia. O segundo reclamado, na peça de defesa, afirmou que o reclamante lhe prestou serviços na condição de cooperado e que não pode ser condenado no pagamento de verbas trabalhistas se não foi empregador. Na instrução processual, restou demonstrada pela prova testemunhal produzida nos autos a intermediação ilícita de mão de obra, funcionando a cooperativa como mera fornecedora de trabalhadores ao posto de gasolina.

Com base na situação hipotética, responda aos itens a seguir, empregando os argumentos jurídicos apropriados e a fundamentação legal pertinente ao caso.

A) É cabível a preliminar de impossibilidade jurídica do pedido?

B) Cabe o pedido de declaração de vínculo de emprego com a primeira ré e o de condenação subsidiária do segundo reclamado?

GABARITO:

A) No caso em tela não é cabível a preliminar suscitada, uma vez que a vedação prevista no parágrafo único do art. 442 não se aplica em caso de cooperativismo fraudulento, devendo incidir o art. 9º da CLT, haja vista que há nulidade de pleno direito.

B) Não cabe vínculo de empregado com a primeira ré, pois o vínculo deve ser pleiteado com o posto (segunda reclamada), conforme a Súmula 331, I, do TST e o art. 9º da CLT, vez que houve terceirização de atividade-fim. Ademais, não cabe responsabilidade subsidiária do posto, mas sim direta, na medida em que é o real empregador.

II.4.2. Contestação. Compensação

46. **(VII Exame de Ordem)** Cristiano é empregador de Denílson, de quem é amigo pessoal, motivo pelo qual aceitou ser fiador no contrato de locação residencial desse empregado. Ocorre que Denílson, durante quatro meses, não pagou aluguel e encargos, tendo Cristiano sido executado pela quantia de R$ 3.000,00 na condição de fiador. Para vingar-se, Cristiano dispensou Denilson. Este, a seu turno, ingressou com reclamação trabalhista contra a empresa de Cristiano, valendo-se do procedimento sumaríssimo, no qual almeja a quantia total de R$ 12.000,00. Em defesa, a empresa sustenta que nada é devido, mas, se houver vitória total ou parcial do trabalhador, pretende a compensação dos R$ 3.000,00 que Cristiano foi obrigado a pagar pelos aluguéis atrasados que o ex-empregado devia ao seu locador.

Com base no relatado, responda aos itens a seguir, utilizando os argumentos jurídicos apropriados e a fundamentação legal pertinente ao caso.

A) A fase processual para alegar o instituto da compensação, como pretendido pela ré, foi adequada?

B) A tese de defesa poderá ser acolhida?

C) Qual é a diferença entre compensação e dedução?

GABARITO:

A) Sim, a fase processual é adequada, vez que a compensação deve ser arguida na contestação, conforme o art. 767 da CLT e a Súmula 48 do TST.

B) Não poderá ser acolhida a tese da defesa, pois não se trata de dívida trabalhista, sendo esta natureza necessária para que a compensação seja admitida, nos termos da Súmula 18 do TST.

C) Na compensação, temos duas pessoas que ao mesmo tempo são credor e devedor uma da outra, as obrigações se extinguem até o limite que podem ser compensadas, sendo necessário que as dívidas sejam líquidas, vencidas e fungíveis e não fica vinculada aos pedidos do reclamante, sendo vedado ao juiz conceder de ofício. Já a dedução pode ser deferida de ofício pelo juiz, por ser matéria de ordem pública, a qual veda o enriquecimento em causa, devendo existir liame entre o pedido do autor e o que se deduz.

II.4.3. Litispendência. Multas. Instrumento normativo

47. **(X Exame de Ordem)** Demétrio ajuizou reclamação trabalhista pleiteando o pagamento de multas previstas no instrumento normativo de sua categoria, cujo destinatário é o empregado lesado, em virtude do descumprimento, pelo empregador, da quitação do adicional de 50% sobre as horas extras e do acréscimo de 1/3 nas férias. Em contestação, a reclamada sustentou que tais multas eram indevidas porque se tratava de meras repetições de dispositivo legal, sendo que a CLT não prevê multa para o empregador nessas hipóteses. Adiciona e comprova que, no tocante à multa pelo descumprimento do terço de férias, isso já é objeto de ação anterior ajuizada pelo mesmo reclamante e que tramita em outra Vara, atualmente em fase de recurso.

Responda, justificadamente, aos itens a seguir.

A) Analise se são válidas as multas previstas no instrumento normativo.

B) Informe que fenômeno jurídico processual ocorreu em relação ao pedido de multa pela ausência de pagamento do terço das férias.

GABARITO:

A) As multas previstas no instrumento normativo são válidas e aplicáveis em caso de descumprimento de obrigação prevista em lei, mesmo que a norma coletiva seja mera repetição de texto legal, na forma da Súmula 384, II, do TST.

B) Ocorreu o fenômeno jurídico da litispendência, previsto no art. 301, §§ 1º e 3º, do CPC/73 (art. 337, §§ 1º, 2º e 3º, do CPC/2015).

II.4.4. Poder público. Juros. Responsabilidade subsidiária

48. **(XVII Exame de Ordem)** Lucas ajuizou reclamação trabalhista contra sua ex-empregadora, uma empresa de terceirização, e contra o ente público tomador dos serviços. No rol de pedidos, o autor deseja o pagamento de verbas da extinção contratual e indenização por dano moral, pois era humilhado pelo seu supervisor, além da condenação subsidiária do ente público por culpa in vigilando (Súmula 331, V, do TST). Em sua contestação, o ente público sustenta que, caso venha a ser condenado, devem ser observados os juros menores previstos na Lei n. 9.494/97, além de não poder ser responsabilizado pela eventual condenação por dano moral, sequer de forma subsidiária, pois não feriu qualquer direito de personalidade do autor. Considerando a situação retratada, e de acordo com a jurisprudência consolidada do TST, responda aos itens a seguir.

A) A tese do ente público, quanto à condenação em juros menores, deve ser acolhida? Justifique.

B) A tese do ente público de isenção quanto à responsabilidade pelo eventual deferimento de indenização por dano moral deve ser acolhida? Justifique.

GABARITO:

A) A tese do Poder Público não deve prevalecer, pois quando ele é condenado subsidiariamente não se beneficia dos juros menores, conforme a OJ n. 382 do TST.

B) A tese do Poder Público não deve prevalecer, pois a responsabilidade subsidiária abrange todas as verbas decorrentes da condenação no período da prestação laboral, conforme a Súmula 331, VI, do TST.

II.5. Provas

II.5.1. Prova pericial. Adicional de periculosidade

49. **(XIX Exame de Ordem)** Júnior, no período de 2011 a 2014, foi empregado de um condomínio comercial como bombeiro civil. Após ser dispensado, ajuizou reclamação trabalhista postulando adicional de periculosidade, que não lhe era pago. Em contestação, o ex-empregador sustentou que não havia risco de morte na atividade e que Júnior teria o dever de fazer essa prova por meio de perícia.

Diante da situação retratada e das normas legais, responda às indagações a seguir.

A) Analise se a prova pericial é necessária na hipótese, justificando.

B) Caso o pedido formulado por Júnior fosse deferido, qual deveria ser o percentual e a base de cálculo da parcela reivindicada?

GABARITO:

A) A prova pericial não é necessária porque o profissional bombeiro civil tem direito ao adicional de periculosidade fixado em lei (art. 6º, III, da Lei n. 11.901/2009)

B) O adicional de periculosidade será pago na razão de 30% sobre o salário-base, conforme o art. 6º, III, da Lei n. 11.901/2009 e o art. 193, § 1º, da CLT.

II.5.2. Prova testemunhal. Contradita. Substituição

50. **(2010.2. Exame de Ordem)** Na audiência inaugural de um processo na Justiça do Trabalho que tramita pelo rito sumaríssimo, o advogado do réu apresentou sua contestação com documentos e, ato contínuo, requereu o adiamento em virtude da ausência da testemunha Jussara Freire que, apesar de comprovadamente convidada, não compareceu. O advogado do autor, em contraditório, protestou, uma vez que a audiência é una no processo do trabalho, não admitindo adiamentos. O juiz deferiu o requerimento de adiamento, registrou o protesto em ata e remarcou a audiência para o início da fase instrutória. No dia designado para a audiência de instrução, a testemunha Jussara Freire não apenas compareceu, como esteve presente, dentro da sala de audiências, durante todo o depoimento da testemunha trazida pelo autor. No momento da sua oitiva, o advogado do autor a contraditou, sob o argumento vício procedimental para essa inquirição, ao que o advogado do réu protestou. Antes de o juiz decidir o incidente processual, o advogado do réu se antecipou e requereu a substituição da testemunha. Diante da situação narrada, analise o deferimento do adiamento da audiência pelo juiz, bem como a contradita apresentada pelo advogado do autor e o requerimento de substituição elaborado pelo advogado do réu.

GABARITO:

Não obstante a incidência de regra geral da audiência trabalhista una, por se tratar de causa que tramita pelo rito sumaríssimo e com espeque no art. 852-H, § 3º, da CLT, permite-se o adiamento da audiência, na hipótese de a testemunha convidada não comparecer espontaneamente. No que tange à contradita da testemunha, houve violação do art. 824 da CLT ou art. 413 do CPC/73 (art. 456 do CPC/2015), que determinam a oitiva das testemunhas separadamente e de modo que uma não ouça o depoimento da outra. Por fim, ressalte-se que em razão da inexistência de regra específica na CLT sobre a substituição de testemunha, torna-se possível a aplicação subsidiária do CPC, sendo certo no caso não há possibilidade de substituição da testemunha Jussara Freire, uma vez que não se trata das hipóteses contidas nos incisos do art. 408 CPC/73 (art. 451 do CPC/2015), até porque a parte deu causa ao vício e o deferimento criaria uma violação arbitrária da isonomia de tratamento das partes litigantes.

II.5.3. Ônus da prova

51. **(2010.2. Exame de Ordem)** Em reclamação trabalhista ajuizada em face da empresa "Y", José postula assinatura da CTPS, horas extras e diferenças salariais com fundamento em equiparação salarial e pagamento de adicional de periculosidade. Na defesa oferecida, a empresa nega ter o empregado direito à assinatura da CTPS, dizendo ter o obreiro trabalhado como autônomo; quanto às horas extras, nega o horário alegado, se reportando aos controles de frequência, que demonstram, segundo alega, que o reclamante não as realizava; e, quanto às diferenças salariais, sustenta que o reclamante era mais veloz e perfeito na execução do serviço do que o paradigma apontado.

Considerando as normas processuais sobre a distribuição do ônus da prova, estabeleça, através de fundamentos jurídicos, a quem cabe o ônus da prova em relação a cada uma das alegações contidas na defesa apresentada pelo reclamado?

GABARITO:

No caso em tela, cabe ao empregado a prova da prestação das alegadas horas extras, por ter o empregador negado que o reclamante as fazia. Em face da negativa, não se verifica a inversão do ônus da prova, cabendo ao reclamante a prova do fato constitutivo do direito alegado – art. 818 da CLT c/c o art. 333, I, do CPC/73 (art. 373, I, do CPC/2015).

Outrossim, cabe à empresa a prova da autonomia na prestação dos serviços, por ter admitido que houve a prestação de serviços, mas apresentado fato impeditivo do reconhecimento do vínculo, de modo que o ônus da prova passa a ser seu, ante o teor do art. 818 da CLT c/c o art. 333, II, do CPC/73 (art. 373, II, do CPC/2015).

Por fim, no caso em exame, não há que se falar em ônus da prova, porque não há mais prova a ser produzida em relação ao fato das diferenças salariais, posto que o próprio empregador, sem alegar fato impeditivo, modificativo ou extintivo do direito à equiparação, confessa a maior produtividade e perfeição técnica do trabalho desenvolvido pelo próprio reclamante. Incidência dos arts. 334, II, e 348, do CPC (arts. 374, II, c/c o art. 389 do CPC/2015).

Comentário dos autores: Mister se faz averbar que a Súmula 6, item VIII, do TST, assenta que é do empregador o ônus da prova do fato impeditivo, modificativo ou extintivo da equiparação salarial.

II.5.4. Ônus da prova

52. **(VI Exame de Ordem)** Tício ajuizou ação trabalhista em face da empresa Hora Certa Ltda., na qual pretendia receber horas extras e reflexos. Na própria petição inicial já havia impugnado os controles de ponto aduzindo que não havia variação de horário. Na audiência, a ré trouxe os documentos, juntando-os com a contestação e declarou que pretendia produzir prova testemunhal acerca do pedido do autor. O juiz, após examinar a documentação, indeferiu a prova testemunhal da ré. Na sentença, o juiz julgou procedente o pedido do autor. Considerando as regras de distribuição do ônus da prova, o juiz agiu corretamente? Fundamente.

GABARITO:

O juiz não agiu corretamente, considerando que há inversão do ônus da prova, nos termos da Súmula 338, III, do TST, de modo que a reclamada deveria ter a oportunidade de produzir a prova testemunhal para ratificar os horários consignados nos controles de ponto.

II.5.5. Intérprete. Despesas processuais

53. **(XVI Exame de Ordem)** Patrick, estrangeiro, executivo com salário elevado, não beneficiário de gratuidade de justiça, ajuizou ação em face de sua empregadora, Mineração Ltda. Arrolou como testemunha seu colega de trabalho, também estrangeiro, Paul. Contudo, a testemunha não fala português, apenas se comunicando no idioma alemão.

Com base no caso apresentado, responda aos itens a seguir.

A) Qual deverá ser o procedimento legal para colher o depoimento da testemunha que não fala o idioma nacional?

B) Em havendo despesa processual com o depoimento da testemunha, a quem caberá o pagamento?

GABARITO:

A) O juiz deverá nomear intérprete, conforme o art. 819, *caput*, da CLT.

B) A despesa caberá a parte a que interessar o depoimento, consoante § 2º do art. 819 da CLT.

II.6. Sentença

II.6.1. Dano moral. Juros e correção monetária

54. **(XI Exame de Ordem)** Em reclamação trabalhista movida por uma empregada contra o ex-empregador, o pedido de indenização por dano moral foi julgado improcedente na sentença. Inconformada, a empregada recorreu e o TRT deferiu parcialmente este pedido. Irresignada com o valor deferido, que entendia insuficiente, a empregada ainda manejou recurso de revista, sendo mantida pelo TST a quantia já fixada. Adveio em seguida o trânsito em julgado.

Diante dessa situação, responda aos seguintes itens.

A) A partir de quando será computada a correção monetária do pedido de dano moral? Justifique sua resposta.

B) Se os juros não fossem requeridos na petição inicial, analise se haveria julgamento extra petita se o juiz os deferisse. Justifique sua resposta.

GABARITO:

A) A correção monetária do pedido de dano moral dar-se-á a partir da decisão que fixou o valor ou que alterou o valor, consoante a Súmula 439 do TST.

B) Não haveria julgamento *extra petita*, uma vez que os juros decorrem de imposição legal, o que independe de pedido ou condenação, conforme a Súmula 211 do TST.

II.6.2. Acordo judicial. Coisa julgada

55. **(XII Exame de Ordem)** Serafim Almeida ajuizou reclamação trabalhista contra o ex-empregador postulando o pagamento de horas extras e verbas resilitórias. Em audiência, entabulou acordo com o reclamado, que foi homologado judicialmente, no qual conferiu quitação geral quanto ao extinto contrato de trabalho. Tempos depois contratou novo advogado e ajuizou nova demanda contra a mesma empresa, desta feita pedindo apenas diferença em razão de equiparação salarial – verba não perseguida na 1ª ação.

Diante desse quadro, responda aos itens a seguir.

A) Analise a validade, ou não, de um acordo judicial no qual a parte concede quitação sobre objeto que não foi postulado na petição inicial, justificando em qualquer hipótese.

B) Informe o fenômeno jurídico que inviabiliza o prosseguimento da 2ª ação ajuizada, apresentando o fundamento legal respectivo.

GABARITO:

A) É válido conferir quitação mesmo de verba não postulada, conforme a OJ n. 132 da SDI-2, do TST.

B) Ocorrerá o fenômeno da coisa julgada, conforme o art. 301, § 1º, do CPC/73 (art. 337, § 1º, do CPC/2015).

II.7. Recursos

II.7.1. Competência. Decisão interlocutória. Recurso ordinário

56. **(2010.2. Exame de Ordem)** Vindo de sua cidade natal, Aracaju, José foi contratado na cidade do Rio de Janeiro, para trabalhar como pedreiro, em Santiago do Chile, para empregador de nacionalidade uruguaia. Naquela cidade lhe prestou serviços por dois anos, ao término dos quais foi ali dispensado. Retornando ao Brasil, o trabalhador ajuizou reclamação trabalhista, mas o Juiz, em atendimento a requerimento do reclamado, extinguiu o processo, sob o fundamento de que a competência para apreciar a questão é da justiça uruguaia, correspondente à nacionalidade do ex-empregador.

Considere que entre Brasil, Chile e Uruguai não existe tratado definindo a questão da competência para a hipótese narrada.

A) O Juiz agiu acertadamente em sua decisão? Justifique.

B) Informe se cabe recurso da decisão proferida, estabelecendo, se for o caso, o recurso cabível e, por fim, em que momento processual pode ser impugnada a referida decisão. Justifique a resposta.

GABARITO:

A) O juiz proferiu decisão equivocada, tendo em vista o disposto no § 2º do art. 651 da CLT, ou seja, a competência é da Justiça do Trabalho brasileira, vez que José é brasileiro e não há tratado internacional a respeito.

B) Embora a decisão proferida seja interlocutória, é cabível de imediato recurso ordinário, que deve ser interposto no prazo de oito dias, pois se trata de decisão terminativa, como autoriza o art. 799, § 2º, c/c o art. 895, I, ambos da CLT.

II.7.2. Embargos de declaração. Preparo

57. **(V Exame de Ordem)** Inconformada com uma sentença desfavorável aos seus interesses, a empresa dela recorre. Contudo, entendeu o magistrado que o recurso era intempestivo, e a ele negou seguimento. Ciente disso, a reclamada interpôs recurso de agravo de instrumento no 5º (quinto) dia e efetuou o depósito adicional previsto no art. 899 da CLT no 8º (oitavo) dia do prazo recursal. Novamente o juiz negou seguimento ao agravo de instrumento, argumentando que ele estava deserto.

Diante dessa situação hipotética, responda, de forma fundamentada, às seguintes indagações:

A) Há alguma medida que possa ser tomada pela recorrente contra a última decisão do juiz? Em caso afirmativo, qual?

B) O que significa deserção? No caso em exame, o agravo de instrumento estava deserto? Justifique.

GABARITO:

A) A recorrente poderá opor embargos de declaração, consoante o art. 897-A da CLT e, se mantida a decisão, impetrar mandado de segurança ou intentar correcional.

B) Deserção é a ausência de preparo. No caso, o agravo de instrumento estava deserto, haja vista que o depósito recursal deve ser comprovado no ato da interposição do recurso, conforme o § 7º do art. 899 da CLT.

II.7.3. Recurso de revista. Agravo de instrumento. Embargos de declaração

58. **(VII Exame de Ordem)** Um recurso de revista é interposto em face de acórdão proferido por Tribunal Regional do Trabalho em recurso ordinário, em dissídio individual, sendo encaminhado ao Presidente do Regional.

Diante desta situação hipotética, responda, de forma fundamentada, às seguintes indagações:

A) Se o Presidente admitir o recurso de revista somente quanto a parte das matérias veiculadas, cabe a interposição de agravo de instrumento?

B) É cabível a oposição de embargos de declaração contra decisão de admissibilidade do recurso de revista?

GABARITO:

A) Cabe a interposição de agravo de instrumento, conforme art. 1º da IN n. 40/2016 do TST, que prevê a utilização do recurso previsto no art. 897, *b*, da CLT, quando houver a admissão parcial, sob pena de preclusão.

B) É cabível embargos de declaração, nos termos da Instrução Normativa n. 40/2016 do TST, que em seu art. 1º, § 1º, prevê a utilização dos embargos de declaração quando houver omissão no juízo de admissibilidade, sob pena de preclusão.

II.7.4. Embargos de declaração. Recurso ordinário

59. **(IX Exame de Ordem)** Opostos embargos declaratórios pelo reclamante com pedido de efeito modificativo, o juiz dá provimento aos embargos e adiciona à condenação o pagamento de uma verba que não havia sido apreciada na sentença, apesar de requerida na petição inicial. Ciente disso, a empresa rebela-se afirmando que deveria ter sido observado o contraditório e que ela deveria ter tido a oportunidade de se manifestar. Como isso não aconteceu, sustenta ser nula a decisão dos embargos.

Diante disso, responda justificadamente, aos itens a seguir.

A) Os embargos de declaração podem ter efeito modificativo do julgado?

B) Comente se procede a alegação empresarial quanto à nulidade da decisão dos embargos declaratórios opostos contra sentença não submetidos ao contraditório.

GABARITO:

A) Sim, tratando-se de omissão no julgado, os embargos de declaração podem ter efeito modificativo, na forma do art. 897-A, da CLT e da Súmula 278 do TST.

B) Não há nulidade, pois os embargos de declaração opostos contra sentença, mesmo havendo pedido de efeito infringente, não se submetem ao contraditório, na forma da OJ n. 142, II, do TST. Tal se justifica em razão do efeito devolutivo em profundidade do recurso ordinário.

Comentários dos autores: Ressaltamos que o § 2º do art. 897-A da CLT prevê que "eventual efeito modificativo dos embargos de declaração somente poderá ocorrer em virtude da correção de vício na decisão embargada e desde que ouvida a parte contrária, no prazo de 5 (cinco) dias", o que nos convence que a OJ em tela deve ser revista (ou canelada), vez que o juiz, para modificar o julgado, deve ouvir a parte contrária (contraditório).

II.7.5. Recurso adesivo. Preparo

60. **(X Exame de Ordem)** Numa reclamação trabalhista movida em litisconsórcio passivo, o autor e a empresa reclamada "X" (sociedade de economia mista) foram vencidos reciprocamente em alguns pedidos, tendo ambos se quedado inertes no prazo recursal. Porém a empresa reclamada "Y" (pessoa jurídica de direito privado), vencida também em relação a alguns pedidos na referida ação trabalhista, interpôs recurso ordinário, com observância dos pressupostos legais de admissibilidade, tendo inclusive efetuado o preparo. Em seguida, o Juiz do Trabalho notificou as partes para que oferecessem suas razões de contrariedade, em igual prazo ao que teve o recorrente.

Considerando os fatos narrados acima, responda, de forma fundamentada, aos itens a seguir.

A) Analise a possibilidade de o autor recorrer, ou não, dos pedidos em que foi vencido, e de que maneira isso se daria, se possível for.

B) Caso ambas as empresas tivessem recorrido ordinariamente, e tendo a empresa "Y" requerido sua exclusão da lide, analise e justifique quanto à necessidade, ou não, de a reclamada "X" efetuar preparo.

GABARITO:

A) É possível o autor recorrer dos pedidos que sucumbiu pela via do recurso adesivo, o qual deve ser interposto no prazo das contrarrazões, consoante a Súmula 283 do TST e art. 500 do CPC/73 (art. 997 do CPC/2015) ou Instrução Normativa n. 3, IX, do TST.

B) A empresa "X" estará obrigada a efetuar o preparo porque os recursos são independentes ou há necessidade de preparo, pois a condenação não foi solidária. Indicação do art. 173, § 1º, II, da CF/88 ou da Súmula 170 do TST ou da Súmula 128, I ou III, do TST.

II.7.6. Gratuidade de justiça em sede recursal

61. **(XI Exame de Ordem)** Roberto interpôs recurso ordinário ao ter ciência de que foi julgado improcedente o seu pedido de reconhecimento de vínculo empregatício em face da empresa NOVATEC LÍNEA COMPUTADORES LTDA. Ele não juntou declaração de miserabilidade na petição inicial e no recurso, mas requereu, em pedido expresso no apelo, o benefício da gratuidade de justiça, afirmando não ter recursos para recolher o valor das custas sem prejuízo do seu sustento e de sua família.

O juiz prolator da sentença negou seguimento ao recurso, considerando-o deserto.

Diante deste panorama, responda justificadamente:

A) Considerando que Roberto não juntou a declaração de miserabilidade, analise se é possível o deferimento da gratuidade de justiça na hipótese retratada.

B) Analise se, tecnicamente, a decisão que negou seguimento ao recurso está correta.

GABARITO:

A) A gratuidade de justiça está regulamentada no art. 790, § 3º, da CLT. A jurisprudência do TST admite que tal benefício seja requerido em qualquer tempo ou grau de jurisdição, desde que, na fase recursal, o seja no prazo alusivo ao recurso (OJ n. 269 da SDI-I do TST), o que ocorreu no caso em exame. Outra opção seria: Sim, seria possível o deferimento de ofício da gratuidade, desde que presentes os requisitos do art. 790, § 3º, da CLT.

b) A jurisprudência consolidada preconiza que basta a simples afirmação do declarante ou de seu advogado quanto ao seu estado de miserabilidade para que se configure a situação econômica que justifique a concessão de tal benefício, na forma da OJ n. 304 da SDI-I do TST. Assim, incorreta a decisão.

II.7.7. Recurso. Prazo. Preparo

62. **(XII Exame de Ordem)** Um ex-empregado ajuíza reclamação trabalhista contra a ex-empregadora (a empresa "A") e outra que, segundo alega, integra o mesmo grupo econômico (a empresa "B"). Em defesa a empresa "A", afirma que pagou tudo ao reclamante, nada mais lhe devendo, enquanto a empresa "B" sustenta sua ilegitimidade passiva, negando a existência de grupo econômico.

Considerando que: 1) as reclamadas possuem advogados diferentes; 2) que o pedido foi julgado procedente, condenando-se solidariamente as rés; e 3) que a empresa "A" recorreu efetuando o recolhimento das custas e depósito recursal, responda às indagações a seguir.

A) O prazo para recurso das empresas é diferenciado, haja vista terem procuradores diferentes?

B) A empresa "B" deverá efetuar depósito recursal para viabilizar o recurso, no qual insistirá na sua absolvição por não integrar com a litisconsorte um grupo econômico?

GABARITO:

A) Mesmo possuindo procuradores diferentes, o prazo não será diferenciado porque o TST entende que o disposto no art. 191 do CPC/73 (art. 229 do CPC/2015) é inaplicável ao processo do trabalho, conforme a OJ n. 310 da SDI-1 do TST.

B) Será desnecessário o depósito recursal pela empresa "B", pois havendo condenação solidária e já havendo recolhimento pela empresa "A", que não requereu sua exclusão da lide, o depósito por ela feito poderá ser aproveitado pela empresa "B", na forma da Súmula 128, III, do TST.

II.7.8. Recurso. Agravo de instrumento. Prazo

63. **(XIV Exame de Ordem)** Dia 28-4 é feriado municipal em Tribobó do Oeste. Em ação ajuizada por Paulo, cuja sentença foi de improcedência, o último dia do prazo recursal recaiu em 28.04. Assim, o advogado de Paulo interpôs o recurso em 29-4, juntando cópia autenticada do diário oficial dispondo sobre o feriado local. O juiz substituto em exercício negou seguimento ao recurso em razão de intempestividade

Com base no caso apresentado, responda aos itens a seguir.

A) Qual o recurso cabível desta decisão denegatória de seguimento ao recurso interposto por Paulo? Fundamente.

B) O que deverá ser alegado por Paulo em seu recurso? Fundamente.

GABARITO:

A) O recurso cabível é o agravo de instrumento, nos termos do art. 897, *b*, da CLT ou embargos de declaração, na forma do art. 897-A da CLT.

B) Paulo deverá alegar que comprovou o feriado local no ato da interposição do recurso e, sendo feriado, o prazo estaria prorrogado para o dia seguinte, tudo na forma da Súmula 385, I, do TST.

II.7.9. Recurso de revista. Preclusão. Embargos de declaração

64. **(XIV Exame de Ordem)** Sérgio Alcântara moveu ação contra a empresa Delta Promoções e Imagens, da qual foi empregado, pleiteando o pagamento de indenização por dano moral de R$ 10.000,00 e horas extras. Na sentença foi deferido o pagamento de indenização por dano moral de R$ 5.000,00 e as horas extras no quantitativo desejado na petição inicial. Somente a empresa interpôs recurso ordinário, e o TRT da Região manteve a sentença em todos os seus aspectos. Então, o reclamante interpôs recurso de revista pretendendo a majoração da indenização por dano moral para R$ 10.000,00, tal qual desejado na exordial.

Diante da situação, responda, fundamentadamente, aos itens a seguir.

A) Analise a possibilidade de Sérgio interpor recurso de revista no caso apresentado, justificando.

B) Caso a empresa opusesse embargos declaratórios contra o acórdão proferido pelo TRT, informe em que situação, à luz da jurisprudência consolidada, o autor teria de ser intimado para se manifestar.

GABARITO:

A) Não seria possível o recurso porque a decisão transitou em julgado em relação a Sérgio, ocorrendo preclusão.

B) Caso nos embargos de declaração houvesse pedido de efeito modificativo, conforme a OJ n. 142 do TST e o art. 897-A, § 2º, da CLT.

II.7.10. Reexame necessário. Recurso de revista

65. **(XVII Exame de Ordem)** Em determinada ação trabalhista em face de um estado federado, a sentença entendeu por julgar o pedido procedente e fixar a condenação em valor correspondente a 600 salários mínimos. A matéria em discussão é controvertida nos Tribunais, ainda não estando pacificada por qualquer jurisprudência. Entretanto, o réu, ente de direito público, não recorreu.

A partir do caso apresentado, responda aos itens a seguir

A) Ocorrerá o trânsito em julgado imediato da decisão? Fundamente.

B) Caberá recurso de revista na hipótese? Fundamente.

GABARITO:

A) Deverá haver a remessa necessária para o TRT (submissão ao duplo grau de jurisdição obrigatório) em virtude de o valor da condenação ser superior a 500 salários mínimos e por não ser matéria pacificada nos Tribunais, razão pela qual não ocorrerá o trânsito em julgado imediato, já que a parte sucumbente foi o ente de direito público, conforme a Súmula 303, I, do TST, o art. 475, I, do CPC e o art. 1º, V, do DL n. 779/69.

Comentários dos autores: É bom observar que o CPC/2015 trata do tema em testilha no art. 496, sendo certo que o § 3º alterou os valores inerentes às condenações para fins de reexame necessário, razão pela qual a questão foi adaptada.

B) Não será possível a interposição do recurso de revista na hipótese trazida na questão porque o ente público não interpôs recurso ordinário voluntário da decisão de 1ª instância, conforme a OJ n. 334 da SDI I do TST.

II.7.11. Preparo. Agravo de instrumento

66. **(XVIII Exame de Ordem)** Em reclamação trabalhista movida por empregado contra o ex-empregador, o pedido foi julgado procedente em parte e a sociedade empresária pretende recorrer. Nesse sentido, apresentou a petição com o recurso no 5º dia da publicação da sentença e o comprovante das custas e do depósito recursal 15 dias após, mas explicou na peça que havia recolhido o preparo no prazo de oito dias, conforme chancela bancária, e que a demora na juntada do preparo se deveu a um problema interno do escritório. Na hipótese retratada, de acordo com a CLT e a jurisprudência consolidada do TST, responda aos itens a seguir.

A) Como advogado do autor da demanda, informe o que você sustentaria em contrarrazões sobre o aspecto processual apresentado na questão.

B) Caso o recurso interposto pela sociedade empresária tivesse seu seguimento negado, por qualquer razão, pelo juiz de 1º grau, que recurso poderia ser interposto? Justifique.

GABARITO:

A) Sustentaria o aspecto da deserção, já que o preparo foi feito, mas não foi comprovado no prazo legal, conforme a Súmula 245 do TST, o art. 789, § 1º, da CLT e o art. 7º da Lei n. 5.584/70.

B) No caso, caberia o agravo de instrumento, consoante prevê o art. 897, *b*, da CLT.

II.8. Execução

II.8.1. Massa falida

67. **(2016.2. Exame Unificado. FGV)** Em sede de ação trabalhista movida por Célio em face da Madeireira Ltda, transitada em julgado a decisão de conhecimento, após a apresentação de cálculos pelas partes e homologado determinado valor, o juiz abriu prazo para a manifestação específica das partes em relação à sua decisão. Ambas se quedaram inertes. Posteriormente, em sede de embargos à execução, a parte ré quis impugnar os valores do débito. Na qualidade de advogado do autor, tendo você concordado com os cálculos homologados pelo juiz, responda:

A) O que você deverá alegar em sede de resposta aos embargos à execução? Fundamente.

B) Qual o recurso cabível da decisão dos embargos à execução? Fundamente.

GABARITO:

A) Nos moldes do art. 879, § 2º, da CLT, o juiz deve abrir prazo para as partes se manifestarem sobre a conta de liquidação, sob pena de preclusão. Assim, cotejando-o com o art. 884, § 3º, do mesmo diploma, fica evidente que, se o juiz abrir prazo e a parte nada fizer, ocorrerá a preclusão e a matéria não poderá ser arguida em sede de embargos à execução. Portanto, a parte autora deverá alegar a preclusão para impugnar a conta de liquidação em sede de embargos à execução, nos termos do art. 879, § 2º, da CLT.

B) Nesse caso, cabe agravo de petição, com fulcro no art. 897, *a*, da CLT.

68. **(2010.3. Exame de Ordem)** Cara Pintada Ltda., empresa de distribuição e venda do ramo de cosméticos, sofreu reclamação trabalhista por parte do ex-empregado Jorge Iaicon Grilo, que postula diferenças salariais com base em desvio de função, pagamento de horas extras e repercussão das referidas verbas nas parcelas contratuais e resilitórias. A ação foi movida também em face da empresa Cara Pintada S.A., indústria de cosméticos, componente, segundo alegação, do mesmo grupo econômico.

Com base nas provas produzidas nos autos, em 1º-8-2010, a sentença de 1º grau deu procedência aos pedidos, vindo a ser confirmada pelo TRT, já que foi negado provimento ao recurso interposto pela primeira empresa. O recurso do empregado foi, no entanto, provido, para condenação da segunda empresa como responsável solidária, porque foi considerada componente do grupo econômico da empresa de cosméticos.

Da decisão, não houve recurso.

A sentença de conhecimento foi liquidada, chegando-se ao valor de R$ 58.000,00. Dessa decisão também não houve recurso.

Iniciou-se então a execução, quando sobreveio a falência da empresa Cara Pintada Ltda., noticiada nos autos.

Em razão da falência, o administrador da massa requer a extinção da execução na Justiça do Trabalho, sob o fundamento de que o juízo universal da Vara Empresarial da Justiça Comum se tornou o competente para apreciação de todas as questões relacionadas à falência, e todos os créditos passaram ao juízo universal.

Em resposta, sustenta o advogado do reclamante que a execução contra a massa deve prosseguir na Justiça do Trabalho quanto ao depósito recursal e contra a empresa responsável solidária em relação ao excedente, requerendo a liberação imediata do referido depósito recursal de R$ 5.889,50 como parte do pagamento.

Diante da situação narrada, responda aos itens a seguir, empregando os argumentos jurídicos apropriados e a fundamentação legal pertinente ao caso.

A) A execução quanto à massa falida deve prosseguir na Justiça do Trabalho em relação ao valor do depósito recursal?

B) O pedido de liberação do valor depositado a título de depósito recursal deve ser atendido ou deve ser carreado à massa, para distribuição posterior entre os credores da massa?

C) Pode a execução voltar-se, na própria Justiça do Trabalho, quanto ao excedente do depósito recursal, contra a empresa responsável solidária?

GABARITO:

A) Em processos contra a massa falida, cabe à Justiça do Trabalho apenas a definição do *quantum debeatur*, com expedição final de certidão do valor apurado em liquidação, para habilitação no rol de credores da massa falida, no Juízo Universal (art. 6º, § 2º, da Lei n. 11.101/2005). Ocorre que há, nos autos, depósito recursal feito anteriormente à decretação da falência. Como a indagação diz respeito, especificamente, ao prosseguimento da execução apenas quanto ao referido depósito recursal, em face do silêncio da lei quanto à resolução direta da situação-problema, admitem-se as duas únicas possíveis respostas, desde que devidamente fundamentadas, a saber:

Opção 1: A execução deve prosseguir na Justiça do Trabalho apenas quanto ao depósito recursal mediante a liberação ao reclamante, vencedor na ação, já que feito anteriormente à decretação na falência (art. 899, §§ 1º, 4º e 5º, da CLT).

Opção 2: A execução deve prosseguir no Juízo Falimentar, nos termos do art. 6º, § 2º, da Lei n. 11.101/2005

B) A questão envolve a natureza do depósito recursal, como garantia da futura execução. Aqui também, em face do silêncio da lei quanto à resolução direta da situação-problema, admitem-se as duas únicas respostas possíveis, desde que devidamente fundamentadas, a saber:

Opção 1: O pedido de liberação do depósito, que nos termos da lei pode ser levantado pelo vencedor do recurso, deve ser atendido, porque feito anteriormente à decretação da falência, em conta vinculada do FGTS do empregado e com destinação de garantia da execução (art. 899, §§ 1º, 4º e 5º, da CLT).

Opção 2: O pedido de liberação do depósito não deve ser atendido, devendo ser carreado à massa, para distribuição entre os credores, observada a ordem legal de preferência (art. 6º, § 2º, da Lei n. 11.101/2005).

C) A execução pode voltar-se, quanto ao excedente, contra a empresa responsável solidária, porque, em se tratando de solidariedade, o devedor pode dirigir-se contra qualquer devedor, indistintamente, nos termos do art. 2º, § 2º, da CLT c/c os arts. 275 do Código Civil e 8º, parágrafo único, da CLT.

Como a outra empresa componente do grupo econômico, que figurou no polo passivo da relação processual na fase de conhecimento não é falida, responde pelos débitos por meio de execução na própria Justiça do Trabalho.

Comentários dos autores: Em razão do cancelamento da Súmula 205 do TST, hodiernamente não há mais obrigatoriedade de chamar todas as empresas do mesmo grupo econômico para compor o polo passivo da reclamação trabalhista, de modo que a questão da solidariedade pode ser matéria de debate diferido para a execução.

II.8.2. Reexame necessário. Execução contra a fazenda pública. Precatório. RPV

69. **(VIII Exame de Ordem)** Joana e Guilherme, ambos com 30 anos de idade, ajuizaram reclamação trabalhista plúrima contra um Município, dos quais são empregados nos moldes da CLT, postulando diversos direitos lesados. A sentença, proferida de forma líquida, julgou o pedido procedente em parte e condenou o réu ao pagamento de R$ 13.000,00 para Joana e R$ 22.000,00 para Guilherme.

Com base na hipótese apresentada, responda aos itens a seguir.

A) Analise se a sentença proferida estará sujeita ao duplo grau de jurisdição obrigatório.

B) Caso a sentença transite em julgado nos termos originais, de que forma será feito o pagamento da dívida aos exequentes?

GABARITO:

A) A sentença não estará submetida ao duplo grau de jurisdição porque a condenação é inferior a 60 salários mínimos sendo caso de aplicar-se a Súmula 303, I, *a*, do TST

B) No caso em exame, em razão do valor da condenação, Joana deverá receber o crédito por Requisição de Pequeno Valor (RPV) e Guilherme, por precatório, considerando o disposto no art. 87, II do ADCT; art. 100, § 3º, da CF/88, OJ TP 9 do TST ou arts. 3º e 7º da Instrução Normativa n. 32/2007 do TST.

II.8.3. Fazenda pública. Prazo. Embargos de declaração. Embargos à execução

70. **(IX Exame de Ordem)** A Fazenda Pública Estadual, na condição de tomadora de serviços terceirizados, é condenada pela Justiça do Trabalho ao pagamento de verbas trabalhistas devidas ao empregado da empresa prestadora de serviços.

Diante disso, entendendo a Fazenda Pública a presença de algumas omissões no fundamento do julgado, responda, justificadamente, aos itens a seguir.

A) Qual é o prazo que a Fazenda Pública Estadual terá para opor embargos de declaração?

B) Confirmada a sentença e sobrevindo a execução, que prazo a Fazenda Pública Estadual terá, de acordo com a lei, para ajuizar embargos de devedor?

GABARITO:

A) O prazo para a Fazenda Estadual opor embargos de declaração será de dez dias, nos termos do art. 897-A da CLT e OJ n. 192 da SDI-1 do TST, art. 1º, II ou III, do Decreto-lei n. 779/69.

B) 1ª opção: 30 dias, na forma do art. 1º-B da Lei n. 9.494/97, acrescentado pela Medida Provisória n. 2.180-35, de 24 de agosto de 2001, em vigor conforme o art. 2º da EC n. 32/2001.

2ª opção: cinco dias, na forma do art. 884, § 1º, da CLT. Em 4 de agosto de 2005, o TST considerou, em incidente de uniformização, inconstitucional a Medida Provisória n. 2.180-35 quanto à fixação de prazo processual e por não ser medida de urgência (Processo TST-RR-70/1992-011-04-00.7, em 4-8-2005) e ante a perda da eficácia da liminar deferida em 28-3-2007 pelo excelso STF na ADC 11, que ultrapassou o prazo de 180 dias previsto no art. 21, parágrafo único, da Lei n. 9.868/99, o TST retomou os julgamentos suspensos, nas ações em que se discutia a constitucionalidade do prazo previsto no art. 884 da CLT.

II.8.4. Execução provisória. Mandado de segurança

71. **(XIII Exame de Ordem)** Extraída carta de sentença nos autos da reclamação trabalhista movida por Jubert Machado contra a Sapataria Monte Belo Ltda., foram homologados os cálculos e citado o devedor para pagamento que, no prazo legal, ofereceu um bem como garantia, comprovando documentalmente a propriedade do referido bem. O juiz conferiu vista à parte contrária, que não aceitou o bem ofertado, desejando a penhora em dinheiro, com base nos arts. 882 da CLT e 655, I, do CPC (art. 835, I, do CPC/2015). Feita a conclusão, o juiz determinou que a penhora recaísse sobre dinheiro, tendo o valor sido bloqueado das contas do executado.

A partir do caso apresentado, responda, fundamentadamente, aos itens a seguir.

A) À luz da jurisprudência consolidada do TST, analise se a decisão do juiz está correta.

B) Se a empresa discorda da decisão judicial de apreensão de dinheiro, indique de qual medida ela poderia valer-se para tentar a reversão e em que prazo.

GABARITO:

A) A decisão do juiz não está correta, haja vista que se tratando de execução provisória e tendo a empresa oferecido um bem, ele deveria ser aceito (Súmula 417, III, do TST) ou deveria ter aceito, pois se tratando de execução provisória, ela deve ser feita da maneira menos gravosa para o devedor (art. 620 do CPC/73; art. 805 do CPC/2015).

B) A empresa poderá impetrar mandado de segurança, no prazo de 120 dias, nos termos da Súmula 417, III, do TST.

II.9. Prescrição

II.9.1. Prescrição. Prevenção

72. **(XIX. Exame de Ordem)** Arnaldo foi dispensado em 10-3-2012, já computada a projeção do aviso-prévio devido. Em 9-3-2014, ajuizou ação trabalhista em face do ex-

-empregador, pleiteando horas extras e reflexos. No dia da audiência, em 21-1-2015, Arnaldo não compareceu, sendo a ação arquivada. Três semanas depois, foi proposta uma nova ação, idêntica à primeira. Antes da citação, o advogado de Arnaldo, percebendo que a inicial estava incompleta, requereu prazo para aditar a mesma, tendo sido concedidos 10 dias. Nesse prazo, apresentou aditamento à inicial, incluindo os pedidos de indenização por dano moral e adicional de periculosidade. Com base no caso narrado, de acordo com a CLT e o entendimento consolidado do TST, responda aos itens a seguir.

A) Esclareça se há algum pedido alcançado pela prescrição. Caso positivo, indique qual(is).

B) Caso a segunda demanda tivesse sido distribuída a juízo diferente daquele no qual o primeiro caso foi arquivado, o que você, como advogado(a) da empresa, suscitaria em preliminar?

GABARITO:

A) Os pedidos de adicional de periculosidade e de indenização por dano moral estão prescritos, pois o aditamento equivale a nova ação para cada pedido, tendo sido proposta depois do decurso de dois anos, sem que a interrupção da prescrição tivesse alcançado tais pleitos, nos termos da Súmula 268 do TST.

B) O advogado deverá suscitar a prevenção do juízo que conheceu da primeira demanda, na forma do art. 253, II, do CPC/73.

6.9.2. Prescrição. Suspensão. Independência de jurisdições

73. **(2010.3. Exame de Ordem)** José, administrador, foi contratado pela empresa Mão de Obra em 5-3-2001. Em 12-12-2003, foi dispensado por justa causa, sob a alegação de ter praticado ato de improbidade. Naquela ocasião, Marcos foi acusado pelo seu empregador de ter furtado um notebook da empresa, pois o levou para casa no dia 10-3-2003 e, apesar de sucessivos pedidos de devolução, até aquele momento não o havia feito. Ocorre que, além de dispensar o empregado por justa causa, no mesmo dia o empregador foi à delegacia e efetuou um boletim de ocorrência. Três meses depois, em 12-3-2004, foi aberto inquérito policial, cujo resultado foi encaminhado ao Ministério Público estadual. Em 15-5-2004, o promotor de justiça apresentou denúncia em face de Marcos, requerendo a sua condenação. O processo criminal se desenvolveu ao longo de quase cinco anos, tendo sido proferida a sentença judicial definitiva em 12-4-2009, absolvendo Marcos José da acusação por falta de provas. Em vista dessa decisão, Marcos resolveu ajuizar ação trabalhista em face do seu antigo empregador, o que foi feito em 14-2-2010. Na petição inicial, Marcos requereu a reversão da sua dispensa para sem justa causa, bem como o pagamento de aviso-prévio, férias proporcionais e indenização de 40% sobre o FGTS.

Com base na situação concreta, responda aos itens a seguir, empregando os argumentos jurídicos apropriados e a fundamentação legal pertinente ao caso.

A) As pretensões formuladas por Marcos estão prescritas?

B) O resultado do processo criminal vinculará juridicamente o resultado do processo do trabalho?

GABARITO:

A) 1. Mencionar os prazos prescricionais trabalhistas, previstos no art. 7º, XXIX, da CF/88 ou art. 11, I, da CLT, e observar que entre a data da dispensa e a do ajuizamento da ação passaram-se mais de seis anos; e, em seguida, acrescentar que o ajuizamento da demanda criminal não era causa de interrupção ou suspensão do decurso do prazo prescricional ou 2. No caso da opção contrária, afirmar que a controvérsia envolvendo a dispensa por justa causa foi submetida ao juízo criminal. E que, nesse sentido, haveria a suspensão do prazo prescricional trabalhista; e, em seguida, acrescentar que o ajuizamento da demanda criminal era causa de suspensão do decurso do prazo prescricional, por força do art. 200 do CC, segundo o qual quando a ação se originar de fato que deva ser apurado no juízo criminal, não correrá a prescrição antes da respectiva sentença definitiva.

B) 1. Genericamente, afirmar que não há vinculação jurídica entre o processo do trabalho e o processo criminal, uma vez que se trata de jurisdições independentes. Ademais, como o intuito era o de avaliar a ideia e não a literalidade da resposta, aceitou-se a colocação de noções semelhantes, tais como "competências distintas", "liberdade de convicção do juiz" ou "instituições independentes" ou 2. Especificamente, em virtude das informações obtidas no caso concreto, afirmar que não há vinculação jurídica entre o processo do trabalho e o processo criminal, uma vez que, diante de uma sentença absolutória por falta de provas, o juiz do trabalho não está vinculado juridicamente a esse resultado, podendo analisar livremente a prova dos autos e, se convencido for, confirmar ou invalidar a justa causa referida.

II.10. Ações especiais

II.10.1. Ação de cumprimento

74. **(VII Exame de Ordem)** Prolatada sentença, impugnada via recurso recebido apenas em seu efeito devolutivo, em processo judicial movido por ente coletivo obreiro em face de sindicato patronal, onde se busca o estabelecimento de normas coletivas, inclusive reajuste salarial, a empresa GAMA SERVIÇOS LTDA. deixou de implementar o reajuste salarial deferido.

Sabendo-se que tal sentença foi prolatada em 5-7-2009 e o recurso interposto ainda não foi apreciado, responda aos itens a seguir, empregando os argumentos jurídicos apropriados e a fundamentação legal pertinente ao caso.

A) Na qualidade de advogado procurado por empregado da referida empresa, após 6-7-2011, qual medida judicial deve ser proposta para garantir a imediata aplicabilidade do reajuste salarial concedido na sentença?

B) Qual o termo *a quo* prescricional a ser considerado para efeito de exigibilidade dos créditos referentes ao reajuste salarial concedido?

GABARITO:

A) Na qualidade de advogado, ajuizaria uma ação de cumprimento, vez que a sentença normativa não é título executivo, de acordo com o art. 872 da CLT.

B) A fluência do prazo prescricional para ajuizamento de ação de cumprimento inicia com o trânsito em julgado da decisão, nos termos da Súmula 350 do TST.

II.10.2. Mandado de segurança. Decisão interlocutória. Recurso ordinário

75. **(XV Exame de Ordem)** Pedro e Paulo ajuizaram uma reclamação trabalhista cada. Ambas idênticas, sob o mesmo patrocínio e com pedido de antecipação de tutela para reintegração. Pedro obteve êxito na concessão da antecipação de tutela liminarmente, antes da audiência de instrução. Paulo só teve o pedido de antecipação de tutela deferido na sentença.

A) Na qualidade de advogado da empresa, qual a medida judicial a ser utilizada para reverter os efeitos da tutela deferida a Pedro?

B) Na qualidade de advogado da empresa, que medidas judiciais deverão ser adotadas para suspender e reverter os efeitos da tutela deferida a Paulo?

GABARITO:

A) No caso de Pedro, como se trata de decisão interlocutória e por não haver recurso imediato que seja cabível, deve-se lançar mão da impetração de mandado de segurança, consoante previsão da Súmula 414, II, do TST.

B) No caso de Paulo, como estamos diante de decisão definitiva (sentença de mérito), caberá a interposição de recurso ordinário, devendo-se requerer o efeito suspensivo no próprio recurso, conforme nova redação da Súmula 414, inciso I, do TST.

II.10.3. Dissídio coletivo. Sentença normativa. Vigência

76. **(XV Exame de Ordem)** O sindicato dos empregados nas usinas de açúcar de Linhares (ES) entabulou convenção coletiva contemplando diversos direitos para os trabalhadores, dentre os quais a entrega de uma cesta básica mensal. Porém, logo após, iniciou-se divergência sobre a quantidade e a qualidade dos produtos que deveriam integrar a referida cesta básica, tendo o sindicato dos empregados decidido ajuizar ação na Justiça do Trabalho.

Diante desse quadro, responda aos itens a seguir.

A) De acordo com a lei, é necessário, ou não, comum acordo para que seja instaurado dissídio coletivo de natureza jurídica?

B) De acordo com a lei, qual é o prazo máximo de vigência de uma sentença normativa? Apresente fundamento legal que justifique sua resposta.

GABARITO:

A) É desnecessário o comum acordo, pois a CF/88 o exige apenas nos dissídios coletivos de natureza econômica, conforme o art. 114, § 2º.

B) O prazo máximo é de quatro anos, conforme o art. 868, parágrafo único, da CLT.

II.11. Banco Nacional de Devedores Trabalhistas. CNDT

II.11.1. BNDT. CNDT

77. **(VIII Exame de Ordem)** O juízo trabalhista da 90ª Vara do Trabalho de Fortaleza comunicou à empresa X quanto a inserção do seu nome no Banco Nacional de Devedores Trabalhistas. A respeito disso, responda às indagações abaixo:

A) Em que situações o nome do devedor é inscrito no BNDT (Banco Nacional de Devedores Trabalhistas)?

B) Qual(is) é(são) a(s) consequência(s) da inserção do nome de uma empresa no BNDT (Banco Nacional de Devedores Trabalhistas), com emissão de certidão positiva?

GABARITO:

A) Quando o devedor não cumprir obrigações estabelecidas em sentença condenatória transitada em julgado proferida pela Justiça do Trabalho, em acordos judiciais trabalhistas e acordos firmados perante o Ministério Público do Trabalho ou Comissão de Conciliação Prévia, na forma do art. 642-A da CLT.

B) Ficará impossibilitada de participar de licitações, conforme a Lei n. 8.666/93, alterada pela a Lei n. 12.440/2011.

Parte IV – Súmulas selecionadas

5. DIREITO DO TRABALHO

5.1. Equiparação salarial

Súmula 6. EQUIPARAÇÃO SALARIAL. ART. 461 DA CLT (redação do item VI alterada) – Res. 198/2015, republicada em razão de erro material – DEJT divulgado em 12, 15 e 16-6-2015.

I – Para os fins previstos no § 2º do art. 461 da CLT, só é válido o quadro de pessoal organizado em carreira quando homologado pelo Ministério do Trabalho, excluindo-se, apenas, dessa exigência o quadro de carreira das entidades de direito público da administração direta, autárquica e fundacional aprovado por ato administrativo da autoridade competente. (ex-Súmula n. 06 – alterada pela Res. 104/2000, *DJ* 20-12-2000) II – Para efeito de equiparação de salários em caso de trabalho igual, conta-se o tempo de serviço na função e não no emprego. (ex--Súmula n. 135 – RA 102/1982, *DJ* 11-10-1982 e *DJ* 15-10-1982) III – A equiparação salarial só é possível se o empregado e o paradigma exercerem a mesma função, desempenhando as mesmas tarefas, não importando se os cargos têm, ou não, a mesma denominação. (ex-OJ da SBDI-I n. 328 – *DJ* 9-12-2003) IV – É desnecessário que, ao tempo da reclamação sobre equiparação salarial, reclamante e paradigma estejam a serviço do estabelecimento, desde que o pedido se relacione com situação pretérita. (ex-Súmula n. 22 – RA 57/1970, DO-GB 27-11-1970) V – A cessão de empregados não exclui a equiparação salarial, embora exercida a função em órgão governamental estranho à cedente, se esta responde pelos salários do paradigma e do reclamante. (ex-Súmula n. 111 – RA 102/1980, *DJ* 25-9-1980) VI – Presentes os pressupostos do art. 461 da CLT, é irrelevante a circunstância de que o desnível salarial tenha origem em decisão judicial que beneficiou o paradigma, exceto: a) se decorrente de vantagem pessoal ou de tese jurídica superada pela jurisprudência de Corte Superior; b) na hipótese de equiparação salarial em cadeia, suscitada em defesa, se o empregador produzir prova do alegado fato modificativo, impeditivo ou extintivo do direito à equiparação salarial em relação ao paradigma remoto, considerada irrelevante, para esse efeito, a existência de diferença de tempo de serviço na função superior a dois anos entre o reclamante e os empregados paradigmas componentes da cadeia equiparatória, à exceção do paradigma imediato. VII – Desde que atendidos os requisitos do art. 461 da CLT, é possível a equiparação salarial de trabalho intelectual, que pode ser avaliado por sua perfeição técnica, cuja aferição terá critérios objetivos. (ex-OJ da SBDI-I n. 298 – *DJ* 11-8-2003) VIII – É do empregador o ônus da prova do fato impeditivo, modificativo ou extintivo da equiparação salarial. (ex-Súmula n. 68 – RA 9/1977, *DJ* 11-2-1977) IX – Na ação de equiparação salarial, a prescrição é parcial e só alcança as diferenças salariais vencidas no período de 5 (cinco) anos que precedeu o ajuizamento. (ex-Súmula n. 274 – alterada pela Res. 121/2003, *DJ* 21-11-2003) X – O conceito de "mesma localidade" de que trata o art. 461 da CLT refere-se, em princípio, ao mesmo município, ou a municípios distintos que, comprovadamente, pertençam à mesma região metropolitana. (ex-OJ da SBDI-I n. 252 – inserida em 13-3-2002)

Súmula 455. EQUIPARAÇÃO SALARIAL. SOCIEDADE DE ECONOMIA MISTA. ART. 37, XIII, DA CF/1988. POSSIBILIDADE. (conversão da Orientação Jurisprudencial n. 353 da SBDI-I com nova redação) – Res. 194/2014, DEJT divulgado em 21, 22 e 23-5-2014.

À sociedade de economia mista não se aplica a vedação à equiparação prevista no art. 37, XIII, da CF/1988, pois, ao admitir empregados sob o regime da CLT, equipara-se a empregador privado, conforme disposto no art. 173, § 1º, II, da CF/1988.

5.2. Carteira de trabalho

Súmula 12. CARTEIRA PROFISSIONAL (mantida) – Res. 121/2003, *DJ* 19, 20 e 21-11-2003.

As anotações apostas pelo empregador na carteira profissional do empregado não geram presunção "juris et de jure", mas apenas "juris tantum".

5.3. Rescisão indireta

Súmula 13. MORA (mantida) – Res. 121/2003, *DJ* 19, 20 e 21-11-2003.

O só pagamento dos salários atrasados em audiência não ilide a mora capaz de determinar a rescisão do contrato de trabalho.

5.4. Rescisão por justa causa

Súmula 32. ABANDONO DE EMPREGO (nova redação) – Res. 121/2003, *DJ* 19, 20 e 21-11-2003.

Presume-se o abandono de emprego se o trabalhador não retornar ao serviço no prazo de 30 (trinta) dias após a cessação do benefício previdenciário nem justificar o motivo de não o fazer.

Súmula 62. ABANDONO DE EMPREGO (mantida) – Res. 121/2003, *DJ* 19, 20 e 21-11-2003.

O prazo de decadência do direito do empregador de ajuizar inquérito em face do empregado que incorre em abandono de emprego é contado a partir do momento em que o empregado pretendeu seu retorno ao serviço.

5.5. Regulamento interno

Súmula 51. NORMA REGULAMENTAR. VANTAGENS E OPÇÃO PELO NOVO REGULAMENTO. ART. 468 DA CLT (incorporada a Orientação Jurisprudencial n. 163 da SBDI-I) – Res. 129/2005, *DJ* 20, 22 e 25-4-2005.

I – As cláusulas regulamentares, que revoguem ou alterem vantagens deferidas anteriormente, só atingirão os trabalhadores admitidos após a revogação ou alteração do regulamento. (ex-Súmula n. 51 – RA 41/1973, *DJ* 14-6-1973) II – Havendo a coexistência de dois regulamentos da empresa, a opção do empregado por um deles tem efeito jurídico de renúncia às regras do sistema do outro. (ex-OJ n. 163 da SBDI-I – inserida em 26-3-1999)

5.6. Empregador

Súmula 129. CONTRATO DE TRABALHO. GRUPO ECONÔMICO (mantida) – Res. 121/2003, *DJ* 19, 20 e 21-11-2003.

A prestação de serviços a mais de uma empresa do mesmo grupo econômico, durante a mesma jornada de trabalho, não caracteriza a coexistência de mais de um contrato de trabalho, salvo ajuste em contrário.

5.7. Gratificação

Súmula 202. GRATIFICAÇÃO POR TEMPO DE SERVIÇO. COMPENSAÇÃO (mantida) – Res. 121/2003, *DJ* 19, 20 e 21-11-2003.

Existindo, ao mesmo tempo, gratificação por tempo de serviço outorgada pelo empregador e outra da mesma natureza prevista em acordo coletivo, convenção coletiva ou sentença normativa, o empregado tem direito a receber, exclusivamente, a que lhe seja mais benéfica.

5.8. Ônus da prova

Súmula 212. DESPEDIMENTO. ÔNUS DA PROVA (mantida) – Res. 121/2003, *DJ* 19, 20 e 21-11-2003.

O ônus de provar o término do contrato de trabalho, quando negados a prestação de serviço e o despedimento, é do empregador, pois o princípio da continuidade da relação de emprego constitui presunção favorável ao empregado.

5.9. Aviso-prévio

Súmula 230. AVISO-PRÉVIO. SUBSTITUIÇÃO PELO PAGAMENTO DAS HORAS REDUZIDAS DA JORNADA DE TRABALHO (mantida) – Res. 121/2003, *DJ* 19, 20 e 21-11-2003.

É ilegal substituir o período que se reduz da jornada de trabalho, no aviso-prévio, pelo pagamento das horas correspondentes.

Súmula 276. AVISO-PRÉVIO. RENÚNCIA PELO EMPREGADO (mantida) – Res. 121/2003, *DJ* 19, 20 e 21-11-2003.

O direito ao aviso-prévio é irrenunciável pelo empregado. O pedido de dispensa de cumprimento não exime o empregador de pagar o respectivo valor, salvo comprovação de haver o prestador dos serviços obtido novo emprego.

Súmula 441. AVISO-PRÉVIO. PROPORCIONALIDADE – Res. 185/2012, DEJT divulgado em 25, 26 e 27-9-2012.

O direito ao aviso-prévio proporcional ao tempo de serviço somente é assegurado nas rescisões de contrato de trabalho ocorridas a partir da publicação da Lei n. 12.506, em 13 de outubro de 2011.

5.10. Terceirização

Súmula 331. CONTRATO DE PRESTAÇÃO DE SERVIÇOS. LEGALIDADE (nova redação do item IV e inseridos os itens V e VI à redação) – Res. 174/2011, DEJT divulgado em 27, 30 e 31-5-2011.

I – A contratação de trabalhadores por empresa interposta é ilegal, formando-se o vínculo diretamente com o tomador dos serviços, salvo no caso de trabalho temporário (Lei n. 6.019, de 3-1-1974). II – A contratação irregular de trabalhador, mediante empresa interposta, não gera vínculo de emprego com os órgãos da Administração Pública direta, indireta ou fundacional (art. 37, II, da CF/1988). III – Não forma vínculo de emprego com o tomador a contratação de serviços de vigilância (Lei n. 7.102, de 20-6-1983) e de conservação e limpeza, bem como a de serviços especializados ligados à atividade-meio do tomador, desde que inexistente a pessoalidade e a subordinação direta. IV – O inadimplemento das obrigações trabalhistas, por parte do empregador, implica a responsabilidade subsidiária do tomador dos serviços quanto àquelas obrigações, desde que haja participado da relação processual e conste também do título executivo judicial. V – Os entes integrantes da Administração Pública direta e indireta respondem subsidiariamente, nas mesmas condições do item IV, caso evidenciada a sua conduta culposa no cumprimento das obrigações da Lei n. 8.666, de 21-6-1993, especialmente na fiscalização do cumprimento das obrigações contratuais e legais da prestadora de serviço como empregadora. A aludida responsabilidade não decorre de mero inadimplemento das obrigações trabalhistas assumidas pela empresa regularmente contratada. VI – A responsabilidade subsidiária do tomador de serviços abrange todas as verbas decorrentes da condenação referentes ao período da prestação laboral.

5.11. Jornada de trabalho

Súmula 60. ADICIONAL NOTURNO. INTEGRAÇÃO NO SALÁRIO E PRORROGAÇÃO EM HORÁRIO DIURNO (incorporada a Orientação Jurisprudencial n. 6 da SBDI-I) – Res. 129/2005, *DJ* 20, 22 e 25-4-2005.

I – O adicional noturno, pago com habitualidade, integra o salário do empregado para todos os efeitos. (ex-Súmula n. 60 – RA 105/1974, *DJ* 24-10-1974) II – Cumprida integralmente a jornada no período noturno e prorrogada esta, devido é também o adicional quanto às horas prorrogadas. Exegese do art. 73, § 5º, da CLT. (ex-OJ n. 6 da SBDI-I – inserida em 25-11-1996)

Súmula 85. COMPENSAÇÃO DE JORNADA (inserido o item VI) – Res. 209/2016, DEJT divulgado em 1, 2 e 3-6-2016.

I. A compensação de jornada de trabalho deve ser ajustada por acordo individual escrito, acordo coletivo ou convenção coletiva. (ex-Súmula n. 85 – primeira parte – alterada pela Res. 121/2003, *DJ* 21-11-2003) II. O acordo individual para compensação de horas é válido, salvo se houver norma coletiva em sentido contrário. (ex-OJ n. 182 da SBDI-I – inserida em 08-11-2000) III. O mero não atendimento das exigências legais para a compensação de jornada, inclusive quando encetada mediante acordo tácito, não implica a repetição do pagamento das horas excedentes à jornada normal diária, se não dilatada a jornada máxima semanal, sendo devido apenas o respectivo adicional. (ex-Súmula n. 85 – segunda parte – alterada pela Res. 121/2003, *DJ* 21-11-2003) IV. A prestação de horas extras habituais descaracteriza o acordo de compensação de jornada. Nesta hipótese, as horas que ultrapassarem a jornada semanal normal deverão ser pagas como horas extraordinárias e, quanto àquelas destinadas à compensação, deverá ser pago a mais apenas o adicional por trabalho extraordinário. (ex-OJ n. 220 da SBDI-I – inserida em 20-6-2001) V. As disposições contidas nesta súmula não se aplicam ao regime compensatório na modalidade "banco de horas", que somente pode ser instituído por negociação coletiva. VI. Não é válido acordo de compensação de jornada em atividade insalubre, ainda que estipulado em norma coletiva, sem a necessária inspeção prévia e permissão da autoridade competente, na forma do art. 60 da CLT.

Súmula 338. JORNADA DE TRABALHO. REGISTRO. ÔNUS DA PROVA (incorporadas as Orientações Jurisprudenciais n. 234 e 306 da SBDI-I) – Res. 129/2005, *DJ* 20, 22 e 25-4-2005.

I – É ônus do empregador que conta com mais de 10 (dez) empregados o registro da jornada de trabalho na forma do art. 74, § 2º, da CLT. A não-apresentação injustificada dos controles de frequência gera presunção relativa de veracidade da jornada de trabalho, a qual pode ser elidida por prova em contrário. (ex-Súmula n. 338 – alterada pela Res. 121/2003, *DJ* 21-11-2003) II – A presunção de veracidade da jornada de trabalho, ainda que prevista em instrumento normativo, pode ser elidida por prova em contrário. (ex-OJ n. 234 da SBDI-I – inserida em 20-6-2001) III – Os cartões de ponto que demonstram horários de entrada e saída uniformes são inválidos como meio de prova, invertendo-se o ônus da prova, relativo às horas extras, que passa a ser do empregador, prevalecendo a jornada da inicial se dele não se desincumbir. (ex-OJ n. 306 da SBDI-I- *DJ* 11-8-2003)

Súmula 360. TURNOS ININTERRUPTOS DE REVEZAMENTO. INTERVALOS INTRAJORNADA E SEMANAL (mantida) – Res. 121/2003, *DJ* 19, 20 e 21-11-2003.

A interrupção do trabalho destinada a repouso e alimentação, dentro de cada turno, ou o intervalo para repouso semanal, não descaracteriza o turno de revezamento com jornada de 6 (seis) horas previsto no art. 7º, XIV, da CF/1988.

Súmula 366. CARTÃO DE PONTO. REGISTRO. HORAS EXTRAS. MINUTOS QUE ANTECEDEM E SUCEDEM A JORNADA DE TRABALHO (nova redação) – Res. 197/2015, DEJT divulgado em 14, 15 e 18-5-2015.

Não serão descontadas nem computadas como jornada extraordinária as variações de horário do registro de ponto não excedentes de cinco minutos, observado o limite máximo de dez minutos diários. Se ultrapassado esse limite, será considerada como extra a totalidade do tempo que exceder a jornada normal, pois configurado tempo à disposição do empregador, não importando as atividades desenvolvidas pelo empregado ao longo do tempo residual (troca de uniforme, lanche, higiene pessoal etc.).

Súmula 376. HORAS EXTRAS. LIMITAÇÃO. ART. 59 DA CLT. REFLEXOS (conversão das Orientações Jurisprudenciais n. 89 e 117 da SBDI-I) – Res. 129/2005, *DJ* 20, 22 e 25-4-2005.

I – A limitação legal da jornada suplementar a duas horas diárias não exime o empregador de pagar todas as horas trabalhadas. (ex-OJ n. 117 da SBDI-I – inserida em 20-11-1997) Súmulas A-116 SÚMULAS II – O valor das horas extras habitualmente prestadas integra o cálculo dos haveres trabalhistas, independentemente da limitação prevista no "caput" do art. 59 da CLT. (ex-OJ n. 89 da SBDI-I – inserida em 28-4-1997)

Súmula 423. TURNO ININTERRUPTO DE REVEZAMENTO. FIXAÇÃO DE JORNADA DE TRABALHO MEDIANTE NEGOCIAÇÃO COLETIVA. VALIDADE (conversão da Orientação Jurisprudencial n. 169 da SBDI-I) – Res. 139/2006 – *DJ* 10, 11 e 13-10-2006.

Estabelecida jornada superior a seis horas e limitada a oito horas por meio de regular negociação coletiva, os empregados submetidos a turnos ininterruptos de revezamento não tem direito ao pagamento da 7ª e 8ª horas como extras.

Súmula 428. SOBREAVISO. APLICAÇÃO ANALÓGICA DO ART. 244, § 2º, DA CLT (redação alterada na sessão do Tribunal Pleno realizada em 14-9-2012) – Res. 185/2012 – DEJT divulgado em 25, 26 e 27-9-2012.

I – O uso de instrumentos telemáticos ou informatizados fornecidos pela empresa ao empregado, por si só, não caracteriza o regime de sobreaviso. II – Considera-se em sobreaviso o empregado que, à distância e submetido a controle patronal por instrumentos telemáticos ou informatizados, permanecer em regime de plantão ou equivalente, aguardando a qualquer momento o chamado para o serviço durante o período de descanso.

5.12. Descontos salariais

Súmula 342. DESCONTOS SALARIAIS. ART. 462 DA CLT (mantida) – Res. 121/2003, *DJ* 19, 20 e 21-11-2003.

Descontos salariais efetuados pelo empregador, com a autorização prévia e por escrito do empregado, para ser integrado em planos de assistência odontológica, médico-hospitalar, de seguro, de previdência privada, ou de entidade cooperativa, cultural ou recreativo-associativa de seus trabalhadores, em seu benefício e de seus dependentes, não afrontam o disposto no art. 462 da CLT, salvo se ficar demonstrada a existência de coação ou de outro defeito que vicie o ato jurídico.

5.13. Contrato de trabalho

Súmula 363. CONTRATO NULO. EFEITOS (nova redação) – Res. 121/2003, *DJ* 19, 20 e 21-11-2003.

A contratação de servidor público, após a CF/1988, sem prévia aprovação em concurso público, encontra óbice no respectivo art. 37, II e § 2º, somente lhe conferindo direito ao pagamento da contraprestação pactuada, em relação ao número de horas trabalhadas, respeitado o valor da hora do salário mínimo, e dos valores referentes aos depósitos do FGTS.

Súmula 382. MUDANÇA DE REGIME CELETISTA PARA ESTATUTÁRIO. EXTINÇÃO DO CONTRATO. PRESCRIÇÃO BIENAL (conversão da Orientação Jurisprudencial n. 128 da SBDI-I) – Res. 129/2005, *DJ* 20, 22 e 25-4-2005.

A transferência do regime jurídico de celetista para estatutário implica extinção do contrato de trabalho, fluindo o prazo da prescrição bienal a partir da mudança de regime. (ex-OJ n. 128 da SBDI-I – inserida em 20-4-1998)

Súmula 386. POLICIAL MILITAR. RECONHECIMENTO DE VÍNCULO EMPREGATÍCIO COM EMPRESA PRIVADA (conversão da Orientação Jurisprudencial n. 167 da SBDI-I) – Res. 129/2005, *DJ* 20, 22 e 25-4-2005.

Preenchidos os requisitos do art. 3º da CLT, é legítimo o reconhecimento de relação de emprego entre policial militar e empresa privada, independentemente do eventual cabimento de penalidade disciplinar prevista no Estatuto do Policial Militar. (ex-OJ n. 167 da SBDI-I – inserida em 26-3-1999)

5.14. Férias

Súmula 450. FÉRIAS. GOZO NA ÉPOCA PRÓPRIA. PAGAMENTO FORA DO PRAZO. DOBRA DEVIDA. ARTS. 137 E 145 DA CLT. (conversão da Orientação Jurisprudencial n. 386 da SBDII) – Res. 194/2014, DEJT divulgado em 21, 22 e 23-5-2014.

É devido o pagamento em dobro da remuneração de férias, incluído o terço constitucional, com base no art. 137 da CLT, quando, ainda que gozadas na época própria, o empregador tenha descumprido o prazo previsto no art. 145 do mesmo diploma legal.

5.15. Gorjetas

Súmula 354. GORJETAS. NATUREZA JURÍDICA. REPERCUSSÕES (mantida) – Res. 121/2003, *DJ* 19, 20 e 21-11-2003.

As gorjetas, cobradas pelo empregador na nota de serviço ou oferecidas espontaneamente pelos clientes, integram a remuneração do empregado, não servindo de base de cálculo para as parcelas de aviso-prévio, adicional noturno, horas extras e repouso semanal remunerado.

5.16. Adicionais

Súmula 80. INSALUBRIDADE (mantida) – Res. 121/2003, *DJ* 19, 20 e 21-11-2003.

Súmulas A-20 SÚMULAS A eliminação da insalubridade mediante fornecimento de aparelhos protetores aprovados pelo órgão competente do Poder Executivo exclui a percepção do respectivo adicional.

Súmula 248. ADICIONAL DE INSALUBRIDADE. DIREITO ADQUIRIDO (mantida) – Res. 121/2003, *DJ* 19, 20 e 21-11-2003.

A reclassificação ou a descaracterização da insalubridade, por ato da autoridade competente, repercute na satisfação do respectivo adicional, sem ofensa a direito adquirido ou ao princípio da irredutibilidade salarial.

Súmula 265. ADICIONAL NOTURNO. ALTERAÇÃO DE TURNO DE TRABALHO. POSSIBILIDADE DE SUPRESSÃO (mantida) – Res. 121/2003, *DJ* 19, 20 e 21-11-2003.

A transferência para o período diurno de trabalho implica a perda do direito ao adicional noturno.

Súmula 448. ATIVIDADE INSALUBRE. CARACTERIZAÇÃO. PREVISÃO NA NORMA REGULAMENTADORA N. 15 DA PORTARIA DO MINISTÉRIO DO TRABALHO N. 3.214/78. INSTALAÇÕES SANITÁRIAS. (conversão da Orientação Jurisprudencial n. 4 da SBDI-I com nova redação do item II) – Res. 194/2014, DEJT divulgado em 21, 22 e 23-5-2014.

I – Não basta a constatação da insalubridade por meio de laudo pericial para que o empregado tenha direito ao respectivo adicional, sendo necessária a classificação da atividade insalubre na relação oficial elaborada pelo Ministério do Trabalho. II – A higienização de instalações sanitárias de uso público ou coletivo de grande circulação, e a respectiva coleta de lixo, por não se equiparar à limpeza em residências e escritórios, enseja o pagamento de adicional de insalubridade em grau máximo, incidindo o disposto no Anexo 14 da NR-15 da Portaria do MTE n. 3.214/78 quanto à coleta e industrialização de lixo urbano.

Súmula 364. ADICIONAL DE PERICULOSIDADE. EXPOSIÇÃO EVENTUAL, PERMANENTE E INTERMITENTE (inserido o item II) – Res. 209/2016, DEJT divulgado em 1, 2 e 3-6-2016.

I – Tem direito ao adicional de periculosidade o empregado exposto permanentemente ou que, de forma intermitente, sujeita-se a condições de risco. Indevido, apenas, quando o contato dá-se de forma eventual, assim considerado o fortuito, ou o que, sendo habitual, dá-se por tempo extremamente reduzido. (ex-OJs da SBDI-I n. 05 – inserida em 14-3-1994 – e 280 – *DJ* 11-8-2003). II – Não é válida a cláusula de acordo ou convenção coletiva de trabalho fixando o adicional de periculosidade em percentual inferior ao estabelecido em lei e proporcional ao tempo de exposição ao risco, pois tal parcela constitui medida de higiene, saúde e segurança do trabalho, garantida por norma de ordem pública (arts. 7º, XXII e XXIII, da CF e 193, § 1º, da CLT).

5.17. Participação nos lucros e resultados

Súmula 451. PARTICIPAÇÃO NOS LUCROS E RESULTADOS. RESCISÃO CONTRATUAL ANTERIOR À DATA DA DISTRIBUIÇÃO DOS LUCROS. PAGAMENTO PROPORCIONAL AOS MESES TRABALHADOS. PRINCÍPIO DA ISONOMIA. (conversão da Orientação Jurisprudencial n. 390 da SBDI-I) – Res. 194/2014, DEJT divulgado em 21, 22 e 23-5-2014.

Fere o princípio da isonomia instituir vantagem mediante acordo coletivo ou norma regulamentar que condiciona a percepção da parcela participação nos lucros e resultados ao fato de estar o contrato de trabalho em vigor na data prevista para a distribuição dos lucros. Assim, inclusive na rescisão contratual antecipada, é devido o pagamento da parcela de forma proporcional aos meses trabalhados, pois o ex-empregado concorreu para os resultados positivos da empresa.

5.18. Salário *in natura*

Súmula 367. UTILIDADES "IN NATURA". HABITAÇÃO. ENERGIA ELÉTRICA. VEÍCULO. CIGARRO. NÃO INTEGRAÇÃO AO SALÁRIO (conversão das Orientações Jurisprudenciais n. 24, 131 e 246 da SBDI-I) – Res. 129/2005, *DJ* 20, 22 e 25-4-2005.

I – A habitação, a energia elétrica e veículo fornecidos pelo empregador ao empregado, quando indispensáveis para a realização do trabalho, não têm natureza salarial, ainda que, no caso de veículo, seja ele utilizado pelo empregado também em atividades particulares. (ex-OJs da SBDI-I n. 131 – inserida em 20-4-1998 e ratificada pelo Tribunal Pleno em 7-12-2000 – e 246 – inserida em 20-6-2001) II – O cigarro não se considera salário utilidade em face de sua nocividade à saúde. (ex-OJ n. 24 da SBDI-I – inserida em 29-3-1996)

5.19. Fundo de Garantia por Tempo de Serviço

Súmula 305. FUNDO DE GARANTIA DO TEMPO DE SERVIÇO. INCIDÊNCIA SOBRE O AVISO-PRÉVIO (mantida) – Res. 121/2003, *DJ* 19, 20 e 21-11-2003.

O pagamento relativo ao período de aviso-prévio, trabalhado ou não, está sujeito a contribuição para o FGTS.

Súmula 362. FGTS. PRESCRIÇÃO (redação alterada) – Res. 198/2015, republicada em razão de erro material – DEJT divulgado em 12, 15 e 16-6-2015.

I – Para os casos em que a ciência da lesão ocorreu a partir de 13-11-2014, é quinquenal a prescrição do direito de reclamar contra o não-recolhimento de contribuição para o FGTS, observado o prazo de dois anos após o término do contrato; II – Para os casos em que o prazo prescricional já estava em curso em 13-11-2014, aplica-se o prazo prescricional que se consumar primeiro: trinta anos, contados do termo inicial, ou cinco anos, a partir de 13-11-2014 (STF-ARE-709212/DF).

5.20. Estabilidades provisórias

Súmula 244. GESTANTE. ESTABILIDADE PROVISÓRIA (redação do item III alterada na sessão do Tribunal Pleno realizada em 14-9-2012) – Res. 185/2012 – DEJT divulgado em 25, 26 e 27-9-2012.

I – O desconhecimento do estado gravídico pelo empregador não afasta o direito ao pagamento da indenização decorrente da estabilidade (art. 10, II, "b" do ADCT). II – A garantia de emprego à gestante só autoriza a reintegração se esta se der durante o período de estabilidade. Do contrário, a garantia restringe-se aos salários e demais direitos correspondentes ao período de estabilidade. III – A empregada gestante tem direito à estabilidade provisória prevista no art. 10, inciso II, alínea *b*, do Ato das Disposições Constitucionais Transitórias, mesmo na hipótese de admissão mediante contrato por tempo determinado.

Súmula 339. CIPA. SUPLENTE. GARANTIA DE EMPREGO. CF/1988 (incorporadas as Orientações Jurisprudenciais n. 25 e 329 da SBDII) – Res. 129/2005, *DJ* 20, 22 e 25-4-2005.

I – O suplente da CIPA goza da garantia de emprego prevista no art. 10, II, "a", do ADCT a partir da promulgação da Constituição Federal de 1988. (ex-Súmula n. 339 – Res. 39/1994, *DJ* 22-12-1994 – e ex-OJ n. 25 da SBDI-I – inserida em 29-3-1996) II – A estabilidade provisória do cipeiro não constitui vantagem pessoal, mas garantia para as atividades dos membros da CIPA, que somente tem razão de ser quando em atividade a empresa. Extinto o estabelecimento, não se verifica a despedida arbitrária, sendo impossível a reintegração e indevida a indenização do período estabilitário. (ex-OJ n. 329 da SBDI-I – *DJ* 9-12-2003)

Súmula 369. DIRIGENTE SINDICAL. ESTABILIDADE PROVISÓRIA (redação do item I alterada na sessão do Tribunal Pleno realizada em 14-9-2012) – Res. 185/2012 – DEJT divulgado em 25, 26 e 27-9-2012.

I – É assegurada a estabilidade provisória ao empregado dirigente sindical, ainda que a comunicação do registro da candidatura ou da eleição e da posse seja realizada fora do prazo previsto no art. 543, § 5º, da CLT, desde que a ciência ao empregador, por qualquer meio, ocorra na vigência do contrato de trabalho. II – O art. 522 da CLT foi recepcionado pela Constituição Federal de 1988. Fica limitada, assim, a estabilidade a que alude o art. 543, § 3º, da CLT a sete dirigentes sindicais e igual número de suplentes. III – O empregado de categoria diferenciada eleito dirigente sindical só goza de estabilidade se exercer na empresa atividade pertinente à categoria profissional do sindicato para o qual foi eleito dirigente. (ex-OJ n. 145 da SBDI-I – inserida em 27-11-1998) IV – Havendo extinção da atividade empresarial no âmbito da base territorial do sindicato, não há razão para subsistir a estabilidade. (ex-OJ n. 86 da SBDI-I – inserida em 28-4-1997) V – O registro da candidatura do empregado a cargo de dirigente sindical durante o período de aviso-prévio, ainda que indenizado, não lhe assegura a estabilidade, visto que inaplicável a regra do § 3º do art. 543 da Consolidação das Leis do Trabalho. (ex-OJ n. 35 da SBDI-I – inserida em 14-3-1994)

Súmula 378. ESTABILIDADE PROVISÓRIA. ACIDENTE DO TRABALHO. ART. 118 DA LEI N. 8.213/1991. (inserido o item III) – Res. 185/2012 – DEJT divulgado em 25, 26 e 27-9-2012.

I – É constitucional o artigo 118 da Lei n. 8.213/1991 que assegura o direito à estabilidade provisória por período de 12 meses após a cessação do auxílio-doença ao empregado acidentado. (ex-OJ n. 105 da SBDI-I – inserida em 01-10-1997) II – São pressupostos para a concessão da estabilidade o afastamento superior a 15 dias e a consequente percepção do auxílio-doença acidentário, salvo se constatada, após a despedida, doença profissional que guarde relação de causalidade com a execução do contrato de emprego. (primeira parte – ex-OJ n. 230 da SBDI-I – inserida em 20-6-2001). III – O empregado submetido a contrato de trabalho por tempo determinado goza da garantia provisória de emprego decorrente de acidente de trabalho prevista no art. 118 da Lei n. 8.213/91.

Súmula 379. DIRIGENTE SINDICAL. DESPEDIDA. FALTA GRAVE. INQUÉRITO JUDICIAL. NECESSIDADE (conversão da Orientação Jurisprudencial n. 114 da SBDI-I) – Res. 129/2005, *DJ* 20, 22 e 25-4-2005.

O dirigente sindical somente poderá ser dispensado por falta grave mediante a apuração em inquérito judicial, inteligência dos arts. 494 e 543, § 3º, da CLT. (ex-OJ n. 114 da SBDI-I – inserida em 20-11-1997)

Súmula 390. ESTABILIDADE. ART. 41 DA CF/1988. CELETISTA. ADMINISTRAÇÃO DIRETA, AUTÁRQUICA OU FUNDACIONAL. APLICABILIDADE. EMPREGADO DE EMPRESA PÚBLICA E SOCIEDADE DE ECONOMIA MISTA. INAPLICÁVEL (conversão das Orientações Jurisprudenciais n. 229 e 265 da SBDI-I e da Orientação Jurisprudencial n. 22 da SBDI-II) – Res. 129/2005, *DJ* 20, 22 e 25-4-2005.

Súmulas A-121 SÚMULAS I – O servidor público celetista da administração direta, autárquica ou fundacional é beneficiário da estabilidade prevista no art. 41

da CF/1988. (ex-OJs n. 265 da SBDI-I – inserida em 27-9-2002 – e 22 da SBDI-II – inserida em 20-9-00) II – Ao empregado de empresa pública ou de sociedade de economia mista, ainda que admitido mediante aprovação em concurso público, não é garantida a estabilidade prevista no art. 41 da CF/1988. (ex-OJ n. 229 da SBDI-I – inserida em 20-6-2001)

6. DIREITO PROCESSUAL DO TRABALHO

6.1. *Jus postulandi*

Súmula 425. *JUS POSTULANDI* NA JUSTIÇA DO TRABALHO. ALCANCE – Res. 165/2010, DEJT divulgado em 30-4-2010 e 3 e 4-5-2010.

O *jus postulandi* das partes, estabelecido no art. 791 da CLT, limita-se às Varas do Trabalho e aos Tribunais Regionais do Trabalho, não alcançando a ação rescisória, a ação cautelar, o mandado de segurança e os recursos de competência do Tribunal Superior do Trabalho.

6.2. Conciliação

Súmula 418. MANDADO DE SEGURANÇA VISANDO À HOMOLOGAÇÃO DE ACORDO (nova redação em decorrência do CPC de 2015) – Res. 217/2017, DEJT divulgado em 20, 24 e 25.04.2017.

A homologação de acordo constitui faculdade do juiz, inexistindo direito líquido e certo tutelável pela via do mandado de segurança.

6.3. Recursos

Súmula 214. DECISÃO INTERLOCUTÓRIA. IRRECORRIBILIDADE (nova redação) – Res. 127/2005, *DJ* 14, 15 e 16-3-2005.

Na Justiça do Trabalho, nos termos do art. 893, § 1º, da CLT, as decisões interlocutórias não ensejam recurso imediato, salvo nas hipóteses de decisão: a) de Tribunal Regional do Trabalho contrária à Súmula ou Orientação Jurisprudencial do Tribunal Superior do Trabalho; b) suscetível de impugnação mediante recurso para o mesmo Tribunal; c) que acolhe exceção de incompetência territorial, com a remessa dos autos para Tribunal Regional distinto daquele a que se vincula o juízo excepcionado, consoante o disposto no art. 799, § 2º, da CLT.

Súmula 383. RECURSO. MANDATO. IRREGULARIDADE DE REPRESENTAÇÃO. CPC DE 2015, ARTS. 104 E 76, § 2º (nova redação em decorrência do CPC de 2015) – Res. 210/2016, DEJT divulgado em 30-6, 1º e 4-7-2016.

I – É inadmissível recurso firmado por advogado sem procuração juntada aos autos até o momento da sua interposição, salvo mandato tácito. Em caráter excepcional (art. 104 do CPC de 2015), admite-se que o advogado, independentemente de intimação, exiba a procuração no prazo de 5 (cinco) dias após a interposição do recurso, prorrogável por igual período mediante despacho do juiz. Caso não a exiba, considera-se ineficaz o ato praticado e não se conhece do recurso. II – Verificada a irregularidade de representação da parte em fase recursal, em procuração ou substabelecimento já constante dos autos, o relator ou o órgão competente para julgamento do recurso designará prazo de 5 (cinco) dias para que seja sanado o vício. Descumprida a determinação, o relator não conhecerá do recurso, se a providência couber ao recorrente, ou determinará o desentranhamento das contrarrazões, se a providência couber ao recorrido (art. 76, § 2º, do CPC de 2015).

Súmula 422. RECURSO. FUNDAMENTO AUSENTE OU DEFICIENTE. NÃO CONHECIMENTO (redação alterada, com inserção dos itens I, II e III) – Res. 199/2015, DEJT divulgado em 24, 25 e 26-6-2015. Com errata publicada no DEJT divulgado em 1-7-2015.

I – Não se conhece de recurso para o Tribunal Superior do Trabalho se as razões do recorrente não impugnam os fundamentos da decisão recorrida, nos termos em que proferida. II – O entendimento referido no item anterior não se aplica em relação à motivação secundária e impertinente, consubstanciada em despacho de admissibilidade de recurso ou em decisão monocrática. III – Inaplicável a exigência do item I relativamente ao recurso ordinário da competência de Tribunal Regional do Trabalho, exceto em caso de recurso cuja motivação é inteiramente dissociada dos fundamentos da sentença.

Súmula 303. FAZENDA PÚBLICA. REEXAME NECESSÁRIO (nova redação em decorrência do CPC de 2015) – Res. 211/2016, DEJT divulgado em 24, 25 e 26-8-2016.

I – Em dissídio individual, está sujeita ao reexame necessário, mesmo na vigência da Constituição Federal de 1988, decisão contrária à Fazenda Pública, salvo quando a condenação não ultrapassar o valor correspondente a: a) 1.000 (mil) salários mínimos para a União e as respectivas autarquias e fundações de direito público; b) 500 (quinhentos) salários mínimos para os Estados, o Distrito Federal, as respectivas autarquias e fundações de direito público e os Municípios que constituam capitais dos Estados; c) 100 (cem) salários mínimos para todos os demais Municípios e respectivas autarquias e fundações de direito público. II – Também não se sujeita ao duplo grau de jurisdição a decisão fundada em: a) súmula ou orientação jurisprudencial do Tribunal Superior do Trabalho; b) acórdão proferido pelo Supremo Tribunal Federal ou pelo Tribunal Superior do Trabalho em julgamento de recursos repetitivos; c) entendimento firmado em incidente de resolução de demandas repetitivas ou de assunção de competência; d) entendimento coincidente com orientação vinculante firmada no âmbito administrativo do próprio ente público, consolidada em manifestação, parecer ou súmula administrativa. III – Em ação rescisória, a decisão proferida pelo Tribunal Regional do Trabalho está sujeita ao duplo grau de jurisdição obrigatório quando desfavorável ao ente público, exceto nas hipóteses dos incisos anteriores. (ex-OJ n. 71 da SBDI-1 – inserida em 03-6-1996) IV – Em mandado de segurança, somente cabe reexame necessário se, na relação processual, figurar pessoa jurídica de direito público como parte prejudicada pela concessão da ordem. Tal situação não ocorre na hipótese de figurar no feito como impetrante e terceiro interessado pessoa de direito privado, ressalvada a hipótese de matéria administrativa. (ex-OJs n. 72 e 73 da SBDI-1 – inseridas, respectivamente, em 25-11-1996 e 3-6-1996)

Súmula 421. EMBARGOS DE DECLARAÇÃO. CABIMENTO. DECISÃO MONOCRÁTICA DO RELATOR CALCADA NO ART. 932 do CPC DE 2015. ART. 557 DO CPC de 1973. (atualizada em decorrência do CPC de 2015) – Res. 208/2016, DEJT divulgado em 22, 25 e 26-4-2016.

I – Cabem embargos de declaração da decisão monocrática do relator prevista no art. 932 do CPC de 2015 (art. 557 do CPC de 1973), se a parte pretende tão somente juízo integrativo retificador da decisão e, não, modificação do julgado. II – Se a parte postular a revisão no mérito da decisão monocrática, cumpre ao relator converter os embargos de declaração em agravo, em face dos princípios da fungibilidade e celeridade processual, submetendo-o ao pronunciamento do Colegiado, após a intimação do recorrente para, no prazo de 5 (cinco) dias, complementar as razões recursais, de modo a ajustá-las às exigências do art. 1.021, § 1º, do CPC de 2015.

Súmula 385. FERIADO LOCAL OU FORENSE. AUSÊNCIA DE EXPEDIENTE. PRAZO RECURSAL. PRORROGAÇÃO. COMPROVAÇÃO. NECESSIDADE (alterada em decorrência do CPC de 2015) – Res. 220/2017 – DEJT divulgado em 21, 22 e 25.09.2017.

I – Incumbe à parte o ônus de provar, quando da interposição do recurso, a existência de feriado local que autorize a prorrogação do prazo recursal (art. 1.003, § 6º, do CPC de 2015). No caso de o recorrente alegar a existência de feriado local e não o comprovar no momento da interposição do recurso, cumpre ao relator conceder o prazo de 5 (cinco) dias para que seja sanado o vício (art. 932, parágrafo único, do CPC de 2015), sob pena de não conhecimento se da comprovação depender a tempestividade recursal; II – Na hipótese de feriado forense, incumbirá à autoridade que proferir a decisão de admissibilidade certificar o expediente nos autos; III – Admite-se a reconsideração da análise da tempestividade do recurso, mediante prova documental superveniente, em agravo de instrumento, agravo interno, agravo regimental, ou embargos de declaração, desde que, em momento anterior, não tenha havido a concessão de prazo para a comprovação da ausência de expediente forense.

Súmula 333. RECURSOS DE REVISTA. CONHECIMENTO (alterada) – Res. 155/2009, *DJ* 26 e 27-2-2009 e 2-3-2009.

Não ensejam recurso de revista decisões superadas por iterativa, notória e atual jurisprudência do Tribunal Superior do Trabalho.

Súmula 126. RECURSO. CABIMENTO (mantida) – Res. 121/2003, *DJ* 19, 20 e 21-11-2003.

Incabível o recurso de revista ou de embargos (arts. 896 e 894, "b", da CLT) para reexame de fatos e provas.

Súmula 433. EMBARGOS. ADMISSIBILIDADE. PROCESSO EM FASE DE EXECUÇÃO. ACÓRDÃO DE TURMA PUBLICADO NA VIGÊNCIA DA LEI N. 11.496, DE 26-6-2007. DIVERGÊNCIA DE INTERPRETAÇÃO DE DISPOSITIVO CONSTITUCIONAL – Res. 177/2012, DEJT divulgado em 13, 14 e 15-2-2012.

A admissibilidade do recurso de embargos contra acórdão de Turma em Recurso de Revista em fase de execução, publicado na vigência da Lei n. 11.496, de 26-6-2007, condiciona-se à demonstração de divergência jurisprudencial entre Turmas ou destas e a Seção Especializada em Dissídios Individuais do Tribunal Superior do Trabalho em relação à interpretação de dispositivo constitucional.

Súmula 458. EMBARGOS. PROCEDIMENTO SUMARÍSSIMO. CONHECIMENTO. RECURSO INTERPOSTO APÓS VIGÊNCIA DA LEI N. 11.496, DE 22-6-2007, QUE CONFERIU NOVA REDAÇÃO AO ART. 894, DA CLT. (conversão da Orientação Jurisprudencial n. 405 da SBDI-I com nova redação) – Res. 194/2014, DEJT divulgado em 21, 22 e 23-5-2014.

Em causas sujeitas ao procedimento sumaríssimo, em que pese a limitação imposta no art. 896, § 6º, da CLT à interposição de recurso de revista, admitem-se os embargos interpostos na vigência da Lei n. 11.496, de 22-6-2007, que conferiu nova redação ao art. 894 da CLT, quando demonstrada a divergência jurisprudencial entre Turmas do TST, fundada em interpretações diversas acerca da aplicação de mesmo dispositivo constitucional ou de matéria sumulada.

Súmula 283. RECURSO ADESIVO. PERTINÊNCIA NO PROCESSO DO TRABALHO. CORRELAÇÃO DE MATÉRIAS (mantida) – Res. 121/2003, *DJ* 19, 20 e 21-11-2003.

O recurso adesivo é compatível com o processo do trabalho e cabe, no prazo de 8 (oito) dias, nas hipóteses de interposição de recurso ordinário, de agravo de petição, de revista e de embargos, sendo desnecessário que a matéria nele veiculada esteja relacionada com a do recurso interposto pela parte contrária.

Súmula 279. RECURSO CONTRA SENTENÇA NORMATIVA. EFEITO SUSPENSIVO. CASSAÇÃO (mantida) – Res. 121/2003, *DJ* 19, 20 e 21-11-2003.

A cassação de efeito suspensivo concedido a recurso interposto de sentença normativa retroage à data do despacho que o deferiu.

Súmula 278. EMBARGOS DE DECLARAÇÃO. OMISSÃO NO JULGADO (mantida) – Res. 121/2003, *DJ* 19, 20 e 21-11-2003.

A natureza da omissão suprida pelo julgamento de embargos declaratórios pode ocasionar efeito modificativo no julgado.

Súmula 184. EMBARGOS DECLARATÓRIOS. OMISSÃO EM RECURSO DE REVISTA. PRECLUSÃO (mantida) – Res. 121/2003, *DJ* 19, 20 e 21-11-2003.

Ocorre preclusão se não forem opostos embargos declaratórios para suprir omissão apontada em recurso de revista ou de embargos.

Súmula 297. PREQUESTIONAMENTO. OPORTUNIDADE. CONFIGURAÇÃO (nova redação) – Res. 121/2003, *DJ* 19, 20 e 21-11-2003.

I. Diz-se prequestionada a matéria ou questão quando na decisão impugnada haja sido adotada, explicitamente, tese a respeito. II. Incumbe à parte interessada, desde que a matéria haja sido invocada no recurso principal, opor embargos declaratórios objetivando o pronunciamento sobre o tema, sob pena de preclusão. III. Considera-se prequestionada a questão jurídica invocada no recurso principal sobre a qual se omite o Tribunal de pronunciar tese, não obstante opostos embargos de declaração.

Súmula 337. COMPROVAÇÃO DE DIVERGÊNCIA JURISPRUDENCIAL. RECURSOS DE REVISTA E DE EMBARGOS (incluído o item V) – Res. 220/2017 – DEJT divulgado em 21, 22 e 25.09.2017.

I – Para comprovação da divergência justificadora do recurso, é necessário que o recorrente. a) Junte certidão ou cópia autenticada do acórdão paradigma ou cite a fonte oficial ou o repositório autorizado em que foi publicado; e b) Transcreva, nas razões recursais, as ementas e/ou trechos dos acórdãos trazidos à configuração do dissídio, demonstrando o conflito de teses que justifique o conhecimento do recurso, ainda que os acórdãos já se encontrem nos autos ou venham a ser juntados com o recurso (ex-Súmula 337 – alterada pela Res. 121/2003, DJ 21.11.2003). II – A concessão de registro de publicação como repositório autorizado de jurisprudência do TST torna válidas todas as suas edições anteriores (ex-OJ n. 317 da SBDI-I – DJ 11.08.2003). III – A mera indicação da data de publicação, em fonte oficial, de aresto paradigma é inválida para comprovação de divergência jurisprudencial, nos termos do item I, "a", desta súmula, quando a parte pretende demonstrar o conflito de teses mediante a transcrição de trechos que integram a fundamentação do acórdão divergente, uma vez que só se publicam o dispositivo e a ementa dos acórdãos. IV – É válida para a comprovação da divergência jurisprudencial justificadora do recurso a indicação de aresto extraído de repositório oficial na internet, desde que o recorrente: a) transcreva o trecho divergente; b) aponte o sítio de onde foi extraído; e c) decline o número do processo, o órgão prolator do acórdão e a data da respectiva publicação no Diário Eletrônico da Justiça do Trabalho. V – A existência do código de autenticidade na cópia, em formato pdf, do inteiro teor do aresto paradigma, juntada aos autos, torna-a equivalente ao documento original e também supre a ausência de indicação da fonte oficial de publicação.

6.4. Petição inicial

Súmula 263. PETIÇÃO INICIAL. INDEFERIMENTO. INSTRUÇÃO OBRIGATÓRIA DEFICIENTE (atualizada em decorrência do CPC de 2015) – Res. 208/2016, DEJT divulgado em 22, 25 e 26-4-2016.

Salvo nas hipóteses do art. 330 do CPC de 2015 (art. 295 do CPC de 1973), o indeferimento da petição inicial, por encontrar-se desacompanhada de documento indispensável à propositura da ação ou não preencher outro requisito legal, somente é cabível se, após intimada para suprir a irregularidade em 15 (quinze) dias, mediante indicação precisa do que deve ser corrigido ou completado, a parte não o fizer (art. 321 do CPC de 2015).

6.5. Prova documental

Súmula 394. FATO SUPERVENIENTE. ART. 493 do CPC de 2015. ART. 462 DO CPC de 1973 (atualizada em decorrência do CPC de 2015) – Res. 208/2016, DEJT divulgado em 22, 25 e 26-4-2016.

O art. 493 do CPC de 2015 (art. 462 do CPC de 1973), que admite a invocação de fato constitutivo, modificativo ou extintivo do direito, superveniente à propositura da ação, é aplicável de ofício aos processos em curso em qualquer instância trabalhista. Cumpre ao juiz ou tribunal ouvir as partes sobre o fato novo antes de decidir.

6.6. Sentença

Súmula 211. JUROS DE MORA E CORREÇÃO MONETÁRIA. INDEPENDÊNCIA DO PEDIDO INICIAL E DO TÍTULO EXECUTIVO JUDICIAL (mantida) – Res. 121/2003, *DJ* 19, 20 e 21-11-2003.

Os juros de mora e a correção monetária incluem-se na liquidação, ainda que omisso o pedido inicial ou a condenação.

6.7. Competência da Justiça do Trabalho

Súmula 19. QUADRO DE CARREIRA (mantida) – Res. 121/2003, *DJ* 19, 20 e 21-11-2003.

A Justiça do Trabalho é competente para apreciar reclamaçao de empregado que tenha por objeto direito fundado em quadro de carreira.

Súmula 189. GREVE. COMPETÊNCIA DA JUSTIÇA DO TRABALHO. ABUSIVIDADE (nova redação) – Res. 121/2003, *DJ* 19, 20 e 21-11-2003.

A Justiça do Trabalho é competente para declarar a abusividade, ou não, da greve.

Súmula 389. SEGURO-DESEMPREGO. COMPETÊNCIA DA JUSTIÇA DO TRABALHO. DIREITO À INDENIZAÇÃO POR NÃO LIBERAÇÃO DE GUIAS (conversão das Orientações Jurisprudenciais n. 210 e 211 da SBDI-I) – Res. 129/2005, *DJ* 20, 22 e 25-4-2005.

I – Inscreve-se na competência material da Justiça do Trabalho a lide entre empregado e empregador tendo por objeto indenização pelo não fornecimento das guias do seguro-desemprego. (ex-OJ n. 210 da SBDI-I – inserida em 8-11-2000)
II – O não fornecimento pelo empregador da guia necessária para o recebimento do seguro-desemprego dá origem ao direito à indenização. (ex-OJ n. 211 da SBDI-I – inserida em 08-11-2000)

Súmula 300. COMPETÊNCIA DA JUSTIÇA DO TRABALHO. CADASTRAMENTO NO PIS (mantida) – Res. 121/2003, *DJ* 19, 20 e 21-11-2003.

Compete à Justiça do Trabalho processar e julgar ações ajuizadas por empregados em face de empregadores relativas ao cadastramento no Programa de Integração Social (PIS).

Súmula 392. DANO MORAL E MATERIAL. RELAÇÃO DE TRABALHO. COMPETÊNCIA DA JUSTIÇA DO TRABALHO (redação alterada na sessão do Tribunal Pleno realizada em 27-10-2015) – Res. 200/2015, DEJT divulgado em 29-10-2015 e 3 e 4-11-2015.

Nos termos do art. 114, inc. VI, da Constituição da República, a Justiça do Trabalho é competente para processar e julgar ações de indenização por dano moral e material, decorrentes da relação de trabalho, inclusive as oriundas de acidente de trabalho e doenças a ele equiparadas, ainda que propostas pelos dependentes ou sucessores do trabalhador falecido.

Súmula 420. COMPETÊNCIA FUNCIONAL. CONFLITO NEGATIVO. TRT E VARA DO TRABALHO DE IDÊNTICA REGIÃO. NÃO CONFIGURAÇÃO (conversão da Orientação Jurisprudencial n. 115 da SBDI-II) – Res. 137/2005, *DJ* 22, 23 e 24-8-2005.

Não se configura conflito de competência entre Tribunal Regional do Trabalho e Vara do Trabalho a ele vinculada. (ex-OJ n. 115 da SBDIII – *DJ* 11-8-2003)

Súmula 454. COMPETÊNCIA DA JUSTIÇA DO TRABALHO. EXECUÇÃO DE OFÍCIO. CONTRIBUIÇÃO SOCIAL REFERENTE AO SEGURO DE ACIDENTE DE TRABALHO (SAT). ARTS. 114, VIII, E 195, I, "A", DA CONSTITUIÇÃO DA REPÚBLICA. (conversão da Orientação Jurisprudencial n. 414 da SBDI-I) – Res. 194/2014, DEJT divulgado em 21, 22 e 23-5-2014.

Compete à Justiça do Trabalho a execução, de ofício, da contribuição referente ao Seguro de Acidente de Trabalho (SAT), que tem natureza de contribuição para a seguridade social (arts. 114, VIII, e 195, I, "a", da CF), pois se destina ao financiamento de benefícios relativos à incapacidade do empregado decorrente de infortúnio no trabalho (arts. 11 e 22 da Lei n. 8.212/1991).

6.8. Procuração

Súmula 436. REPRESENTAÇÃO PROCESSUAL. PROCURADOR DA UNIÃO, ESTADOS, MUNICÍPIOS E DISTRITO FEDERAL, SUAS AUTARQUIAS E FUNDAÇÕES PÚBLICAS. JUNTADA DE INSTRUMENTO DE MANDATO (conversão da Orientação Jurisprudencial n. 52 da SBDI-I e inserção do item II à redação) – Res. 185/2012, DEJT divulgado em 25, 26 e 27-9-2012.

I – A União, Estados, Municípios e Distrito Federal, suas autarquias e fundações públicas, quando representadas em juízo, ativa e passivamente, por seus procuradores, estão dispensadas da juntada de instrumento de mandato e de comprovação do ato de nomeação. II – Para os efeitos do item anterior, é essencial que o signatário ao menos declare-se exercente do cargo de procurador, não bastando a indicação do número de inscrição na Ordem dos Advogados do Brasil.

6.9. Prazos processuais

Súmula 1. PRAZO JUDICIAL (mantida) – Res. 121/2003, *DJ* 19, 20 e 21-11-2003.

Quando a intimação tiver lugar na sexta-feira, ou a publicação com efeito de intimação for feita nesse dia, o prazo judicial será contado da segunda-feira imediata, inclusive, salvo se não houver expediente, caso em que fluirá no dia útil que se seguir.

Súmula 30. INTIMAÇÃO DA SENTENÇA (mantida) – Res. 121/2003, *DJ* 19, 20 e 21-11-2003.

Quando não juntada a ata ao processo em 48 horas, contadas da audiência de julgamento (art. 851, § 2º, da CLT), o prazo para recurso será contado da data em que a parte receber a intimação da sentença.

Súmula 197. PRAZO (mantida) – Res. 121/2003, *DJ* 19, 20 e 21-11-2003.

O prazo para recurso da parte que, intimada, não comparecer à audiência em prosseguimento para a prolação da sentença conta-se de sua publicação.

Súmula 262. PRAZO JUDICIAL. NOTIFICAÇÃO OU INTIMAÇÃO EM SÁBADO. RECESSO FORENSE (redação do item II alterada na sessão do Tribunal Pleno realizada em 19-5-2014) – Res. 194/2014, DEJT divulgado em 21, 22 e 23-5-2014.

I – Intimada ou notificada a parte no sábado, o início do prazo se dará no primeiro dia útil imediato e a contagem, no subsequente. (ex-Súmula n. 262 – Res. 10/1986, *DJ* 31-10-1986) II – O recesso forense e as férias coletivas dos Ministros do Tribunal Superior do Trabalho suspendem os prazos recursais. (ex-OJ n. 209 da SBDI-I – inserida em 8-11-2000).

6.10. Honorários periciais

Súmula 341. HONORÁRIOS DO ASSISTENTE TÉCNICO (mantida) – Res. 121/2003, *DJ* 19, 20 e 21-11-2003.

A indicação do perito assistente é faculdade da parte, a qual deve responder pelos respectivos honorários, ainda que vencedora no objeto da perícia.

Súmula 457. HONORÁRIOS PERICIAIS. BENEFICIÁRIO DA JUSTIÇA GRATUITA. RESPONSABILIDADE DA UNIÃO PELO PAGAMENTO. RESOLUÇÃO N. 66/2010 DO CSJT. OBSERVÂNCIA. (conversão da Orientação Jurisprudencial n. 387 da SBDI-I com nova redação) – Res. 194/2014, DEJT divulgado em 21, 22 e 23-5-2014.

A União é responsável pelo pagamento dos honorários de perito quando a parte sucumbente no objeto da perícia for beneficiária da assistência judiciária gratuita, observado o procedimento disposto nos arts. 1º, 2º e 5º da Resolução n. 66/2010 do Conselho Superior da Justiça do Trabalho – CSJT.

6.11. Mandado de segurança

Súmula 414. MANDADO DE SEGURANÇA. TUTELA PROVISÓRIA CONCEDIDA ANTES OU NA SENTENÇA (nova redação em decorrência do CPC de 2015) – Res. 217/2017, DEJT divulgado em 20, 24 e 25.04.2017.

I – A tutela provisória concedida na sentença não comporta impugnação pela via do mandado de segurança, por ser impugnável mediante recurso ordinário. É admissível a obtenção de efeito suspensivo ao recurso ordinário mediante requerimento dirigido ao tribunal, ao relator ou ao presidente ou ao vice-presidente do tribunal recorrido, por aplicação subsidiária ao processo do trabalho do art. 1.029, § 5º, do CPC de 2015. II – No caso de a tutela provisória haver sido concedida ou indeferida antes da sentença, cabe mandado de segurança, em face da inexistência de recurso próprio. III – A superveniência da sentença, nos autos originários, faz perder o objeto do mandado de segurança que impugnava a concessão ou o indeferimento da tutela provisória.

Súmula 415. MANDADO DE SEGURANÇA. PETIÇÃO INICIAL. ART. 321 DO CPC DE 2015. ART. 284 DO CPC de 1973. INAPLICABILIDADE – (atualizada em decorrência do CPC de 2015) – Res. 208/2016, DEJT divulgado em 22, 25 e 26-4-2016.

Exigindo o mandado de segurança prova documental pré-constituída, inaplicável o art. 321 do CPC de 2015 (art. 284 do CPC de 1973) quando verificada, na petição inicial do "mandamus", a ausência de documento indispensável ou de sua autenticação. (ex-OJ n. 52 da SBDI-II – inserida em 20-9-2000).

Súmula 416. MANDADO DE SEGURANÇA. EXECUÇÃO. LEI N. 8.432/1992. ART. 897, § 1º, DA CLT. CABIMENTO (conversão da Orientação Jurisprudencial n. 55 da SBDI-II) – Res. 137/2005, *DJ* 22, 23 e 24-8-2005.

Devendo o agravo de petição delimitar justificadamente a matéria e os valores objeto de discordância, não fere direito líquido e certo o prosseguimento da execução quanto aos tópicos e valores não especificados no agravo. (ex-OJ n. 55 da SBDI-II – inserida em 20-9-2000)

Súmula 417. MANDADO DE SEGURANÇA. PENHORA EM DINHEIRO (alterado o item I, atualizado o item II e cancelado o item III, modulando-se os efeitos da presente redação de forma a atingir unicamente as penhoras em dinheiro em execução provisória efetivadas a partir de 18-3-2016, data de vigência do CPC de 2015) – Res. 212/2016, DEJT divulgado em 20, 21 e 22-9-2016.

I – Não fere direito líquido e certo do impetrante o ato judicial que determina penhora em dinheiro do executado para garantir crédito exequendo, pois é prioritária e obedece à gradação prevista no art. 835 do CPC de 2015 (art. 655 do CPC de 1973). II – Havendo discordância do credor, em execução definitiva, não tem o executado direito líquido e certo a que os valores penhorados em dinheiro fiquem depositados no próprio banco, ainda que atenda aos requisitos do art. 840, I, do CPC de 2015 (art. 666, I, do CPC de 1973). (ex-OJ n. 61 da SBDI-2 – inserida em 20-9-2000).

Súmula 418. MANDADO DE SEGURANÇA VISANDO À CONCESSÃO DE LIMINAR OU HOMOLOGAÇÃO DE ACORDO (conversão das Orientações Jurisprudenciais n. 120 e 141 da SBDI-II) – Res. 137/2005, *DJ* 22, 23 e 24-8-2005.

A concessão de liminar ou a homologação de acordo constituem faculdade do juiz, inexistindo direito líquido e certo tutelável pela via do mandado de segurança. (ex-OJs da SBDI-II n. 120 – *DJ* 11-8-2003 – e 141 – *DJ* 4-5-2004)

6.12. Prescrição

Súmula 153. PRESCRIÇÃO (mantida) – Res. 121/2003, *DJ* 19, 20 e 21-11-2003.

Não se conhece de prescrição não arguida na instância ordinária (ex-Prejulgado n. 27).

Súmula 268. PRESCRIÇÃO. INTERRUPÇÃO. AÇÃO TRABALHISTA ARQUIVADA (nova redação) – Res. 121/2003, *DJ* 19, 20 e 21-11-2003.

A ação trabalhista, ainda que arquivada, interrompe a prescrição somente em relação aos pedidos idênticos.

Súmula 308. PRESCRIÇÃO QUINQUENAL (incorporada a Orientação Jurisprudencial n. 204 da SBDI-I) – Res. 129/2005, *DJ* 20, 22 e 25-4-2005.

I. Respeitado o biênio subsequente à cessação contratual, a prescrição da ação trabalhista concerne às pretensões imediatamente anteriores a cinco anos, contados da data do ajuizamento da reclamação e, não, às anteriores ao quinquênio da data da extinção do contrato. (ex-OJ n. 204 da SBDI-I – inserida em 08-11-2000) II. A norma constitucional que ampliou o prazo de prescrição da ação trabalhista para 5 (cinco) anos é de aplicação imediata e não atinge pretensões já alcançadas pela prescrição bienal quando da promulgação da CF/1988. (ex-Súmula n. 308 – Res. 6/1992, *DJ* 5-11-1992)

6.13. Audiência

Súmula 122. REVELIA. ATESTADO MÉDICO (incorporada a Orientação Jurisprudencial n. 74 da SBDI-I) – Res. 129/2005, *DJ* 20, 22 e 25-4-2005.

A reclamada, ausente à audiência em que deveria apresentar defesa, é revel, ainda que presente seu advogado munido de procuração, podendo ser ilidida a revelia mediante a apresentação de atestado médico, que deverá declarar, expressamente, a impossibilidade de locomoção do empregador ou do seu preposto no dia da audiência. (primeira parte – ex-OJ Súmula 74 da SBDI-I – inserida em 25-11-1996; segunda parte – ex-Súmula n. 122 – alterada pela Res. 121/2003, *DJ* 21-11-2003)

Súmula 9. AUSÊNCIA DO RECLAMANTE (mantida) – Res. 121/2003, *DJ* 19, 20 e 21-11-2003.

A ausência do reclamante, quando adiada a instrução após contestada a ação em audiência, não importa arquivamento do processo.

Súmula 74. CONFISSÃO (atualizada em decorrência do CPC de 2015) – Res. 208/2016, DEJT divulgado em 22, 25 e 26-4-2016.

I – Aplica-se a confissão à parte que, expressamente intimada com aquela cominação, não comparecer à audiência em prosseguimento, na qual deveria depor. (ex-Súmula n. 74 – RA 69/1978, *DJ* 26-9-1978) II – A prova pré-constituída nos autos pode ser levada em conta para confronto com a confissão ficta (arts. 442 e 443 do CPC de 2015 – art. 400, I, do CPC de 1973), não implicando cerceamento de defesa o indeferimento de provas posteriores. (ex-OJ n. 184 da SBDI-I – inserida em 08-11-2000) III – A vedação à produção de prova posterior pela parte confessa somente a ela se aplica, não afetando o exercício, pelo magistrado, do poder/dever de conduzir o processo.

6.14. Compensação

Súmula 18. COMPENSAÇÃO (mantida) – Res. 121/2003, *DJ* 19, 20 e 21-11-2003.

A compensação, na Justiça do Trabalho, está restrita a dívidas de natureza trabalhista.

Súmula 48. COMPENSAÇÃO (mantida) – Res. 121/2003, *DJ* 19, 20 e 21-11-2003.

A compensação só poderá ser arguida com a contestação

6.15. Prova pericial

Súmula 293. ADICIONAL DE INSALUBRIDADE. CAUSA DE PEDIR. AGENTE NOCIVO DIVERSO DO APONTADO NA INICIAL (mantida) – Res. 121/2003, *DJ* 19, 20 e 21-11-2003.

A verificação mediante perícia de prestação de serviços em condições nocivas, considerado agente insalubre diverso do apontado na inicial, não prejudica o pedido de adicional de insalubridade.

Súmula 453. ADICIONAL DE PERICULOSIDADE. PAGAMENTO ESPONTÂNEO. CARACTERIZAÇÃO DE FATO INCONTROVERSO. DESNECESSÁRIA A PERÍCIA DE QUE TRATA O ART. 195 DA CLT. (conversão da Orientação Jurisprudencial n. 406 da SBDI-I) – Res. 194/2014, DEJT divulgado em 21, 22 e 23-5-2014.

O pagamento de adicional de periculosidade efetuado por mera liberalidade da empresa, ainda que de forma proporcional ao tempo de exposição ao risco ou em percentual inferior ao máximo legalmente previsto, dispensa a realização da prova técnica exigida pelo art. 195 da CLT, pois torna incontroversa a existência do trabalho em condições perigosas.

6.16. Prova testemunhal

Súmula 357. TESTEMUNHA. AÇÃO CONTRA A MESMA RECLAMADA. SUSPEIÇÃO (mantida) – Res. 121/2003, *DJ* 19, 20 e 21-11-2003.

Não torna suspeita a testemunha o simples fato de estar litigando ou de ter litigado contra o mesmo empregador.

6.17. Custas processuais

Súmula 25. CUSTAS PROCESSUAIS. INVERSÃO DO ÔNUS DA SUCUMBÊNCIA. (alterada a Súmula e incorporadas as Orientações Jurisprudenciais n. 104 e 186 da SBDI-I) – Res. 197/2015 – DEJT divulgado em 14, 15 e 18-5-2015.

I – A parte vencedora na primeira instância, se vencida na segunda, está obrigada, independentemente de intimação, a pagar as custas fixadas na sentença originária, das quais ficara isenta a parte então vencida; II – No caso de inversão do ônus da sucumbência em segundo grau, sem acréscimo ou atualização do valor das custas e se estas já foram devidamente recolhidas, descabe um novo pagamento pela parte vencida, ao recorrer. Deverá ao final, se sucumbente, reembolsar a quantia; (ex-OJ n. 186 da SBDI-I) III – Não caracteriza deserção a hipótese em que, acrescido o valor da condenação, não houve fixação ou cálculo do valor devido a título de custas e tampouco intimação da parte para o preparo do recurso, devendo ser as custas pagas ao final; (ex-OJ n. 104 da SBDI-I) IV – O reembolso das custas à parte vencedora faz-se necessário mesmo na hipótese em que a parte vencida for pessoa isenta do seu pagamento, nos termos do art. 790-A, parágrafo único, da CLT.

6.18. Depósito recursal

Súmula 161. DEPÓSITO. CONDENAÇÃO A PAGAMENTO EM PECÚNIA (mantida) – Res. 121/2003, *DJ* 19, 20 e 21-11-2003.

Se não há condenação a pagamento em pecúnia, descabe o depósito de que tratam os §§ 1º e 2º do art. 899 da CLT (ex-Prejulgado n. 39).

Súmula 245. DEPÓSITO RECURSAL. PRAZO (mantida) – Res. 121/2003, *DJ* 19, 20 e 21-11-2003.

O depósito recursal deve ser feito e comprovado no prazo alusivo ao recurso. A interposição antecipada deste não prejudica a dilação legal.

Súmula 128. DEPÓSITO RECURSAL (incorporadas as Orientações Jurisprudenciais n. 139, 189 e 190 da SBDI-I) – Res. 129/2005, *DJ* 20, 22 e 25-4-2005.

I – É ônus da parte recorrente efetuar o depósito legal, integralmente, em relação a cada novo recurso interposto, sob pena de deserção. Atingido o valor da condenação, nenhum depósito mais é exigido para qualquer recurso. (ex-Súmula n. 128 – alterada pela Res. 121/2003, *DJ* 21-11-03, que incorporou a OJ n. 139 da SBDI-I – inserida em 27-11-1998) II – Garantido o juízo, na fase executória, a exigência de depósito para recorrer de qualquer decisão viola os incisos II e LV do art. 5º da CF/1988. Havendo, porém, elevação do valor do débito, exige-se a complementação da garantia do juízo. (ex-OJ n. 189 da SBDI-I – inserida em 08-11-2000) III – Havendo condenação solidária de duas ou mais empresas, o depósito recursal efetuado por uma delas aproveita as demais, quando a empresa que efetuou o depósito não pleiteia sua exclusão da lide. (ex-OJ n. 190 da SBDI-I – inserida em 08-11-2000)

Súmula 86. DESERÇÃO. MASSA FALIDA. EMPRESA EM LIQUIDAÇÃO EXTRAJUDICIAL (incorporada a Orientação Jurisprudencial n. 31 da SBDI-I) – Res. 129/2005, *DJ* 20, 22 e 25-4-2005.

Não ocorre deserção de recurso da massa falida por falta de pagamento de custas ou de depósito do valor da condenação. Esse privilégio, todavia, não se aplica à empresa em liquidação extrajudicial. (primeira parte – ex-Súmula n. 86 – RA 69/78, *DJ* 26-9-1978; segunda parte – ex-OJ n. 31 da SBDI-I – inserida em 14-3-1994)

Súmula 424. RECURSO ADMINISTRATIVO. PRESSUPOSTO DE ADMISSIBILIDADE. DEPÓSITO PRÉVIO DA MULTA ADMINISTRATIVA. NÃO RECEPÇÃO PELA CONSTITUIÇÃO FEDERAL DO § 1º DO ART. 636 DA CLT – Res. 160/2009, DEJT divulgado em 23, 24 e 25-11-2009.

O § 1º do art. 636 da CLT, que estabelece a exigência de prova do depósito prévio do valor da multa cominada em razão de autuação administrativa como pressuposto de admissibilidade de recurso administrativo, não foi recepcionado pela Constituição Federal de 1988, ante a sua incompatibilidade com o inciso LV do art. 5º.

6.19. Ação rescisória

Súmula 259. TERMO DE CONCILIAÇÃO. AÇÃO RESCISÓRIA (mantida) – Res. 121/2003, *DJ* 19, 20 e 21-11-2003.

Só por ação rescisória é impugnável o termo de conciliação previsto no parágrafo único do art. 831 da CLT.

Súmula 299. AÇÃO RESCISÓRIA. DECISÃO RESCINDENDA. TRÂNSITO EM JULGADO. COMPROVAÇÃO. EFEITOS (nova redação do item II em decorrência do CPC de 2015) – Res. 211/2016, DEJT divulgado em 24, 25 e 26-8-2016.

I – É indispensável ao processamento da ação rescisória a prova do trânsito em julgado da decisão rescindenda. (ex-Súmula n. 299 – Res 8/1989, *DJ* 14, 18 e 19-4-1989) II – Verificando o relator que a parte interessada não juntou à inicial o documento comprobatório, abrirá prazo de 15 (quinze) dias para que o faça (art. 321 do CPC de 2015), sob pena de indeferimento. (ex-Súmula n. 299 – Res 8/1989, *DJ* 14, 18 e 19-4-1989) III – A comprovação do trânsito em julgado da decisão rescindenda é pressuposto processual indispensável ao tempo do ajuizamento da ação rescisória. Eventual trânsito em julgado posterior ao ajuizamento da ação rescisória não reabilita a ação proposta, na medida em que o ordenamento jurídico não contempla a ação rescisória preventiva. (ex-OJ n. 106 da SBDI-II – *DJ* 29-4-2003) IV – O pretenso vício de intimação, posterior à decisão que se pretende rescindir, se efetivamente ocorrido, não permite a formação da coisa julgada material. Assim, a ação rescisória deve ser julgada extinta, sem julgamento do mérito, por carência de ação, por inexistir decisão transitada em julgado a ser rescindida. (ex-OJ n. 96 da SBDI-II – inserida em 27-9-2002)

Súmula 397. AÇÃO RESCISÓRIA. ART. 966, IV, DO CPC DE 2015. ART. 485, IV, DO CPC DE 1973. AÇÃO DE CUMPRIMENTO. OFENSA À COISA JULGADA

EMANADA DE SENTENÇA NORMATIVA MODIFICADA EM GRAU DE RECURSO. INVIABILIDADE. CABIMENTO DE MANDADO DE SEGURANÇA (atualizada em decorrência do CPC de 2015) – Res. 208/2016, DEJT divulgado em 22, 25 e 26-4-2016.

Não procede ação rescisória calcada em ofensa à coisa julgada perpetrada por decisão proferida em ação de cumprimento, em face de a sentença normativa, na qual se louvava, ter sido modificada em grau de recurso, porque em dissídio coletivo somente se consubstancia coisa julgada formal. Assim, os meios processuais aptos a atacarem a execução da cláusula reformada são a exceção de pré-executividade e o mandado de segurança, no caso de descumprimento do art. 514 do CPC de 2015 (art. 572 do CPC de 1973). (ex-OJ n. 116 da SBDI-II - *DJ* 11-8-2003).

Súmula 398. AÇÃO RESCISÓRIA. AUSÊNCIA DE DEFESA. INAPLICÁVEIS OS EFEITOS DA REVELIA (conversão da Orientação Jurisprudencial n. 126 da SBDI-II) – Res. 137/2005, *DJ* 22, 23 e 24-8-2005.

Na ação rescisória, o que se ataca na ação é a sentença, ato oficial do Estado, acobertado pelo manto da coisa julgada. Assim sendo, e considerando que a coisa julgada envolve questão de ordem pública, a revelia não produz confissão na ação rescisória. (ex-OJ n. 126 da SBDI-II – *DJ* 09-12-2003)

Súmula 399. AÇÃO RESCISÓRIA. CABIMENTO. SENTENÇA DE MÉRITO. DECISÃO HOMOLOGATÓRIA DE ADJUDICAÇÃO, DE ARREMATAÇÃO E DE CÁLCULOS (conversão das Orientações Jurisprudenciais n. 44, 45 e 85, primeira parte, da SBDI-II) – Res. 137/2005, *DJ* 22, 23 e 24-8-2005.

I – É incabível ação rescisória para impugnar decisão homologatória de adjudicação ou arrematação. (ex-OJs n. 44 e 45 da SBDI-II – inseridas em 20.09.2000) II – A decisão homologatória de cálculos apenas comporta rescisão quando enfrentar as questões envolvidas na elaboração da conta de liquidação, quer solvendo a controvérsia das partes quer explicitando, de ofício, os motivos pelos quais acolheu os cálculos oferecidos por uma das partes ou pelo setor de cálculos, e não contestados pela outra. (ex-OJ n. 85 da SBDI-II – primeira parte – inserida em 13-3-2002 e alterada em 26-11-2002).

Súmula 400. AÇÃO RESCISÓRIA DE AÇÃO RESCISÓRIA. VIOLAÇÃO MANIFESTA DE NORMA JURÍDICA. INDICAÇÃO DA MESMA NORMA JURÍDICA APONTADA NA RESCISÓRIA PRIMITIVA (MESMO DISPOSITIVO DE LEI SOB O CPC DE 1973) (nova redação em decorrência do CPC de 2015) – Res. 208/2016, DEJT divulgado em 22, 25 e 26-4-2016.

Em se tratando de rescisória de rescisória, o vício apontado deve nascer na decisão rescindenda, não se admitindo a rediscussão do acerto do julgamento da rescisória anterior. Assim, não procede rescisória calcada no inciso V do art. 966 do CPC de 2015 (art. 485, V, do CPC de 1973) para discussão, por má aplicação da mesma norma jurídica, tida por violada na rescisória anterior, bem como para arguição de questões inerentes à ação rescisória primitiva. (ex-OJ n. 95 da SBDIII – inserida em 27-9-2002 e alterada *DJ* 16-4-2004)

Súmula 405. AÇÃO RESCISÓRIA. TUTELA PROVISÓRIA (nova redação em decorrência do CPC de 2015) – Res. 208/2016, DEJT divulgado em 22, 25 e 26-4-2016.

Em face do que dispõem a MP 1.984-22/2000 e o art. 969 do CPC de 2015, é cabível o pedido de tutela provisória formulado na petição inicial de ação rescisória ou na fase recursal, visando a suspender a execução da decisão rescindenda.

Súmula 407. AÇÃO RESCISÓRIA. MINISTÉRIO PÚBLICO. LEGITIMIDADE "AD CAUSAM" PREVISTA NO ART. 967, III, "A", "B" E "C" DO CPC DE 2015. ART. 487, III, "A" E "B", DO CPC DE 1973. HIPÓTESES MERAMENTE EXEMPLIFICATIVAS (nova redação em decorrência do CPC de 2015) – Res. 208/2016, DEJT divulgado em 22, 25 e 26-4-2016.

A legitimidade "ad causam" do Ministério Público para propor ação rescisória, ainda que não tenha sido parte no processo que deu origem à decisão rescindenda, não está limitada às alíneas "a", "b" e "c" do inciso III do art. 967 do CPC de 2015 (art. 487, III, "a" e "b", do CPC de 1973), uma vez que traduzem hipóteses meramente exemplificativas (ex-OJ n. 83 da SBDI-II – inserida em 13-3-2002).

Súmula 408. AÇÃO RESCISÓRIA. PETIÇÃO INICIAL. CAUSA DE PEDIR. AUSÊNCIA DE CAPITULAÇÃO OU CAPITULAÇÃO ERRÔNEA NO ART. 966 DO CPC DE 2015. ART. 485 DO CPC DE 1973. PRINCÍPIO "IURA NOVIT CURIA" (nova redação em decorrência do CPC de 2015) – Res. 208/2016, DEJT divulgado em 22, 25 e 26-4-2016.

Não padece de inépcia a petição inicial de ação rescisória apenas porque omite a subsunção do fundamento de rescindibilidade no art. 966 do CPC de 2015 (art. 485 do CPC de 1973) ou o capitula erroneamente em um de seus incisos. Contanto que não se afaste dos fatos e fundamentos invocados como causa de pedir, ao Tribunal é lícito emprestar-lhes a adequada qualificação jurídica ("iura novit curia"). No entanto, fundando-se a ação rescisória no art. 966, inciso V, do CPC de 2015 (art. 485, inciso V, do CPC de 1973), é indispensável expressa indicação, na petição inicial da ação rescisória, da norma jurídica manifestamente violada (dispositivo legal violado sob o CPC de 1973), por se tratar de causa de pedir da rescisória, não se aplicando, no caso, o princípio "iura novit curia". (ex-OJs n. 32 e 33 da SBDI-II – inseridas em 20-9-2000)

6.20. Execução trabalhista

Súmula 304. CORREÇÃO MONETÁRIA. EMPRESAS EM LIQUIDAÇÃO. ART. 46 DO ADCT/CF (mantida) – Res. 121/2003, *DJ* 19, 20 e 21-11-2003 e republicada *DJ* 25-11-2003.

Os débitos trabalhistas das entidades submetidas aos regimes de intervenção ou liquidação extrajudicial estão sujeitos a correção monetária desde o respectivo vencimento até seu efetivo pagamento, sem interrupção ou suspensão, não incidindo, entretanto, sobre tais débitos, juros de mora.

Súmula 200. JUROS DE MORA. INCIDÊNCIA (mantida) – Res. 121/2003, *DJ* 19, 20 e 21-11-2003.

Os juros de mora incidem sobre a importância da condenação já corrigida monetariamente.

Súmula 439. DANOS MORAIS. JUROS DE MORA E ATUALIZAÇÃO MONETÁRIA. TERMO INICIAL – Res. 185/2012, DEJT divulgado em 25, 26 e 27-9-2012.

Nas condenações por dano moral, a atualização monetária é devida a partir da data da decisão de arbitramento ou de alteração do valor. Os juros incidem desde o ajuizamento da ação, nos termos do art. 883 da CLT.

Súmula 419. COMPETÊNCIA. EMBARGOS DE TERCEIRO. EXECUÇAO POR CARTA PRECATÓRIA. JUÍZO DEPRECADO. (alterada em decorrência do CPC de 2015) – Res. 212/2016, DEJT divulgado em 20, 21 e 22-9-2016.

Na execução por carta precatória, os embargos de terceiro serão oferecidos no juízo deprecado, salvo se indicado pelo juízo deprecante o bem constrito ou se já devolvida a carta (art. 676, parágrafo único, do CPC de 2015).

6.21. Ação de cumprimento

Súmula 286. SINDICATO. SUBSTITUIÇÃO PROCESSUAL. CONVENÇÃO E ACORDO COLETIVOS (mantida) – Res. 121/2003, *DJ* 19, 20 e 21-11-2003.

A legitimidade do sindicato para propor ação de cumprimento estende-se também à observância de acordo ou de convenção coletivos.

Súmula 246. AÇÃO DE CUMPRIMENTO. TRÂNSITO EM JULGADO DA SENTENÇA NORMATIVA (mantida) – Res. 121/2003, *DJ* 19, 20 e 21-11-2003.

É dispensável o trânsito em julgado da sentença normativa para a propositura da ação de cumprimento.

7. SÚMULAS DO STF

Súmula 213. É devido o adicional de serviço noturno, ainda que sujeito o empregado ao regime de revezamento.

Súmula 225. Não é absoluto o valor probatório das anotações da carteira profissional.

Súmula 316. A simples adesão a greve não constitui falta grave.

Súmula 235. É competente para a ação de acidente do trabalho a Justiça cível comum, inclusive em segunda instância, ainda que seja parte autarquia seguradora.

Súmula 501. Compete à Justiça ordinária estadual o processo e o julgamento, em ambas as instâncias, das causas de acidente do trabalho, ainda que promovidas contra a União, suas autarquias, empresas públicas ou sociedades de economia mista.

Súmula 327. O direito trabalhista admite a prescrição intercorrente.

Súmula 403. É de decadência o prazo de trinta dias para instauração do inquérito judicial, a contar da suspensão, por falta grave, de empregado estável.

Súmula 631. Extingue-se o processo de mandado de segurança se o impetrante não promove, no prazo assinado, a citação do litisconsorte passivo necessário.

Súmula 514. Admite-se ação rescisória contra sentença transitada em julgado, ainda que contra ela não se tenha esgotado todos os recursos

Súmula 343. Não cabe ação rescisória por ofensa a literal disposição de lei, quando a decisão rescindenda se tiver baseado em texto legal de interpretação controvertida nos tribunais.

8. SÚMULAS VINCULANTES DO STF

Súmula Vinculante 4. Salvo nos casos previstos na Constituição, o salário mínimo não pode ser usado como indexador de base de cálculo de vantagem de servidor público ou de empregado, nem ser substituído por decisão judicial.

Súmula Vinculante 22. A Justiça do Trabalho é competente para processar e julgar as ações de indenização por danos morais e patrimoniais decorrentes de acidente de trabalho propostas por empregado contra empregador, inclusive aquelas que ainda não possuíam sentença de mérito em primeiro grau quando da promulgação da Emenda Constitucional n. 45/04.

Súmula Vinculante 23. A Justiça do Trabalho é competente para processar e julgar ação possessória ajuizada em decorrência do exercício do direito de greve pelos trabalhadores da iniciativa privada.

Súmula Vinculante 25. É ilícita a prisão civil de depositário infiel, qualquer que seja a modalidade do depósito.

Súmula Vinculante 40. A contribuição confederativa de que trata o art. 8º, IV, da Constituição Federal, só é exigível dos filiados ao sindicato respectivo.

Súmula Vinculante 53. A competência da Justiça do Trabalho prevista no art. 114, VIII, da Constituição Federal alcança a execução de ofício das contribuições previdenciárias relativas ao objeto da condenação constante das sentenças que proferir e acordos por ela homologados.

9. SÚMULAS DO STJ

Súmula 15. Compete à Justiça Estadual processar e julgar os litígios decorrentes de acidente do trabalho.

Súmula 33. A incompetência relativa não pode ser declarada de ofício.

Súmula 45. No reexame necessário é defeso, ao Tribunal, agravar a condenação imposta à Fazenda Pública.

Súmula 98. Embargos de declaração manifestados com notório propósito de prequestionamento não têm caráter protelatório.

Súmula 134. Embora intimado da penhora em imóvel do casal, o cônjuge do executado pode opor embargos de terceiro para defesa de sua meação.

Súmula 363. Compete à Justiça estadual processar e julgar a ação de cobrança ajuizada por profissional liberal contra cliente.

Referências

BARROS, Alice Monteiro de. *Curso de direito do trabalho*. 7. ed. São Paulo: LTr, 2011.

BEZERRA LEITE, Carlos Henrique. *Curso de direito processual do trabalho*. 13. ed. São Paulo: Saraiva, 2015.

_______. *Curso de direito do trabalho*. 6. ed. São Paulo: Saraiva, 2015.

CASSAR, Volia. Bomfim. *Direito do trabalho*. 7. ed. São Paulo: Método, 2012.

DELGADO, Maurício Godinho. *Curso de direito do trabalho*. 10. ed. São Paulo: LTr, 2011.

GARCIA, Gustavo Filipe Barbosa. *Curso de direito processual do trabalho*. Rio de Janeiro: Forense, 2012.

KLIPPEL, Bruno. *Direito sumular TST esquematizado*. 6. ed. São Paulo: Saraiva, 2016.

MARTINEZ, Luciano. *Curso de direito do trabalho*. 3. ed. São Paulo: Saraiva, 2012.

MIESSA, Elisson. *Processo do trabalho*. 3. ed. Salvador: Juspodivm, 2016.

PEREIRA, Leone. *Manual de processo do trabalho*. São Paulo: Saraiva, 2011.

RESENDE, Ricardo. *Direito do trabalho esquematizado*. São Paulo: Método, 2011.

SANDES, Fagner. *Direito processual do trabalho objetivo*: teoria e questões. Brasília: Alumnus, 2014.

SARAIVA, Renato; MANFREDINI, Aryana. *Curso de direito processual do trabalho*. 13. ed. Salvador: JusPodivm, 2016.